U0687374

中国大历史

卷六

辽宋西夏金元

任德山 毛双民 编著

世界图书出版公司
广州·上海·西安·北京

图书在版编目（CIP）数据

中国大历史. 卷六，辽宋西夏金元 / 任德山，毛双
民编著. -- 广州：世界图书出版广东有限公司，2020.3
（2022.5重印）

ISBN 978-7-5192-7353-8

Ⅰ. ①中… Ⅱ. ①任… ②毛… Ⅲ. ①中国历史－辽
宋金元时代－通俗读物 Ⅳ. ①K209

中国版本图书馆CIP数据核字(2020)第047895号

书　　名	中国大历史
	ZHONGGUO DA LISHI
编 著 者	任德山　毛双民
责任编辑	梁少玲　卢雁君
装帧设计	李腾月
出版发行	世界图书出版有限公司　世界图书出版广东有限公司
地　　址	广州市海珠区新港西路大江冲25号
邮　　编	510300
电　　话	（020）84452179
网　　址	http://www.gdst.com.cn/
邮　　箱	wpc_gdst@163.com
经　　销	新华书店
印　　刷	鑫艺佳利（天津）印刷有限公司
开　　本	710 mm×1 020 mm　1/16
印　　张	171.75
字　　数	2 748千字
版　　次	2020年3月第1版　2022年5月第2次印刷
国际书号	ISBN 978-7-5192-7353-8
定　　价	398.00元（全八册）

版权所有　翻印必究
（如有印装错误，请与出版社联系）

前　言

　　在人类古文明中，中华文明是唯一的从未中断过的文明。在悠久的岁月中，中华民族共同开发了祖国的河山，创造了波澜壮阔的历史和独具风采的文化。历史承载着文化，文化辉映着历史，这是我们必须极为珍惜的宝贵财富。

　　历史不仅记录了过去，更重要的是深刻影响着现在和未来。今天生活在祖国土地上的人们就是中华民族先民的后裔，是同一种文明按照自身的规律演进、发展、延绵、繁盛，以至于今。中华文明自始即具有本土性、多元性，展现出独特的风采。

　　中华民族具有巨大的凝聚力和包容性，其演变不是多元文明互相灭绝，而是互相整合。在长期的生息往来中，民族融合、文化交流，共同创造了灿烂的文明。中华文明还具有善于吸收域外异质文明的特点，对外来文化的消化和吸收，促进了中华文明的发展。

　　现在学习中国优秀传统文化蔚然成风，季羡林先生在生命的最后时光里为我们题写了"学习中国史，提倡大国学"这一寓意深刻的题词。国学是会通之学、根本之学，只有回到中华民族通史的丰厚土地上，我们才能真正理解和学好国学的百花万术。科学教育需要以通识为基础，方能有广阔的见识，有更大的发展。而通识总是在历史的坐标上才能对准真人真事，给我们以智慧的启迪。历史的辉煌鼓舞着我们要时刻焕发生机与自信，历史上的困难则提醒着我们永远要自强不息，安不忘危。

　　当人们溯历史的长河而上，通览各种知识和文化的产生、嬗变，体会文明的进程时，不仅会对创造了这些文明的先人们充满了温情与敬意，还会激发起自我创新文明的热情。

好的大历史要使人们对中华民族的历史有更为真实、全面的了解。中国史籍极为丰富，史学发达，近百年来更有长足进步。本部大历史运用了迄今为止中国史学公认成果，就是要保证历史的真实性。不仅所有的记录都出自正史，而且凡是可考的文物和历史人物都配有精美的图片以作诠释，细节的真实让读者读史时如亲临其境。

好的通史还要让人能一览上下五千年的全貌。本部大历史有民族的繁衍、文明的起源、帝国的更迭，历史事件与人物的成就；从政治、经济、文化到社会生活，做一全景式的展开，犹如一幅由远及近的画卷。中国文明曾经有光照世界的荣耀，也曾经历过苦难；有过科技创新和知识大量释出，走向"全球化"的开放，也曾闭关锁国、故步自封。这一切都给我们以警示。

本部大历史尽量做到叙事博洽和浅显，把中国历史的巨大图卷细心描绘，以使读者阅读时兴趣盎然。编著者像一个认真而充满爱心的讲解员，把读者带到历史大厦里边，深情地告诉大家："这就是我们不能忘记的过去，这里面有我们不可不知的遗产。"

任德山

普及中国历史，传承优秀文化

——学习季羡林先生为《中国大历史》题词感言

2009年初，我受李克先生之托，到301医院请季羡林先生为即将出版的八卷本《中国大历史》题词，98岁高龄的季老欣然命笔："普及中国史，提倡大国学。"这应该是季老百年生命历程中为出版物的最后题词，也是他始终关注历史文化知识普及、晚年再三强调的重要学术主张。季老认为，我们的"国学"应该是长期以来由多民族共同创造的涵盖广博、内容丰富的文化学术，而绝非乾嘉时期学者心目中以"汉学""宋学"为中心的"儒学"的代名词。也就是说，今天我们所要振兴的"国学"，绝非昔日"尊孔读经"的代名词或翻版，而是还中华民族历史的全貌，真正继承和发扬由生活在神州大地上的各民族共同创造的传统学术文化。因此，在八卷本《中国大历史》正式出版之后，我曾经写过一篇短文刊登在《光明日报》上，提出："季老再次重申应提倡'大国学'，值得引起出版、学术、教育界的关注。"

听八卷本《中国大历史》的策划者李克先生介绍，此书出版发行近三年来，多次重印，累计销售了20万册，受到了广大读者的欢迎。在书籍品种快速增长而总印数几乎停滞不前的情况下，这是十分可喜的。但是李克先生和他的团队并不满足于此，又邀请一些著名的历史学家对此书提出审改意见，认真地进行修订，使其精益求精，日臻完善，于是有了今天的《中国大历史》。

最近，《中共中央关于深化文化体制改革，推动社会主义文化大发展大繁荣若干重大问题的决定》强调要"建设优秀传统文化传承体系",指出:"优秀传统文化凝聚着中华民族自强不息的精神追求和历久弥新的精神财富,是发展社会主义先进文化的深厚基础,是建设中华民族共有精神家园的重要支撑。"中华大地是五十六个兄弟民族的共同家园,中国历史是各民族共生、共存、共发展的历史,中国传统文化是各民族共同创造的辉煌灿烂的多元一体文化,是共同拥有的精神财富——这就是"大国学"的基石。所以季老强调"'国学'就是中国的学问,传统文化就是国学","现在对传统文化的理解歧义很大。按我的观点,国学应该是'大国学'的范围,不是狭义的国学","国内各地域文化和五十六个民族的文化,就都包括在'国学'的范围之内"。今天,我们要建设优秀文化传承体系,就应该全面认识祖国传统文化,汲取历史的经验教训,跳出狭隘的"儒家""国学"的旧框架,以海涵神州的宽广胸怀,用放眼世界的远大眼光,努力探寻文化传承的规律。

要全面、正确地认识我们的传统文化,就必须普及准确的中国历史文化知识。而传播、普及文化知识的任务,主要靠学校、家庭和大众传媒来承担,其中历史文化精品读物担负重任,不可或缺。因此,注重史料的真实、严谨,注重新资料的开掘运用,注重立足现实、温故知新,注重文字通畅、图文并茂,达到学术性、可读性、现实性的统一,就成为这本《中国大历史》努力追求的目标。效果如何,有待广大读者来评判,而努力本身,则是值得我们肯定和鼓励的。

*本文作者系中华书局编审,中国敦煌吐鲁番学会副会长兼秘书长,浙江大学、中国人民大学国学院兼职教授,敦煌研究院兼职研究员。

眷念中國史

提倡大同王

守正杜
世旭

本书特点

◎ 以权威严谨的学术成果为基础，强调生动的历史细节，将历史娓娓道来。从中华民族源起直至清朝结束，将一部五千年历史化作现代、生动的表述，让尘封的历史重新焕发神采。鲜活的历史化作了真实的故事，潜伏其中的规律与真相昭然若揭。摆脱枯燥抽象的术语，赋予历史以激动人心的魅力。

◎ 立足现实重读历史，揭示民族兴衰荣辱中的智慧与经验。历史对于读者最大的功能在于鉴古知今。预知未来是最大的智慧，而这种大智慧就寓于历史之中。西方史学家说："历史是现在与过去之间永无止境的问答交流。"我们从来没有像今天这样感到世界在迅速缩小，未来充满挑战，要瞻望未来，历史的智慧就越来越重要。本书力求总结出具有时代性的历史观和历史智慧，"以供社会之需"。

◎ 这是一部百科全书式的中国大历史，完全不同于过去通史单一的朝代更迭的政经内容。本书全面系统地讲述了中华民族创造的政治文明、经济成就、礼乐文明、军事智慧，以及汉字、中医药、艺术、四大发明等科技文明。阅读本书，犹如参观最新展陈、最全内容和最详实讲解的中国历史博物馆。

◎ 这是一部具有审美情趣的《中国大历史》。大史学家夏曾佑先生说："历史必资图画。"本书独创的图史体系，搜集了超过五千幅古代珍品书画作品和文物照片，让丰富的人物图、文物图、军事图和图片说明组成了一部前所未有的图说中国史，使读者读起来赏心悦目，余味无穷。

目　录

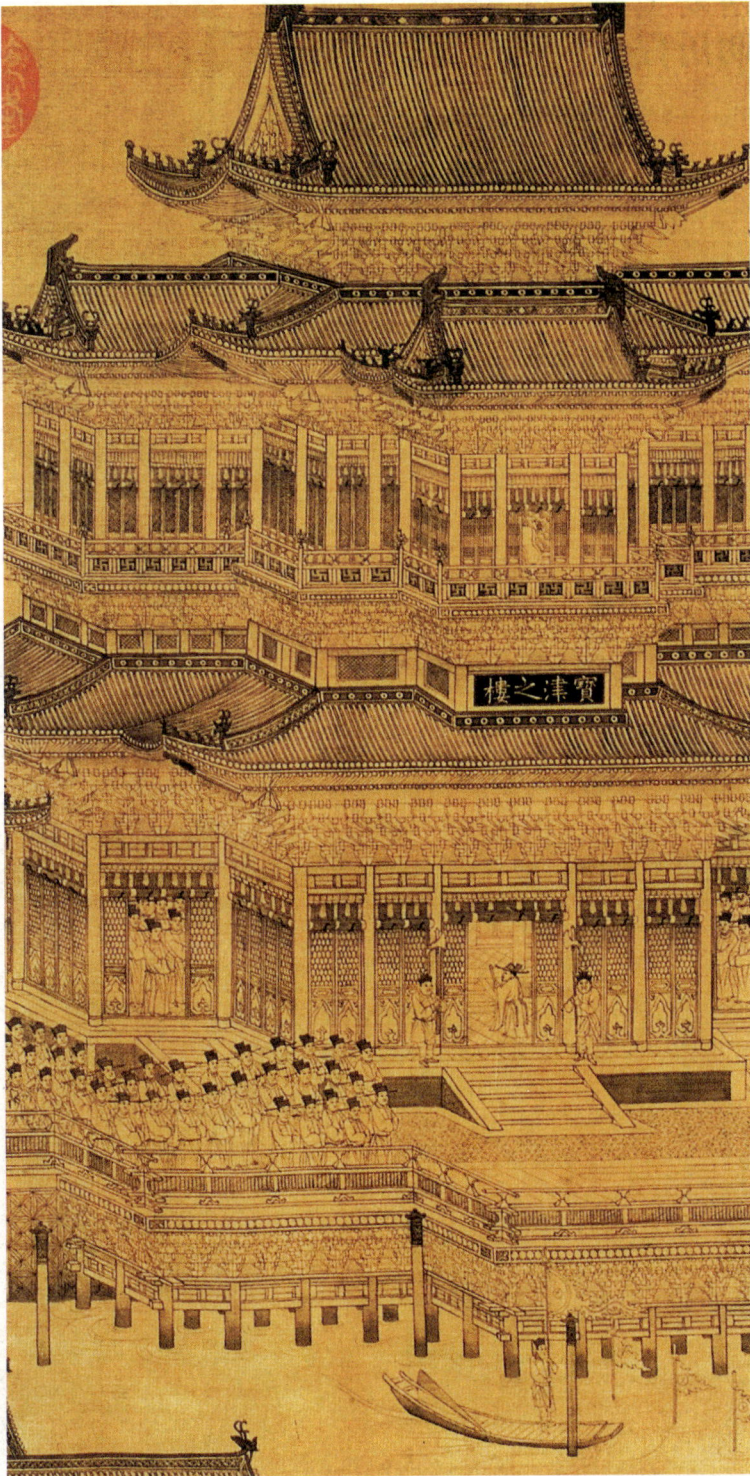

东亚在十世纪时正处于草原民族的一次大推进前夕，这一次比先前几个时代所经历的数次推进更为波澜壮阔……至于第三代，也就是说先是契丹人和女真人，后是蒙古人的那一代，他们由于把草原作战传统与定居民军队那更为巧妙的作战手段结合起来，特别是使用了围点战（攻坚战）的技术，而在作战方式方面取得了具有决定性的进步。

——[法] 谢和耐

辽宋西夏金元文明历程

辽　　（907年—1125年）
宋 朝（960年—1279年）
西 夏（1038年—1227年）
金　　（1115年—1234年）
元　　（1206年—1368年）

960年，赵匡胤发动陈桥驿兵变建立的宋朝，科举制度得到了长足发展，经济也得到了极大繁荣，使中国成为世界上最富有和最先进的国家，在许多方面都达到中国封建社会的辉煌顶峰。但由于重文轻武政策导致国防的孱弱，再加上经济的繁荣导致上层贪图享乐，以至于屡屡被北方的少数民族政权击败。辽国在宋朝建国之前已经取得了幽云十六州，后来在11世纪初与宋朝签订了"澶渊之盟"，其中规定宋朝每年须向辽国交纳岁币。西夏也开始崛起。金国则在12世纪初灭掉辽国不久之后又灭掉了北宋。南宋建立后，与金国在江淮一带对峙。1206年后，蒙古政权先后灭西夏、金国及南宋，建立了元朝，统一了全国。但终因统治不力，于1368年被农民起义军推翻。蒙古政权的兴起及扩张促进了中西文化的交流，阿拉伯世界的部分技术传到了中国。而欧洲人则亲身感受到中国的先进文化，马可·波罗的来华则使西方人了解到中国的繁荣。欧洲人逐渐从教会的束缚中解放出来，走上了快速发展的道路。

1044年，宋夏和约签订，宋朝每年须支付岁币。辽夏战争爆发，辽兴宗亲征西夏。

976年，宋太祖赵匡胤突然死亡，其弟赵光义继位。

965年，宋灭后蜀。

●番骑猎归图
1113年，完颜阿骨打成为女真部落领袖。

960年，后周禁军将领赵匡胤发动陈桥驿兵变，宋朝建立。

●赵匡胤像。赵匡胤（927年—976年）出生在一军人家庭，因其作战勇猛、战功卓越，三十二岁的时候就当上后周朝廷的禁军将领。后来建立宋朝，开启了中原地区一百多年的和平。

947年，辽国攻占开封，正式改国号为"辽"。

1045年，庆历新政失败。

●范仲淹像
1043年，范仲淹主持庆历新政，改革吏治。

1086年—1093年，沈括创作《梦溪笔谈》，反映了北宋的科学发展水平和他自己的研究心得，被誉为"中国科学史上的坐标"。

宋

| 700 | 800 | 900 | 1000 | 1100 |

辽

西夏

1115年，颜阿骨打立金国。

916年，在统一各部之后，耶律阿保机称帝，建立契丹政权。

961年，为消除将领兵变的危险及避免藩镇割据局面的局面再出现，赵匡胤杯酒释兵权，开始削弱军事将领的权力。

1005年，宋军在澶州击退辽军，签订了"澶渊之盟"，约定辽宋为兄弟之国，宋国每年向辽国交纳三十万岁币。

1086年，司尽废新法。

1069年，为了改变北宋积贫积弱的局面，特别是解决财政危机，宋神宗任王安石为相，开始变法，但遭到保守派的强烈抵制。

●辽人牵马图。这是辽国晚期墓室壁画中所绘的辽人引马侍立的情景。马匹惟妙惟肖，辽人表情生动，其发式则透露出浓浓的少数民族色彩。

1023年，宋朝设立益州交子务，首次由中央政府发行纸币。

●北宋交子。继四川发行交子之后，其他地方也开始发行交子。不过与现代纸币不同的是，宋朝的一些交子具有特定的使用范围，如图中所示的交子就很明确地说明"除四川外"才可使用。

1038年，李元昊建国，自称"大夏"。因其居北宋西北，故称"西夏"。

1041年—1048年，毕昇发明活字印刷术。

●王安石画像

●清明上河图（局部）。在《清明上河图》中，商店的名称都被清晰地绘在画面上。当时宋人的生活场景的细节便存留在此画之中。

●浴马图（局部）。蒙古族离不开马，他们也对马呵护备至。该图就描绘了这一场景。马官们牵马临溪，冲浴马身，马匹得到了很好的照顾。

●成吉思汗像。成吉思汗原名铁木真，出生于一户蒙古部落贵族家庭。他在统一了蒙古各部后，进行了一系列政治、经济和军事改革。建立千户制，编纂习惯法法典，建立行政管理体系，创立护卫军，创造蒙古文字，确立宗教与政治的关系，对蒙古社会政治经济的发展起了积极的促进作用。在此基础上，他率领蒙古军队进行了一系列扩张，创造了一个前所未有的世界性大帝国。

●元世祖出猎图（局部）。此画作于1280年，描绘了元世祖忽必烈外出打猎的情景。人骑数众，皆为马上行猎之状。其中骑黑马、穿白裘的，为元世祖。与世祖并驾的白袍妇女，当为帝后。

1125年，金灭辽。金国开始进攻北宋。

1127年，金灭北宋，宋徽宗、宋钦宗及宗室被掳。

1204年，岳飞被追封为鄂王，南宋开始为北伐做舆论准备。

1132年，辽国贵族耶律大石建立西辽。

1215年，蒙古攻占金中都。

1219年，蒙古西征开始。

1227年，成吉思汗逝世，临终前制定了灭夏灭金战略。西夏灭亡。

1234年，宋将取金哀宗骸骨而还，宋理宗以此告祭祖先。宋蒙爆发战争。蒙古灭金，蒙古发动王子西征。

1253年，忽必烈革囊渡江，奇袭大理，完成了对南宋的包围。

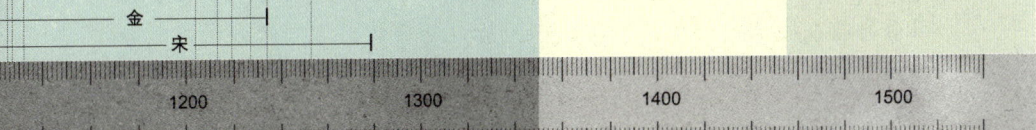

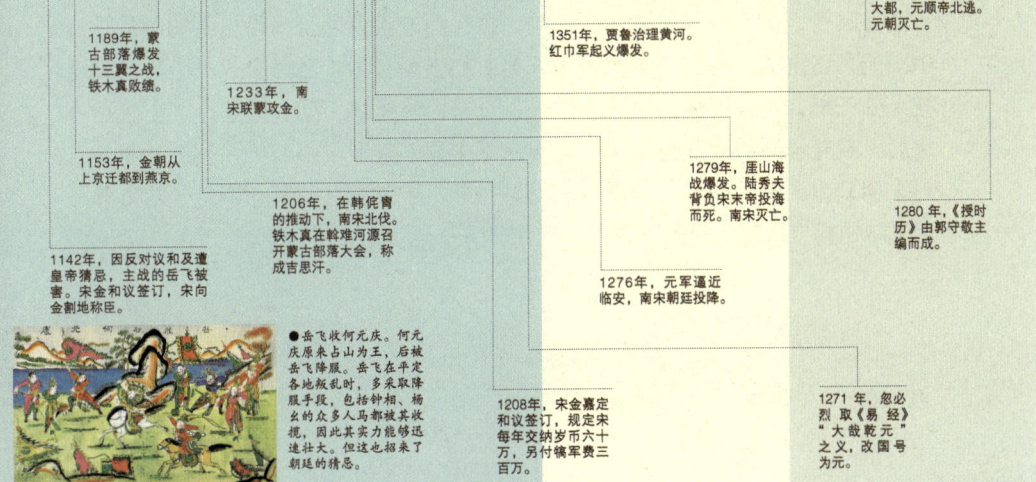

金

宋

| 1200 | 1300 | 1400 | 1500 |

⊢辽

西夏

元

1189年，蒙古部落爆发十三翼之战，铁木真败绩。

1153年，金朝从上京迁都到燕京。

1142年，因反对议和及遭皇帝猜忌，主战的岳飞被害。宋金和议签订，宋向金割地称臣。

1233年，南宋联蒙攻金。

1206年，在韩侂胄的推动下，南宋北伐。铁木真在斡难河源召开蒙古部落大会，称成吉思汗。

1208年，宋金嘉定和议签订，规定宋每年交纳岁币六十万，另付犒军费三百万。

1351年，贾鲁治理黄河。红巾军起义爆发。

1279年，崖山海战爆发。陆秀夫背负宋末帝投海而死。南宋灭亡。

1276年，元军逼近临安，南宋朝廷投降。

1271年，忽必烈取《易经》"大哉乾元"之义，改国号为元。

1368年，明军攻至大都，元顺帝北逃。元朝灭亡。

1280年，《授时历》由郭守敬主编而成。

●岳飞收何元庆。何元庆原来占山为王，后被岳飞降服。岳飞在平定各地叛乱时，多采取降服手段，包括钟相、杨幺的众多人马都被其收揽，因此其实力能够迅速壮大。但这也招来了朝廷的猜忌。

辽

游牧民族　因俗而治　创两院制

辽朝是中国历史上由契丹族建立的朝代，契丹族本是游牧民族。辽朝将重心放在民族发展上，为了保持民族性将游牧民族与农业民族分开统制，主张因俗而治，开创出两院制的政治体制。并且创造契丹文字，保存自己的文化。

辽朝曾大力学习汉族文化，模仿唐代制度，建立城池，祭拜孔子，开少数民族政权之先河。辽国统治延续了两个多世纪，其余部又在西域地区建立了西辽政权，扩大了中原文化的影响。古代西方人就以为横跨东西的契丹是中国的真正主人。而据《突厥语大词典》的解释，秦（当时中亚对中国的称呼）分三部，上秦即宋，中秦为契丹，下秦即喀喇汗王朝。而契丹实力大增之后，乘着中原的战乱与分裂，屡次南下中原，夺取了幽云十六州，并由此与宋朝发生了多次冲突。1005 年，双方签订了"澶渊之盟"，约定了双方开展榷场贸易，宋辽为兄弟之国，但宋每年需交纳岁币三十万。

驭者引马：辽国兴起

辽国世系：太祖耶律阿保机 >> 太宗耶律德光 >> 世宗耶律阮 >> 穆宗耶律璟 >>
仁宗耶律贤 >> 圣宗耶律隆绪 >> 兴宗耶律宗真 >> 道宗耶律洪基 >>
天祚帝耶律延禧

辽大事一览表

时 间	事 件
916年	统一各部之后，耶律阿保机称帝，建立契丹政权。
918年	阿保机下令建造上京。
920年	契丹人在汉族知识分子的帮助下，借鉴汉字，创立了契丹大字。
938年	辽国获得幽云十六州。
947年	辽国攻占开封。 辽国正式改国号为"辽"。
979年	宋攻辽，宋军大败于高粱河，宋太宗腿部中箭，乘驴车而逃。
986年	北宋试图收复幽云十六州，被辽军击败。辽军自此占据了主动。
988年	辽国举行首次科举考试。
991年	宋朝赐李继迁国姓赵姓。
1005年	辽国与北宋签订了"澶渊之盟"，两国开始和平共处。

中原文化的吸收者——辽

辽国是中国北方曾强大一时的少数民族政权，与北宋形成了长期对峙的局面。它大力吸收中原文化，建造城市，创立文字，创造了融农耕文化与游牧文化于一体的辽国文化。辽国灭亡后，其余部又在西域地区建立了西辽政权，扩大了中原文化的影响。

辽人牵马图
这是辽国晚期墓室壁画中所绘辽人引马侍立的情景。马匹惟妙惟肖，辽人表情生动，其发式则透露出浓浓的少数民族色彩。

辽之兴衰

契丹部落经过长期的发展，乘中原战乱迅速壮大，建立了辽国，并夺得了幽云十六州。还与北宋发生多次战争，最终签订"澶渊之盟"，保持了多年的和平。但随着女真部落的崛起，辽国在女真和北宋的联合打击下灭亡。

白马青牛的后代

建立辽国的契丹部落出自鲜卑宇文部，居于辽河（今西拉木伦河）上游的草原地区，即今天辽宁省和吉林省与内蒙古相邻的西部地区。关于契丹的起源，有一个美丽的神话传说。相传远古时候，有个漂亮的小伙子乘着一匹雄健的白马，沿土河（今内蒙古老哈河）向东走。一个骑着青牛的美貌少女沿着潢水（今内蒙古西拉木伦河）向下游走。他们相遇在两条河汇合的木叶山（意为"高山"，在内蒙古境内）上。两人产生了爱慕之心，就结为夫妻，生下了八个儿子。他们的子女就是契丹族八部的祖先。可以看出，契丹族最初是由以白马和青牛为名的两个原始氏族组成的小部落，后来发展成八个部落。辽国在木叶山建立了庙宇，每当辽国出兵或者春秋祭祀的时候，都要用白马和青牛作为祭品。

宴乐图
自从耶律阿保机修建城池以来，契丹部落上层的生活方式逐渐发生了变化，开始采用中原汉族的享乐方式。

　　契丹各部各自为生，在其疆域内放养羊、马畜群和狩猎。只是在有战事的时候，他们的首领才会聚在一起选举一位临时的领袖。唐朝时曾经赐予一名首领国姓"李"，并任命其为世袭的松漠都督，这是为间接管理契丹诸部特别设立的官员。当时契丹与唐朝之间，既有朝贡、入仕和贸易，也有战争和掳掠。

　　9世纪40年代初，回鹘政权垮台，北方草原产生了权力真空。这时契丹部落的实力不断增强，晋王李克用与契丹部落中实力最强大的耶律阿保机约为兄弟，而朱温也派人乘船过海向阿保机送来书信和珍贵的礼品。但契丹人还是经常越过唐朝边界进行突袭，掠取牲畜、人口。唐朝节度使刘仁恭也常派兵在深秋时节攻打契丹，并在每年霜降之后派人焚烧塞外的牧草。

　　为了更好地进行对外扩张，耶律阿保机开始试图统一契丹各部。907年，阿保机通过部落联盟选举的仪式，正式继任可汗，成为名副其实的契丹族领袖。阿保机继任可汗之后，修建城池，招徕躲避中原战乱的汉人，实力不断壮大。为了加强自己的统治，阿保机又从契丹各部挑选健壮勇武的兵士，建立了自己的侍卫亲军"腹心军"，使它成为自己统治权力最可靠的保障。他还准备采纳汉族知识分子的建议，仿效中原汉族王朝，实行君主世袭制。但这也激起了其他各部的不满。915年，契丹其他七部用武力逼迫阿保机退位。阿保机退位后，仍然保留着对自己所建汉式城池的控制权，拥兵自立。

　　916年，阿保机在妻子的建议下，向其他七部首领写信说，你们吃的盐，

东丹王出行图

此幅画为耶律倍也就是东丹王的作品。图中他在马背上手把缰绳，面带忧郁，若有所思，情绪正和他弃辽投奔后唐的处境相吻合。

都是我供给的，你们都应该来犒赏我。各部首领接到信件，都准备礼品前去赴宴。耶律阿保机在筵席上突然变脸："契丹强盛，都是由于我努力的结果，你们只不过是沾了我的光，但是你们竟然合伙把我赶下了首领之位。既然你们不愿意给我权位，今天我只好用武力强抢了。"说罢伏兵四起，各部首领被当场格杀。阿保机随后统一了各部，成为契丹部落的首领。经过多年的经营，契丹成了当时北方少数民族中最强盛的民族，党项、室韦、回鹘等都成为了契丹的附庸。

王子客死他乡

耶律倍又名李赞华，是耶律阿保机的长子，曾在916年被立为太子，后被封为东丹王，最后却客死他乡。

耶律倍能武能文，他曾多次随军出征，立有不少战功。同时他酷爱读书，崇拜汉族的文明，能用汉文写诗作文。有一次耶律阿保机问他："当了皇帝应该祭天敬神。我想立庙祭祀有大功德的人，不知应该先祭祀谁？"耶律倍马上回答说："孔子是大圣人，应该先祭祀孔子。"耶律阿保机非常赞同，马上命人建立孔子庙，每年分春、秋两季祭祀。

926年初春，新兴的契丹政权攻破曾强盛一时的渤海国都城，并改其名为东丹国。所谓"东丹"即东契丹之意。耶律阿保机鉴于渤海国的残余势力之大和疆域之广，辽国一时难以完全消化，而耶律倍既有军事才能，又熟悉

中原文化，能够很好地治理深受中原影响的渤海国故地，就封耶律倍为东丹王。耶律倍即位后衣天子冠服，建元甘露。东丹实际是一独立王国，其王至尊，权力极大，仅次于契丹皇帝。

但事情马上起了变化，数月后耶律阿保机突然病故，述律皇后执政。耶律倍闻听父王病故后前去奔丧。而在外督军征讨的契丹大元帅、耶律倍二弟耶律德光亦来奔丧，名为奔丧，实为争位。由于述律皇后偏爱耶律德光，耶律倍只好让位。耶律德光于 927 年十一月即帝位，是为辽太宗。耶律德光担心耶律倍仍会和他争夺皇位，就将他迁到东平府（今辽宁省辽阳市），派人严密监视。耶律倍愤懑难忍，意欲离开契丹。后来他就借机从海路来到后唐。他在临走前，还写了一首诗以抒发自己出走的心情："小山压大山，大山全无力。羞见故乡人，从此投外国。"他把诗刻在一块木牌上，竖在海边，然后避过监视者，乘船逃走。后唐皇帝李嗣源热情地接待了他，供给食宿，并赐以节度使的官职。而耶律倍为了表示对汉族文化的崇敬，改名为李赞华。

936 年，后唐的李从珂发动兵变，夺取了帝位，并派人谋杀了闵帝李从厚。同年亲契丹的原后唐节度使石敬瑭统兵攻打李从珂。李从珂兵败，走投无路，决定自焚。但他要找耶律倍来殉葬，马上派人去召他前来与自己一起自焚。耶律倍拒绝前去，李从珂立刻派人赶到耶律倍的住处杀死了他。耶律倍因皇室内斗被迫流落他乡，最后死于非命，实在值得同情。

宋辽对峙

938 年，后晋高祖石敬瑭将位于今天北京、天津以及山西、河北北部的

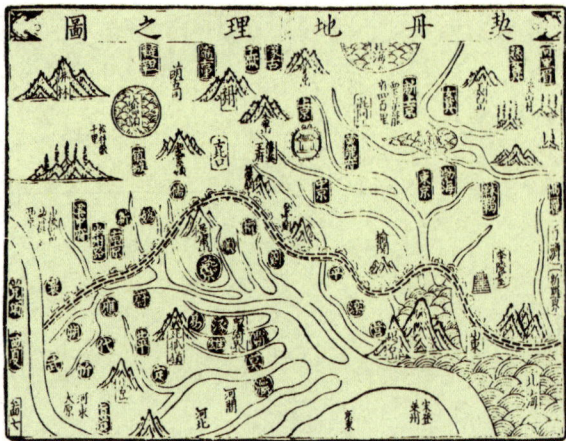

契丹地理之图
此图于1344年雕版墨印。本图采用了中国古代地图传统的形象绘法，主要表现了辽国（即契丹）疆域、山川大势、京府州镇、长城关塞以及邻国部族等内容。现藏于北京图书馆。

幽云十六州割让给契丹，从而使契丹占据了中原的边缘部分。幽云十六州分别是幽州（今北京）、顺州（今北京顺义）、儒州（今北京延庆）、檀州（今北京密云）、蓟州（今河北蓟县）、涿州（今河北涿州）、瀛州（今河北河间）、莫州（今河北任丘北）、新州（今河北涿鹿）、妫州（今河北怀来）、武州（今河北宣化）、蔚州（今河北蔚县）、应州（今山西应县）、寰州（今山西朔州东）、朔州（今山西朔州）、云州（今山西大同）。辽国得到了广大的农耕地区，开始从单纯的游牧经济转向游牧与农耕的混合经济，实力大增。在古代游牧民族固然拥有强大的武力，但也是非常脆弱的。一场大雪就能让草原的牲畜死亡大半。强大一时的东突厥就是因为一场大雪而元气大伤，再加上唐朝将领千里奔袭，击破东突厥的王廷，东突厥就此瓦解。而农耕地区的生产则比较稳定，拥有幽云十六州的辽国支援北汉，一次就能给粮数万石。947年，辽太宗耶律德光改国号为辽，改年号为大同，并借用了唐朝宫廷的全套体制，公开表明了他力图成为整个中国北部的皇帝的决心。

而幽云十六州一失，中原王朝的北部边防从此几乎无险可守。幽云十六州所处的地势居高临下，易守难攻，秦朝的万里长城就修建在这一带。对宋朝而言，游牧民族的铁骑可以纵横驰奔于繁华富庶的千里平原，数日之内即可饮马黄河，宋朝始终直接暴露在北方骑兵的凶猛攻击之下。宋朝立国之初，面对辽人铁骑由幽云十六州疾驰而至的威胁，不得不在开封附近广植树木，以防辽国骑兵快速突击。宋朝还在河北南部兴建"北京"大名府，驻守了大量军队，以和辽国对峙。而宋朝在灭掉北汉之后，就开始筹划收复幽云十六州。

历史细读

　　拒马河古称涞水，后来因其水大而马匹不得过，故称拒马河。战国时期，燕国和赵国就曾以此河为界。这也是宋朝防御辽国侵入的重要防线，宋辽之间爆发的很多战争都发生在拒马河一带。而在北京一带的拒马河因古有十个渡口，故称十渡，现在是北京有名的旅游景点。

难堪大任的曹彬

　　宋朝建立后，为收复幽云十六州，宋太宗赵光义在979年驱疲惫之卒攻辽，结果大败于高粱河，宋太宗腿部中箭，乘驴车而逃。后来又在986年乘辽国政局变动，发动了进攻，但仗还没有打，宋朝已注定输了。

　　宋朝主将曹彬这个人本来就不能独当一面，更别说是主力军的主帅了。在此次战斗中，西路军取得了一些胜利，而曹彬手下诸将欲与西路军争功，他却无法平息众议，导致宋军人心不齐。在宋军被辽军团团包围时，他又弃军而逃，造成宋军群龙无首，最终伤亡惨重。

　　当时宋军的战略意图很清楚，以曹彬、米信为主力，在离幽州最近的地段出兵，缓慢推进，吸引契丹主力，给太行山西北方向的田重进、潘美作掩护，创造机会，待田重进、潘美全取太行山西北诸州之后，再合力攻取幽州。

　　在宋朝突然进攻的情况下，契丹首先是战略收缩，以燕京为防御重心，对太行山西北诸州的失陷暂时不理，对宋军曹彬主力采取的不是硬碰，而是坚守要地，寻机袭扰。目的是使宋军疲惫，消磨宋军的斗志，好为援军的到来争取时间。之后契丹全力驰援，主要方向还是在幽州地区。

　　等到宋军曹彬部被契丹截断了粮道，粮尽而退时，契丹的援军也基本上到位了。曹彬竟然又被宋太宗一诏挡回，退而复进。他听说萧太后大军已到，又掉头而退，结果被辽军包围。这时曹彬与米信弃军而逃，幸好曹彬的部下李继隆、李继宣等人奋力抵抗，才没有全军覆灭。大部分宋军或被俘，或被杀，或掉入河中溺死，损失巨大。"为辽师冲击死者数万人，沙河为之不流，弃戈甲若丘陵"，可见当时之惨烈。

　　宋朝的惨败基本上宣告了宋朝对收复幽云十六州努力的彻底失败。从此之后，宋朝一百多年内再也没有主动进攻过契丹（直到辽末联金灭辽），战略上完全处于极其被动的守势。宋朝也从此产生了畏惧辽人的心理，在国防上只专注于构筑河北防线，又疏浚河道、种植林木，想尽各种办法阻止契丹铁

孝悌故事

辽人广泛接受了中原文化，并将之表现在壁画之中。此图绘一青年男子，拖一副竹担架，其后立二老者。内容是孝孙原毂故事，讲述原毂的父母嫌弃原毂的祖父年老体弱，想抛弃他。原毂虽然苦苦哀求，但未能改变父母的主意。祖父被父母扔到荒郊野外。原毂悄悄尾随，拾回抬祖父的担架。他父亲很诧异，询问原委，原毂道："将来父亲您老了的时候，这副担架便有用了。"父亲听了非常惭愧，遂接回祖父，用心侍奉。

骑的南下，而不再有锐意反击之举。

巾帼英雄萧太后

辽国有一种氏族外通婚的习俗，也就是本氏族的男子要到外氏族娶妻。与创立辽国的耶律氏世代通婚的是唯乙室和拔里氏二部族。耶律阿保机建立辽国之后，因为追慕汉高祖刘邦，便将自己的耶律氏改称刘氏。又认为唯乙室、拔里氏功劳极大，可比汉开国丞相萧何，遂将后族一律改称萧氏。萧氏与耶律氏世代通婚的习俗一直沿袭了下来，萧氏的女子都嫁给耶律氏，耶律氏的女子都嫁给萧氏。因此萧氏成为辽国仅次于耶律氏的势力。有辽一代，萧氏共有十三名皇后、十七位北府宰相、二十位驸马。

当时辽国主政的萧太后，是中国古代女性政治家、军事家的杰出代表。其执政后内平不服，亲征澶渊，展示了她的雄才大略。在用人方面，她唯才是举，使韩德让、耶律斜轸、耶律休哥等人尽其才。

萧太后萧绰，又称萧燕燕。她就是《杨家将》里面杀伐决断的萧太后的原型。她既是率领辽国军队与北宋在中原北部对峙的将领，又是一个清正贤良、深明大义、为辽国的发展做出重大贡献的女政治家。

萧绰是北府宰相萧思温的三女儿，小时候就显得与众不同。有一次她和两个姐姐一起扫地，她们都是胡乱应付，唯独萧绰很安静地把地打扫得一尘不染，于是萧思温高兴地说："此女必能成家。"969 年，耶律贤即位，是为景宗。萧绰也很快被立为皇后，但她父亲因贵族内部的矛盾又在此年被刺杀。残酷的权力斗争使年仅十七岁的小皇后萧绰受到了极大的刺激，迅速地成长起来。

穆桂英大破天门阵
相传萧太后曾在九天峪摆下天门阵，企图借此并吞中原。穆桂英挂帅出征，勇破萧太后。萧太后最后被迫承诺，为天下百姓计，两国息兵。

当时的辽国经过辽穆宗耶律璟的十九年残暴治理之后，国势大为衰落。辽景宗想要振兴辽国，但他的身体非常虚弱，于是便将希望寄托在了聪慧过人的皇后身上。萧绰开始辅助景宗治理国家，推行全面的改革。在景宗的支持下，萧绰得到了充分发挥政治才能的机会，并得到了群臣由衷的钦佩和忠诚。景宗也常对大臣们说："你们凡是写到皇后的讲话，也要用'朕'字，这可要作为一条法令定下来！"可见萧皇后那时就已初步显露出了政治才干。

辽景宗逝世以后，萧太后虚心依靠将领，任用汉人不加怀疑。她制定了重视农耕、减轻农民赋税的政策，教育儿子辽圣宗耶律隆绪要虚心学习中原文化。在她的教导下，辽圣宗能写出"乐天诗集是吾师"的诗句，还能用契丹文翻译白居易文集，并与臣下共同欣赏。辽圣宗还喜欢读《贞观政要》这部书，从中吸取治国的经验。

而在军事上，萧太后也有卓越的战功。除去这次击败宋军外，后来还以年过半百之躯亲征北宋，迫使宋朝与辽国签订了"澶渊之盟"。按照约定，北宋每年要向辽国交纳岁币三十万。自此以后，辽国在享受多年和平的同时，也凭空得到了一大笔财富，从而有力地促进了辽国经济与社会的发展。

名家评史

把游牧民族看成可以单独靠牧业生存的观点是不全面的。牧民并不是单纯以乳肉为食，以毛皮为衣。由于他们在游牧经济中不能定居，他们所需的粮食、纺织品、金属工具和茶及酒等饮料，除了他们在大小绿洲里建立一些农业基地和手工业据点外，主要是取给于农区。一个渠道是由中原政权的馈赠与互市，一个渠道是民间贸易。

——费孝通《中华民族的多元一体格局》

宋辽之间的和平

在 1005 年"澶渊之盟"订立的时候，寇准估计最多可以保持几十年的和平，结果两国长期和平共处，直到最后宋朝毁约联金攻辽，和平时期长达一百多年。宋、辽两国后来的文书往来一律不称国名，而是互称南北朝。宋称南朝，辽称北朝。宋、辽两国已经互相承认都是中国的一部分，并保持了对中国文化的一致认同。

本来辽国内部对于是否与宋朝对峙就有争议。述律太后（耶律阿保机的妻子）不主张深入汉地南进中原，愿在本土和北方游牧民族中实行统治，而辽太宗耶律德光主张南进。947 年，耶律德光出兵占领了开封。因辽军四处掳掠，给人民带来了深重的灾难，中原军民奋起反击，到处袭击辽兵，夺回了不少被侵占的城镇，使辽军无法立足。耶律德光叹息说："想不到汉人这样难对付！"他被迫后撤，死于北返途中。述律太后就说："等待本土各部恢复到过去的强盛时，再葬你入土。"她责怪耶律德光倾国南伐，耗竭财富，造成本部落不安。

"澶渊之盟"签订后，辽国的主战派也意识到宋朝拥有强大的实力，难以攻下。同时他们也逐渐认识到和平发展的好处，认识到汉人在经济与文化发展上所起的重大作用，于是就有计划地笼络燕地汉人韩、刘、马、赵四大家族，给以特权，帮助他们治理地方。韩德让就是其中的代表人物。随着经济的发展，契丹人就不再试图通过掠夺来积累财富。

而宋朝对辽国的看法也发生了改变。韩琦认为："契丹据有大漠、辽东和整个燕地数十个郡县，东边的高丽和西边的西夏都臣服于他们。自五代到现在，一百多年了，与中原抗衡，越来越兴旺。从高层次的文化事业到日常生活习惯，尽是模仿汉人。"富弼也说："自契丹侵取燕蓟以北，……其间所生豪英皆为其用。得中国土地，役中国人力，称中国位号，仿中国官属，任中国贤才，读中国书籍，用中国车服，行中国法令……皆与中国等。而又劲兵骁将，长于中国。中国所有，彼尽得之；彼之所长，中国不及。"虽然富弼的话有些夸张，但也说明了契丹已经高度汉化，而且在很多方面不亚于北宋。

辽兴宗耶律宗真精于绘画，他曾经自绘一幅肖像送给宋仁宗，请宋仁宗回赠他一幅真容，以增加兄弟情谊。等到宋仁宗的画像送到时，辽兴宗已去世，辽道宗耶律洪基继位，他就把宋仁宗的真容和辽兴宗的画像挂在一起。辽道宗即位之初，宋廷派大学者欧阳修前往祝贺，辽国举国轰动。辽道宗组织满朝官员热情接待，宾主尽欢。他自己在接见欧阳修时还发了一个宏愿："如果人生有轮回，愿后世生在中国。"而宋仁宗驾崩的讣告送到辽国时，辽道宗竟然痛哭流涕。

侍者进食

此为一辽国的汉人官员墓葬的壁画。在此画中说明当时有契丹下层民众为汉人中的贵族阶层服杂役的情况。

与西夏的战争

宋辽实现了相对和平，但辽国与西夏又爆发了战争。本来辽国极为重视与西夏的关系，早在1031年辽兴宗耶律宗真即位之初就把兴平公主（辽兴宗的姐姐）许配给李元昊，但夫妻二人关系一直不睦。后来兴平公主病重，李元昊仍然不闻不问。直到公主病死，李元昊才向辽国通报此事。辽兴宗闻讯大怒，当时就派使者持诏质问李元昊。李元昊由于正在全力攻宋，就贡献财宝讨好辽兴宗，但矛盾仍未化解。

男女侍

图中的人物与中原相差无几。辽国认为自己承袭了中原文化，与宋朝是平起平坐的大国，而西夏只是一个缺乏教化的小国，这是双方屡屡发生冲突的重要原因。

自从1042年北宋答应每年增加二十万岁币之后，辽国就劝阻李元昊不要伐宋。因此李元昊非常不满。夏辽两国又因边境地区的党项部落归属问题发生争执，最后发展到李元昊劝诱辽国的党项人叛逃，辽国派使臣令李元昊归还，元昊不从，双方关系破裂。

1044年五月，辽国党项部落叛乱，李元昊派兵救援，杀掉了辽国的招讨使。辽兴宗大怒，在国内征调人马，准备亲征西夏。西夏也加快了与宋朝的和议，不再一味加码，最终达成了向宋朝称臣，但宋朝每年要给岁赐"银、绮、绡、茶二十五万五千"的和议，也开始进行与辽国的战争准备。

1044 年十月，辽夏战争爆发。辽兴宗亲自率领十万精兵攻打西夏，开始节节胜利，西夏连吃败仗。后来李元昊实行坚壁清野的政策，沿途的房屋和粮草被全部烧毁，水井也被全部填埋。但根据辽国的军事制度，士兵作战时一律自备鞍马兵器、自带粮饷食品，进入敌境后士卒靠四处抢掠，自筹给养，这种筹措粮草的办法被称之为"打草谷"。然而辽国十万大军这次却无法借粮于敌，以战养战，失去了后勤保障，人粮马料皆成大问题，因此战斗力大减。

这时候李元昊又派人"请降"，辽国君臣正在大营计议，李元昊忽然发起猛攻，直袭辽军中军大营，却被打得大败。辽军正待追击，忽然天起大风，风沙吹向辽军。辽人崇拜神灵，迷信鬼神。大风一吹，兵将皆心惊肉跳，一时军中大乱。但西夏军队早已习惯了风沙，李元昊立即命令反攻，攻破了辽军中军大营。辽军溃败，辽兴宗本人与数十骑勉强逃脱，差点成为这位姐夫的阶下囚。此次大战，发生于河曲（今内蒙伊克昭盟），故称"河曲之战"。但西夏迫于辽国的实力，派使与辽国讲和，并送回西夏军俘获的辽国驸马等贵族大臣。但辽人害怕宋朝人知道后耻笑，还在幽州等地大贴告示，夸耀大败了西夏军队，李元昊被迫服输纳贡。

更有意思的，辽兴宗败后仓皇逃命，其身边有个名叫罗衣轻的伶人，趁着辽兴宗驻马休息时，还故意说："陛下您看看鼻子还在吗？"当时西夏还保留浓厚的原始社会遗风，总是割掉俘虏的鼻子再放归。辽兴宗本来就很不高兴，听到罗衣轻这样说后，怒上心头，命令卫士把罗衣轻杀了。时为太子的辽道宗耶律洪基急忙劝解道："插科打诨的不是黄幡绰。"（黄幡绰是唐朝有名的伶人）罗衣轻不肯认错，继续拿辽兴宗找乐，顺口接声："领兵打仗的也不是唐太宗。"辽兴宗闻言之后也忍不住笑了起来，就放过了罗衣轻。

辽国的灭亡

辽国在建立城市后，皇族仍保持着渔猎骑射的传统。皇帝在四季都出外游猎，其行称为捺钵。"捺钵"是契丹语，汉译为"行营""行宫"。在春捺钵捕杀野鸭、大雁和凿冰钩鱼，夏捺钵在避暑胜地放鹰，秋捺钵猎鹿、熊和虎，冬捺钵在永州（今辽宁西拉木伦河与老哈河汇合处）猎虎。捺钵也是政治活动的中心。皇帝在夏捺钵和冬捺钵与大臣会议国事，在春捺钵会见各族首领，招降纳贡，安抚各部。

在春捺钵的重要活动是钩鱼和举行头鱼宴。头鱼宴有点类似于汉族的尝新（庄稼收获时所进行的庆祝活动）。这时虽然春天已经来临，但东北的江面还结着厚厚的冰。他们先在冰面上搭起帐篷，凿开几个冰眼，其中中间的冰眼凿透用以钩鱼，外围的不凿透，用以观察鱼的动静。而生活在附近水中的

贵族妇女像
此幅壁画中的贵族妇女所梳发髻的正面上下对插两把发梳，佩金钗，端坐于高背椅上，面前置条案，上有展开的经卷。此女仪态典雅贤淑，颇有唐人风范。这也反映了辽人对唐朝的向往。

鱼已经感觉到春天的来临，便重新活跃起来。为了呼吸空气，它们一般都会游到凿开的冰眼去。鱼将到时，观察人告诉皇帝，皇帝就到中间的冰眼用绳钩掷鱼。钩得的第一条鱼叫作头鱼。得头鱼后，皇帝要举行头鱼宴。这时东北各部首领及在千里之内者皆要朝见进贡。但这种忠诚关系并不紧密，而且随着辽国实力的变化而忠叛不定。

到了 1112 年春捺钵时，辽国最后一个皇帝天祚帝耶律延禧在酒席间要求各部首领们依次歌舞。但女真族首领完颜阿骨打"端立直视，辞以不能"，劝者再三，执意不从，致使宴会不欢而散。本来天祚帝要处死他，不过有大臣担心会就此激起已经很强大的女真部落的反抗，就劝阻了天祚帝。

但这时辽国由于政治腐败、佛事浪费等原因，国力已经相当虚弱。例如圣宗时期曾数次禁止私度、滥度僧尼，乃至裁汰僧尼。这表明当时辽国境内佛教的急剧发展，已到了国家难以控制的程度。但这种状况一种没有得到改变，辽道宗耶律洪基曾经在一年之内饭僧三十多万，懿德皇后一次施给寺院十三万贯钱。一贵族用自己的宅院建立寺院，并捐出田地百顷。在这种风气影响下，民众也纷纷施舍。一时之间，辽国佛教大盛，但也造成国力空虚，以至后人认为辽亡于佛。

女真族首领完颜阿骨打回到自己的部落之后，就于 1114 年对辽国发动了进攻，这时候辽国已经十分衰败，再加上内部的分裂，根本抵抗不住女真部

青白瓷观音

这是辽代一塔基出土的青白瓷观音。其面容端庄娴雅、神情慈穆，气度不凡，俊美中蕴含着睿智英气，给人以亲切、信赖的道德力量的感染。不过虽然观音被誉为辽国的保护神，但也挽救不了辽国灭亡的命运。

落的进攻。而在这时，宋朝又加入其中，不但不施以援手，而且还派兵攻打辽国。虽然宋朝的进攻被击退，但也消耗了辽国的力量。1125 年，天祚帝耶律延禧被俘，辽国灭亡。

辽国余绪西辽政权

西辽（1132 年—1218 年），亦称黑契丹。辽国贵族耶律大石在辽国覆亡前夕，召集残部出走，以图光复辽国，但迫于金朝的强盛，只能向西发展，后建立了西辽。西辽先后降服诸国包括喀喇汗王朝，定都虎斯翰耳朵（今吉尔吉斯斯坦托克马克，即唐代的碎叶城，也就是唐朝大诗人李白的出生地），一时成为西域强国，直到 1218 年被成吉思汗的蒙古帝国灭亡。

西辽的建立结束了西域各国内部纷争不已和相互之间侵袭的局面，使这一地区的社会秩序空前安定。西辽统治者以中原儒家思想作为指导，轻徭薄赋，促进了当地的经济发展。难能可贵的是，西辽统治者还实行宗教宽容政策，萨满教、佛教、景教、犹太教、伊斯兰教文化都得到很好的发展。

西辽文化方面最突出的贡献就是在西域地区传播了中原的汉文化，是汉、唐之后汉文化向西域传播的又一个新浪潮、新高峰。耶律大石本身就接受过汉族的文化教育，并于 1115 年考中辽国的进士，取得殿试第一名，后来当上了翰林承旨。契丹语称翰林为林牙，所以人们称他为大石林牙，或林牙大石。建立西辽时，耶律大石尊号为天志皇帝，建元延庆。后来的皇帝实行汉文年号，采用汉语为官方语言。蒙古西征时，随成吉思汗来到这里的耶律楚材就说，耶律大石"颇尚文教，西域人至今思之"。在生活习惯上，耶

契丹贵族休息图
此图描写的是契丹贵族的生活场景。前一部分许多骑士或立或坐，等待着支起帐篷，马上的猎物也还未曾卸下。后一部分为观舞，一人在乐器的伴奏下跳起民族舞蹈，贵族席坐地上，从者侍立周围。

律大石除中国丝绸外，不穿别的衣服。末代公主在出嫁时还坚持"按照汉女的习惯"梳妆。

耶律大石西征的军队中有大批汉人，当时有人在撒马尔罕（今乌兹别克斯坦撒马尔罕）见到"汉人工匠杂处城中"，在农村也有汉人，或为地主，或为农民。这应是耶律大石军中汉人的后代。他们与契丹人一起在传播汉文化方面起了很大作用。当时伊犁河谷地区居民"以瓶取水，戴而归。及见中原汲器，喜曰：'桃花石诸事皆巧。'桃花石，谓汉人也。"可见当地传入了不少汉人的先进技术。在建筑和造型艺术方面，当地也受到汉文化的很大影响。汉人的建筑技术和材料例如瓦、方砖、灰色的半圆瓦、火炕式的取暖系统得到广泛使用。在汉族文化的影响下，"回纥与汉氏杂居，其俗渐染，颇似中国"。

辽汉之间

契丹部落与中原地区很早就有了交往，周围的其他少数民族也有着和汉族交往的历史。再加上辽国社会发展程度较高，有着较多的农业生产，因此

历史细读

在喀喇汗王朝诸大汗铸造的钱币上，常有"秦之王"等称号。"秦"是当时中亚地区对中国的称号。据《突厥语大词典》的解释，秦分三部，上秦即宋，中秦为契丹，下秦即喀喇汗王朝。《宋史·回鹘传》说："先是，唐朝继以公主下嫁，故回鹘世称中朝为舅，中朝每赐答诏，亦曰外甥。五代之后皆因之。"喀喇汗人的《福乐智慧》以及《突厥语大词典》也是中华文化宝库中的瑰宝。

比较广泛地吸收了汉族文化，形成了独具特色的文明。由于辽国政权大力吸取并传播中原文化，所以古代西方人就曾认为辽国才是中国的主人，以契丹代称中国。

南院大王与北院大王

契丹政权建立之后，由于中原战乱，很多汉人来到辽国境内，辽太祖耶律阿保机很早就效仿中原体制，修建了一座城池，号为汉城，安置这些汉人，又仿照幽州的官制任命各部官员。后来逐渐发展成辽国的两部制："官分南、北，以国制治契丹，以汉制待汉人。""北面治宫帐、部族、属国之政，南面治汉人州县、租赋、军马之事。"这实际上是辽国统治者根据游牧民族和农业民族的不同特点，分别设置国家机构进行统治。在这种体制下，北方各部所在地区用契丹文处理政务、记录文件，而南方（汉人）地区既用汉文又用契丹文。南面的政府体系，它的许多官员，尤其是中下级官吏，都是汉人。汉人家族在幽州城中占据很重要的地位，但重大决策的权力尤其是军权，仍然掌握在皇帝以及契丹人手中。

918年，耶律阿保机下令建造一座规模宏大的都城，后来被称为上京。但有了固定的都城并不意味着就具备像中原王朝那样拥有固定官署与宫廷的永久性政府组织。相反至少在辽国早期，皇帝的住处仍然不是宫殿，而是临时搭设的营帐。

辽国于988年举行首次科举考试，但时兴时废，考试的内容也很不规范。例如辽圣宗游猎，曾一箭射中三鹿，科举考试即以"一箭贯三鹿"为题。而在1036年，考生必须以《日射三十六熊赋》为题写作他们的文章。辽国统治者不许契丹人参加科举，以保持他们骁勇善战的传统，后来才放开了这一政策。有辽一代，参加科举考试的主要是汉人。但辽国汉人高级官员的儿子和孙子们更多的是通过世袭获得权力，例如一度成为辽国最有权势的汉人韩德让的祖父韩知古是中书令，其父亲韩匡嗣担任过枢密使。这一做法同契丹人职位世袭的传统做法相符。

辽国与汉族文化

契丹与汉人很早就有了较多交流。特别是唐末以及五代中原的战乱，使大批的汉人流入辽国，汉人竟然占到辽国都城人口的三分之一。这样就造成了一种特殊的现象，辽国虽然为少数民族政权，但汉人占相当大比重。而辽国统治者也努力学习汉族文化，掌握中原地区的政治文明。辽太祖阿保机在修建都城的同时，就修建了孔庙以及佛寺、道观，并亲自拜谒孔庙，

汉族与契丹官员像
第一个文官为汉族，身穿汉式官服，应是当时辽南面官的汉族官员。第二个文官为契丹人，服饰与北宋文官相似，这反映出契丹人的汉化程度已非常之高。

表示了对儒学的重视。都城也是完全按照标准的汉式设计，建立了城墙、城门、街衢、宫殿、官署、寺庙、驿舍等。1027 年，一部基于唐律的汉式法典被下令编纂修订，该法典也适用于契丹人。辽国皇帝和契丹大臣们能够直接阅读汉文的儒家经典。而辽国的外交使节到了宋朝，双方人员全是用汉语交谈，就是辽国民间市场也用汉语。辽国甚至还冲破宋朝的禁令封锁，弄到宋军的火药配方，并在燕京大规模检阅，给当时的宋朝君臣以不小的震动。

特别是 938 年夺取幽云十六州后，辽国汉人的数量就超过了契丹人。而汉人的文化又远远高于契丹人，所以辽国虽是契丹人统治的国家，却很快接受了汉人的语言文字及风俗习惯。后来不少契丹人都以中原文化的继承者自居，成吉思汗时期的耶律楚材就是典型一例。

契丹政权趁着中原战乱，先后从太原和开封取得了以前王朝的书籍、地图、历象、仪器、乐谱、宫中乐器、皇帝出行的法物以及铠仗，甚至包括刻在石头上的经书。他们就自豪地宣称："秦汉以来，帝王文物，尽入于辽。周、宋按图更制，乃非故物。"辽国君臣更在族源等方面制造舆论，自称契丹本是炎黄之后，同属华夏一脉。辽代史学家耶律俨在其主编的辽国史《皇朝实录》中就称"辽为轩辕后"，即认为辽人是黄帝的后代。

自然辽国也吸收了其他民族的优秀成果。室韦、渤海的冶铁技术传入契丹，经过各族人民的共同创造，生产出著名的镔铁。辽国的马鞍，被宋人称为"天下第一"。而汉族的制瓷技术也传入了契丹，辽国瓷器生产颇为发达，

辽人饮茶图

随着辽汉各民族之间的交往，辽人也开始饮茶。这幅图就描写了辽人备茶的情景。图中有煮茶、盛茶的工具。大概是为一位贵人，气氛略显紧张，而几个小孩从柜后伸出头来，更加重了这种气氛。

质地、色彩和形制都具有特色，鸡冠壶、长颈瓶、袋形壶等是辽瓷中最有代表性的产品。

辽国在吸收中原的思想体系与其他民族的文化的同时，也极力维护和发展契丹文化。与鲜卑和拓跋这样的早期征服者不同，耶律阿保机下令创立一套本民族的文字。920 年，契丹人在汉族知识分子的帮助下，借鉴汉字，创造了数千个契丹文字，是为契丹大字。契丹人从此有了自己本民族的文字，结束了结绳刻木记事的历史。925 年，他们又借鉴回鹘文字，在原有文字的基础上，发明了第二种文字，即契丹小字。

在拥有自己的文字后，契丹人根据统治的需要翻译了一部分汉文著作。除了法律和医学著作以外，还有《旧五代史》等历史著作被翻译过去，这些史书描写的时期正是契丹人兴起的时期。另一部重要译著是《贞观政要》。这部唐太宗与大臣们之间的答问录提供了一套有关唐代治国方略的生动指南。由于它的政治风格和讲求实效的内容，再加上少数民族统治者对唐太宗的崇拜，使得这本书极受欢迎。因为虽然唐朝统治者起初包含了突厥的成分在其中，但最终唐太宗成为天可汗，在汉族和少数民族中间确立了巨大的声望。

双猴绿釉鸡冠壶

鸡冠壶为辽墓出土。此类壶是契丹民族特有的生活器皿，仿皮囊容器的模式，游牧民族用它来装水与酒。技术是从中原引进的，但外形却颇具游牧民族特色。

定窑白釉童子诵经壶

此壶在辽国所建净光塔出土。这是宋朝定窑所产瓷器，被辽人收藏。瓷童躯体中空，头顶有孔为入水口，牙笏为流，背后有柄，设计新颖奇特。

基于这个原因，这本书后来还被译成西夏文、女真文和蒙古文，几个世纪后又被译成满文。

在此基础上，辽国成为当时多民族文化交流的中心之一。五代十国时期，辽与后梁、后唐、后晋等都有贸易往来，与南方的吴越、南唐也通过航海往来使臣、交换商品。"澶渊之盟"后，宋辽实现了相对和平的局面，先后在边地州军设置榷场，进行边境贸易。辽国卖给宋朝的商品主要是羊、马、珍珠和镔铁刀，自宋朝输入的商品有茶叶、药材、丝麻织品、漆器、瓷器、铜钱、香料以及印本书籍。上京城的南门之东有回鹘营，是回鹘商贩的住地。西夏、吐蕃、高昌和中亚等国也经常有使臣往来和贡献物品，并交换畜产和手工业品。日本的僧人和商客也来到辽国交易货物。

统治延续了两个多世纪的辽国实际上只控制了中原边缘地区，但其疆域十分辽阔，东濒太平洋，西至额尔齐斯河上游，北至外兴安岭和贝加尔湖一线。再加上他们又极力学习中原文化，在传播汉文化方面起了很大的作用，古代西方人就以为横跨东西的契丹是中国的真正主人。因此在阿拉伯文献中常把北中国称为契丹，而在俄语、希腊语和中古英语中则把整个中国称为契丹。

宋 朝

南北对峙　繁荣风流　终沦敌手

　　谈论宋朝，就不能不提到《清明上河图》。这幅数米长的巨幅画卷展现了北宋都城开封繁忙的交通运输、街头市肆的买卖盛况。舟楫、屋宇、店铺、地摊、酒旗、车马、行人历历在目，汴河两岸的繁华跃然纸上，展现出宋朝都城的磅礴气势和繁盛景象。历代王公贵族无不被画中梦幻般的繁华祥瑞及闲适优雅所迷醉，争相收藏《清明上河图》。时至今日，《清明上河图》仍不断勾起人们对宋朝之盛世景象的追忆。

　　可惜的是，《清明上河图》中的开封早已埋没在地下数百年，只有至今屹立的铁塔和开封市民的闲适生活在提示着古今的时空联系。随着厓山之战的惨败，宋朝的繁华也随风而逝，后人也只能通过《清明上河图》这些历史的残片来追忆那个繁荣的时代。如果要用一个词来形容宋朝，那就是"梦华"，虽然繁华一时，却脆弱不堪，追之忆之恍如梦境。

　　960年，赵匡胤在陈桥驿发动兵变，黄袍加身，建立了宋朝，从此结束了中原地区多年的战争，实现了初步的统一，经济社会也开始得到发展。在这种情况下，开封、杭州先后成为当时世界上最繁华的都市。市民阶层迅速壮大，市民生活也显得闲适与富足。绘画、书法、诗词均有较大的发展，涌现出了苏轼、李清照、辛弃疾等杰出的文学家。同时，活字印刷术得到发明，指南针广泛应用于航海，火药开始大规模用于战争。而这些技术先由阿拉伯人掌握，后来传到欧洲人那里，为欧洲由中世纪向近代发展提供了必不可少的技术支持。

但繁华的背后也隐藏着若干危机。为了发展经济，自然资源过度被开发利用，北宋的开封城就出现了燃料危机。而比生态压力更为严重的则是少数民族的威胁。辽国屡次南下，最后于 1005 年与宋朝签订了"澶渊之盟"。其中规定，宋辽为兄弟之国，但宋朝需要每年向辽国支付三十万岁币（后增加到五十万岁币）。李元昊也于 1038 年建立了西夏政权。在几次战争之后，宋夏签订和约，西夏向宋朝称臣，但宋朝也须每年向西夏支付岁币。

之所以出现了这种局面，是因为少数民族在广泛吸收中原文化之后变得更加强大，且与宋朝的重文轻武政策有关。宋朝建国后逐步削弱军事将领的权力，实行重文轻武政策，形成了皇帝"与士大夫共治天下"的局面。但由于庞大的军队及日益增多的政府冗员，积贫积弱问题开始出现。王安石于 1069 年开始变法，虽收到了一定成效，但未从根本上解决问题。

到了 12 世纪，崛起于东北的金国在灭掉辽国之后，又将矛头对准了北宋。1126 年，金兵攻下了开封，并于 1127 年掠宋徽宗、宋钦宗北上，是为靖康之耻。宋宗室赵构建立了南宋，凭借长江天险与金国对峙。宋金互有攻伐。主战派岳飞被迫害致死，而张浚北伐以及韩侂胄北伐均告失败。直到金朝灭亡后，宋朝才趁机收复了河南地区。但蒙古军队也蓄谋南下，宋蒙战争爆发。

南宋的坚固城防、江南崎岖不平的地形使蒙古在欧亚大陆上所向无敌的骑兵难以发挥用武之地，蒙古大汗蒙哥也丧命于钓鱼城下。后来蒙古军队发展出自己的水军，在来自西亚的回回炮的支持下，攻破了围困数年的襄阳城。1276 年，宋帝出降，元军攻占临安。部分南宋大臣先后拥立赵昰、赵昺为帝，在沿海一带流亡。1279 年，元军与南宋流亡小朝廷决战于广东厓山。同年二月初六，陆秀夫背着年仅九岁的赵昺投海殉国。次日元军清理战场，海上浮尸十万余具。宋朝至此灭亡。

闲看儿童捉柳花

大宋仪仗：太平初定

徽宗听琴：荒废国事

南宋长城：故土难复

清明上河图：如梦繁华

北宋世系：太祖赵匡胤 >> 太宗赵炅（赵光义）>> 真宗赵恒 >> 仁宗赵祯 >>
　　　　　英宗赵曙 >> 神宗赵顼 >> 哲宗赵煦 >> 徽宗赵佶 >> 钦宗赵桓
南宋世系：高宗赵构 >> 孝宗赵昚 >> 光宗赵惇 >> 宁宗赵扩 >> 理宗赵昀 >>
　　　　　度宗赵禥 >> 恭帝赵㬎 >> 端宗赵昰 >> 帝昺赵昺

宋朝大事一览表

时　间	事　件
960年	后周禁军将领赵匡胤发动陈桥驿兵变，宋朝建立。
961年	为消除将领兵变危险及避免藩镇割据的局面，赵匡胤杯酒释兵权，开始削弱军事将领的权力。
965年	宋灭后蜀。
976年	赵匡胤突然死亡，其弟赵光义继位。
977年	宋廷组织人力编纂《太平御览》。
979年	北宋灭掉北汉，结束了五代十国的分裂局面。 宋攻辽，宋军大败于高粱河，宋太宗腿部中箭，乘驴车而逃。
986年	北宋试图收复幽云十六州，遭到惨败，杨业死节。从此北宋再也无力向辽国发动进攻。
993年	王小波、李顺在四川发动起义，提出"均贫富"的主张。
1004年	辽大举攻宋，在寇准的坚持下，宋真宗御驾亲征。
1005年	宋军在澶州击退辽军，签订"澶渊之盟"，约定辽宋为兄弟之国，宋国每年向辽国交纳三十万岁币。
1008年	宋真宗制造天书骗局，并改元"大中祥符"。 宋真宗封禅泰山。
1015年	丁谓运用统筹方法，修复失火宫室。
1023年	宋朝设立益州交子务，首次由中央政府发行纸币。
1041年—1043年	宋军先后遭受好水川以及定川寨数次惨败。
1041年—1048年	毕昇发明活字印刷术。
1043年	范仲淹主持庆历新政，改革吏治。
1045年	庆历新政失败。
1047年	士兵王则发动兵变，占领贝州，建国号安阳。
1052年	壮族首领侬智高起兵，围困广州。
1053年	狄青夜袭昆仑关，击败侬智高。
1063年	濮议之争。
1069年	为了改变北宋积贫积弱的局面，特别是解决财政危机，宋神宗任王安石为相，开始变法，但遭到了保守派的强烈抵制。
1076年	王安石第二次罢相，从此退出政坛。
1079年	苏轼因遭御史弹劾，被关入狱，是为乌台诗案。
1086年	司马光尽废新法。
1086年—1093年	沈括创作《梦溪笔谈》，反映了北宋的科学发展水平和他自己的研究心得，被誉为"中国科学史上的坐标"。
1102年	宋廷立"元祐党人碑"，书反对变法的大臣姓名于其上。
1103年	李诚编修的《营造法式》刊行全国，这是中国古代最完整的建筑技术书籍。

时　间	事　件
1111年	宋朝开始筹划联金灭辽。
1117年	宋徽宗开始修建艮岳，始开花石纲。
1120年	江南民众不堪官府花石纲侵扰，方腊起义爆发。
1125年	金灭辽。金国开始进攻北宋。
1126年	金军攻破开封城。
1127年	金灭北宋，宋徽宗、宋钦宗及宗室被掠。
1129年	赵构为躲避金军的攻击，在海上飘荡数月。
1130年	黄天荡之战，金军被韩世忠带领的南宋水军围困四十余天。 钟相、杨幺起义，提出了"等贵贱，均贫富"的口号。
1131年	杨幺部队俘获高宣，起义军开始建造车船，对付官军。
1132年	军事专家陈规发明世界上最早的管型火器，并投入实战。
1142年	因反对议和及遭皇帝猜忌，主战的岳飞被害。 宋金和议签订，宋向金割地称臣。
1161年	李宝利用火箭射击金军战船，以三千人击溃了金人六万人的船队，火药武器开始应用于水战。 虞允文在采石矶击败完颜亮的渡江部队。完颜亮被乱兵所杀，南宋转危为安。
1162年	辛弃疾以五十名骑兵突袭金营，生擒叛徒，以归南宋。
1163年	张浚北伐，历经二十余天而败。
1194年	绍熙政变，宋光宗被太皇太后和大臣联合推翻。
1196年	御史沈继祖上书弹劾朱熹，朱熹呈上《谢罪表》。
1204年	岳飞被追封为鄂王，南宋开始为北伐做舆论准备。
1206年	在韩侂胄的推动下，南宋北伐。
1208年	宋金嘉定和议签订，规定宋朝每年交纳岁币六十万，另付犒军费三百万。
1210年	爱国诗人陆游抱着"但悲不见九州同"的遗憾去世。
1231年	拖雷袭击宋境，迫使南宋借道，以绕道进攻金国。
1233年	南宋联蒙攻金。
1234年	宋将取金哀宗骸骨而还，宋理宗以此告祭祖先。 宋蒙爆发战争。
1247年	宋慈发表《洗冤录》，这是世界上现存的第一部系统的法医学专著。
1253年	忽必烈革囊渡江，奇袭大理，完成了对南宋的包围。
1259年	蒙古大汗蒙哥在南宋钓鱼城下战死，三路伐宋蒙古大军撤退。
1273年	元军在回回炮的协助下，攻下了襄阳、樊城。
1276年	元军逼近临安，南宋朝廷投降。
1279年	崖山海战爆发，陆秀夫背负赵昺投海而死。南宋灭亡。

宋朝的历史轨迹

1275 年，元朝大军逼近临安，南宋朝廷抵挡不住，遣使请和，却遭到元军统帅伯颜的严词拒绝："你们宋朝从小孩子手中得到了天下，也在小孩子手中失去天下，这就是天意，你不要多说了！" 1276 年春，元军攻占临安。1279 年，张弘范统率元军在厓山击溃南宋舰队，南宋丞相陆秀夫抱着年仅九岁的赵昺跳海自杀。这个曾经繁荣一时的王朝就此云消雾散。

"得国由小儿，失国由小儿"。这本是伯颜拒绝宋朝使者的外交辞令，但在某种程度上符合宋朝的史实。赵匡胤从后周朝廷的寡妇孤儿手中夺走了江山，建立了宋朝，但是由于担心其统军大将采用同样的手段篡位，于是采取了重文轻武的政策。此时北方的少数民族不断崛起，对宋朝构成了重大的威胁。宋朝先是支付岁币以求得一时的平安，然而少数民族政权在中原文化的影响下，已有入主中原、成为汉家天子的壮志。后来北宋被金国所灭，而南宋则在强大的元朝的持续攻打下也悲壮地灭亡了。而这一切都要先从陈桥驿兵变说起。

名家评史

（赵匡胤）召（赵）普问曰："天下自唐季以来，数十年间，帝王凡易十姓，兵革不息，苍生涂地，其故何也？吾欲息天下之兵，为国家长久之计，其道何如？"普曰："其故非他，节镇太重，君弱臣强而已矣。今所以治天下，无他奇巧也，惟稍夺其权，制其钱谷，收其精兵，天下自安矣。"

——《续资治通鉴长编》卷二

初平天下

赵匡胤通过陈桥驿兵变夺得了政权，建立了宋朝，并通过一系列改革措施，大大加强了宋朝专制主义中央集权制，形成了统一的政治局面。

黄袍加身

960年正月初一，河北镇、定二州突然传来北汉勾结辽国大举入侵的急报。后周朝廷就匆忙派遣殿前都点检赵匡胤率军迎敌。而在这个时候，京城开始流传一种说法，认为出师之日就是赵匡胤当皇帝的日子。由于前几次武将夺权都对京城进行了大肆抢掠，很多富人就带着家眷到外地避难。唯一不知情的就是年仅七岁的后周恭帝，以及他二十多岁的继母符太后。他们甚至还为赵匡胤置酒送行。万万没有想到，这个重臣在几天之内就将他们取而代之，成为皇宫的新主人。

正月初三下午，赵匡胤率领的主力军队到达距离开封城仅数十里的陈桥驿（今河南封丘陈桥镇），并在此夜宿。据说这晚赵匡胤喝多了酒，在帐中沉睡。而赵匡胤的亲信聚在一起，对士兵们说道："主上幼弱，未能亲政。今我辈出死力为国家破贼，谁则知之？不若先立点检为天子，然后北征未晚也。"于是他们立即派人通知留守开封的大将石守信、王审琦做好内应。

第二天天刚亮，部分将士就手持兵器，冲入帅帐，振臂高呼："大军无主，愿立点检为天子！"有人把早已准备好的黄袍披在赵匡胤的身上。然后大军回城，迅速控制了京城。后周宰相范质虽心有不甘，但见大势已去，只得率百官臣服。赵匡胤接受禅让，但发现没有禅让诏书，翰林学士陶穀立即从袖筒中拿出早已拟好的禅让诏书。赵匡胤在殿下拜受后，登殿即皇帝位，改年号为建隆，是为宋太祖。太祖即位后，封恭帝为郑王，迁居西京，其后代也受到宋朝历代皇帝的照顾，并授丹书铁券。

这次兵变应该是唐末乃至五代武将篡权的继续，也是必然之事。自东汉灭亡以来，曹魏代汉、司马氏代魏、八王之乱、南朝兵变、杨坚篡权、玄武门之变、安史之乱、藩镇割据、五代十国这些活生生的史实，让皇权"有德者居之"在很大程度上成为一句空谈。"天子宁有种耶？兵强马壮者为之尔"成为众多有野心之人竞争皇位的真实想法。如果是突然兵变，那么乱军之中怎么会有一件早已准备好的黄袍呢？正如有诗云："黄袍不是寻常物，谁信军中偶得之？"但赵匡胤却要为这次夺权披上一层温情脉脉的面纱。他和柴荣曾经拜天祭地、称兄道弟，从昔日并肩作战的兄弟的孤儿寡母手中夺过天下大权，于情于理都说不过去。于是赵匡胤就将各种"神迹"附于其身，企图让人相信他当上皇帝是天命所归。

赵匡胤

赵匡胤（927年—976年）出生在一军人家庭，因其作战勇猛、战功卓越，三十二岁的时候就当上后周朝廷的禁军将领，后来建立宋朝，开启了中原地区一百多年的和平。

赵匡胤当上皇帝之后，很多关于他是真命天子的说法便流传开来。比如说赵匡胤出生时体有异香，三日不散。还有一种说法，赵匡胤、赵光义兄弟幼时随母亲杜氏逃避战乱，因他们年纪很小，便被杜氏放在箩筐里担着走。当时名气极大的道士陈抟见到了，开口吟道："谁说当今无真主（真龙天子），两个天子一担挑。"就在陈桥驿兵变的前一天晚上，赵匡胤的谋士苗训告诉周围的人，他发现天有二日的奇观，并说两日相搏必有新王兴。小太阳代表的就是小皇帝柴宗训，大太阳代表的就是赵匡胤。实际上天有二日完全是荒诞无稽的谎言，苗训煞有介事地编造这个神话，就是要在人们心中留下赵匡胤即位是顺应天命的印象。

酒宴与兵权

赵匡胤在若干统军大将的拥护下即位称帝，但完成了由大臣到皇帝的转换以后，他就开始考虑两个问题：一是如何重建中央集权的专制统治，使唐末以来长期存在的藩镇跋扈局面不再继续；二是如何使赵宋王朝长期巩固下去，不再重蹈以前五个短命而亡的王朝的覆辙。

961年，赵匡胤借宴饮之名，召集拥戴他称帝的禁军高级将领石守信、王审琦等人宴饮。席间他以"君臣两无猜疑，上下相安"为由，以赏赐良田美姬为诱饵，逼迫诸将交出兵权。于是石守信、王审琦等将领都请求罢免禁军军职。赵匡胤遂逐渐将禁军兵权控制在自己手中。

雪夜访普图

赵普出身小吏，却勤于学习，最终辅助赵匡胤夺取皇位并完成了初步统一，是赵匡胤最重要的智囊人物之一。

后人对这次事件有不少有趣的记载。比如说，在一日晚朝后，赵匡胤把石守信、高怀德等禁军高级将领留下来喝酒。当大家相谈甚欢的时候，宋太祖突然屏退侍从，叹了一口气，给他们讲自己的苦衷："我若不是靠你们出力，是到不了这个地位的。但做皇帝也太艰难了，还不如做大将快乐。自从当上皇帝之后，我就没有睡过一夜安稳觉。"石守信等人急忙询问原因。赵匡胤说："这不难知道，我这个皇位谁不想要呢？"石守信等人连忙叩头说："陛下怎么说这样的话，现在天命已定，谁还敢有异心呢？"赵匡胤说："你们几位我当然信得过，只怕是你们的部下将士当中有人贪图富贵，把黄袍披在你们身上。你们自己想不干，那能行吗？"石守信等人听到这里，感到大祸临头，赶忙跪下，含着眼泪说："我们都是粗人，没想到这一点，请陛下指点一条出路。"赵匡胤便托出了自己的计划："人生苦短，想要得到富贵的人，不过是想多积聚金钱，多多娱乐，使子孙后代免于贫乏而已。你们不如放弃兵权，多买良田美宅，为子孙留下一份大产业。同时买些歌伎舞女，日夜饮酒相欢，以终天年。我再同你们结为亲家，君臣之间上下相安，这样不是很好吗？"第二天这些大将纷纷上表声称年老体衰，要求辞去军职。就这样赵匡胤不费一兵一卒，就收回了兵权，史称"杯酒释兵权"。

"杯酒释兵权"此事是否发生过还有争议，但赵匡胤用几乎不流血的手段就解决了诸将的兵权问题则是无可置疑的，只是事情远没有一场酒宴就能解除统军大将的兵权那么简单。赵匡胤能够顺利地解除武将的军权，一方面是有其社会原因，另一方面是赵匡胤进行了一系列的制度设计，从根本上削弱了统军大将的权力。

皇后骂殿

赵光义（此幅年画误作为"赵匡美"）继承其兄的皇位，不符合父死子继的传统。因此民间传说，赵匡胤的皇后贺氏不服，指责赵光义篡位。后来赵光义封赵匡胤的次子德芳为八贤王，并赐他可以上打昏君、下打谗臣的金锏，才平息了这场风波。

　　社会方面，一是人心思定。唐末及五代时期，战乱频繁，民众生活、社会经济遭到严重的破坏，建立强有力的统一王朝是人心所向。而赵匡胤继承了后周的安定局面，又不暴虐滥杀，具有深厚的社会基础；二是历史上的经验教训让诸将的野心有所消退。安史之乱以来，武将夺权虽时有发生，但多数都不得善终或者是祸及子孙，包括那位发出"天子宁有种耶？兵强马壮者为之尔"豪言壮语的安重荣最后也没当成皇帝，还丢了性命。前人的教训再加上宋朝官员优厚的待遇，使武将篡权的野心有所收敛。

　　制度设计方面，在赵普的建议下，赵匡胤采取了三项主要措施来剥夺地方军事将领的权力：第一，削夺其权。将节度使这一实职变成荣誉职位，同时由中央派遣文官出任地方官，三年一换。平时向朝廷奏事，直接对中央负责。宋太祖的做法一直为其后辈所沿用；第二，控制地方经济命脉。宋初于各路设置转运使，将一路所属州县财赋，除留少量充作日常经费外，其余的都要上交中央政府，不得占用。这样就将地方的财权收归中央了；第三，收其精兵。965 年，宋太祖下令各州长官把所辖军队中骁勇的士兵，都选送到京城补入禁军。又选强壮的士卒定为"兵样"送到各路，招募符合"兵样"标准的人加以训练，然后送到京城当禁军。这样禁军便集中了全国的精兵，而地方军队则只剩下一些老弱病残的士兵，再也没有力量同中央抗衡了。

历史细读

在古代，皇帝有多种称呼。孤、朕、寡人原来普通人也可以使用，后来成为皇帝专称。天子则是皇帝的他称，古人认为"德侔天地者称皇帝，天佑而子之，号称天子"。臣子与皇帝交谈或相互对话时多称皇帝为"上"或"今上""皇上""圣上""明上""主上""万岁"等。国家、县官、朝廷、车驾、乘舆也用来代称皇帝。至于宋朝，因"三皇官天下，五帝家天下。兼三、五之德，故曰官家"。

赵匡胤在黄袍加身及杯酒释兵权之后，于 976 年的一天晚上突然死去。第二天他的弟弟赵光义继承了皇位，改年号为太平兴国，赵光义即历史上的宋太宗。有人怀疑是赵光义害死了赵匡胤。据说当时皇后本来是让宦官王继恩去通知赵匡胤的儿子赵德芳的，但是王继恩却去通知了赵光义，赵光义就抢先进入了宫中。皇后非常吃惊，但也无可奈何，只好对赵光义说："我们母子的性命，都在官家的手上。"过了几年，赵匡胤的二儿子赵德昭自杀身亡，四儿子赵德芳则在二十三岁的时候暴病身亡。而赵匡胤的三弟也被下狱，后遭流放，两年后死于外地。

文官势力的顶峰

武将势力被削弱，而文官势力也在皇帝的控制之内，这说明皇帝的权力加强了。一个明显的力证就是，宰相诸大臣在朝堂上不再是坐着而是站着与皇帝言事。这里面还有一个故事：据说某一天赵匡胤在朝堂议事，对仍坐在那里议事的宰相范质说："我眼睛有点花，你把文稿拿过来让我看看吧。"范质就起身把文稿拿给他看。赵匡胤又说："你再拿近一点。"范质就又凑近了一点。等皇帝看完了，范质才发现自己的凳子已被撤走。原来在他站起来的时候，赵匡胤已让人把椅子搬走了。从此以后，大臣都只能站着和皇帝议事。从君臣共坐到君坐臣立，君臣之礼发生了重大改变，与"杯酒释兵权"一样，赵匡胤都做得相当巧妙。从此君臣促膝而谈的共坐议政方式，变为君主高坐于御座之上，臣僚站立其下。君臣之间，高下立见。

宋朝政权稳固之后，在保留官员子弟可担任低级官职的恩荫制度的同时，继承隋唐的科举制度，开榜取士，利用文臣治理天下，文官势力达到了顶峰。

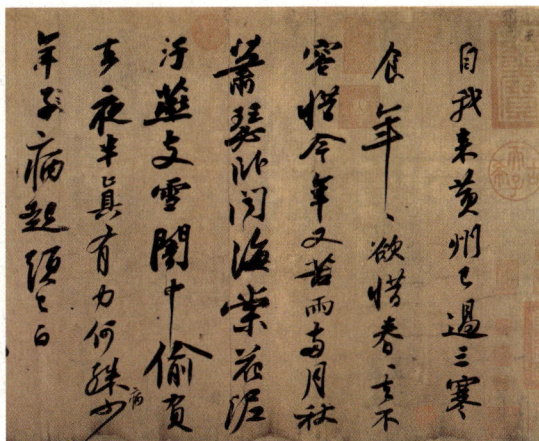

苏轼《寒食诗帖》（局部）
宋朝虽然没有像唐朝那样重视书法，但要
想考取进士，读书人必须写得一手好字。
苏轼的书法就写得极其优美。

科举大兴

宋朝推行"兴文教，抑武事"的政策，科举的地位更加凸显。与唐朝相比，宋朝科举的一个重大特点就是录取人数的增加。唐朝每次录取进士不过二三十人，甚至只有几人或十几人。宋代每次录取则多达两三百人甚至五六百人，这就极大地拓宽了中下层知识分子进入仕途的道路。

中举后的优厚俸禄，也极大地吸引着宋朝的读书人。宋真宗赵恒为鼓励天下的年轻人通过读书获得功名，还专门写了一首诗："富者不用买良田，书中自有千钟粟。安房不用架高梁，书中自有黄金屋。娶妻莫恨无良媒，书中自有颜如玉。出门莫恨无随人，书中车马多如簇。男儿欲遂平生志，六经勤向窗前读。"宋真宗还有一句名言："万般皆下品，唯有读书高。"据说当年韩琦要杀狄青的部下焦用，狄青极力为部下求情，说焦用是个好男儿。韩琦讥讽道："进士及第的才是好男儿，焦用一介武夫，哪有这个资格？"最后硬是当着狄青的面杀掉了焦用。

一举成名天下知

宋朝的状元基本为贫寒之士。其实单就考试成绩而言，并非历次科场都是出身贫寒的举子独占鳌头，只是因为宋朝政府采取了特别举措限制官宦子弟，才使平民子弟更容易崭露头角。

最初宋朝禁止宗室参与科举考试（宋神宗赵顼以后方允许远房赵姓宗室参加科举考试），同时规定官宦子弟中举后都要经过复试方能录取。后来这方面的限制愈来愈严，一定品级以上的官宦子弟不仅要单独进行考试，以便考查其学业之优劣；即便考中进士也还要另行组织测试，以防止舞弊行为。朝廷逐渐形成一条不成文的规矩，所有参加科举考试的官宦子弟均无资格得到

科举考试图
该图生动地展示了古人科举考试的场景。主考官坐在大堂上，负责监督。考生则各占一桌，站着答题，写完者就出列奉上试卷，由监考人员收卷。

状元头衔，即便考试成绩最好，也要降低名次，然后依次递补其他举子为状元。但还是出了一次意外，在宋徽宗赵佶时的一次考试中，徽宗之子嘉王赵楷考了第一，登仕郎王昂考了第二。宋徽宗在钦点状元时，决定不让宗室魁天下，也不让官宦子弟中状元，于是钦定第三名为状元，可是第三名颜天选也是官宦子弟。但由于皇帝金口玉言，百官自是不敢提出异议，结果就点错了状元。

在科举制度日趋完善的宋朝，进士的地位非常之高。两宋时期，科举发榜之日，"状元一出，都人争看如麻"，整座京城都为之轰动。由于宋代的进士都是由皇帝钦点的，所以进士特别荣耀，披红戴花，巡游街市，受万人仰慕，以致造成交通堵塞。当时人就说，就算是独领千军，北扫辽国，西灭叛

历史细读

在官宦子弟不能得状元这条不成文的规定形成以前，宋朝出现了父子状元。梁灏在 985 年考中状元，而他的儿子梁固则于 1008 年考中状元，这就成为了历史上有名的父子状元。

夏，一统天下，也没有进士游街光耀。正是因为重文轻武，再大的战功也顶不上一个进士，所以举国上下才会全身心沉浸于诗书，"以武为耻、以不武为荣"。这在强敌环伺的环境下，已注定了宋朝灭亡的命运。宋朝因为重文轻武而坐稳江山，又因为同样的原因而葬送了江山。

官职授予

在唐代，考中进士后还要参加吏部的考试，通过之后才有资格担任官职。到了宋代，只要是进士五甲以上就可直接授予官职，而且担任地方官三年后即可到京城就职，升迁速度之快也是其他入仕途径所无法相比的。另外由于是皇帝亲自主持殿试、选拔进士，所以考取进士的就有了"天子门生"的美称。在宋朝政府的高级官员中，科举出身者占了压倒性的优势。就以北宋时期的正、副宰相为例，科举出身的人就占到了百分之九十以上，南宋比例更高，正所谓"满朝朱紫贵，尽是读书人"。可以说宋代士人在经过十年寒窗的艰苦努力之后，一旦科举登第，就会得到超值的回报，真是"十年勤苦无人问，一日成名天下知"。戏文中的陈世美就是从一介贫寒书生考上状元的，只是他没有把持住，最后抛妻弃子，当上了驸马。但这也与宋朝的择婿习俗分不开。

榜下捉婿

在宋朝，考中科举的士人成了富豪之家选择佳婿的抢手货，于是"榜下捉婿"就成为宋朝的一大风景。在考试成绩出来后要举行唱名仪式，金榜题名者会被赐予官服、笏板，从此脱离平民，步入仕途，正所谓"前日秀才，今日官人"。唱名结束后是"期集"，也就是新及第举人的宴会活动。不过唱名和期集不在一处。从唱名地到期集地的路程就成了择婿的最佳地点，富豪人家竞相在此观望这些新及第的士人，从中挑选自己满意的人选。有的进士往往会被八九家同时看上。

为了笼络住自己中意的对象，有权势、家财丰厚者还会以仕途前景或大量钱财来吸引士人。宋仁宗时，颇得仁宗宠爱的张贵妃的伯父张尧佐看中了

历史细读

由于中国地域广阔，各地经济发展的差别，开发程度不同，使得南人与北人无论是在文化上，还是在饮食、风俗习惯上都有着很大的差异。特别是历史上中原是文化昌盛之地，是汉族的传统居住地。而南方开发较晚，早期多居住少数民族。加上中国往往是北方统一南方，所以很容易形成北人对南人的歧视。再加上科举上南人的优势，北人不能接受这种局面，就加重了对南人的歧视。但这种情况在全世界都很普遍。美国也是南方人和北方人彼此轻视，不过南方人歧视北方人的程度要更大一些。

刚及第的冯京，就派人把冯京请到家中。一见面他就对冯京说："我们家一个女儿嫁给了皇上，还有一个女儿正待出嫁，想许配给你，怎么样啊？"还谎称这是皇上的意思。不一会儿，宫中就有人持酒而来，甚至拿出大量嫁妆给冯京看。然而冯京不愿依附权贵，毅然回绝了这门亲事。这件事传开以后，冯京被世人誉为志操高洁、不惧权贵的君子。不过后来冯京还是被名臣富弼招为女婿。而宋徽宗年间的权贵朱勔在洪皓等待殿试时就表明想把自己的妹妹嫁给他，但洪皓不屑于他的为人，就拒绝了他。洪皓登第之后，朱勔再次向他请婚，而且送给他大量的钱财，并许以高官，不过洪皓依旧是拒绝了这门婚事。据说当时的王安石也被老宰相吕夷简看中，派人请他到家里吃晚饭，但王安石已和他人定下了亲，所以没有攀上吕府这门亲事。冯京、洪皓、王安石都是历史上有名的操守高洁之人，而凡俗之人而禁不住诱惑了。

当时还流行一种所谓"系捉钱"，以送给男方。传统的婚姻观念到宋朝时发生了重要的变化。从魏晋至唐中期，由于门阀制度盛行，婚姻对象的选择是有着严格的门第限制，讲究门当户对。唐中后期门阀制度开始衰落，经历五代，到了宋代，由于经济、文化的发展，门第观念已经相当淡薄，婚姻择偶主要有两条标准，个人才能及钱财。为钓到进士婿，有的富商甚至会拿出千余贯的"系捉钱"，以诱士人上钩，不少进士就当了富商的女婿。这种风俗非常盛行，以至于引起了一些官员的强烈批评，认为这些人现在就贪图钱财，以后踏上仕途肯定也是贪赃枉法之辈。

南人与北人

宋朝的科举政策无疑给大批地位寒微的青年人步入仕途提供了绝好的机

会，对江南士子来说意义尤为重大。其一，自唐中期以来，在黄河流域干戈不息之时，正是江南歌舞升平之日。江南士人多以写诗作文为能事，北宋侧重辞赋的考试方式最合江南士人的脾胃；其二，宋朝兴起于黄河流域，朝廷勋贵权臣尽是北人，江南士人则为降国之人，不可能享受祖上的恩荫，开科取士无疑给这些人提供了一条难得的参政之路。但这也引起科举考试乃至朝廷官职任命的南人北人之争。以地域分野是中国古代政坛上一个很有意思的现象，特别是以南人北人的争论最为激烈，矛盾也最为突出。而南人北人之争也在有宋一朝达到了第一个高峰。

宋代科举榜文

宋代状元以南方人居多，文天祥就是其中之一。文天祥是吉州庐陵（今江西青原）人，宝祐四年（1256年），宋理宗到集英殿亲定名次，把文天祥取为一甲第一名。

宋初开科取士以后，朝廷在录选过程中带有明显的偏见，极力倾向于北人。第四任皇帝宋仁宗赵祯当政后，北人集团虽不如前三朝那样公开歧视南人，却在科考录取办法上做文章。针对南方士人往往在科举考试中占据优势地位的情况，有人提出了按十人录取一人的标准。对此南人欧阳修极力反驳道："如果不问各路人才多少，一律按十人取一人，就会使人才多的地方有遗贤，人才少的地方会滥选。人才选拔应该不问东南西北，哪里人才多，那里就多选。"宋仁宗由此开始推行"无南北之异"的政策。在此政策之下，江南士人在科场上开始大出风头，致使北方士大夫多有"沉抑之叹"。

但是南人的宰相之路并不平坦，赵匡胤、赵光义两朝近四十年从无南人当上宰相，不用南人当宰相似乎成了没有异议的规矩，南人只好望位兴叹。南人王钦若通过科举步入仕途，办事干练，颇得宋真宗的器重，但在宋真宗想任命他为相的时候，就有大臣王旦声称不让南人担任宰相是"公议"。在王旦死后，真宗毅然起用王钦若为相。王钦若不由地感叹道："要不是王旦王公，我十年前就当上了宰相。"

江南才子晏殊的经历也颇有代表性。晏殊自幼笃学，七岁能文，有神童之称。他十四岁的时候，就能在朝堂上与多名进士同场竞技。皇帝非常喜欢他，并准备赐他同进士出身。时任宰相的寇准立即表示反对，说晏殊是一个南方人，不应该对他这样优待。幸好宋真宗对晏殊厚爱有加，对寇准的说法不以为然："张九龄难道不是江南人吗？既然唐朝可以用一个岭南人为相，宋朝给一个江南人同进士出身，怎么不可以呢？"寇准无言以对。

官员的幸福生活

宋朝的官员待遇非常优厚，除正俸外，还有服装、禄粟、茶酒、厨料、

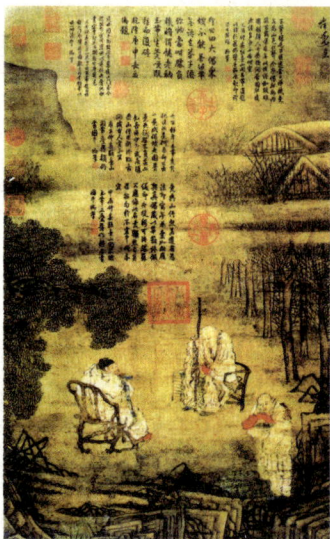

苏轼与佛印

苏轼经常与和尚佛印交往，成就了文学史上的一段佳话。

薪炭、盐、随从衣粮、马匹、刍粟、职钱、公使钱及恩赏等。而除了俸禄之外，宋朝官员还有"职田"，就是依官阶高低可免费获得数十亩或数百亩田地。即使官员退休以后，朝廷也会给他们一个管理道教宫观的名誉官职，使他们可以借此领取俸禄；或者授予馆阁的职衔，以修书撰史的名义领取俸禄。为了鼓励官员按时退休，自宋神宗以后，朝廷还准许官员带职致仕，并对退休官员给予种种礼遇和优待。

不仅如此，宋朝大臣的生命安全也有所保障。相传宋太祖曾立下秘密誓约，规定子孙后代"不得杀士大夫及上书言事人，誓不诛大臣、言官"，"子孙有渝此誓者，天必殛之"。事实上宋朝大臣被处死的确实少之又少，岳飞算是为数不多死于皇帝之手的大臣中最为知名的一个。即使在北宋后期，曾因党争而三次大规模地贬斥士大夫，但一般也不开杀戒。因此苏轼曾说："历观秦汉以及五代，谏争而死盖数百人。而自建隆（960年—963年）以来，未尝罪一言者，纵有薄责，旋即超升。"

但问题也出现了。宋朝大臣在拥有前所未有的宽松环境的同时，却缺乏有效的制约。官员的进取心被消磨掉了，即使干得不好也不会有什么问题，照样有优厚的俸禄，很多官员就不求振作有为，但求勉强维持，得过且过，缺乏行政效率。王安石曾痛心疾首地指出："夫如此，故朝廷明知其贤能足以任事，苟非其资序则不以任事而辄进之；虽进之，士犹不服也。明知其无能而不肖，苟非有罪，为在事者所劾，不敢以其不胜任而辄退之；虽退之，士犹不服也。"即使官员犯了大错，也极少被追究责任，而往往是被安排去主持"州县之事，使之临士民之上"，成为地方的一把手，甚至又重新调回中央。而在宋仁宗年间，高邮知军晁仲约与过路的叛军达成协议，命令富人拿出钱帛，备好酒菜，并以鼓乐相迎，以求高邮的平安。大多数朝廷官员建议处死晁仲约，但在范仲淹的坚持下，晁仲约免于一死。因此当时一个大臣在给皇帝的上书就指出朝廷"赏重于罚，威不逮恩"。宋朝廷对误国败事者有罪不罚，罚不当罪，罪废复用，这对官员固然是好事，但国家却要为此付出沉重的代价。

谏官制度

宋朝是中国古代台谏政治最发达的时代，也是谏官最为活跃的时代。与唐朝的谏官属丞相管理不同，宋朝的谏官直接受皇帝的领导。宋朝谏官官职都不高，侍御史是从六品，殿中侍御史和左、右司谏是正七品，左、右正言

宋徽宗赵佶芙蓉锦鸡图

古人往往以动植物的自然属性比喻人的社会属性。古人认为，鸡有五德：头戴冠者，文也；足搏距者，武也；敌在前，敢斗者，勇也；见食相呼者，仁也；守夜不失者，信也。宋徽宗通过这幅《芙蓉锦鸡图》表达了对自我以及大臣的期望。然而从宋朝的历史来看，大多数皇帝及大臣都是不能担当大任的。

和监察御史是从七品。官品虽低，但他们可以弹劾高官、批评皇帝。谏官们甚至可以"风闻言事"，不必对言论的真实性负责。但在弹劾高官时，按例必须将奏疏的副本递送给被弹劾的那个人。

历代皇帝设立谏官的初衷，更多的是牵制百官的权力，同时改进朝政。宋朝则有所不同，宋朝有一个很重要的政策，就是让执政大臣"异论相搅"，谏官是其中的重要手段。这也是宋朝文官集团党争异常激烈的重要原因。

有宋一朝，基本上没有汉唐的宦官专权、藩镇割据之害，更无外戚之患。应该说是谏官制度发挥了一定的作用。但臣僚之间党同伐异，特别在对外关系上，和战两派一直在激烈争论，持续到宋朝的灭亡。这极大地消耗了宋朝本已不足的统治力量。

濮议之争

司马光在一篇文章中，把谏官的地位看得非常之高，"天下之政，四海之众，得失利病"都要依靠谏官了，所以谏官"其为任亦重矣"。但是谏官的水平却不足以承担如此重任。颇有盛名的司马光也曾做过谏官，他认为把谏官的名字刻在石头上，就能监督谏官忠于职守。而这样的想法竟然还得到了其他谏官的赞赏，并付诸实施。当时谏官的水平可窥见一斑。虽然宋朝的谏官并没有太高的水平，但也在宋朝的历史上留下了重重的一笔，爆发于1063年的"濮议之争"就是其中一例。

宋英宗赵曙不是仁宗的亲生儿子，如何确定英宗生父濮王的名分就成为朝野关注的问题。但让人想不到的是，这个问题引发了一场持续十八个月的

历史细读

宋朝总共十八个皇帝，除去宋末的两个由朝臣仓促拥立的小皇帝外，十六个皇帝中六个都不是由亲生儿子继承皇位的，赵光义的兄终弟及，包括宋仁宗在内，这都是宋朝的皇位继承斗争激烈的表现。宋仁宗一生下来就被刘皇后抱走，等到他知道谁是自己的亲生母亲时，他的母亲已经死去多年。后来被民间演绎成"狸猫换太子"的传说。

论战，这就是历史上有名的"濮议之争"。以司马光为代表的大臣认为，濮王是仁宗的哥哥，英宗应称其为皇伯。而以欧阳修、韩琦为首的宰执们则认为，英宗应称其为皇考（"考"在文言文中就是父亲的意思）。司马光认为欧阳修等人是"巧饰辞说，误惑圣听"，是"挟奸佞之心"以"误惑陛下"。如果其他大臣附和欧阳修的意见，也就都是小人。大臣贾黯临死前特地留下遗书，请求英宗一定要称濮王为伯父。而蔡伉觐见英宗时，跪下来痛哭流涕，陈述国家兴亡就在此一称呼。范纯仁（范仲淹的儿子）、吕诲等更是联名上了一道折子，指责欧阳修、韩琦禽兽不如，并请求把二人处死，以谢天下。范纯仁等人为了扩大影响，又找人把这道奏折抄布天下。欧阳修也毫不示弱，专门为这个问题写了洋洋四卷文章，以回应对方的攻击。

当时还有许多亟待解决的问题，而司马光等人却没有给予太多的关注。如当时宋朝边界兵祸连连，宋军连吃败仗，国家财政负担沉重，仅向辽、西夏缴纳岁币一项每年就达七十五万两（辽三十万两，1042年后又增加二十万两，西夏二十五万两），国家税源日益枯竭。朝臣们对这些国家大事漠不关心，却为了皇上对他生父的称呼而闹得天翻地覆，引发了长达一年多的争论，差点儿把当时素有贤名的宰相韩琦、副宰相欧阳修弄下台。仿佛天下兴衰，就取决于英宗对他的生父的称呼。这本是皇帝家的私事，对国对民并无实质性的影响，却被以司马光为首的大多数朝臣看作是关系王朝存亡的大事，比被西夏连连击败、丧师失地、被迫每年纳贡还要紧急。在这场争论中，分别以欧阳修和司马光为代表的两派人马引经据典，显得庄严肃穆，还个个自诩是为国为民的英雄，即使丢官罢职也在所不惜。而且朝廷大多数官员都参与了这次争辩，就此埋下了党争的隐患。

"濮议之争"实质上是日后残酷激烈的新旧党争的一次预演。而表现异常积极的吕诲、范纯仁、司马光等人竟然在士人中间获得了很高的声望，这也

酷爱读书的宋太宗

宋太宗统一全国后，下令整理各种典籍，先后下令编纂《太平广记》《太平御览》和《文苑英华》。《太平御览》意思就是太平兴国年间皇帝亲自阅读的书。宋太宗赵光义每次读书都是从上午一直读到下午。大臣担心这样对他身体不好，但是太宗却说："只要翻开书卷阅读，就会有收益，就不觉得劳苦了。"这就是"开卷有益"的出处。在他的影响下，宋朝人形成了很盛的读书风气。

使他们在王安石变法中可以更加放心、大胆地攻击诋毁，结果又是获得了声望。然而这也是宋朝必定要亡国的征兆，做实事的朝廷官员极少，更多人是在一些无关轻重的事情上大动干戈。偶尔有人出来做实事，也会遭到他们的百般诋毁。宋朝就这样亡了国。

与士大夫治天下

中国的文人，自孔孟以来，无不怀抱"祖述尧舜，宪章文武"的崇高理想，期望"得君行道"。但明君难求，可望而不可及、可求而不可得，士大夫最后往往都抱憾终生。纵然满腹经纶、胸怀大志，但是如果没有适当的历史机遇，没有得到皇权的宠信，他们也只能发出怀才不遇的浩叹。但在宋朝偃武修文的情况下，北宋的士大夫终于有了机会。随着科举考试的制度化、标准化，文学崇拜和文人膜拜弥漫于官场、士林和社会。进士科以文章品评人才取士，所以最受追崇。在这种文学崇拜的文风、士风、官风之下，士人蜕变为文士，初步形成了文士阶层。而宋朝对士大夫和文人的宽容在历史上也是不多见的。皇帝对存有不同意见的士大夫，或者听之任之，或者将其贬官外任。到了 1071 年，文彦博向宋神宗指出宋朝的执政特点，就是皇帝"与士大夫治天下"。

在这样的历史环境下，饱读经书的士大夫们表现出了极高的参政热情。两宋的士大夫顺理成章地在政治、军事、文学艺术、思想哲学等领域占据了主导地位。在政治领域，士人与国君共治天下，还共同掌握军权；在文艺领域，以抒情自娱见长的诗词书画大兴，特别是词一枝独秀，涌现出了一大批

名家评史

讲究砥砺气节，自然是一种好处。然而其弊，不免矫激沽名，就不免要树党相争。再加宋儒的议论，彻底太甚。于是论人则失之"苛刻"，论事则失之"负气"。往往有一种"只论是非，不论利害的偏见"。就是军国大事，也要拿来作孤注一掷。

——吕思勉《中国大历史》

杰出的文学家；在思想哲学领域，士人排斥佛老、回归经典的经世儒学，并开创专讲心性的理学，涌现出了一大批哲学家、思想家。

这种士大夫与皇帝共治天下的局面固然使宋朝的文化艺术得到了长足的发展，但却没有从根本上扭转五代以来社会道德沦丧的局面。相反那些士大夫们反而成为了社会腐朽风气的重要载体，更加重了宋代积弱挨打的窘态与困境。宋仁宗和神宗时期，虽然有范仲淹、王安石等颇有盛名的人物主政，却没有能够开创儒者所称颂的盛世。与之形成鲜明对比的是，在宋之前曾经有过两次君臣共治的佳话：一次是汉初的汉文帝、景帝时期；另一次是唐初的唐太宗时期。虽然前者实行的是黄老之道，后者实行的是王霸之道，都不是儒道，但却取得了中国历史上受人高度颂扬的"文景之治"和"贞观之治"。这是有深刻原因的。

有宋一朝，士大夫作为一个社会群体，在社会地位优越而约束很少的情况下，养成了"高自矜许，讽嗤他人""惊世骇俗，以动视听"等毛病。其中最致命的毛病则是大多数士大夫们对世事人情无知无能，不足以治国，用《诗经》断案的陆参就是一个典型的例子。陆参是宋真宗时期的人，进士出身，曾经当过县令。一次两个人为了争夺田产找他打官司，陆参在诉状的后面写道："你们难道不知道虞、芮两国的事情吗？"（《诗经》中的典故，相传虞、芮两国有人曾因争地兴讼，到周国求西伯姬昌评断，但在周国看到大家以谦让为风，就不再为此事争执）诉讼双方把这个判决拿给主管的官吏看，谁都不知道是什么意思，就又去找陆参。陆参在诉状的后面写道："可悲啊！县里都没有一个人懂《诗经》吗？"时人都引以为笑谈。但当时一位朝廷重臣却认为他有古人之风，将他推荐到朝廷，担任清要之职。

另外宋朝的绝大多数士大夫在日常生活方面也不能充当表率。宋朝士大夫的行为举止往往与自己提倡的礼教相悖，不能承担教化民众的政治责任。二程（程颢、程颐）是宋朝非常有名的理学家，提出了著名的女性"饿死事

苏轼玩赏古玩
随着士大夫阶层的形成，他们也形成了独特的爱好，欣赏古玩就是其一。宋朝也因此成为中国嗜好古玩的第一个兴盛期。

极小，失节事极大"的观点。但有一次，程家两兄弟在外面吃饭，酒桌上照例坐了几个妓女陪着吃客玩乐，弟弟程颐一见，立即告辞，以示庄重。哥哥程颢却谈笑自若，照样喝酒，照样与妓女玩乐，嘴里却振振有词，说："座中有妓，心中无妓。"这还曾被人们传为一时美谈。程颢满口仁义道德，却忘了《论语·颜渊》中的话："非礼勿视，非礼勿听，非礼勿言，非礼勿动。"司马光也是要求女子自八岁"不出中门"，"女子出门必拥蔽其面"，"道路男子由右，女子由左"，还要求妇女送迎客人不能出大门，即使是见自己的亲兄弟也不能越过大门的门槛。但司马光在洛阳撰写《资治通鉴》的时候，就经常做东，带着乐妓到富弼那里游乐，"公以地主，携妓乐就富公宅……诸老须眉皓白，衣冠甚伟，每宴集，都人随观之。"这些所谓的朝廷重臣胡子眉毛都白了，还在纵情声色，而当时的人们包括此事的记录者还对此津津乐道。

自然在宋朝灭亡的时候，虽然许多士大夫选择了逃避，但也有不少士大夫在关键时刻以死报国，文天祥就组织勤王兵力抵抗元军，在历史上留下了深深的印记，让我们击节赞叹。可这些无力保家卫国最后只好怒目捐躯的文臣们，在为国捐躯之时是否想到"早知今日，何必当初"？但早已国破家亡，生灵涂炭，气节可贵，却于事无补。

之所以出现这种局面，是因为与赵匡胤、赵光义认定了士大夫不会亡人之国有莫大的关系。在他们看来，武将一旦造起反来，就会导致江山易主，所以不得不层层设限，严密防范。但是士大夫们没有兵权，永远造不了反，正是所谓的"秀才造反，十年不成"。所以他们放心重用文人，压抑武人，深信纵然文臣或私德有亏，才学平庸，但绝不会对皇位构成直接致命的威胁。

歌乐图（局部）
由于宫廷及士大夫的享乐需求，歌舞在宋朝有了长足的发展。该图描绘了歌女在表演前的准备工作。

从短期来看，他们是对的；但是从长远来看，却是大错特错，从而为宋王朝带来悲剧性的后果。安史之乱警示人们武装力量失控是危险的，而宋代的历史则提醒人们士大夫同样可以成为亡国的重要因素。

李后主的悲歌

赵匡胤在稳固了内部之后，即着手统一全国。因为担心北方辽国势大，赵匡胤和赵普没有采取后周世宗的先北后南、先辽国后其他的方略，而是制定了先南后北的计划，以至于错过了利用辽国内乱收复幽云十六州的机会。赵匡胤花了近十年时间，先后出兵消灭了南平（即荆南）、后蜀、南汉。这样南方的割据政权就只留下南唐和吴越两国。

南唐是"十国"中最大的一个割据政权，加上土地肥沃，水利发达，战乱不像中原那样频繁，所以经济比较繁荣。南唐最后一个君主李煜，史称李后主，是一个著名的词人，对诗词、音乐、书画样样精通，可就是不懂得如何处理国事。

北宋建国后，李煜每年都要向北宋进贡大量的金银财宝，企图借此维持自己的地位。后来看到宋朝接连消灭了周围几个小国，他才害怕起来，表示愿意取消南唐国号，改称"江南国主"。但正如赵匡胤所言："天下一家，卧

窅娘舞莲图

这幅刺绣《窅娘舞莲》图表现了南唐李后主的宫嫔窅娘用白帛裹足，身轻如燕，在高六尺的金莲花上起舞的情形。当时后主李煜不理国事，沉溺于歌舞享乐，故成亡国之君。

榻之侧，岂可许他人酣睡。"974 年，赵匡胤派大将曹彬、潘美带领十万大军，分水、陆两路攻打南唐。由于辽阔的江面挡住了进军的道路，宋军开始赶造浮桥。这个消息传到南唐的国都金陵（今江苏南京），李后主问大臣们该如何应对。有大臣说："自古以来，没听说搭浮桥可以过江的，他们一定办不成！"李后主听了哈哈大笑说："我早说他们是小孩子闹着玩罢了。"三天之后，宋军搭好浮桥，一举渡过了长江。李后主连忙调动大军来增援。南唐军想要火烧宋军，哪知正好起风，反烧了自己，导致全军覆没。十万宋军很快就打到了金陵城下，李后主只好被迫投降。

978 年，吴越的钱俶也归附了宋朝。至此南方的割据政权全都被消灭了。

钉破并州

赵匡胤在统一了中国南方之后，马上开始出兵攻打北汉的都城太原。北汉请辽国出兵援助，宋军吃了败仗。赵光义继承皇位之后，又开始筹划进攻北汉。979 年，宋太宗亲率大军出征北汉，先击退了辽国的援军，对太原进行长期围困，最终迫使北汉统治者纳城投降。

太原城虽然攻下了，但当地军民顽强的抵抗让赵光义大为愤怒，太原屡出帝王的历史也使他感到恐惧，太原距都城开封十日可至的地理位置更令他担忧。他既不能将如此重镇托于外人之手，更不能置之不理。于是赵光义强令太原城的居民搬迁，接着就开始放火烧城。城内一片混乱，百姓夺门而逃，互相踩踏，伤亡惨重，而老弱病残由于行动迟缓，被烧死的更多。第二年宋朝又引汾水、晋水灌城。火烧水淹后，这座千年古城化为了一片废墟。为了

花蕊夫人

对于这些只顾风花雪月的亡国之君，时人很是鄙视。据说后蜀国主孟昶极为宠爱的花蕊夫人在被掳到开封后，曾赋《述国亡诗》一首："君王城上竖降旗，妾在深宫那得知？十四万人齐解甲，宁无一个是男儿。"

破坏太原这一带所谓的"龙脉""王气"，赵光义在新修的太原城中将街道都改成丁字形，认为这样就可以钉住龙脉；然后又将城外山头削平，表示割去了"龙首"。赵光义认为，如此一来，赵家的江山似乎就可以千秋万代了。

赵光义的短视和狭隘让宋朝丧失了一座战略地位非常重要的边防重镇。且不说辽人时时寇边，后来金人大举南下，也是攻下城防异常薄弱的太原后，原来分为两路的兵力合攻开封，北宋遂遭灭亡。赵光义的暴行和短视遭到了后人的辛辣讽刺："官街十字改丁字，钉破并州渠亦亡！"（并州是太原的古称）不幸的是，赵光义为了巩固自己的统治不惜牺牲一切的作风为宋朝的大多数皇帝所继承，宋朝遂走向了不可挽救的灭亡之路，中原无数民众的生命也消逝在少数民族南下的铁蹄之中。

两雄之争

宋朝建立之后，面临着完成统一全国，特别是收复幽云十六州的重大挑战。与后周"先北后南"的战略不同，宋朝"先南后北"，统一了中国南方，然后才图谋北方。但在与辽国的交锋中，宋军遭遇败绩，最后与之签订了"澶渊之盟"。为了挽回在宋辽战争中失去的面子，粉饰太平，宋真宗又进行了耗资巨大的泰山封禅活动。

历史细读

李后主李煜工书法，善绘画，精音律，尤以词的成就最高。但其"性骄侈，好声色，又喜浮图，为高谈，不恤政事"。当他从一个尽情享乐的国主变成了一个亡国之君后，词作的内容也由宫廷生活和男女情爱转到亡国之痛上，创作出了《虞美人》《浪淘沙》《乌夜啼》等优秀作品。

幽州碰壁

赵光义在灭亡了北汉之后，不顾士兵的疲惫及大臣们的反对，想乘胜攻打辽国，收复幽云十六州失地。起初宋军攻势凌厉，北方有几个州的辽国守将纷纷投降。但幽州城久攻不下，使得人心浮动。有一天，将领曹翰看到宋军士兵在泥土里挖出了两只螃蟹，就像算命先生似的预测开了。他说："螃蟹是水里的生物，现在却到了陆地上，就和我们一样到了不该来的地方。螃蟹又长了好几条腿，是预示敌人的救援马上就要到了。而且蟹和卸同音，看来我们是要卸甲归田了。"曹翰的怯战和避战心理动摇了军心。

但赵光义丝毫没有察觉到士兵的疲惫，幻想着能够快速解决掉幽州，对辽国的援兵并没有做充分的准备。在攻城十多天之后，宋兵在高梁河畔（今北京西直门外）与耶律沙的援军展开激战，一直打到日落西山，辽军落了下风，被迫后撤。此时赶来增援的辽军将领下令每名辽兵都手持两支火炬。在朦胧的夜色里，宋军只见一片火炬的海洋席卷而来，辨不出有多少辽兵，顿时军心惶恐，斗志全无。辽军顺势出击，天亮之后宋军被彻底击溃。赵光义大腿也中了两箭，箭深入骨，并与大部队失散。他没法骑马，只好换上便服，坐着农家的驴车狂奔逃命。而耶律休哥虽然也多处负伤，但仍坐在马车上指挥追击。宋军的兵器、辎重，乃至赵光义的仪仗和随从的妃嫔、宫女，都成了辽军的战利品。

此战之后，宋朝的战略便转为防御。辽军不断袭击宋朝边境。980年底，辽景宗耶律贤御驾亲征，亲至南京（今北京），祭旗祀天，攻打北宋。耶律休哥在瓦桥关（今河北雄县）击败了宋军。听闻瓦桥关之败，宋太宗又惊又怒，下诏北巡。辽景宗引兵北还。赵光义也有过趁辽军退师的机会再进攻幽州的意思，但朝廷文臣大多谏劝，认为应广积储、缓用兵。太宗心知幽州难克，便下诏返军。

赵匡胤解裘赐将

宋太宗赵光义亲征失败的直接原因就是
不顾士兵疲惫强行攻城，这与他的哥哥
宋太祖赵匡胤形成了鲜明的对比。据说
赵匡胤当政时，一日京城里下起了大雪，
赵匡胤就派人将身上的貂裘送到前线，
还让人托口信说朝廷不能让每个人都穿
上皮衣，请大家谅解。

后来宋朝遇到了极好的机会。在外部方面，982 年，辽国的辽景宗去世，即位的辽圣宗耶律隆绪才十二岁，便由太后萧绰（也就是历史上有名的萧太后）临朝摄政。因为需要稳定国内的政局，因此辽国停止了向宋朝的进攻。在内政方面，赵匡胤的儿子赵德昭、赵德芳均已过世，已被贬逐至房陵的弟弟赵廷美也忧郁而卒，赵光义的统治更加稳固，就差用赫赫武功来洗刷昔日的高梁河之耻了。这时有边将向宋太宗上奏章，认为辽国政局变动，正好可以趁机收复幽云十六州。于是在 986 年，赵光义派曹彬、田重进、潘美率领三路大军北伐。这一年是宋雍熙三年，史称"雍熙北伐"。三路大军分路进攻，旗开得胜。潘美和杨业为西路军，出了雁门关，很快就收复了四个州。但是曹彬率领的主力因为孤军深入，被辽军杀得大败，宋太宗赶快命令各路宋军撤退。

西路宋军将领杨业审时度势，认为辽军势头正劲，不能硬拼，再者皇帝已下令撤退，也应该暂避其锋芒。然而同率西路军的潘美和监军王侁却欲争功，斥责他胆小怕死。潘美是主将，而王侁也具有直接上书皇帝的特权，是皇帝安插在部队的耳目，潘美对他也不敢不敬三分。而杨业的身份也有些特殊。他原为辽国盟邦北汉刘氏政权的大将，曾经受到北汉皇帝的宠信，后来才归降宋朝。虽然归降以来战功赫赫，可他毕竟不是赵光义的嫡系，故受到了蔑视和排挤。在这样的背景之下，杨业明知出兵必败但不敢违抗命令，只好带领手下人马出击辽军。临走的时候，他流着眼泪对潘美说："这个仗肯定要失败。我本来想看准时机，再痛击敌人，以报答国家。现在大家责备我避敌，我不得不先死。"接着他指着前面的陈家峪（今山西朔县南）

对潘美说："希望你们在这个谷口两侧，埋伏好弓箭手，等到我退到这里时，你们再两面夹击，也许有转败为胜的希望。否则的话，我所率的部队难免会全军覆没。"潘美觉得杨业说得很有道理，就立即指挥诸将在谷口设伏。

杨业出兵之后，果然遭到辽军的伏击，杨业抵挡不住，只好一边打一边后退，把辽军引向陈家峪。到了陈家峪，却没看到接应的部队。原来杨业走后，潘美、王侁等了一天，得不到杨业的任何消息，王侁认为一定是辽兵退了，怕杨业抢了头功，催促潘美把伏兵撤去，离开了陈家峪。而等到他们得到杨业兵败的消息之后，便从另外一条小道逃跑了。

杨业兵败被俘后，绝食了三天三夜而死。杨业是辽国的死敌之一，青少年时代就以勇武闻名，屡立战功，当时有"杨无敌"之称。980 年，辽国曾经派十万大军攻打雁门关，当时杨业只有数千人的兵马守关，但是他派遣少数士兵固守关城，自己则率军绕到辽军背后发起进攻。他刀斩萧多罗，生擒李重海，使辽军闻之丧胆，"望见业旌旗即引去"。萧绰虽然对杨业视死如归的气概非常赞叹，但是为了鼓舞士气，进一步扩大胜利，仍然下令将杨业的头颅割下，装入匣中，传送边关各地，辽军士气大振。而宋朝守军则大受打击，未曾与敌交锋便已经丧失了信心。在辽军的猛攻之下，无法守住已经收回的土地，使得辽国顺利地夺得原先被北宋攻占的城池。在宣扬辽国国威的目的达到之后，萧绰下令为杨业修建祠堂，四时祭祀不绝。

宋太宗赵光义对杨业的战死感到非常痛惜，追赠他为太尉、大同军节度使，并将潘美、王侁撤职查办。杨氏一家堪称一门忠烈。杨业的儿子杨延昭守卫边疆二十余年，后病逝于军中，终年五十七岁。辽军非常害怕他，称他为杨六郎。宋真宗赞扬他们父子说："杨延昭的父亲杨业为前朝名将，延昭捍卫边疆，有他父亲的风采。"杨延昭之子杨文广也是戎马一生，从狄青南征，立有军功。虽然正史上对杨业的妻子余太君没有记载，但在民间传说中她是精通兵书、忠心爱国的巾帼英雄。人们为了怀念杨家将的爱国情怀，编演了评书、小说和戏曲剧目，其中有杨家将、杨门女将，以及穆桂英

宋朝 曹彬铜印

在内蒙古宁城辽中京遗址出土。986年，宋朝第二次伐辽失败，主将曹彬所携带的"神卫左第四军第二指挥第五都记"铜印也被辽军缴获。

杨业死节

据说杨业兵败之后，被辽国大军围困于李陵碑附近的狼心窝。杨业不愿像李陵那样投降匈奴，就碰撞李陵碑而死。

历史细读

历代杨家将传说中，以为杨延昭是杨业第六子，故称杨六郎。但是根据史书记载，杨延昭是杨业长子。一种说法认为，古代人称天狼星（除太阳、月亮外，天上最亮的星星）为六郎星，认为六郎星是将星。因杨延昭多有战功，被认为是六郎星转世，所以称他为杨六郎。但历史上杨六郎没有担任过高级军职，后来"澶渊之盟"签订，宋辽边境基本上处于和平状态。民众只是把保家卫国的情怀寄托在尽忠报国的杨氏家族身上，最终演绎成杨家将故事。

挂帅等故事。

宋朝伐辽失败的原因，正是由于君王对武将极其猜忌，同时对战败的大将又过于宽容，使得大将们畏首畏尾，不求有功，但求无过。如此将帅，在关键时刻自然不可能集中全力去拼杀。另外宋军以前得胜太过容易，忽然与强大的辽国骑兵相遇，很容易丧失取胜的信心。这两次伐辽战争失败后，使宋朝举国上下患上了一种"恐辽病"，这也是后面"澶渊之盟"的心理基础。

澶渊之盟

1004 年，辽国大举进攻北宋。在寇准的力促下，宋真宗赵恒御驾亲征，双方皇帝相遇于澶州城下。宋军击退了辽军的进攻，但宋真宗却不愿再战，于是双方签订了"澶渊之盟"，开了中原王朝向少数民族政权交纳岁币的先声。

宋真宗御驾亲征

1004 年九月，辽国萧太后和圣宗耶律隆绪率领二十万大军南下。辽军采取避实就虚的策略，绕过宋军坚守的州县，直趋黄河边的澶州（今河南濮阳），大有直逼北宋都城开封之势。宋军的告急文书一日之内五至，京师大震。唯独刚刚走马上任的宰相寇准一方面派遣军队抵抗，另一方面平静如常，将告急的文书都扣了下来，不让宋真宗知道。宋真宗听到风声后质问寇准，寇准便将一堆急报全部拿出来。宋真宗一见这么多急报，立即慌了手脚，忙问该怎么办才好。寇准不紧不慢地说："陛下是想尽快解决此事呢，还是想慢慢来？"宋真宗说当然是想尽快解决。寇准趁势说："陛下要想击退辽兵，有五天时间即可。"宋真宗问有何办法，寇准提出要宋真宗率军御驾亲征。宋真宗迫于无奈，只得同意在第二天的朝会上讨论亲征与否。

　　朝中大臣们在如何对付辽国进攻的问题上，产生了主张逃跑迁都与坚决抵抗两种对立的意见。两个副宰相王钦若和陈尧叟都劝宋真宗逃跑。王钦若是江南人，主张迁都金陵（今江苏南京）；而陈尧叟是蜀人，主张宋真宗逃到成都去。寇准一听迁都的建议，就当着他们两个人的面声色俱厉地说："这是谁出的好主意？出这种主意的人，应该先斩他们的头！皇上亲自带兵出征，可以鼓舞士气，一定能打退辽兵。如果南逃，人心动摇，敌人就会乘虚而入，国家就保不住了。"寇准的意见得到了宰相毕士安和武将高琼等人的支持。在迫不得已的情况下，宋真宗勉强同意亲征。

　　1004年底，宋真宗御驾亲征。然而很多大臣对此战都没有信心，甚至连原来表示支持寇准的宰相毕士安也借口有病在身，不肯随驾北征。宋真宗没走多远，跟随宋真宗亲征的一些大臣听说辽国萧太后不顾年过半百，戎装上阵，亲自擂鼓助威，辽军士气极旺，又开始害怕了，趁机提出应该迁都金陵。宋真宗优柔寡断，本来就是勉强出征，现在更是犹豫，想打退堂鼓，于是召来寇准商议。寇准坚决反对撤退迁都，并说："现在大敌压境，四方危急，陛下只可进尺，不可退寸。进则士气倍增，退则土崩瓦解。到时辽军必然趁势来攻，恐怕到不了金陵，陛下就成为辽军的俘虏了。"大将高琼也支持寇准的意见。宋真宗不得已，加上有其父赵光义因士气受挫而大败的前车之鉴，只好不再提撤退之事，于是继续北行。

　　当宋真宗抵达澶州时，辽军已经三面围住了澶州。澶州城横跨黄河两岸，南北城以浮桥连接。宋真宗遥遥望见黄河北岸烟尘滚滚，战事激烈异常，心中胆怯，不敢过河。寇准认为澶州北城将士正在浴血奋战，皇帝亲临，会极大地鼓舞士气，于是力请宋真宗渡河。他说："陛下不过河，则人心摇动，敌人气焰会更加嚣张，这不是取胜的法子。现在四方将士正在陆续赶来，我们还怕什么辽国，逗留不进？"寇准说得很有道理，宋真宗却很不情愿，只是公然拒绝宰相的提议无异于表明自己怕死，只好默不作声。

　　寇准看见皇帝这副样子，就跑出去找武将高琼说道："太尉您深受国家的厚恩，今日打算有所报答吗？"高琼慷慨激昂地答道："我身为军人，愿意以

皇帝出行仪仗（局部）

在古代，皇帝御驾亲征非同小可，不仅耗费巨大，同时也可能面临着皇帝身陷险境及出征期间京城发生政变的风险。但是皇帝亲征也能够振奋士气，同时也可以提高皇帝的威信。

高琼画像

高琼素不识字，但却忠心向宋。因此寇准才和他一道，督促宋真宗渡过黄河。因其功绩，谥曰"烈武"，后又追封为烈武王。

死殉国。"于是寇准与高琼一起去见宋真宗。寇准开门见山地说："陛下如果认为我刚才必须要渡河的话不足凭信，可以问问太尉。"宋真宗还来不及回答，高琼便说："寇相公的话不无道理，陛下千万不要考虑迁都江南，随军将士的家人都在京师，他们不会抛弃家中老小只身随陛下逃往江南的。"接着高琼便上前请宋真宗立即动身渡河，宋真宗无言以对。高琼当机立断，命令士兵把宋真宗的车驾开往北城。到了黄河渡河口浮桥处，宋真宗又让停下来。高琼用铁锤击打宋真宗御车的轿夫后背，迫使宋真宗渡过了黄河。

宋真宗渡过黄河之后，到了澶州北城。车驾中的宋真宗本人心惊胆寒，而北宋将士们看到皇帝的黄龙旗出现在澶州北城城楼上，顿时士气高涨起来，欢声雷动，气势百倍，声音传出几十里远。而在宋真宗到达澶州之前，辽国主将萧挞览带领骑兵观察地形，宋将李继隆属下的兵士张环突发床子弩，将其射死。辽军慑于宋军强大的城防武器，本来就士气大挫，听到宋军的欢呼声后更是心惊胆战。这时候各路宋军也已经集中到了澶州，多达几十万人。但宋真宗在澶州北城象征性地巡视后，仍坚持回到南城行宫。宰相寇准留在北城，负责指挥作战。宋真宗回到南城后，尽管有黄河天险，但还是不放心，数次派人前往北城探视寇准的举动。而寇准为了使真宗放心，就和一个官员在北城城楼上泰然自若地喝酒下棋。寇准如此表现，显然是胸有成竹，宋真宗总算放下了心，不再恐慌。

首开岁币

萧太后觉得这次很难占到什么便宜，就有心讲和了。此时局势明显对宋军有利，寇准坚决反对议和，主张乘势出兵，收复失地。但由于宋真宗一心

寇准像

寇准是北宋著名的政治家。他刚直不阿，敢于向皇帝犯颜直谏，因此宋太宗就称赞道："朕得寇准，犹文皇之得魏徵也。"如果没有他的坚持，宋朝可能在 1004 年就会丢掉中原。但其性豪奢，也得罪了不少同僚，因此屡遭坎坷。

议和，致使宋臣中妥协派的气焰变得极为嚣张。这些人联合起来攻击寇准，甚至说他拥兵自重，图谋不轨。寇准在这些人的毁谤下，被迫放弃了主战的主张。

辽国坚持要索回被后周夺取的瓦桥关（今河北雄县）以南的"关南地区"，包括莫州（今河北任丘）、瀛州（今河北河间）。宋真宗不肯接受，表示关南地区不可以割让，但宋国愿每年给辽国金帛。谈判在两军对峙中进行。萧太后见局势不利，就答应了宋真宗的条件。剩下的问题就是每年给辽国银绢的数量。曹利用就此请示宋真宗，宋真宗说："迫不得已的话，一百万也可。"意思是说，只要不割地，能够讲和，辽国就是索取百万钱财，也可以答应。寇准非常痛心，只是当着真宗面不便再争。曹利用离开行营后，寇准便紧紧跟在他的后面，一出门便一把抓住曹利用的手说："数目不能超过三十万，否则回来的时候，我要你的脑袋！"

曹利用回来之后，宋真宗询问结果，曹利用伸出三个指头。宋真宗误以为给了辽国三百万，大吃一惊地说："太多了！"但想了一想，又认为谈判既已成功，也就算了，于是就说："三百万就三百万吧。"曹利用告诉宋真宗是给辽国绢二十万匹、银十万两，合计才三十万。宋真宗不禁大喜过望，重赏了曹利用，甚至写诗与群臣唱和，以示庆祝。

由于澶州也称澶渊郡，所以这次辽宋盟约被称为"澶渊之盟"。"澶渊之盟"规定：

一、辽宋为兄弟之国，因为辽圣宗耶律隆绪年幼，故称宋真宗为兄。

二、划定国界，双方撤兵。此后凡有越界盗贼逃犯，彼此不得藏匿。两

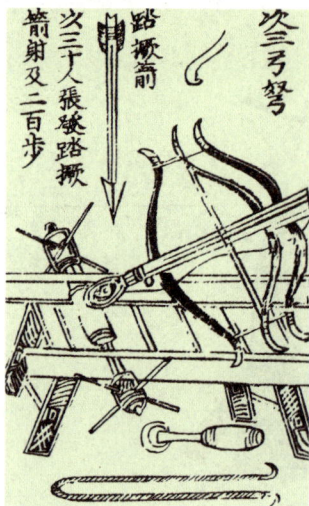

次三弓弩

次三弓弩是床弩的一种。需三十人张发，射程二百步（约折合现在的三百米）。

朝沿边城池，一切如常，不得修筑城防。

三、宋朝每年向辽国提供"助军旅之费"银十万两，绢二十万匹，至雄州交割。

四、双方于边境设置榷场，开展互市贸易。

"澶渊之盟"之后，寇准越来越受到皇帝的信赖，王钦若非常嫉妒，便想方设法诋毁寇准，离间宋真宗和寇准的关系。一天退朝时，寇准先走，王钦若在一旁看到宋真宗目送寇准时流露出敬重的感情，便说："陛下如此敬重寇准，是否认为他对社稷有功呢？"宋真宗点头。王钦若马上挑拨说："陛下以为寇准是忠臣吗？他不过是以陛下您的生命作为赌注，成就他的私名罢了。"见宋真宗神情有变，王钦若进一步挑动说："陛下听说过赌博吗？赌棍在钱快输光的时候，会把所有的钱都一下子押上去，孤注一掷。陛下在澶渊的所为，不就是寇准的孤注吗？当时实在太危险了，万一失败，陛下岂不是很危险？"王钦若的这番话让宋真宗对寇准的感情一下子发生了变化。再加上寇准独断专行，又得罪了朝廷上下不少人，丁谓就是其中之一。丁谓本出于寇准门下，逐渐做到参政一职，对寇准总是毕恭毕敬。在一次宴会上，菜汤沾湿了寇准的胡须，丁谓就站起来慢慢地为寇准拂拭。寇准笑道："副宰相是国家的重臣，难道还为上级拂胡须吗？"这就是"溜须"一词的来历。丁谓面红耳赤，从此以后，他就特别仇视寇准。在这伙人的攻击下，寇准被贬官外地，最后死于海南。

"澶渊之盟"，使辽兵得以从险境中安然脱身，关南之地虽得而复失，但每年三十万岁币再加上日后增加的二十万钱帛也促进了辽国的发展。从中华民族的发展史来看，"澶渊之盟"的订立，结束了宋辽之间连续数十年的战争，使此后的宋辽边境长期处于相对和平稳定的状态。这不仅使双方边境大片地区得以发展生产，而且双方还通过榷场进行经济交流和商业活动，带动了北方少数民族地区的经济与社会发展。

应该说"澶渊之盟"有深刻的经济因素的影响。有宋一代，人们追求实际，讲求功利，义利并重，甚至利重于义的思想逐渐盛行，有压过传统思想的倾向。同时商人地位的提高使众多官僚开始经营商业，人们更加看重利益。宋朝开始出现了大商人与大地主、大官僚相结合的局面，因而此时以经济代价换取两国的和平必定能够为大多数君臣所赞同，以利为重的宋朝社会风气也使得这种解决方式易于为民众所接受。实际上宋朝后来经由榷场所获得两国贸易的利润远远超过了他们为和平所付出的钱物。

历史细读

榷场是指宋、辽、西夏、金政权在边界设置的互市市场。榷场贸易受官方的严格控制。官府设专职官员，稽查货物，征收商税。交易双方须由官方中介人从中斡旋，不得直接接触。各政权对交易的商品种类也都有严格的规定。比如北方的战马，南方的铜铁、硫黄、焰硝等军用物资，一般都严禁出境。中原及江南地区向北方输出的主要是农产品及手工业制品，以及海外香药之类，辽、金、西夏输往南方的商品则有牲畜、皮货、药材、珠玉等。

虽然这些钱物对宋朝来说并不是太大的负担，但这一方面消磨了统治集团的斗志，使他们不思进取，苟且偷安；另一方面也打击了宋朝军民的士气，这也是导致宋朝对外战争屡遭败绩的重要原因。北部防线的兵士也极少训练，再加上恐胡心理，结果等到金兵打来，宋军一触即溃，金军很容易就包围了开封，遂有靖康之耻。另外，北方少数民族实力的增长加重了宋朝多年来的边患。实力不断增强的少数民族不断南下，最后灭掉了宋朝，入主中原。

泰山封禅

对北宋来说，"澶渊之盟"是城下之盟，不仅每年都要交纳岁币，造成沉重的财政负担，同时也给国家带来了洗不清的屈辱。宋真宗也觉得脸上无光，就让王钦若想办法为自己洗刷掉城下之盟的耻辱。而王钦若的建议就是泰山封禅。他向真宗提议："我们用武力是很难打败辽国的。不过辽国之人敬畏天地，不如大搞符瑞，泰山封禅，辽国必定不敢轻看我朝。"在王钦若看来，进行泰山封禅，一方面是向世人显示赵宋是天命所归；另一方面是因为北方少数民族敬畏天地，封禅可以让他们不敢轻视宋朝。真宗听罢欣然同意。

但按照惯例，赴泰山封禅是要有天瑞（上天降下的祥瑞）出现才能进行的。现在没有任何天瑞，怎么进行封禅呢？不过宋朝君臣早就有了对策。王钦若当时就说："不一定非得有天瑞，前代所谓的天瑞都是人们自己弄出来的。只要皇帝表示相信并且加以崇拜，好让天下人知道，这就与天瑞没有什么差别。"宋真宗后来又问著名学者杜镐："古人说黄河出《河图》、洛水出《洛书》，究竟是怎么一回事呢？"杜镐就直截了当地回答："这是古代的圣人拿鬼神来当作治理百姓的手段而已。"真宗心里有底之后，就开始假造天瑞。

宋瑞鹤图

宋朝皇帝对所谓的天瑞特别感兴趣。1112年有仙鹤飞鸣于开封宫殿上空，久久盘旋，还有两只落在了宫殿屋顶上。宋徽宗赵佶认为这是国运兴盛之预兆，就将目睹情景绘于绢素之上，并题诗以纪其实。

　　1008年正月，宋真宗诏告天下，煞有介事地说："以前梦见天神下降，让设立道场迎接天书。果然天上降下二丈多长的黄帛，就在左承天门南面的屋角上挂着。我派人去看，帛长约二丈，像封着书卷，用青丝绳缠着，隐约看出里面有字，这就是天神所言的天书下降了。"真宗因此改元大中祥符，给群臣加官晋爵，以谢天恩。此风一开，各地官员都开始上报所谓的天瑞。而丁谓为讨真宗的欢心，近乎走火入魔，凡见到鸟都说是仙鹤，所以时人称其为"鹤相"。一天寇准到山上游玩，遇到一群乌鸦飞过，笑谈说："要是丁谓在场，肯定要说黑仙鹤飞于仙山了。"

　　既然有了天瑞，宋真宗就决定在十月赴泰山封禅。但封禅劳民伤财，因此很多大臣都表示反对。这时候丁谓又跳出来，特意将历年收支数据编成《景德会计录》，与封禅大典的经费预算一起上报，认为经费充裕，完全支付得起封禅，说得头头是道。封禅一事就这样决定了下来。

　　丁谓是宋朝难得的人才，但他的大部分才能都用在讨好皇帝上了。1015年，宋真宗命丁谓负责修复失火宫室。京城里本来就十分拥挤，修缮大型宫殿既需要大量泥沙土石，又需要其他各种建筑材料，运输极成问题。丁谓就想了个统筹处理的办法，先在皇宫前面大道上挖土，以解决取土问题，而大道上挖土则形成沟壑，引入汴河水，将其变成可通船只的河道，各种建材通过木排竹筏都由此运入宫内。宫室造好之后，他又命人将废弃的砖瓦和垃圾填入沟壑内夯实，再建成通道。这样"一举三役济"，因此节约了大量的人力、物力和财力，时人赞叹不已。

　　而在前往泰山的路上，宋真宗命令所有的人都要吃素。封禅结束之后，真宗对宰相王旦等人说："你们这些天一直陪着我吃素，很是辛苦，从今天开始就可以吃肉了。"这时一名官员跳出来说："皇上您不知道，微臣和王旦等人都私下偷着吃肉，只有您一个人一路都在吃素。"真宗问王旦说："他说的是真的吗？"王旦等人赶快谢罪道："他说的是真的。"真宗真是哭笑不得。

　　此外宋真宗还下令在京城建起一座玉清昭应宫，作为敬奉"天书"的地方。这座宫殿花了七年的时间才建成。这场"天书"闹剧耗费了大量的人力、物力和财力，直到宋真宗死去，"天书"作为随葬品埋入坟墓方才收场。

王朝的危机

　　"澶渊之盟"后，宋辽之间实现了几十年的和平，因此享乐思潮开始在宋朝君臣中间流行。上至天子、下至县官，都是挥霍无度。朝廷的庞大开支，造成宋朝财政始终处于紧张状态。宋朝开国以来，由于不抑兼并，大官僚和大地主阶级竞相兼并土地，造成"势官富姓，占田无限"的严重局面，使得众多的农民倾家荡产、流离失所。而在宋朝实施重文轻武、防范武将政策的同时，少数民族政权的实力却在不断增强，外部的军事威胁一直没有解除，军费开支始终是宋朝的沉重负担。宋朝看似繁荣的表象背后实则是危机重重。

财政赤字

　　与唐代相比，北宋时期的国家财政收入大大增加了，但是军队和官吏以及皇家的开支费用更多，岁币也是沉重的负担，宋朝财政由此出现了严重的亏空。根据《文献通考》的记载，1065 年宋朝的财政就超支一千五百多万贯。

　　首先是军费庞大，这还要从宋太祖赵匡胤的养兵政策说起。赵匡胤在实行以文制武、裁抑武将政策的同时，创设了养兵制度。赵匡胤认为，遇到灾荒年景，将饥民招募为兵，可以避免饥民作乱；而正常年份，即便有军队作乱，百姓也不会参加。但这也形成了一种恶性循环，因为军队所资皆取之于农，农民负担沉重，一有灾荒，贫民衣食无寄，政府不能救济，又只好将之纳入军中。这种军队战斗力极差，战斗力越差就越需要数量，数量越多则战斗力越差，出现了难以根治的怪圈。就这样宋朝的军队由开国之初的三十多万人变成了后来的八十万禁军。宋神宗时期有人估计，当时朝廷财政收入的大约六分之五都花在军队上面。虽然有所夸张，但也说明军费所占比例之高。

历史细读

丁谓是宋朝著名的财会专家，尤其精于建筑统筹。《景德会计录》是中国历史上最早的、比较完备的会计学著作，由丁谓在1007年（宋真宗景德四年）主编而成。这在普遍鄙视实际事务的封建王朝是难能可贵的。

花在官员上面的开销也不可忽视。赵匡胤时期设计的官、职、差遣分离的制度，与科举、恩荫、荐举等选官制度结合起来以后，演变出为数众多的冗官。当时有官有职而没有差遣的人都要领取俸禄，这些可有可无的冗官占到了官员总数的百分之七八十以上，每年需要支出的俸禄大约在一千二百万贯钱。这也是一笔沉重的负担。但这么多的官员不但没有提高政府行政效率，反而互相推诿，以致国事糜烂。宋太宗赵光义统治期间，开封仓库中堆积的雨衣和帐篷有数万段破损，却无人负责。对朝廷的财政危机，大臣们却束手无策。

胜少败多

虽然宋朝军队人数日益增多，但战斗力却不容乐观。宋朝一方面限制武将的权力，另一方面轻武重文。比如规定军队三年换防京城的"更戍法"，时人曾这样描述它的消极作用："地形山川未及知，军员仕伍未及识，吏民士俗未及谙，已复去矣。"结果兵不知将，将不知兵，战斗力极为低下。另外宋太宗赵光义还搞出一套"平戎万全阵"，让前线将士照此布置。宋真宗、宋仁宗也经常沿用赵光义制定的"将从中驭"的办法，自定阵图，交由将帅临阵按图指挥作战，因此根本无法应付机动灵活的辽军及西夏军队，屡战屡败。

而在重文轻武的政策之下，为将者多为粗鄙之人，为兵者多为游手好闲之辈或无以为生的贫民，而官府也有意将他们召入军中，以免扰乱地方或图谋不轨。这与汉朝往往征召出身清白的青年从军形成了鲜明的对比。当时就有人尖锐地指出，军中兵将都缺乏文化及礼仪修养，战则无策，居则无行，根本无法胜任保家卫国的重担。但宋朝皇帝为了防止武将夺权，越是粗鄙武将越是受宠。另外士兵的素质也不容乐观。除了军中多为流氓无赖外，还让罪犯去充军，严重影响了宋朝军队的战斗力。宋朝军队存在大量因犯罪而被刺配入军的例子，因此当时社会上就有人骂基层士兵为"贼配军"。

西园雅集图

宋朝政府官员往往将政事交给下级官吏处理，自己过着悠闲的生活。他们的聚会宴饮活动往往会持续一整天，甚至数天。西园为北宋驸马王诜的宅第。他曾邀苏轼、苏辙、黄庭坚、圆通大师等十六人游园，实为一时盛事。

因此当宋朝庞大且战斗力不高的军队与以文制武的国家政策相结合时，吃败仗就成了家常便饭。宋朝不但在与辽国的交战中屡战屡败，而且在与西夏的交战中也是损失惨重，最后还是以岁币了事。连金国的亡国之君金哀宗也不把宋军放在眼里，他说："至于宋人，何足道哉！朕得甲士三千，纵横江淮间，有余力焉。"

好水川惨败

宋朝重文轻武，但文官集团却无法解决边患问题，一再丧师辱国。这在好水川之战的惨败上体现得非常明显。好水川（今宁夏自治区一峡谷名）因流经该处的河水甘冽，有好水之称，故有好水川之名，但这里就是宋朝万余将士埋骨他乡之所。

1041年，鉴于西夏皇帝李元昊攻势转剧，宋仁宗准备展开反攻，下诏让驻扎在边境的部队"应机乘便"，根据具体情况，择时向西夏进攻。范仲淹却消极应对。当初范仲淹在宋夏边境驻扎期间，就一味采取防守策略，准备消耗西夏国力。西夏却集中优势兵力，重点突破，宋朝多地失守，一时边境大急。但范仲淹仍然坚决反对和西夏开战。宋仁宗的诏书下达之后，他仍然坚持"严戒边城，使持久可守"。韩琦为此痛心疾首地说："现在朝廷边境有二十万大军，却忐忑不安地守着界壕，不敢与敌人打仗，实在让人痛心！"他认为，西夏即使是全国动员，人数也不过数万。宋兵如果全力出击，肯定

历史细读

唐朝末年以来，群雄并起，控制兵源成为了将领们维持割据局面的基础。为了防止士兵逃走，唐末幽州卢龙军节度使刘仁恭开始在士兵脸上刺字。宋代承袭此弊，刺民为兵，很多人为了解决生计问题被迫投身行伍。后来大量的罪犯也被刺配充入军中，刺配成为一种耻辱的标志。就是立有大功的岳飞，在公文中仍不免说"行伍贱隶，辱知朝廷"。

能打败西夏。针对范仲淹的怯懦表现，韩琦毫不客气地指出："大凡用兵，先要将胜负置之度外，然后可进。"范仲淹的朋友也责怪范仲淹："还没有打仗就想着要失败，这样没有信心，又怎么能打胜仗呢？"

这时西夏又发兵攻击，韩琦决定迎头痛击。于是以任福为统帅，命令他带兵绕到西夏兵身后设伏，等到西夏兵退回时进行前后夹击，围歼其主力。任福一路过关斩将，不免于轻敌，过于深入，被西夏兵在好水川一带合围了起来。好水川一战相当惨烈，宋军无一弃械投降，主将任福身中数箭，仍然挺身与敌人决斗。手下请他先走，任福喝道："我作为统军大将，打了败仗，就要以死报国！"最后力战身亡。

宋军溃败，韩琦狼狈逃回。阵亡将士的家属数千人拦住马头，哀号招魂，大哭道："你们随着将军出征，今天将军回来了，你们何在？愿你们的孤魂，也随着将军返家！"哭声震动天地，韩琦又惧又惭。范仲淹却在此时却讽刺韩琦说："此情此景，恐怕再难以置胜负于度外！"

范仲淹对军事虽然是门外汉，打仗不行，但搞宣传可是相当有本事。他到边境不到一个月，就有人宣传称，西夏已警告他国人说："小范老子胸中有数万甲兵，不似大范老子可欺。"（小范老子指范仲淹，大范老子指范雍，下面的一韩指韩琦）但马上宋军就在好水川惨败。没过多久，又有人宣称，边疆民众到处歌唱道："军中有一韩，西贼闻之心胆寒。军中有一范，西贼闻之惊破胆。"但这种对内宣传自欺欺人的手法并不能解决实际问题，定川寨之战宋军再次大败，最后还是以向西夏支付岁币了事。

狄青的悲惨命运

宋朝并不是缺乏军事人才，而是军事人才往往被压制。狄青就是典型的一例。他自幼练得一身好武艺，长大以后加入了朝廷的军队。当时宋军正在

范仲淹像

他少年时家贫好学，以天下为己任。曾主持过庆历新政，改革吏治，遭到守旧势力的反对，没有成功。在驻防宋夏边境期间，采取保守的防守政策，屡屡为西夏所乘。他"先天下之忧而忧，后天下之乐而乐"的思想对后人影响很大。

韩琦画像

韩琦是北宋著名大臣。他早期主张积极防御西夏的进攻，后来趋向保守，主张对辽妥协，反对王安石变法。后来他在家中修建昼锦堂，纵情享乐。

和西夏交战，经常打败仗，士兵普遍产生了畏惧西夏军队的情绪，因此士气低落。而狄青每次作战都披头散发，戴着铜面具，手持利刃冲入敌阵，往往所向披靡，大大鼓舞了士气。据说狄青长相俊美，因担心临敌不够震慑才带着面目狰狞的铜面具以威慑敌人。在对西夏战争的四年中，狄青经历了大小二十多次战斗，先后中了八箭。因其作战英勇，西夏人十分畏惧这个戴着铜面具的宋朝武将，称他为"狄天使"。在他的带领下，他的部下也变得勇猛如虎。

1052 年，西南少数民族首领侬智高起兵反宋。侬智高为了摆脱交趾国（位于今越南北部）的控制，多次向宋朝恳求内附。宋仁宗担心因此得罪交趾，所以多次拒绝了侬智高的请求。侬智高一怒之下，就向宋朝发动了战争，先后攻陷了宋朝数州之地，并围困广州两月之久。而宋朝中央派遣的增援部队屡战屡败，宋仁宗害怕了，一反往日文人为正、武人为副、宦官监军的带兵惯例，任命狄青为宣徽南院使，总领平南的一切事宜。狄青也向皇帝申明心志说："我自小当兵，要报效国家，唯有上阵杀敌。愿亲率大军，前往平叛，誓将贼首捕获，押至殿门之下。"

狄青率军到达昆仑关（位于今广西南宁市东北方约六十千米处）附近时，已是 1053 年正月，而正月十五上元节是宋人最隆重的节日之一。狄青按兵不

番王礼佛图

宋朝对少数民族产生了很大影响，少数民族民众开始穿汉族服饰，信仰从汉地传过去的佛教。侬智高也曾经参加过宋朝的进士考试，可惜没有考中。但在多种因素的作用下，侬智高走上了与宋朝对立的道路。

动，令大军休整，欢庆节日十天。侬智高得到情报后，放松了警惕。不料狄青就在侬智高防守松懈之时，一昼夜急行军，率领精锐部队越过昆仑关，摆好阵形，凭着地形优势一举打败了侬智高的部队。

而在誓师前，宋军有畏战情绪。狄青为了鼓舞士气，暗地里准备好一枚两面图案都是正面的铜钱，并用这枚铜钱当众占卜，说若得正面，出征必胜。结果连掷数次，尽得钱的正面。军士以为必有神助而信心大增。后来等到宋军凯旋，狄青才告诉手下将领占卜铜钱的真相。狄青的谋略可窥见一斑。

狄青顺利讨平侬智高之后，官拜枢密使，朝野舆论大哗。在朝廷的大臣看来，这违背了赵匡胤立国以来防制武人的国策。而宋仁宗这一任命也导致了文官集团对狄青的大肆攻击，为狄青的人生悲剧埋下了伏笔。

有一年开封发大水，狄青搬家到大相国寺殿上避水，并穿了件浅黄色的袄子坐在殿上指挥士卒。便有人传言他黄衣登殿，想当皇帝。有大臣还说："水者阴也，兵亦阴也，武将亦阴也。"言外之意是因为任用狄青所以招致了开封的水灾。这些谣传除了当时盛行谶纬巫术的原因外，主要还是基于对武将的猜忌。宋朝诸多文官在反对狄青的活动中空前团结，摆出不罢狄青就罢我的阵势。宋朝抑文轻武的国策成为了文人们集体团结起来共斗狄青的旗帜。

当时韩琦指使其家妓白牡丹称狄青为"斑儿"，嘲笑他脸上作为武人标志的刺字，但他并不在意。宋仁宗专门下诏让他将脸上的刺字印记用药除去，狄青却这样回答仁宗："陛下以功擢臣，不问门第，臣所以有今日，是因为有这印记。臣愿意留着印记，用以激励军心，所以不敢奉诏。"而当时宋朝还需要他，因此宋仁宗仍然器重狄青。但等边疆局势缓和下来之后，仁宗就在

曹皇后像
宋仁宗的曹皇后是宋初大将曹彬的孙女，她的弟弟就是八仙传说中的曹国舅。图中她穿着皇后的礼服，冠服华丽，神态肃穆。两位侍女分立两旁，一个捧着长巾，另一个捧着痰盂，准备随时听从皇后的使唤。

1056年罢掉了狄青的枢密使职务，出外知陈州。事实上纵观宋代的历史，枢密使一旦"能得士众心"，也就是得到将士的拥护，就会遭到罢免。宋朝的开国功臣曹彬就因此被罢官。狄青立有大功，又在士兵中间享有很高的威望，因此遭到罢免只是时间早晚的问题。

狄青出发前，对旁人说："我此行必死无疑，陈州有一种梨，叫青沙烂。因此今去此州，狄青必死无疑。"狄青似乎预感到了自己将命丧此地的命运。去陈州之后，皇帝仍不放心他，每半个月都要遣使探问，狄青整日生活在惶恐之中。到了第二年，狄青因为承受不了朝廷疑忌而带来的巨大心理压力，暴病死于陈州，年仅四十九岁。一代名将就此殒落。

北宋君臣的恐辽病

宋朝建立伊始，曾经打算收复幽云十六州。但宋军先是初败于高梁河，连宋太宗赵光义腿上也中了两箭，数年后讨辽大军又惨败于拒马河，赵光义和一班文臣武将因此得了"恐辽病"，从此不敢再言北伐。而宰相赵普也连上三道奏疏，恳请赵光义"永罢兵革，无为而治"。反观汉高祖的平城之围、唐太宗的渭桥之险，二人不但没有得"恐匈病"或"恐突病"，反而斗志更加昂扬，最终将匈奴和突厥击败。宋人不但甘愿处于被动挨打的地位，还越来越将这种挨打的局面视为不可逆转的常态。宋真宗听到辽军大举进攻的消息后，就想着南迁。后来在寇准的极力鼓动下，才勉强亲征，却在有利的形势下主动求和，纵使年出三十万银帛也在所不惜，签订了"澶渊之盟"。后来辽国只是口头的威胁又让北宋每年增加了二十万岁币。

宋神宗时期，辽国要求重新划定宋辽边界，宋朝不能接受，谈判陷入了

消夏图

庭院里绿荫盖地，十分凉爽和惬意。在仆人的周到服侍下，达官贵人悠闲地欣赏着字画，过着充满柔情而缺乏阳刚的生活。他们不愿面对北方的强敌，而宁愿付出钱财以求得平安。

困境。宋神宗下诏向群臣咨询"待遇之要，御备之方"。退休的老宰相韩琦上书说："朝廷不应该野心勃勃，加强军事建设，让辽国心生疑虑，有七件事让辽国不满：一、高丽早已脱离中国，成为辽国的藩属，我们却利用商人，跟他恢复旧有关系，辽国当然认为对其不利；二、王韶用武力从西夏夺取吐蕃部落的河湟地区，辽国当然认为下个目标一定是它；三、我们在北方边境线上遍植榆树柳树，又大挖水塘，目的显然在阻挡辽国骑兵奔驰；四、我们又在国内实行保甲制度，寓兵于农，教人民战斗技能，让辽国担心宋朝的军事力量；五、黄河以北各州县，积极修筑城池，掘深护城河渠，让辽国担心攻城不方便；六、我们又设立兵工厂，制造新式武器，更新武装部队的装备，让别人担心我们的军事力量；七、我们又在黄河以北重要的各州，安置三十七个将领，加强驻屯的国防军训练，让辽国担心我们要进攻他们。以上七项，都是刺激辽国的措施，使他们反感。我们只有一个方法才可以使辽国相信我们的和平诚意，跟我们继续友好相处，那就是立即把这些措施全部废除：一是跟高丽王国断绝通商；二是把河湟地区交还西夏控制；三是铲除沿边限制敌人骑兵深入的榆树柳树；四是解散保甲，停止民众军事训练；五是黄河以北州县城池，任其颓塌，护城河渠也任其淤塞，停止修筑；六是撤销兵工厂，停止制造武器，停止更新装备；七是撤销黄河以北设立的三十七个将领，停止军队训练。只有辽国真的不再怀疑我们，我大宋才有可能迁延岁月。"这就是历史上有名的"韩琦七项奏折"。宋神宗看了之后，大失所望。他在和朝臣的谈话中指出："仁宗皇帝时有何防备？李元昊不是照样造反么？辽国不也是照样索求土地吗？"

韩琦之所以有这种糊涂的想法，也不完全是他自己的原因，因为宋朝的大多数君臣都不把边防看得太重。以对宋朝的执政理念产生重大影响的宋太宗赵光义为例，986 年第二次伐辽大败后不久，赵光义就对近臣吐露了自己的心里话，说外忧不足为惧，关键是要防范内部的叛乱。更可笑的是，宋朝的君臣无法在战场上战胜敌人，就企图用金钱来击败敌人。赵匡胤认为辽国精兵不过十万人，准备用二十匹绢购买一个辽兵的人头，合计一下，总共也花不了二百万匹绢。而夏竦到了宋夏边境，总是吃败仗，就发榜文说："有得（李）元昊头者，赏钱五百万贯，爵西平王。"李元昊则命人潜入宋朝的城池，故意丢下了不少布帛。路人多有拾得，展开一看，上面写道："有得夏竦头者，赏钱两贯文！"

北宋画家李公麟五马图（局部）
宋朝对养马事业非常重视，成立了专门机构。西域进贡给北宋朝廷五匹骏马，朝廷指定五人分别照看，其中三个人都是来自西域的养马专家。该图中的男子就来自西域。

贝州兵变

如果说辽国、西夏军事实力强大，对之软弱或恐惧还有情有可原之处的话，那么内乱的久久不能平定，则可以说明宋朝的积弱已经非常严重。贝州兵变就充分体现了这一点。1047年十一月贝州王则起事，自立为王，一开始朝廷官员无人敢去平息叛乱。而王则原来只不过是一逃荒的农民，先是给地主放羊，后来才加入宋军。他起兵时只有几百人，也没有什么谋略。占领贝州城之后，既没有乘胜进攻，也没有躲入山区据险自守，而是采取阖城死守这种保守战略，还建国封官改元，"榜所居门曰中京，居室厩库，皆立名号。城以一楼为一州，书州名，补其徒为知州，每面置一总管。"那时朝中那些为濮议问题大动干戈的大臣，都没有了主意。宋仁宗感叹说："你们没有一个能为国家做实事的，还天天上殿来干什么呢？"

宋朝廷实在没有办法，只好派副宰相文彦博为正、明镐为副，率领十万大军前往镇压。贝州军民前来投诚，却被急于邀功的宋朝官军杀死。后来城内有人决定响应官军号召投诚，约好了做内应，晚上拉官军上城。先上去的官军登上了城墙，为了独占其功，就砍断了绳索，不让后来者上来，却因寡不敌众，被王则的军队赶下城去，导致功亏一篑。

而在中央层面上，枢密使夏竦与明镐有矛盾，因为担心明镐会打胜仗，就从中百般阻挠。不管明镐向朝廷奏请什么，夏竦都从中破坏。直到副宰相

闲适的宫人

画中宫人无论是服饰还是表情，都透露出浓浓的闲适之意。但如果考虑到在北方虎视眈眈的强敌，宋朝繁华背后危机重重的处境就可以窥见一斑。

文彦博上书皇帝，要求独立的指挥权，情况才得以扭转。最后宋军终于攻破了贝州城。

在王则被押至开封之后，其余党四人在皇宫内发动了"庆历卫士之变"。一天晚上，在皇宫中政殿当值的皇宫卫士颜秀、郭逵、王胜、孙利等四人突然发难，杀伤了数名卫士、宫人后冲入延和殿纵火。但是由于力量对比过于悬殊，局势迅速被赶来的禁军控制。御史宋禧因此还向朝廷进言说："这都是平安无事久了，疏于防范造成的。听说四川的罗江狗警觉如神，建议在后宫中多养此狗，以防备紧急情况。"宋禧也由此多了两个外号，"宋罗江"和"罗江御史"。笑话归笑话，这件事情反映出即使作为精锐之精锐的宋朝皇宫禁卫军的实力也是非常弱的，要不那四个人也不敢在皇宫中发动变乱，而且也不会有那么大的声势。

强敌环伺

游牧民族很早就拥有强大的游牧骑兵。他们从小就开始骑马射箭，技术娴熟。当时宋人就不得不承认："胡骑上下山阪，出入溪涧，中国之马不如也；隘险倾侧，且驰且射，中国之技不如也；风雨疲劳，饥渴不困，中国之人不如也。"而后来的蒙古骑兵更是"来如天坠，去如雷逝"。与此同时，由于传统的产马地区要么生态退化，要么掌握在少数民族手中，北宋军马严重缺乏，只能通过贸易手段获得少量的马匹。在骑兵方面，宋朝根本无法与少数民族相比。

不仅如此，先是契丹人和女真人，后是蒙古人，这些骑兵与先前的游牧民族不同，他们把草原作战传统与定居民族军队的作战手段结合起来，在作战方式上取得了决定性的进步，特别是使用了攻坚战的战术。而随着少数民族铸造技术的提高及与中原经济文化交流的增多，游牧骑兵与中原士兵的装备差距已经很小，甚至要略胜一筹。随着实力的增强，此时游牧骑兵发动战争的目的也发生了变化，不再是当秋季和冬季因粮草缺乏而南下中原抢劫物资，而是变成力图征服中原。

而气候的变化也迫使少数民族向中原地区开拓土地。10 世纪是气候温暖期，草原牧草茂盛，北方游牧民族的牲畜及人口数量大量增长。这也是辽国实力增强的重要基础，也因此满足于与宋相对和平的共处局面。不过到了 12世纪，气候变冷，太湖湖面曾一度全部结冰，甚至可以通行马车。因此东北亚寒冷地区的民族纷纷南下中原。而这时蒙古高原屡屡发生冻灾，旱灾也十分频繁。在拔都西征欧洲的前后几年，蒙古草原因干旱而野草自燃，河水干涸，史称"牛马十死八九，民不聊生"。而铁木真称，成吉思汗时期到元军灭宋这几十年间，北方草原地区被迫南下的贫民数量高达九十万户。蒙古部落先是为了争夺草场等资源争斗不已，后来就把矛头对外，特别是对准占据中原的金国以及占据江南的南宋。而此时这些政权虽然经济和文化相对发达，但统治集团软弱昏庸，安于享乐，最后亡于蒙古之手。

但遗憾的是，由于各种因素的制约，宋朝君臣对此一无所知。畏敌如虎的保守派如司马光等人，只将边患视为"肌肤之忧"。他们没有深刻认识到北方或西方的游牧民族正在发生根本性的变化，具体地说，就是辽国、西夏，以及后来的金朝及蒙古，已经不是古代的夷狄了，他们不但强弓铁骑更加强大了，而且早已怀着入主中原、成为汉家天子的壮志。历史证明，日显疲态的中原封建政权是很难应对处于上升时期的少数民族封建政权的。正是对少数民族政权的轻视，使宋朝的民众付出了国破家亡的惨重代价。

帝国的改革

北宋初年一些强化专制主义中央集权的政策和措施，逐渐转化成为它的对立面，冗官、冗兵和冗费与日俱增，宋朝陷入积贫积弱的局势中。1038 年就有大臣上书宋仁宗，认为国用不足在于"三冗三费"，其中包括全国有定官而无限员，各级官员比以前增加了五倍；几十万禁军坐耗衣食；京师多设徒卒，增添官府衣粮；大臣遭到罢黜后，国家仍然支付俸禄。对日益增多的开支，北宋政府主要是依靠加重按地亩征取的农业税来解决这些问题。但当时的官僚豪绅都享有免税免役的特权，赋税的负担主要落在中小地主及自耕农民的身上。而中小地主的赋税负担总是通过加重地租或放高利贷而转嫁给佃农，这就促使宋朝的社会矛盾日益尖锐。对这种局面，士大夫感到必须采取措施，摆脱困境。

庆历新政

宋朝的改革是从吏治开始的。宋代统治者给予官员以优裕的待遇，本意是希望以此形成官员奉法守正的风气，但官员的厚禄最终造成朝廷财政的极度困难。同时当时官员只要挨够年资，不出大的过错，到时便可升迁。大多数官员们就因循守旧，不求有功，但求无过，仅凭资历升官，致使官场死气沉沉。而很多官员到了年龄也不退休，阻碍了官员队伍的正常更新，导致官员队伍老化、僵化。而他们的后代又可以荫袭父辈，获得官职，更加剧了冗官的弊端。随着时间的推移，这种情况越来越严重。庆历（1041年—1048年）新政就是针对这些问题的一次重要尝试。范仲淹采取各种措施考核官员，罢免不称职官员，却因为这些措施遭到因士大夫阶层激烈的反对，很快便宣告失败。因为这些新政的实施都发生在宋仁宗庆历年间，所以叫作"庆历新政"。

吏治改革

1038年到1041年间，为了抵御西夏的军事侵犯，宋朝调集大军，军费开支陡然大增。当西夏犯边时，辽国又乘机迫使宋朝增加每年交纳岁币的数额。1043年宋军惨败之后，又被迫向西夏交纳岁币。宋朝的社会矛盾更加激化，宰相吕夷简对此束手无策。宋仁宗在改革呼声的推动下，在这年三月罢去压制改革派的宰相吕夷简，任命欧阳修、余靖、蔡襄等人为谏官，七月任命范仲淹为参知政事，任命富弼、韩琦等为枢密副使。宋仁宗在召对中，对范仲淹、富弼等人给予特别礼遇，并多次催促他们立即拿出一个使天下太平的方案来。范仲淹、富弼等人综合多年来的改革意见，并加以补充发挥，于九月将《答手诏条陈十事》奏折呈给宋仁宗，作为改革的基本方案。其主要内容是：

一、对官吏定期考核，以其政绩好坏决定其升降。

二、严格限制大臣子弟靠父亲的关系得官。规定除长子外，其余子孙须年满十五岁、弟侄年满二十岁才能得恩荫。而恩荫出身必须经过一定的考试，才得补官。

三、改革科举制度，减少科举考试的录取名额，以解决官多为患的问题。

四、慎重选择任用地方长官。

秋声赋意图

庆历新政失败后，欧阳修屡遭挫折，通过《秋声赋》抒发了自己在政治上不能有所作为的苦闷心情。该图是时人根据《秋声赋》的意境所绘的图画。

五、明确地方官员职田之数，均衡官员的职田收入。

六、重视农桑，兴修水利。

七、整治军备，在京城附近地区招募强壮男丁，充作京畿卫士，辅助正规军。每年用三个季度的时间务农、一个季度的时间教练战斗，寓兵于农。

八、派遣使臣，巡察那些应当施行的各种惠政是否已得到施行。

九、严肃对待和慎重发布朝廷号令，维护中央权威。

十、合并郡县，减轻农民的徭役负担。

这次改革的重点在于吏治。1043 年底，范仲淹选派了一批精明干练的按察使到各路监察官吏善恶。他坐镇中央，每当得到按察使的报告，就翻开各路官员的花名册把不称职者的名字勾掉。一位官员见他毫不留情地罢免了一个又一个官员，从旁劝止说："您一笔勾掉很容易，但是这一笔之下可要使他一家人哭呀！"范仲淹听了，用笔点着不称职官员的名字愤慨地说："一家人哭总比一路人哭要好吧！"在范仲淹的严格考核下，一大批尸位素餐的寄生虫被除名，一批具有真才实学的官员被提拔到重要岗位，官府办事效能提高了，财政、漕运等有所改善。但由于新政触犯了贵族官僚的利益，因而遭到他们的阻挠及反对。1045 年，辽国和西夏对宋朝的威胁相继解除，宋朝的外部威胁暂时化解，宋仁宗就先后罢去范仲淹、欧阳修、富弼和认同新政的宰相杜衍，让他们去担任地方官，短暂的庆历新政遂告失败。

失败原因

庆历新政失败有着多方面的原因。

一是改革触动了统治阶层的利益。宋仁宗改革的初衷是为了解决财政危

历史细读

欧阳修小时候家里特别贫苦，无力购买纸笔，寡居的老母亲就亲自教他学问。没有纸笔，就用芦荻为笔，以沙地为纸，教他认字。后来他与宋祁一起修《新唐书》，按照惯例，修史时一般只署上官职最高的主编者，因为欧阳修是主编，应该只署欧阳修的名字。但欧阳修认为宋祁撰写了所有的列传，付出了很大的努力，坚持让宋祁也列名于上。二十四史中只有《新唐书》署了主编以外的撰修者的名字，因此时人都感叹欧阳修的君子之风。

机和军事危机，是要富国强兵，但必须在维护宋朝统治的前提下进行。庆历改革的各项措施包括"明黜陟""抑侥幸""精贡举"等，中心思想就是要裁汰官员、削减薪俸。而当时北宋的官僚阶层已经是暮气沉沉的腐朽政治集团，真要实行上述改革，大部分官员都得丢官，因此这个大手术当然无法实现。而改革者为解决官多为患的问题，减少科举考试的录取名额，触动了读书人的利益。因此改革的反对者决不只是少数保守派，而是整个士大夫阶层，即北宋统治的阶级基础。因此庆历新政就难以深入地推行下去。

二是朋党问题触动了宋朝禁止大臣结党的忌讳。很多人指责范仲淹等人拉帮结派，是"朋党"。宋仁宗便召范仲淹询问："从来都是小人结为朋党，难道君子也结党吗？"范仲淹答道："臣在边疆时，看见勇于作战的人自结为党。其实朝廷也是这样，邪正各有其党。一心向善的人结为朋党，对国家有什么坏处呢？"就在此时，欧阳修也进呈《朋党论》，表达了对范仲淹的支持。然而自宋太祖赵匡胤立国以来，宋王朝的最高统治者就下大力气防范臣僚结党，以巩固自己的统治，宋仁宗因此对范仲淹极为不满。

三是改革者自身准备不足。宋朝存在的问题很多人都看到了，但关键问题是不知道怎么改。范仲淹没有在基层工作过，对民间情况了解很少，在执政以前并没有确实可行的行动指南，以至于皇帝三月份召他入京，直到九月份他才在别人的催促下拿出《答手诏条陈十事》，提出了十条措施，但不足以从根本上解决问题。比如范仲淹建议在京郊招募强壮男丁充作京畿卫士，用来辅助正规军。这相当于变相扩军，而宋朝本来就实行养兵政策，军队早已人满为患。

四是改革者自身存在缺陷。改革者身为官僚体制的一分子，没有洁身自好，给了他人以口实。比如范仲淹主张限制官员荫补，但他的儿子范纯仁在没中进士以前，就是因为他身居高位而当上太常寺太祝的。而对范仲淹等人构成最后一击的也恰是其阵营中的官员行为不检点造成的。当时京师各衙门都在春秋时节搞迎神赛会，将库存杂物和废纸等卖掉，以其所得作为本衙门职员的聚餐费。这本是一种官场陋习，而由范仲淹举荐得以担任进奏院提举的苏舜钦也习以为常，就主办进奏院的聚饮。自己又拿出十两银子，还邀请一些别的部门的由范仲淹举荐的青年官员前来，并召来妓女劝酒助兴。这些人饮酒作乐，喝得酩酊大醉，集贤校理王益柔更是当场赋《傲歌》一首，其中有"九月秋爽天气清，祠罢群仙饮自娱。……醉卧北极遣帝扶，周公孔子驱为奴！"这些人赶快把他送回家，企图掩盖消息，但还是为他人所知。监察御史刘元瑜立即上奏弹劾苏舜钦坐监自盗，用公款召妓吃喝；王益柔作《傲歌》犯上谤圣，大逆不道；其他几位，或与妓女同座滥饮，或孝服未除不该饮酒作乐，并要求严厉惩处。平心而论，如果不考虑王益柔的《傲歌》，这些事情在当时的官场上是经常发生的。但一是这些行为毕竟是违背了朝廷法度，二是坐实了外部对范仲淹结党的猜疑。宋仁宗知道这件事之后，立即命令连夜捕人，命令开封府严加审讯。苏舜钦以自盗公钱的罪名被除名，永不叙用；其余的人均受降官处分，被放逐到外地任职。在范仲淹提拔的人中只有曾公亮因为名声很好，没有受到太大的冲击。新政一派遂遭受到沉重打击。

神宗皇帝

宋神宗赵顼是宋朝较有作为的君主。他在做太子的时候，常常废寝忘食地读书或者研讨学问，其父宋英宗不得不派内侍去提醒他休息。当上皇帝之后，他不修建宫室，不四处游玩，也不贪女色。面对宋朝积贫积弱的局面，他力图力挽狂澜，进行改革。

当时困扰宋朝君臣的大致有以下几个问题：大宋作为泱泱大国，却为什么要如此卑躬屈膝地面对辽国？西夏又小又穷，怎么也让大宋颜面扫地？怎么对付西夏与辽国？如何解决日益严重的财政危机？大宋积贫积弱的状况如何扭转？神宗皇帝想有所作为，就广泛征求大臣们的意见，希望能够找到解决这些问题的办法。但大臣们都束手无策。那些大臣也许精通诗文，但对如何实现国富兵强毫无办法。比如宋神宗向富弼征询有关边防的事宜，这位当年曾经支持过范仲

文人的聚会
该图描述了宋代苏东坡等五学士在一起谈论诗文的情形。宋代文人特别是朋友间经常举办各种聚会，讨论诗文。

王安石画像

王安石是北宋著名的政治家、改革家和文学家。他为解决宋朝积贫积弱的问题，大力推行新法。这些新法虽然收到了一定的成效，但却遭到保守势力的强烈反对。最终他的改革也没有能够挽救宋朝灭亡的命运。

淹实行庆历新政的老宰相告诫他说："陛下如果能够二十年内不言兵，亦不重赏边功，则国家幸甚，天下幸甚！"但这不是神宗皇帝所想要的答案。于是既有为人称道的治国理论又有丰富的地方行政经验的王安石就在此时正式登上变法的舞台。1068年四月，宋神宗不顾各方反对，召正在江宁养病的翰林学士王安石入京，希望他为实现富国强兵出谋划策。

王安石其人

在庆历新政失败二十多年后，王安石又开始了新的一轮变法。与庆历新政的变法者相比，他实在是一个更理想的改革者。王安石早年以才气闻名于世，其《上仁宗皇帝言事书》更是引起朝野轰动。他有二十多年的基层工作经验，拥有良好的政绩，并进行了一系列卓有成效的改革试验。

王安石自小记忆力就很强，具有过目不忘的本领，但他读书时还是异常刻苦，即使睡觉吃饭也手不释卷，还经常感叹："少壮不努力，老大徒伤悲！"他到常州担任太守期间，除了处理政务，就是读书及思考问题，脸上很少露出笑容。有一天府衙中举办宴会，当艺人表演滑稽戏的时候，王安石忽然笑了起来。下属官员就重重赏赐了艺人，称赞说："你的才艺能使太守露出笑容，难得啊，应该得到赏赐。"有人怀疑王安石并不是因为这个而发笑的，便在事后找了个机会问王安石："您那天在宴会上为什么发笑？"王安石回答道："那天在宴会上，我突然悟出了《周易》中'咸''常'两卦的道理。自己高兴认为有所收获，所以才不自觉地笑了出来。"可见王安石不但有很高的文学造诣，而且在社会治理方面也积累了丰富的知识。他在后来变法中的理财思想就受到《周礼》很大的影响。

王安石二十二岁那年到京城参加科举考试。本来按照考官的评定，王安石第一名，王珪第二名，韩绛第三名，杨寘第四名。杨寘是晏殊女婿杨察的弟弟，而晏殊时为枢密使。在录取过程中，杨察通过晏殊探听消息，得知杨寘不是第一名。这时杨寘正在跟一帮狐朋狗友喝酒，就拍桌子骂道："不知哪头驴夺了我的状元！"随后事情有了变化，宋仁宗因为对王安石文章中的一句话不满意，就把他的状元拿了下来。第二名王珪、第三名韩绛有官在身，按照宋朝的规定不能成为状元，于是状元就落到了第四名杨寘的头上。

但王安石对功名倒看得很淡，一生从来没有提过自己曾经中过状元这件事。而当时全社会上都把科举看得很重，因此人们都称赞他"气量高大"。他对非常欣赏他的曾巩说："状元不状元的无所谓，历朝历代也有很多状元，但真正能成就一番事业的又有几人？"王安石的话在日后竟然得到验证。后来状元杨寘早死，无所作为，而王珪、韩绛和王安石都是宋朝历史上颇有名气的宰相。

苏轼《上神宗皇帝书》书影
针对宋朝的内忧外患，官员们经常上书，给皇帝提出自己的看法与建议。苏轼也不例外。但遗憾的是，当时的皇帝并不看好他的意见。

王安石在扬州任职期间，利用工作闲暇时间研究治国之道。他在三十八岁时写出长达万余言的《上仁宗皇帝言事书》，全面阐述了他的改革主张，引起了朝野上下的轰动。宋神宗在第一次与王安石的谈话中，就指出："我了解你已经很久了。世俗之人都不了解你，认为你只是知道学术，而不可以处理实际事务。"王安石则干脆地回答道："学术就是用来处理实际事务的。如果不能用来处理实际事务，那还有什么用呢？"

王安石不但在学术研究中以解决现实问题为导向，而且在基层处理了多年的实际事务。他在淮南判官的三年任期结束后，得到很高评价。按照宋朝的规定，凡是进士，担任地方官三年后，即可以来到皇帝身边，为皇帝撰写诏令的翰林、知制诰等。很多高官都是通过这条途径快速升迁，甚至当上宰相的。但王安石实在看不下去那些朝廷大员们饱食终日无所事事的样子，无意在京做官。在别人到处跑官的时候，他却主动要求外放到下面去做地方官。从二十二岁中第到四十六岁开始在中央推行变法之前，他基本上都是在地方官的任上。而他在每一个任职的地方，都有很好的政绩。

王安石第一次独当一面就是在鄞县（今浙江宁波）担任县令。鄞县当时很穷，地方也很小，正在遭遇严重的旱灾。王安石到任之后，不是像其他官员一样立即去搞好与上级的关系，而是不顾劳累，马上下乡了解情况，开仓

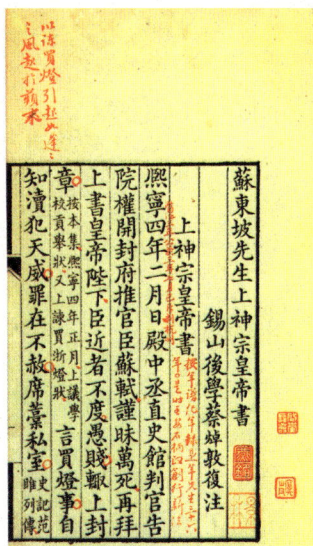

正史史料

盖为家者，不为其子生财，有父之严而子富焉，则何求而不得？今阖门而与其子市，而门之外莫入焉，虽尽得子之财，犹不富也。盖近世之言利虽善矣，皆有国者资天下之术耳，直相市于门之内而已，此其所以困欤！

——王安石《与马运判书》

发放救灾粮款。在实地调查中，王安石发现老百姓因连年受灾再加上地主的盘剥，连买种子的钱都没有。那些放高利贷的地主就等着老百姓过来借钱，一般年利率是百分之一百五到百分之二百，也有高达百分之三百的，农民往往为之倾家荡产。为了不让老百姓再受盘剥，王安石在鄞县推出"贷谷与民，立息以偿"的政策，也就是把县府的存粮以低息贷给老百姓，等秋天粮食下来了，老百姓再还钱。

在鄞县任职期间，王安石逐渐形成了自己的改革理念。他在 1047 年给上司上书，集中谈了他对理财之道的见解。他首先指出，现在之所以这么穷，不单单是开支无度，更是不会生财的后果。他还对以前的一些所谓理财之道提出了尖锐的批评，认为当时的国家财政部门，光把眼睛盯在老百姓身上，一心从老百姓身上揩油。在王安石看来，搜刮老百姓是不可能真正富裕的。正是因为此点，他不仅坚决反对政府的垄断行为，而且也反对巨商大贾和豪强地主阶级对经济利益的垄断，而恰恰是这一点导致后来的变法遭到了早已卷入商业的部分官僚的极力反对。

王安石变法

1069 年二月，宋神宗任命王安石为参知政事，开始变法，史称王安石变法，又因这次变法是在宋神宗熙宁年间进行的，故又称"熙宁变法"。因为变法触犯了大地主、大官僚阶层的利益，皇亲国戚和保守派士大夫联合起来，共同反对变法。因此王安石在 1074 年第一次罢相，次年复拜相。1076 年，王安石第二次辞去宰相职务，从此闲居江宁府。

在短短的几年间，以王安石为首的变法派一边摸索着前行，一边与反对变法的一派展开了激烈的斗争。变法伊始，朝廷里能够辅助王安石进行变法的人才严重缺乏。当时有人形容朝廷的五个主要执政者王、曾、富、唐、赵

杂技戏孩图

图中杂技艺人正施展绝技，口中唱词，手中击节敲鼓，两个小儿不知不觉被深深吸引住。当时各种艺人表演已在宋朝各个阶层相当流行，官府在举办各种活动时，也会找艺人来助兴。

是生、老、病、死、苦：王安石是生龙活虎；曾公亮年过七十，遇事模棱两可，轻易不发表意见；富弼因循守旧，见行新法便装病求退；唐介反对变法，但四月死去；参知政事赵抃难以阻挠变法，暗地里叫苦。因此宋神宗和王安石决不能依靠曾、富、唐、赵这些人进行变法。1069 年二月，神宗特地下令设立制置三司条例司，陈升之与王安石同领其事，实际上由王安石主持制置三司条例司的工作。王安石还任用吕惠卿、曾布、章惇等新人作为变法的助手，先后颁布了青苗法、保甲法、免役法等诸多法规，涉及社会生活的方方面面。因神宗皇帝的要求及鉴于庆历新政改革吏治所遇到的巨大阻力，这次变法侧重于富国强兵。

利息收得对吗?

青苗法是民众向政府贷款时以正在生长的庄稼作为抵押，在粮食收获后偿还贷款，故有此名。青苗法规定凡州县各等民户，在每年夏秋两收前，可到当地官府借贷现钱或粮谷，以帮助耕作。当年借款随春秋两税归还，每期取息二分。青苗法最早由宋仁宗时的陕西转运使李参在陕西实施，当时称之为"青苗钱"。王安石又在鄞县实验，效果良好。但为了谨慎起见，青苗法先在河北、京东、淮南三路施行，准备等到工作有了经验后，再"推之诸路"。

青苗法的另外一个目的是解决农民的生活、生产困难，抑制兼并，同时增加国家收入。但是宋朝的地主官僚就是依靠向农民放高利贷获利，同时利用农民的生活困难兼并土地。现在政府用低利率放出贷款，不但使他们不能获利，而且阻塞了他们的兼并之路。因此青苗法激起了士大夫的强烈反对，他们利用青苗法实施中出现的一些问题，对其进行大肆攻击。例如有人认为利息过高。王安石指出，这二分利主要用于补充"官吏之俸，辇运之费，水旱之逋，鼠雀之耗"。虽然国家可能在这上面获利，但只有这样做才能有粮食救济百姓。实际上青苗法规定的利率在当时是很低的。青苗法总利息不能超过三分利，"假令一户请钱一千，纳钱不得过千三百"。到了后来，随着经验的积累，青苗利息就减为一分。而按照《宋刑统》规定，民间的月利息最高就可以达到六分。另外《宋刑统》又规定"不得回利为本"，"而因利为本者，杖六十"。之所以对超过十分的高利贷以及利滚利现象制定了严厉的惩处措施，就是因为这些现象非常普遍。

青苗法为农民提供了便利，但高利贷者就不愿意了。范镇就指责青苗法采用类似于低价竞争的手段，剥夺了豪强大户人家放高利贷的好处，是一种可耻的行为。苏辙则认为，王安石是"志欲破富民以惠贫民"，是"夺富民之利"，这是绝对不可以的。

不可否认的是，青苗法的执行过程中确实出现了一系列的问题，但那并不是措施本身的问题，而是执行中的问题，是行政制度的问题，是可以进行改进而使之进一步完善的问题。任何法令都存在执行的问题，而当时以司马光为首的士大夫不想着怎么去改进青苗法，只是一味地反对。司马光一伙的反对也曾使宋神宗对变法改革一度产生过动摇。王安石因此不客气地指出："任何变法，甚至任何事物，总有出现问题的时候。当时尧让大臣共同选择一个人治水，尚且在开始时遭遇到失败，但经过不断的努力，最后才取得成功。因此现在进行变法，难道能没有失误之处？作为改革的主持者，应该统筹全局，纵观利害关系，在改革过程中不断改进，这样才能达到预期效果。如果听到一点意见就罢手，就什么事情都做不成了。天下事如煮汤，刚加一把火，又加一勺水，汤何时才能喝？"

保丁可靠吗?

当时的宋朝并不太平，治安状况非常恶劣，特别在农村地区，抢劫现象非常猖獗。王安石为了解决这一问题，推行保甲法，规定各地农村住户，每十家（后改为五家）组成一保，五保为一大保，十大保为一都保。凡家有两个成年男性以上的，出一人为保丁。农闲时集合保丁，进行军训。夜间轮差巡查，维持治安。边境地区的保丁还承担战时出征任务，自备弓箭，为正规军做辅助性工作。

整体而言，保甲法利国利民，给民众带来了不少好处。但守旧派却指责让贫苦农民练习武艺是有意使之为盗，大肆制造保甲多为盗贼的舆论，害怕农民武装起来之后会谋反作乱，而且一有灾荒则必生内乱，为国之患。另外这些民兵多是乌合之众，不能发挥多大的作用。宋神宗本人对此也心有疑虑。王安石则信赖并依靠农民，认为由忠厚老实的农民经过训练之后所组成的民兵足以承担起保家卫国的重任，其战斗力也可能会超过由无赖游民组成的禁

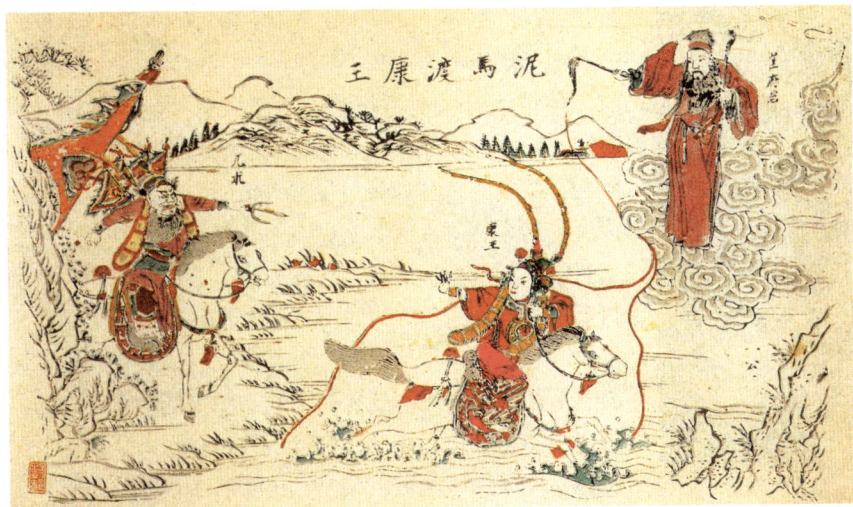

泥马渡康王
宋朝统治者不相信甚至担心民众的力量，但正规军战斗力又不高，所以在金兵南下时就无所凭借。相传宋高宗赵构只是依赖神灵提供的泥马相助才摆脱了金兵的追击，足见当时皇帝之窘态。

军。保守派提出的另一个理由是保甲法扰民。农民晚上需要轮班巡逻，农闲时白天还要训练。但在盗贼频发的古代，民众的第一需要是安定，是保证生命财产的安全。老百姓虽然多了点事情，但是"当未如频遇盗窃之苦"。

保甲法实行了一段时间之后，社会上开始流传谣言，说民众担心训练保甲是准备派他们到边境去打仗，于是就有人砍掉自己的小指头以逃避训练。宋神宗也非常担心。后来官府找到了那个所谓的斩指者，原来是"因斫木误斩指"，好多人还出面证明了这一点。

王安石对此发表了看法："从古到今，没有谁可以不宣传不造势就能让上下都听从命令。如果做事情只是任人随意造谣，谁肯听从命令？任由老百姓想干什么就干什么，不加以引导劝说指挥，那又何必设置君主与官吏呢？所以只好用法律来管理民众。开始肯定会有怨言，不过为天下做事，这点压力应该是可以承当和接受的。"然后他话锋一转说："对于保甲法，上面的执政大臣及下面以前残害民众的人，是不愿意看到它贯彻实行的。但如果要召来农民问他们的话，肯定都特别赞同。"

在司马光拜相之后，保甲法被废除了。但在北宋灭亡的时候，正规军大多未战先逃，士大夫们也是争相逃命，倒是基层民众自发组织的乡民在奋勇抗击金军的入侵。这不禁让后人设想到，如果不废除保甲法，一直训练民众的话，是不是中原民众可以免除金朝铁蹄的茶毒呢？至少宋高宗赵构也不会

进城谋生的木匠

宋朝时期农民开始大量流入城市谋生。该幅图画就有两位木匠在临街的铺面加工家具，而另外一个木匠则拿着一把锯向他们走去。

被追得那么狼狈，以致于跑到海上避难吧！

免役法的废除

免役法是针对差役法的改革。差役也叫力役、徭役、公役，在宋朝农民有保管或运输公物之役，有督收赋税之役，有追捕盗贼之役，有传递命令之役。而那些有钱有势的缙绅人家要么拥有不服役的特权，要么设法逃避，沉重的负担全部落在农民身上。这对农业生产十分不利，因为这些人平时都有终日忙碌的生产劳动，服役太多往往使得他们生计无着。但更可怕的是破产的风险，税钱收不上来需要照例赔偿。如果把保管的公物弄丢了或有所损失，是要照单赔偿的。有的人负责运输财物进京交差，路上被盗减损，也要自己负担。即使货物平安运达京城，也往往因为官吏故意挑三拣四地找麻烦而迟迟交不了差。最重最普遍的就是衙前役，任务是看管衙门公物，由乡户轮流看管，如有损失，照价赔偿。当时"浙民以给衙前役，多破产"。还有一对父子因为家里有两个男丁，就需要服衙前役，父亲就告诉儿子："我应该求死，以免你陷入饥寒交迫的境地。"父亲遂自缢而死。

在王安石推行免役法之前，已有一些地方官员根据实际需要主动停止了差役法，特别是在南方，变差役为雇役已是很普遍的现象。王安石的办法则是改"派役"为"雇役"，即民众将其应服之役折合成"免役钱"交给官府，由官府雇人服役。所有人一律出钱，原来不服役的官户、寺观出一半，叫"助役钱"。年景不好时，贫困人家可以少交免役钱或不交。此后在实践中，免役法又经过数度修订，不断完善，贫民已经不需要出免役钱了。

免役法刚一推行就受到了基层老百姓的欢迎，"被差者得散去，开封一府罢衙前八百三十人，畿县乡役数千，遂颁其法于天下"。民众虽然出了一点钱，但不需要再服差役，不再担惊受怕，可以专心务农，所以都很高兴。同时政府财政收入也有很大增加，社会上的闲散人员也多了一条谋生之道。另外由于没有差役的负担，农村的剩余劳动力可以方便地进入城市谋生，城市经济得以活跃起来。

但是老百姓欢迎，不等于士大夫也欢迎。当时宰相富弼退休在家，当地的太守李师中要求他得同其他富户一样交纳助役钱，却因此被人指责为挟公以报私怨。苏轼更是极力反对免役法，在他看来，自古以来农民出力做差役是应该的，就好比"食之必用五谷，衣之必用丝麻，济川之必用舟楫，行地之必用牛马"。但差役法这种带有人身强制性质的制度，是不能适应宋朝的社会发展，特别是商品经济发展的。虽然后来司马光大力反对取消差役法，但在王安石变法以后，"赋役合一"渐渐成形，差役法也逐渐成为了历史名词。

飞鸟尽，良弓藏

1074 年，王安石辞去相位。从表面上看，王安石之所以辞去相位，是因为宋神宗产生了动摇，变法派内部分裂，再加上王安石与其他恋眷官位的士大夫不同，想让位于年轻人。但深层的原因是神宗觉得改革的目标已经基本达到，若让王安石继续改革下去，就可能会挑战他的皇权。所以王安石辞职已成必然之事。

当时宋神宗之所以要力排众议，起用王安石进行变法，主要就是想缓解财政危机及西夏带来的军事压力。而王安石变法以来，政府的财政收入大为增加，王韶对吐蕃部落用兵也取得了前所未有的胜绩，并使西夏陷入了被动的局面。辽国甚至也开始担心宋国会来进攻。这也就是说，统治危机已经得到了初步化解。虽然宋神宗仍然准备继续推行改革，但客观而言，王安石已经开始具备对皇权提出挑战

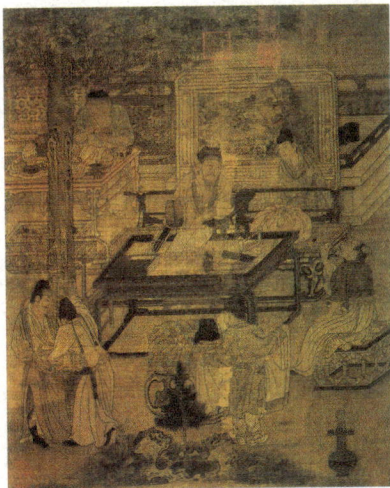

梧荫清暇图

在古代社会，木秀于林，风必摧之。宋朝极力笼络士大夫，文人也过上了悠闲的生活。但王安石却在立下大功的同时，生活俭朴，洁身自好。这就让一些人怀疑他是在积累名声意图不轨，可能会成为第二个王莽。再加上王安石向来不轻易放弃自己的观点，在军界又有很大的影响，同时宋神宗又想单独干出一番事业，因此王安石不得不辞去相位，以证清白。

的能力。在政治上，王安石变法取得了相当的成效，他不但在基层民众中积累了声望，而且一大批熟悉实际事务的人才也为他所用。后来变法派内部虽然出现了纷争，但对王安石仍是尊敬有加。在军事上，王韶掠地千里，章惇平定了南苗、郭逵南击交趾，这些宋朝开国以来从未有过的武功都与王安石的指挥与协调有很大的关系。而王韶是王安石一手提拔起来的文人将领。在王安石第一次辞相之后，王韶心中就非常不安，再加上有人说朝廷有意废除熙河路，别人再讲什么话他都不信。虽然宋神宗特意写了手谕，但还不得不请王安石写信给王韶进行安慰，由此可见王韶与王安石的紧密关系。而这正是有宋一朝的皇帝所要竭力避免的现象。在个人道德方面，王安石生活俭朴，洁身自好，就是那些拼命诋毁他的人也挑不出任何毛病。只有苏洵在《辨奸论》中认为王安石之所以与一般的士大夫不同，那是因为他隐藏着绝大的奸恶狡诈。在此情形之下，虽然王安石没有个人野心，但很多人却以小人之心度君子之腹，这不能不让宋神宗感到狐疑。

1073 年的一天，王安石乘马入宣德门。宦官张茂则不让他进去，还让别人用鞭子抽打王安石的坐骑，并且对王安石喝斥道："难道你想成为王莽吗？"而在这以前，宰相进宣德门，都是进到门里才下马的。宋神宗虽派人

历史细读

妄生奸诈，荧惑圣上，首倡邪术，欲生乱阶，违背常法，轻革朝典，学非言伪，王制所诛，非曰良臣，是为民贼！而又牵合衰世，文饰奸言，徒有啬夫之辨谈，诋塞诤臣之正论。加以朋党鳞集，亲旧星攒，或备近畿，或居重任，窥伺神器，专制福威，人心动摇，天下惊骇。

——司马光《奏弹王安石表》

去查看王安石坐骑的伤势，却一直不愿追究张茂则的罪责。这次下马事件虽然不一定是宋神宗的安排，但与他的纵容脱不了关系。于是君臣之间开始产生了裂痕，王安石不可能不清楚这一点，他开始提交辞呈。改革在守旧派的反对声中遭受了重大的挫折。

虽千万人，吾往矣

王安石把孟子的一句名言"虽千万人，吾往矣"，当成自己的座右铭。只要他认定是正确的道理，就算是有千万个人反对，他也会坚持下去。正是这句名言，成了王安石日后变法时的精神支柱。

守旧官僚的攻击

新法一开始实行，就遭到了守旧官僚们的大肆攻击。司马光更是给新法戴上了"侵官、生事、征利、拒谏"的帽子。王安石则在《答司马谏议书》中给予反驳："你用来指教我的，是认为我所推行的新法侵夺了官吏们的职权，制造了事端，争夺了百姓的财利，并拒绝接受不同的意见，因而招致天下人的怨恨和诽谤。我却认为从皇帝那里接受命令，议订法令制度，又在朝廷上修正决定，把它交给负有专责的官吏去执行，这不能算是侵夺官吏们的职权。实行古代贤明君主的政策，用它来兴办对天下有利的事业、消除种种弊病，这不能算是制造事端。为天下治理整顿财政，这不能算是与百姓争夺财利。抨击不正确的言论，驳斥巧辩的坏人，这不能算是拒绝接受他人的不同意见。至于社会上对我的那么多怨恨和诽谤，那是我本来早就料到它会这样的。"

变法触动了皇亲国戚的利益，因此遭到他们的强烈反对。按照旧制，宋朝宗室子弟均居住在京城，不许参加科举考试，但仍授予虽有职无权、有名

宋朝贵族妇女的生活
此图由北宋末年画家王诜所绘。图中一晨妆已毕的妇人正在对镜端详自己，仪态落落大方。一个侍女手捧茶盘，另一妇人正伸手去盘中取食盒，开始准备吃早餐。

无实，却俸禄优厚的官爵；不准出补外官，只能留在京师，养尊处优，自是衣食无忧。宋神宗和王安石却变革宗室子弟的任官制度，不再给予五服以外的宗室子弟这种特殊待遇，但允许宗室通过科举入仕，量才授官。这就使不少宗室子弟失去了得到官职的机会。他们拦住王安石的马，对他说："我们和皇帝都是同一祖先，相公不要为难我们。"王安石严词拒绝了他们的要求，说："就是祖宗，过了几代也要搬出祠堂，何况是你们呢！"人群才不得不散去。另外根据新法，朝廷没收了向皇后父亲的部分财产，曹太后的弟弟也受到了违犯市易法的指控。以两宫太后及皇后、亲王为首的宗室外戚自然十分仇视王安石，抓住一切机会诋毁新法。一次宋神宗同弟弟岐王赵颢、嘉王赵頵一起玩游戏，神宗以玉带为赌注，嘉王却说："我若胜了，不求玉带，只求废除青苗法和免役法。"曹太后更是坚持"祖宗法度不宜轻改"的守旧派。在变法争论最为紧张激烈之时，两宫皇太后就常常在神宗面前哭泣。曹太后更是对神宗说："王安石是在变乱天下呀！"岐王也在旁劝说神宗应该遵从太后的懿旨，说新法是不会带来什么好处的。

　　而到了北宋末年的宋钦宗时期，为了掩盖因其父宋徽宗的无能与昏庸而导致金兵入侵的事实，就把"国事失图"的责任由奸臣蔡京上溯至王安石。而对王安石的否定在南宋则达到了高峰，宋高宗赵构为了开脱其父兄宋徽宋与宋钦宗的历史罪责，诏命重修《神宗实录》以否定王安石变法，并将王安石作为北宋政权的亡国元凶。这就成为了封建时代的统治者对王安石的主流看法。

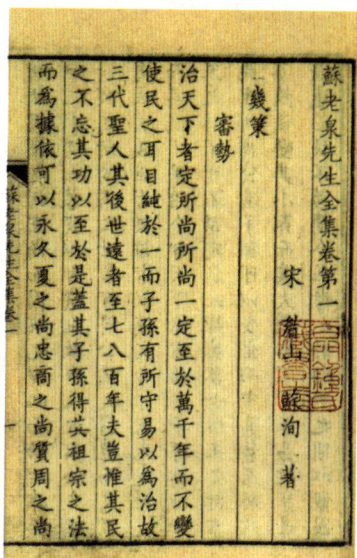

苏洵《审势》书影
北宋著名文学家、三苏之首的苏洵（苏轼、苏辙的父亲）就认为祖宗之法不可变。他在《审势》这篇文章开头就讲："治天下者定所尚，所尚一定，至于万千年而不变。使民之耳目纯于一，而子孙有所守，易以为治。"

与谁治天下

一个国家的基本政治制度究竟该设计来治官，还是治民，这是一个古往今来统治者都必须要面对并加以解决的问题。而作为势必要触动各方利益的改革，更不会回避这个问题。王安石在变法中就选择了治官。这样一来，自然引起手下官员的反对。针对官员对变法的抱怨，宋神宗告诉文彦博说："虽然变法让士大夫们感到很不方便，但对民众来说却是好事。"文彦博反问道："陛下是用士大夫统治国家，还是用百姓统治国家？"神宗明白地指出变法的目的就是针对士大夫阶层而不是针对下层百姓，文彦博则也直言不讳地告诫神宗，皇帝只能与士大夫合作，而不能与百姓合作。

特别是新法的很多政策需要官员的身体力行，让过着安逸生活的士大夫很不满意。这在兴修农田水利的问题上体现得最为明显。苏轼当时就说："臣不知朝廷本无一事，何苦而行此哉？"文彦博也持类似的观点。但苏轼他们却忘记了一点，兴修水利这种有百利而无一害之举自然须要官员四处考察地形甚至带头劳动，他们是朝廷官员，拿着朝廷的俸禄，就得为朝廷服务、为百姓办事。

在守旧派看来，王安石不但侵犯他们的利益，还要扰乱他们的安逸生活。这就是王安石变法遭到百般阻挠的关键原因。遗憾的是，科举制的发展及政治制度的安排，特别是谏官制度，使士大夫队伍在这个时代的政治和社会制度中具有相当大的分量，再加上宋朝驾驭大臣的"异论相搅"政策，王安石没有力量把反对新法的旧党逐出朝廷，更不要说全部清除了。他得不到商鞅所得到的坚定支持。他只能把部分守旧派贬出中央，贬到地方上担任地方政府的一把手，而中央的守旧派大多过得逍遥自在。于是王安石变法呈现出一种世界历史上很少见的奇异场面，即由一批反对新法的人负责执行新法。他们用种种方法加以破坏，故意迫使农民痛恨新法。事实上青苗法执行过程中出现的所谓增加农民负担的现象，大多是反对变法的官员所为。

祖宗不足法

自然大多数反对新法者没有像文彦博那样，为了维护自身利益说得那么赤裸，毕竟儒家的代表人物孟子说过："民为贵，社稷次之，君为轻。"而一代明君唐太宗也有名言："舟所以比人君，水所以比黎庶，水能载舟，亦能覆舟。"于是争论的重点就转移到祖宗法度是否可变这一问题上来。他们指责王

名家评史

荆公（王安石）所创设的财政机关，是制置三司条例司。创设之后，对于支出一方面，则把一岁的用度，和郊祀大计，都"编著定式"。所裁省的冗费，计有十分之四。

——吕思勉《中国大历史》

安石所认为的"祖宗不足法"。而王安石虽然没有提出这个说法，却也没有否认。而后来对王安石的指责也多为说王安石变乱祖宗法度，最终导致北宋亡国。

司马光认为越变越退步、越变越亡国，主张谨守"祖宗之成法"，以"世世相承，无有穷期"。自然这不是简单的观念上的保守，而是对自身利益的贪执与自私。当时的保守派之所以强调祖宗之法不可变，最重要的就是因为原有的优待士大夫的政策对他们最为有利。王安石则巧妙地用保守派所极为推崇的宋仁宗为例来加以反驳："仁宗在位四十年，多次修改法律。如果法是不变的话，子孙应该世世代代遵守，那么为何总是要改呢？"其实祖先法度只是保守派手中的一个工具。当祖宗之法对他们不利的时候，他们就会马上找借口尽改祖宗成法。例如在宋神宗去世之后，司马光等守旧派为了维护自己的利益，就抛出"以母改子"的言论，尽废前朝的法制，再也不提祖宗之法不可变的旧论调了。

王安石并不局限于此，他认为如果说"法制具在"，国家财政不应该不足，"中国宜强"，但是"今皆不然"。因此要健全法制，要积极改变现状。在这一思想的指导下，王安石进行了很多尝试。但就是这些，还是遭到了守旧派的极力反对。当时王安石提议汴河两岸种稻，苏轼不是农业专家，但却马上给皇帝上书说："汴水独流，自生民以来，不以种稻。"他的依据就是当地的民歌中并没有提到这里能长稻谷。他进而指责那些实实在在地尝试兴修水利、发展农业生产的人是"妄庸轻剽，浮浪奸人"。但是经过农民的努力，汴河两岸后来确实长出了稻谷。

开源与节流

保守派把王安石的诸项新法称作"聚敛害民之术"，把王安石的理财思想视作"剥民兴利"。这也是自南宋至晚清绝大多数史学家和思想家评议王安石新法的基本观点之一。这其中就涉及在国家财政方面如何开源与节流的问题。

宋朝的商业贩运

王安石之所以产生重在开源的看法，与宋朝商业的繁荣有很大的关系。当时宋人不远千里，贩卖货物。这些商人旅途异常辛苦，连善于长途行走的骆驼都累得直喘气，或立或卧，而车夫只是在客栈上的桌子上打个盹，又准备走上新的行程。

当时宋朝面临的最大问题之一就是贫。贫的表现是宋朝的经济较汉唐发达得多，收入的绝对值并不低，但开支太大，入不敷出，国库年年赤字。再加上岁岁输钱帛于辽夏，又让脆弱的财政雪上加霜。这个问题，可以说人人都能看到，并无异议，但如何解决问题就见仁见智、纷纭不一了。王安石的办法就是理财。他认为财用不足的主要原因是"理财未得其道"，而理财的主要途径是开源而非节流。他批评宋仁宗，"其于理财，大抵无法"，所以"虽俭约而民不富，虽忧勤而国不强"。

司马光并不认同王安石的观点。1068 年底，司马光与王安石二人之间爆发了一次激烈的争论。王安石认为："国家财政之所以亏空，是因为没有善于理财的人。"司马光反对说："你所谓善于理财者，不过是巧立名目，在百姓头上增加捐税而已。"王安石说："不是这样的。善于理财者，可以不增加赋税却使国库充盈。"司马光则不以为然："天下哪里有这个道理？天地所生的钱财万物，不在民就在官。设法从老百姓那里巧取豪夺，比增加赋税还坏。"

当时政府向农民，甚至是城市的工商业者提供贷款，来解决他们所遇到的资金困难问题。同时大兴农田水利，以增加耕地面积，改善农业生产条件。这些措施都能促进经济的发展，同时国家也可以在不加重民众赋税负担的情况下增加财政收入。但是以司马光为代表的旧官僚对经济一窍不通，不肯接受王安石的理财之道，也弄不明白王安石"只要善于经营，可以不增加赋税而使国家富裕"的观点。只是认为天下的财富都是固定的，不在民间，就在朝廷，所谓理财就是聚敛，就是搜刮民间。他们完全没有认识到，人的劳动是能够创造财富的，破除垄断、增加流通也是能够促进财富增长的。这就是司马光与王安石的不同之处，也是他极力反对王安石变法的重要原因。

　　自然事情还不只是理论上的争论那么简单。以司马光为首的旧官僚并不是在为民众着想，而是为了自己的小集团利益着想。他们担心的是，政府肯定要限制官僚及大地主的利益，与官僚及大地主争利。实际上也是如此，因为农民已经很穷了，没有什么可以剥夺的了。为了缩小贫富差距及限制兼并，政府肯定会向富豪和官僚征税，例如免役法就规定原来具有免役特权的官僚需要交纳免役钱，而方田均税法也意在让地主藏匿不报的耕地纳税。同时农民之所以相当贫困，很重要的原因就是豪强地主的高利贷盘剥，而青苗法又剥夺了他们的高利贷收入，让农民不至于破产，增大了豪强地主兼并土地的难度。守旧派强烈反对王安石的理财就是必然之事了。

轸念流民

按照过去的说法，王安石的去职与这幅地方官员呈献的《流民图》有很大的关系。但问题在于，宋朝正是因为社会上出现了问题才进行变法的。再说王安石变法也不可能解决所有问题，更何况是农业社会无法抵御的大旱。所谓的"轸念流民"只不过是宋神宗罢去功臣的借口而已。

如何看待王安石变法

　　虽然守旧派对王安石变法百般诋毁，但变法确实取得了实实在在的成就。变法期间，大量荒田被开垦，全国兴修水利设施一万多处，新增可灌溉土地达三千多万亩。因此农民得到了好处，国家增加了收入，"中外府库，无不充衍"。财力的充足使得社会各项事业的开展有了可靠的经济基础，也使中下层人民的生活水平有了一定的提高。军事实力也得到很大的增强，取得了一系列胜利。王韶开边千里及章惇平定南苗就是其中两例，而当时辽国甚至还开始担心宋朝会进攻他们。另外，如果守旧派官僚关于王安石变法扰民害民的描述都是真的话，那应该有不少农民起义，但在变法期间并没有农民起义，这说明王安石变法对基层民众并没有太大的妨害。相反通过保甲法的实施，农村的社会治安还有很大好转。而从政策的延续性上看，虽然司马光上台之后尽废新法，但王安石开创的不少政策后来又继续得以施行。免役法、保甲法等法规甚至到了元明清各朝还在继续实行。

　　但为什么王安石变法会有这么多争议呢？这是因为在宋朝复杂的社会环境下，王安石变法涉及很多深层次的问题。

　　第一是任何一场改革都不会让所有的人都满意。当时宋朝上下都认为不改革不行，但对如何改革却一直没有很好的办法。而王安石的才气已为朝廷上下所承认，再加上他在二十几年地方官任上的良好政绩，众人对他都寄予了很高的希望。就包括司马光也说："王安石享有天下大名三十多年，才华横溢，学识渊博，淡泊名利，志向高远。不管认识不认识的人，都有一个共同

历史细读

王安石变法期间，有大臣一味反对王安石的看法，又说自己不懂财政，王安石就大怒道："公辈坐不读书耳！"一大臣则狡辩："君言失矣，皋、夔、稷、契之时，有何书可读？"这种风气发展到南宋，文人放弃了过去的经学传统，不研究治理国家的实际学问，却抬出赵普宣称"半部《论语》治天下"。实际上宋太宗赵光义曾经这样评价赵普："及至晚岁，酷爱读书，经史百家，常存几案，强记默识，经目谙心，硕学老儒，宛有不及。"

的看法，即王安石不当大任则罢，但凡身担大任，则太平盛世指日可待，天下苍生都会承受他的恩泽。"说空话可以，但是当王安石真的开始变法，而变法又触动了官僚集团的利益时，司马光又站出来极力反对。虽然王安石变法本质上有利于宋朝的长治久安及士大夫的利益，但由于当时的官僚集团已经相当腐朽和短视，只是一味维护自己的当前利益，所以他们激烈地反对变法。结果北宋被金军灭掉，官僚地主的根本利益和长远利益最终还是受到了摧残。

第二是任何改革都存在不少"毛病"和"缺失"，有的可能还比较严重。这是事物发展的正常规律。世上没有十全十美的人，也没有十全十美的事。尤其是改革，一般都是在走前人没有走过的路，要求当事人做事不出一点问题、不走一些弯路是根本不可能的。而王安石在变法中，勇于革新，勇于实践，一心扑在改革上。而守旧派总是一味地挑变法事业的毛病，可是他们又拿不出什么好的办法来解决国家面临的困境，只是一味地抱残守缺，维持现状，直至北宋灭亡。

其实在王安石变法之前，就有人不赞同他出任宰相。王安石有一个很好的朋友叫王令，终生不仕，还力劝王安石也退隐山林。他认为任何改革都已经不可能挽救宋朝的命运了，认为王安石纵然有心济世，也是无力回天。以王安石之才能，对时局的看法不可能不比王令更清醒。但是他们的性格却大为不同，王令选择逃避，王安石则是选择迎难而上。他的《游褒禅山记》中就写得很清楚："力量足以达到目的而未能达到，在别人看来是可以讥笑的，在自己来说也是有所悔恨的。而如果尽了自己的主观努力而未能达到，便可以无所悔恨了。"因此能不能为天下人做点事情，"系吾得志与否耳"。如果有机会而不去做，则"吾耻之也"；而如果想去做而没有机会，"吾不恤也，尽

闲适的苏轼

此图根据苏轼的《定风波·莫听穿林打叶声》词所绘。追求闲适生活的苏轼并不适合于官场，但当时文人除了做官之外没有别的好出路，这也是他人生颇多坎坷的重要原因。

吾性而已"。但遗憾的是，反对改革的司马光却享有盛名，而一心变法的王安石却屡遭误解。

至于北宋灭亡，则是宋朝各种积弊爆发的总结果。王安石变法在当时的环境下，也只能是化解宋朝的财政危机而已，不能从根本上挽救宋朝。实际上新法在经历了几年的反复之后，基本还在实行。宋朝不是亡于新法，而是亡于没有全面改革。

新旧党争

虽然王安石已经罢相，但由于新法仍在继续，改革派与守旧派的利益冲突仍然十分尖锐。再加上由于当时改革派倾向于中央集权，加强皇帝的权力，而守旧派则代表相对独立的大官僚利益，所以两派之间的斗争与皇权和后权的矛盾结合在一起，加剧了北宋末期的党争。

苏轼惹火烧身

严格来说，乌台诗案并不应该属于党争。苏轼之所以被别人指责，实在是有他自己的原因。苏轼少有文气，很早就名满天下，但在官场上却屡屡不得意。一是因为苏轼的政论文章有较浓的纵横家习气，有时故作惊人之论而不合义理。因此他的政论文章要么老生常谈，要么毫无价值，解决不了任何

朝云小像

朝云是苏轼在杭州时所结识的一个歌女，善解人意，才艺出众，后被苏轼纳为小妾。两人的结合固然是文学史上的一段佳话，但对身为朝廷官员的苏轼来说并不是什么正面新闻。

问题。与之形成鲜明对比的是，王安石的《上仁宗皇帝言事书》则鞭辟入里，又有切实可行的构想，在当时的朝廷上引起巨大轰动乃至后人的高度评价，为王安石日后的主政变法奠定了基础。二是作为一名政府官员，苏轼的一些行为并非无懈可击。他在杭州任上，虽年已四十，却纳十三岁的歌伎朝云为妾。虽说宋朝对士大夫极为宽厚，但也不会鼓励这些行为。据说就是朝廷派人到湖州去抓捕他的时候，他也没有在处理政事，而是在为他的一位好友整理遗作。但上面这几点在宋朝的官场虽然不至于升官，但也不致于招罪。关键是苏轼又爱评论时政，极力否定新法。不过王安石宽厚待人，所以苏轼过得仍然逍遥自在。但王安石能容得了他，不等于别人也能容得了他。等到王安石辞相之后，苏轼就因出言不慎，栽了个大跟头。

1079年四月，苏轼调任湖州知州，按照惯例他向宋神宗上表致谢。谢表中有"知其生不逢时，难以追陪新进；查其老不生事，或可牧养小民"句，意思是"自己知道生不逢时，不能为新近晋升的人工作；皇上看我已经老了，也做不出什么事情来了，或者可以让我去当地方官去牧养百姓"。京城早就有一批人看不惯苏轼，于是纷纷上表奏劾苏轼"讥切时政"。其中以御史李定说得最为严厉，在他看来，苏轼眼高手低，没有什么可行的施政方针，对他人计划又只注意到缺点及不完善的地方，一直在诽谤朝政，皇帝却没有管，这次一定要严惩。他们搜集了很多苏轼攻击新法的诗文，给苏轼定了罪。因"乌台"是御史台的别称，故称之为"乌台诗案"。苏轼在狱中承认自己确实写过诗讽刺新法。

苏轼下狱后，长子苏迈每天去监狱给他送饭。由于父子不能见面，便暗中约好，平时只送蔬菜和肉食，如果有坏消息，就改送鱼。一天苏迈有事，不能去给父亲送饭，便托朋友代劳，但忘记告诉朋友这个约定，偏巧这个朋友就给苏轼送去了一条鱼。苏轼大惊，以为自己难逃一死，便写了两首绝命诗给弟弟苏辙。苏辙看到哥哥的绝命诗，痛哭流涕，立刻上书给宋神宗，希望能以自己的官爵来赎哥哥的罪。而宋神宗主要是想借此警

历史细读

据《汉书·朱博传》记载，御史府（台）中有许多柏树，常有数千只乌鸦栖息在树上，晨去暮来，号为"朝夕乌"。再加上御史的主要工作就是监督百官及皇帝，一般不讨人喜欢。因此后人将御史台称为"乌台"，暗指御史都是乌鸦嘴。

告那些反对变法的官员，颇有杀鸡给猴看的意味，并无置苏轼于死地的意思。再加上朝廷中有多人为苏轼求情，就连赋闲在家的王安石也劝神宗放过苏轼。神宗遂下令对苏轼从轻发落，贬其为黄州团练副使。

司马光尽废新法

如果说在乌台诗案中，朝廷对于苏轼的处理还算是依照法律的话，那么司马光尽废新法则带有很浓厚的党争气氛。

1085 年春，宋神宗赵顼病死，其子赵煦即位，第二年改年号为元祐，是为宋哲宗，年仅十岁。其祖母宣仁太后以太皇太后高氏的身份临朝执政。宣仁太后是宫廷中反对变法的后台，执政后就授予司马光、文彦博等保守派很高的职位，各种反对变法的力量聚集在了一起。1086 年五月，司马光返回京城，开始废除新法。到 1087 年九月病死前，司马光以一年半的时间，将十七年变法新政包括于民于国两相便利的免役法全部废除，史称"元祐更化"。司马光病死之后，清除王安石变法影响、恢复祖宗旧制的工作仍在继续，一直到 1093 年，前后历时九年。至此支持变法的政治派别，被时人称为元丰党人，后人又称新党；反对变法的一派，则被称为元祐党人，后人又称旧党。

当司马光准备撤销大部分旧党赞同的免役法时，苏轼劝他不要匆忙行事，司马光大怒。苏轼就说："从前常听你称赞某某犯颜直谏，某某据理力争。今天你刚当宰相，就不准别人开口。"另一位大臣范纯仁也认为免役法已经获得一致拥护，只不过少数官僚人家不便，万不可改。司马光立刻翻脸。范纯仁说："你如此声色俱厉，不过堵人的嘴，使人不敢开口罢了。凡事应该虚心地听听大家的意见，不必一定谋从己出。"但这一切都不足以动摇司马光走回头路的决心。

与此同时，司马光还不遗余力地打击变法派。旧党刘挚、王岩叟、朱光庭等人甚至竭力搜寻新党章惇、蔡确的传闻轶事，任意穿凿附会，对其进行

烛送词臣

宋哲宗年间，太皇太后与哲宗曾经召见苏轼说："先帝神宗每次读你的文章，都要称赞你是个奇才，但来不及用你。"苏轼感动得哭了出来，哲宗让内侍手持蜡烛将其送回。但朝廷对苏轼的定位也只是"词臣"而已，并没有重用他。

诋毁。有人认为蔡确的《车盖亭诗》讥讽当朝太后是武则天，将其贬到新州。吕大防和刘挚曾以蔡确母亲年老，主张改迁他处，高太后却说："山可移，此州不可移。"在蔡确被贬新州时，旧党将司马光、范纯仁和韩维誉为"三贤"，而将蔡确、章惇和韩缜斥为"三奸"。他们将王安石和蔡确新党名单张榜公布，以示警告，同时对已被斥逐的新党人员章惇、韩缜、李清臣和张商英等人再加以贬斥。是为车盖亭诗案。蔡确被贬时，范纯仁对吕大防说："岭南之路长满荆棘已经七八十年了，今日重开，日后我们难免有此下场。"不幸的是，新党的报复比他们预想的还要猛烈。

这时头脑较为清醒的人们曾经劝告司马光，如果将来有人以"父子义"（即儿子要继承父亲的事业的道理）唆使宋哲宗反对今天的"以母改子"，后果将不堪设想。司马光却说："如果老天还保佑宋朝的话，肯定不会有这种事！"但司马光万万没有想到宋哲宗早已打定了主意，只不过在等待机会爆发罢了。

隐忍的哲宗

宋哲宗非常聪明，八九岁时便能背诵《论语》，颇得父亲宋神宗的喜爱。1084年，神宗在宫中宴请群臣，时年九岁的哲宗随同。哲宗虽然是第一次经历这样的场面，却表现得极为得体，得到宋神宗的夸赞。哲宗即位后，辽国派使者来参加神宗的吊唁活动。宰相蔡确因两国服饰不同，怕年幼的哲宗害怕，便反复给哲宗讲辽人的着装以及各种礼仪。哲宗先是沉默不语，等到蔡确讲完，忽然严肃地问道："辽国使者是人吗？"蔡确一愣说："当然是人，不过是夷狄。"哲宗道："既然是人，那怕什么？"蔡确无言以对，惶恐退下。

高太后在哲宗即位时，一再表示她垂帘听政是出于无奈，却丝毫不放松手中的权力。在其垂帘时期，军国大事都由她与几位大臣处理，年少的宋哲宗对朝政几乎没有发言权。而司马光及其后继者，也完全无视小皇帝的存在，凡事都由高太后定夺。在朝堂上，哲宗的御座与高太后座位相对，大臣们向来是向太后奏事，背朝哲宗，也不转身向哲宗禀报，以致哲宗亲政后在谈及垂帘时说，他只能看朝中官员的臀部和背部，斥责以司马光为首的守旧派大臣完全不顾君臣之义。

高太后和旧党所做的一切，对宋哲宗来说，负面影响非常大。少年老成的哲宗面对不将自己放在眼中的高太后和旧党，也用他自己的方式表示反抗。每次大臣向哲宗和高太后奏报时，哲宗都沉默不语。有一次高太后问哲宗为何不表达自己的看法，哲宗回答说："娘娘已处分，还要我说什么？"弦外之音就是自己无非是一个摆设而已。哲宗常使用一个旧桌子，高太后令人换掉，但哲宗又派人搬了回来。高太后问其原因，哲宗答："因为这是爹爹用过的。"高太后心中大惊，知道他将来必定会对自己的措施不满，并且会重新实行宋神宗的政策。范纯仁还因蔡确被贬一事请哲宗向高太后求情，但哲宗依旧以沉默相抗议。范纯仁这时候才知道，哲宗已经和他们这些旧党没有任何回旋的余地了。大臣刘挚曾上疏，让高太后教导哲宗如何分辨君子和小人。高太后说："我常与孙子说这些，但他并不以为然。"高太后因此愈加担心，当然更不敢放下手中的权力。但越是这样，哲宗心中的不满就越大。随着高太后的衰老和哲宗的成长，朝廷的大多数人都感觉到了这种气氛，连

宋哲宗画像

宋哲宗赵煦是北宋较有作为的皇帝。他亲政之后，打击保守派势力，恢复了变法，并停止与西夏谈判，多次出兵讨伐西夏，迫使西夏向宋朝求和。可惜哲宗英年早逝。

高太后都感到了山雨欲来、新党复起的政治气氛。1093年八月，高太后病危时，告诫范纯仁和吕大防等人，要他们提前准备，尽早退出朝廷，以保全身家性命。

1093年九月，高太后去世，宋哲宗亲政，开始重新提拔被贬斥的章惇、吕惠卿等新党人员。1094年二月，新提拔的李清臣就在殿试发策时极力肯定宋神宗的新法，而苏辙则列举了汉昭帝罢去武帝晚年苛政等例子，表示哲宗应该像汉昭帝一样改变宋神宗的做法。哲宗因苏辙将神宗比作汉武帝（汉武帝当年因为过于好大喜功，耗尽了朝廷历年积累下的财富；晚年又多猜疑，最后连太子也逼死了）而勃然大怒，就把苏辙贬往外地。四月有谏官猛烈抨击司马光、文彦博误国，甚至把高太后比作吕后与武则天。翰林学士曾布建议恢复神宗的事业，改元以顺应天意，于是宋哲宗改年号为绍圣。绍，为连续、继承之意。这是新党重新执政的正式标志。"绍述"也成为绍圣年间使用频率最高的政治术语，其原意就是继承前人的做法。而对哲宗而言，就是继承其父神宗变法的意志与事业。

事实上随着新法实施的效果日益显现，相当部分的官僚地主也看出了虽然王安石变法对他们的利益有所触动，但从根本上来说还是有利于他们的统治，部分旧党的立场有所松动。但他们多是空谈之人，新党对他们并不感兴趣。再加上宋哲宗因为大部分旧党在高太后垂帘听政时期不顾君臣之义，对他这个小皇帝置若罔闻，也不肯原谅他们。在新党方面，虽然章惇等人曾在乌台诗案中营救过苏轼，但经历了元祐时期旧党的打击后，他们对旧党异常

浴婴图

该图意趣盎然地描述了妃子为儿童洗澡的场面。但这种其乐融融的场面往往不会保持很久。宋朝的后宫深深卷入了皇位继承问题，这既使后宫可能掌握较大的权力，也会使后宫与皇帝形成隔阂乃至矛盾。

痛恨。同时他们也吸取了王安石变法期间对拒不执行新法的官员过于宽厚的教训，于是在哲宗的支持下，开始罢黜那些反对新法的官员。1094 年，旧党的主要人物吕大防、刘挚、苏轼等人被贬到岭南。1095 年，哲宗下令吕大防等数十人永不叙用。另外章惇对旧党还采取了一个极其严厉的措施，即搜集旧党臣僚的章疏，把宋神宗去世以后所有批评新党和新法的奏议都予以分类，再根据这些奏议依次定罪。此活动直到哲宗去世时仍在进行。

元祐党人碑

如果说宋哲宗还是力图有所作为，为了推行改革和巩固皇权而对旧党进行打击的话，那么宋徽宗时期的元祐党人碑则相当过分。不过主持修建元祐党人碑的蔡京却是司马光提拔上来的。司马光当初决定废除新法，下令恢复差役法，限期官员五日内完成。绝大多数官员都认为时间太紧，唯独蔡京在短短的五天里完成任务，而且无一违例，因此他得到了司马光的重用。

1100 年，宋哲宗去世，其弟赵佶继位，是为宋徽宗。由向太后临朝听政，再次起用元祐党人，废除变法新政。几个月后，向太后患病还政，宋徽宗正式执掌朝政。1102 年宋徽宗用蔡京为相，又基本上照搬了熙宁新政的做法。九月宋徽宗令中书省进呈元祐中反对新法及在元符中有对新法过激言行的大臣姓名。蔡京共确定了文彦博、吕公著、司马光、范纯仁等一百二十人，分别定其罪状，称作奸党，并由徽宗书写姓名，刻于石上，立于端礼门外，称之为"元祐党人碑"。蔡京还将这份名单发给各州县，要求各地也刻名于碑，以儆效尤；并规定不许党人子孙留在京师，不许参加科考，而且碑上列名的人一律"永不录用"。后来"元祐党人"增加到三百零九人，其中章惇（曾反对立赵佶为帝，认为赵佶人品不好）、曾布等原为新党。"元祐党人"在这里变成了宋徽宗和蔡京打击报复他人的政治工具。

宋徽宗一朝还继承了司马光当政时焚毁王安石《三经新义》底版的做法。1103年，宋徽宗下诏，焚毁苏洵、苏轼、苏辙、黄庭坚、秦观等人的文集。蔡京等人还要烧毁司马光所著的《资治通鉴》，只因前面有宋神宗御制的序文，这才作罢。

1106年，朝廷下令毁掉"元祐党人碑"，恢复了被贬的官员身份，并命令不要再为此事纠缠。过了一段时间，朝廷又在一次大赦天下中，彻底废除了党人之禁。

"小人"章惇

古人常用两分法把人分为两类，一种是君子，一种是小人。这种分法本是侧重社会地位，后来发展为侧重政治和道德，遂成为政治斗争中的一项重要武器。宋朝的绝大多数士大夫更是如此，平时自命君子，一旦掀起争论，就把对方视为小人。这是宋朝党争的一大特色。

苏轼题竹图
苏轼性爱竹子，不但喜欢赏竹，还爱画竹、咏竹，并常常将咏竹之诗题于竹上，堪称文坛雅事。

支持王安石的变法者多被旧党视为小人，章惇更是如此。最多的指责就是他对司马光一党展开的猛烈报复。应该说章惇与王安石不同，章惇对守旧派的态度要严厉得多。章惇和苏轼是好朋友，据说有一次两人一起旅行，遇到一条深涧。深涧下面湍流翻滚，只有一条横木为桥。章惇胆子大，要苏轼走过去，到那边的悬崖上题词。苏轼两腿发软，不敢过去，章惇却毫无惧色地走了过去，从容在石壁上题词："章惇、苏轼来此一游。"然后又走了回来。苏轼拍着章惇的肩膀说："章惇必能杀人！"章惇问其原因，苏轼说："连自己身家性命都不顾的人，还怕杀人吗？"

但他之所以对旧党实施强力打击，主要是吸取王安石变法中法令无法得到贯彻执行的教训。至于司马光所受到的冲击，则主要与他割地于西夏以及对宋哲宗不行君臣之义有关。难能可贵的是，章惇"不肯以官爵私所亲"。他四个儿子都考上了进士，但只有一个儿子在中央任职，其他三个都在地方上工作，没有一个因为父亲当过宰相而做上大官的。

而另一个足以证明章惇的人品与官品的事情就是他当时极力反对立赵佶（也就是后来的宋徽宗）为帝。宋哲宗死后，宋神宗的皇后向太后和朝臣商议立谁做新皇帝。向太后认为赵佶"有福寿，且仁孝，不同诸王"，提议由他继

任用六贼

六贼分别是指蔡京、王黼、童贯、梁师成、朱勔、李彦。此说法最早出于太学生陈东在 1125 年的上书。这六人刻意迎合宋徽宗的心意，取得了徽宗的宠信，结果把朝政弄得乌烟瘴气。当时开封就流传着一首民谣："打破筒，泼了菜，便是人间好世界（筒谐童贯姓，菜谐蔡京姓）。"

位。其实赵佶荒淫无耻，当时就已经恶名在外，民间都说他"朝欢暮乐，依稀似剑阁孟蜀王；爱色贪杯，仿佛如金陵李后主"。但满朝大臣都不提意见，谏官也不吭声，只有章惇当众直指赵佶"轻佻，不可以君天下"。谁都知道这样做会有什么后果，但章惇却不愿意跟其他大臣一样明哲保身。

宋徽宗一朝，北宋走向了耻辱的灭亡。后人感叹，假如当初不立徽宗，金国纵然强大，宋朝也不会那么容易灭亡。可惜宋朝像章惇一样的"小人"太少，而所谓的"君子"太多。

北宋灭亡

虽然北宋经济出现了繁荣的局面，但皇帝的享乐之风也更加兴盛。宋徽宗继位之后，不理国事，导致奸臣当道。后因修建供自己享乐的艮岳而造成东南地区的方腊起义。而金国在联宋灭辽中看到宋朝的虚弱本质，就趁机攻下开封城，灭掉了北宋。

皇帝轻佻

章惇之所以当着朝臣的面说赵佶"轻佻"，一方面固然是他为官正直，另一方面是赵佶的荒淫无耻早已臭名远扬。赵佶在做藩王的时候，就迷恋声色犬马。他以藩王之尊，经常和一群狐朋狗友一起，游幸于青楼歌馆，寻花问柳。凡是京城中有名的妓女，几乎都与他有染，有时他还将喜欢的妓女乔装打扮后带入王府肆意玩乐。

但赵佶也颇有心计。赵佶并不是向太后的亲生儿子，但他曲意奉承，施展出浑身解数，以讨取向太后的欢心；甚至不惜降尊纡贵，着意笼络向太后身边的侍从，让他们在太后面前为自己说话。久而久之，宫廷中上上下下都一致称赞赵佶仁义孝悌，又风流蕴藉，不同凡响。向太后也受到了蛊惑，对赵佶刮目相看，认为他贤于其他诸王，对他特别钟爱，最终使他当上了皇帝。

当上皇帝之后，赵佶变本加厉，更加荒淫无道。尽管后宫佳丽如云，但他仍然常常微服出宫，寻找刺激。王黼更是引诱宋徽宗微服出游，夜宿娼门。因为怕人知道，他们君臣曾翻墙出宫。宫墙高耸，徽宗一时下不来，让王黼做垫脚石，笑着说："王安石，背耸过来。"王黼接口道："神宗皇帝，脚伸下来。"宋神宗在位时勤政，王安石大力变法，宋朝呈中兴之势，却成为了徽宗君臣的笑料，真是一种莫大的讽刺。当时李师师是名冠汴京的歌伎，徽宗经常以体察民情为由到她家过夜。据说当时皇宫和李师师家还有地道相连。民间后来就开始流传一种传说，说徽宗的父亲宋神宗曾去看过宋宫里收藏的李后主画像，看后颇为心仪，后来徽宗的母亲便生下了赵佶。这徽宗是李煜转世，是来灭亡宋朝的。

不但如此，宋徽宗还重用身边的侍从，不管是书童，还是宦官，或是唱曲的、赶车的，只要能将他服侍好，便不管人品如何，能力怎样，纷纷出将入相，权重一时。宦官权力开始膨胀。比如宦官童贯竟然官至枢密使，总掌全国兵权，而且还在与辽、金等国的外交和战事中，充当外交使节。这是以前的王朝从来没有过的事情。更让人感叹的是，而金人攻陷开封之后，掳去徽宗的乘舆、嫔妃，他都未曾动色，而当在金人索要他馆藏的书画时，才"听之喟然"。由此可见，徽

宋徽宗 听琴图
画中宋徽宗居中，坐在石墩上，作道士打扮。他微微低着头，双手置琴上，轻轻地拨弄着琴弦。听者三人，神情就像完全陶醉在这动人的曲调之中。图画上方为蔡京所写诗句，右侧则有宋徽宗所写"听琴图"三字。

名家评史

当皇帝和朝廷沉湎于享乐而不理朝政的时候，就会自寻死路。北宋的末代皇帝就是一个审美家，热衷于绘画和艺术品的收藏。

——谢和耐《蒙元入侵前夜的中国日常生活》

宗最看重的身外之物不是国家而是书画。

享乐皇帝

宋神宗和王安石没有想到他们日后会成为宋徽宗的笑料，更没有想到他们的改革成果竟然与北宋的亡国联系在一起。宋徽宗上台伊始，宰相蔡京就报告说，如今国库尚有神宗皇帝积累下来的五千多万贯积蓄，用度充裕，完全可以使朝廷威仪更加气派一些。他援引《易经》，发展出了一个丰、亨、豫、大理论，认为在太平时节，君王要有天子的气派，要敢花钱，敢于纵情享乐，不必拘泥于世俗之礼。他还援引《周礼》，说自古以来，只要是君王，其花费都是不必计算、不受限制的。如果皇帝过分节俭，苦了自己，就有失皇家气度。对君王来说，这样做是可耻的。

不仅如此，就连范仲淹的"先天下之忧而忧，后天下之乐而乐"的名言也成为宋徽宗纵情享乐的借口。有一次，一位大臣对宋徽宗说："所谓人生，就应该以四海为家，以太平岁月娱乐自己。人的一生没有多少时间，难道还要把自己弄得很辛苦吗？"宋徽宗对此非常赞同，还对其他大臣说："先皇为天下欢乐，也为天下忧愁。如今四海太平，我才有机会放松一下，游玩游玩啊！"

宋徽宗既然如此，他手下的大臣也就更加纵情享受，不顾百姓的死活了。据说当时一个人在京城买了一个小妾，这位女子说自己原来是为蔡京做包子的厨师。有一天那人让她做包子，她却说不会做。那人就责备她说："你既然是负责做包子的厨师，那又为什么不会做包子呢？"她回答道："我是专门切葱丝的。"事实上蔡京府上最多时竟有数百名厨师。连包包子都有专人负责切葱丝，蔡京的奢华生活也就可想而知了。

与此形成鲜明对比的是，底层民众的生活极为困苦。在花团锦簇的京城开封十多里外，到处都是民不聊生的悲惨景象。

道君皇帝与艮岳

有宋一代，朝廷对道教的尊崇达到了一个新的高潮。宋徽宗更是如此。温州道士林灵素入朝，对徽宗胡诌道："天有九霄，最高是神霄。神霄玉清王者是上帝的长子，号长生大帝君。陛下就是长生大帝君下凡。"徽宗非常高兴，在其出生地福宁殿东建玉清神霄宫，铸神霄九鼎。又在皇宫附近建上清宝箓宫。林灵素在宫中聚道士讲道，徽宗在旁设帐听讲。道士们上徽宗称号为教主道君皇帝，徽宗欣然接受。徽宗又根据蔡京的建议，汇集古今道教事件，编纂道教史。他还下令设立道学，道士只要通过考试就可以做道官。全国各地到处都在修建道观，每一道观均由政府拨给很多田地，每年都获得不少田租。

宋徽宗当上皇帝后，久久不能得子。道士刘混康就告诉他，京城东北角风水极佳，正处在八卦的艮位之上，倘若将地势增高，皇家子嗣立即便会兴旺。徽宗下令照办。不久宫中竟然连连诞育皇子。然后又有道士撺掇皇帝，说这里若建一个神仙洞府，则国运必将亨通昌盛。前面的说法已得到了证实，因此徽宗更加深信不疑，若在此地建成艮岳，国家的兴旺发达必是指日可待。

吕洞宾与宋徽宗

由于宋徽宗屡次举办道会，因此他也就出现在各种神话传说中。这幅后世的壁画就反映了吕洞宾与宋徽宗的交往。宋徽宗在主楼前方挺立，其左侧有官吏持笏恭候，右侧有道人奉迎，阶下和廊庑之中，皆挤满了官吏和道士。

于是宋徽宗征用民间劳役数十万修建艮岳，1117年兴工，1122年初步建成，耗资无可计数，甚至里面的一木一石都是价值千贯甚至万贯。艮岳山上还修建了无数的亭台楼阁，放置了无数的奇花异石，并养有大量的珍禽异兽。艮岳北部为景龙江，引江水流注假山之间，水声潺潺。为了产生更好的云雾缭绕的效果，徽宗还命人在油绢袋中注满水，放置于山峦峭壁之上，以形成高山云雾的效果，当时的人们称之为"贡云"。

然而用大量金钱粉饰的太平马上便烟消雾散。1126年，金兵攻打开封，宋钦宗下令"毁艮岳为炮石"，于是百姓一拥而入，拆毁屋宇、砍伐树木充当薪柴与兵器，把鹿苑中的梅花鹿全部杀死以充军粮，而艮岳之中收藏的碑帖书籍则被随意丢弃。刚刚建成的艮岳就此毁于一旦。这标志着徽宗皇帝浪漫生活的终结。徽宗更没有想到，艮岳的修建不但没有使国家兴旺发达，反而成为北宋灭亡的重要诱因，他自己也凄惨地客死在去国千里的苦寒之地。

朝元仙仗图

这幅壁画描绘了南极天帝和东华天帝君率领仙官、侍从和仪仗朝谒玄元皇帝的场面。画面精美，颇有唐人吴道子遗风。有宋一朝，宋朝皇室经常营造其皇帝为道教天上神仙的舆论，并大力宣扬道教，以消磨民众的反抗之心。但民众也往往假托天命，作为自己反抗的工具。方腊起义就声称自己得到了天命，而后来的金朝也曾经宣称自己取代了宋朝的天命。

花石纲与方腊起义

宋徽宗为在艮岳中布置各种奇花异石供其玩赏，派朱勔等在苏州特设一个应奉局，到江东各地专门搜集花石竹木和珍异物品，送到开封，每十船组成一纲，称花石纲。如果哪个百姓家里有一块较别致的石头或一株少见的花木，应奉局就闯进去用黄纸一贴，就算是赵宋皇家的了。如果花木高大，应奉局就拆屋毁墙，趁机将财物抢掠一空，然后扬长而去。

宋徽宗本人对此事极为痴迷。安徽灵璧县产一巨石，用大船运往开封，拆毁了城门才进入城中，上千人都搬不动。入城之后，徽宗还御笔赐名"卿云万态奇峰"，并悬金带于其上。后来在太湖又采得一石，该巨石需百人合抱。送到京城后，宋徽宗大喜，赏赐搬运船夫每人金碗一只。朱勔的四个奴仆因此被封官，朱勔本人也晋升为"威远军节度使"，那块大石头则被封为"盘固侯"。

花石纲掠夺持续多年，成为一场巨大的灾难。单是在江河湖海的惊涛骇浪中，人船皆没者就不可胜数。江苏某地有一株唐朝古树，人们决定将它进献宋徽宗。但此树树冠巨大，无法通过一般的桥梁，于是造大船海运，结果一日风大，树枝与风帆纠结在一起，"舟与人皆没"，一船人全部葬身鱼腹。还有一块石头，单是运输费用就达三十万贯钱，大约相当于当时一万户普通

人家一年的收入。而且在各级官员的邀功请赏心理的作用下，贡品也变得几乎无所不包，"大率灵壁、太湖、慈溪、武康诸石，二浙奇竹异花、海错，福建荔枝、橄榄、龙眼，南海椰实，登、莱文石，湖湘文竹，四川佳果木，皆越海渡江，毁桥梁，穿城郭而至"。贡品数量之大以及受到影响的地区之广，在中国历史上相当罕见。宋徽宗却欣然接受这些从百姓身上搜刮来的民脂民膏，对民众因此而受到的苦难视而不见。

花石纲使运河两岸的大批农民倾家荡产，妻离子散。再加上连年灾荒，百姓饿殍满地。生活在睦州青溪县（今浙江淳安）的方腊揭竿而起，反对宋朝的腐朽统治。青溪多产竹木漆茶，是应奉局重点索取之地。而这些沉重的负担最后都转嫁到普通农民身上，尤其是靠出卖劳动力度日的赤贫者身上。方腊本来在洞源村东地主方有常家里当佣工，更对这种剥削压迫之苦有着切身的体会。他对横征暴敛的应奉局怀有刻骨仇恨，就准备发动民众反抗官府。

1120年十月，方腊假托"得天符牒"，以帮源峒为据点，聚集贫苦农民，号召起义。他们在方有常家的漆园聚会。方腊激动地向赶来的农民说："如今我们百姓整年劳苦耕织，能得到一点粟帛。但赋税繁重，官吏侵渔，我们单靠农桑不够过日子，就只好依靠漆楮竹木，可是这些又被他们抢走，一点不留。官老爷们声色犬马，不顾百姓死活。朝廷每年还要给西、北两敌百万银绢。这也是我们百姓的血汗啊！我们整年勤劳，老婆孩子还是受冻挨饿，吃不到一顿饱饭。官老爷们却随意挥霍掉，稍不如意就要鞭打百姓，甚至随便处死百姓。大家说，我们该怎么办？"听众激愤地说："听你的号令！"方腊趁势发出起义的号召："东南的百姓过得太苦了，花石纲的骚扰更是让人无法忍受。如果大家能揭竿而起，四方必然闻风响应。我们攻下江南之后，减免徭役和赋税，有十年时间就能统一全国！"这就是历史著名的漆园誓师。方腊起义于是爆发，很快就占领了杭州城。当时起义军对政府官员痛恨入骨，官员凡是被擒，皆被杀死。

宋徽宗命童贯征讨，宋朝军队虽不能对外取胜，但仍有力量对内。而当时童贯察觉到民变的原因，于是以宋徽宗的名义下罪己诏，撤销花石纲和主持花石纲的机构应奉局。这使得江南民众对朝廷没有以前那么痛恨。童贯利用这个机会，集中各路大军进攻，方腊不得不退回青溪，据守在山谷深处的帮源峒。官军不了解道路，无法进攻，这时起义军里出了奸细，给官军引路。方腊没有防备，兵败被俘，押解到东京后被杀。

方腊起义失败以后，宋朝君臣没有从自身探究原因，而是不停地推卸责任。宰相王黼就对徽宗说："民变是下面的官员实行茶法、盐法太过苛刻激起的，跟陛下的花石纲无关。童贯太老实，受奸邪小人的蒙蔽，把罪过都推到陛下身上。"宋徽宗果然大怒，立即恢复了花石纲和应奉局。

联金伐辽

宋徽宗不仅把国内搞得民怨沸腾，而且是个好大喜功的人。他曾多次派军攻打西夏，想完成祖宗的未竟之业。他还梦想着收复幽云十六州，以建立不朽功勋。这时一位名叫马植的辽国中层官员出现了。他基于对当时局势的判断，向宋朝政府提出了联合金国灭亡辽国的远交近攻政策。可惜远交近攻政策只有在强大的军事力量作后盾下，才能发挥其作用。而腐败无能的北宋朝廷不但没有收回失地，反而亡于金人之手，中原人民再次生灵涂炭。

1111 年，宋朝按照惯例派遣使节前往辽国祝贺第九任皇帝辽天祚帝耶律延禧的生日，童贯任副大使。在他返回的路上，马植悄悄在夜晚潜进入他的房间。马植曾经担任过辽国的中级官员，原籍幽州（今北京），对辽国的情况比较熟悉。他希望故乡重回中原王朝的统治，向童贯介绍形势，并提出收回幽云十六州的计划："辽国东北边陲有一个女真部落，骁勇善战，对辽国的暴政切齿痛恨，有随时叛变的可能。一旦叛变，辽国绝没有力量控制，肯定会灭亡。我们应该抓住这千载难逢的良机，跟女真缔结军事同盟，南北夹攻，幽云十六州唾手可得。"

这让童贯大为兴奋，就把马植秘密带回国内，介绍给了宋徽宗。徽宗跟他谈话之后，决定采纳他的意见。对这件事朝廷内外不少大臣都表示反对，但童贯、王黼、蔡攸等大臣竭力支持。于是徽宗立即着手实施，在几次使者往返之后，双方在 1120 年就共同出兵攻辽基本达成一致，约定灭辽后，幽云之地归宋，宋把过去每年给辽的岁币如数转给金国。这就是历史上有名的宋金"海上之盟"。

过了不久，宋徽宗得知辽国已经获悉宋金盟约之事，非常后悔，担心遭

桃鸠图

这幅画据说是宋徽宗青年时的真迹。桃花与枝叶钩勒精工，栖鸠动态自然而生动，用生漆点睛，卓有神采。用这只安逸的栖鸠来形容此时的北宋王朝倒也恰如其分。北宋这时收复了燕京，看上去天下太平，殊不知来自北方的大雕也就是北方的金国正在消化前一个猎物，它的下一轮攻击马上就要开始。

到辽国的报复，便下令扣留金朝使者，迟迟不履行协议出兵攻辽，这为后来金国进攻宋朝留下了把柄。在此期间，金军以摧枯拉朽之势接连攻下辽国的中京、西京，辽末帝天祚帝也逃入山中，辽国的败亡已成定局。在这种形势下，徽宗才匆忙命令童贯带领十五万大军以巡边为名向幽州进发，打算坐收渔翁之利。但这批人马一到幽州便遭到辽将耶律大石的袭击，大败而归。1122 年，徽宗又布置了一次进攻，但还是以惨败告终。

北宋朝廷的腐败和军事上的弱点给了金人以可乘之机。1123 年春，金太祖完颜旻对宋徽宗派来的使者态度强硬傲慢，并责问马植，当初宋金两国联合攻辽，为什么在幽州城下看不到宋军的一兵一卒。当谈到土地问题时，金太祖背弃前约，坚持只将当初议定的后晋石敬瑭割给辽国的幽州地区归宋，不同意将营州、平州、滦州还给宋朝，他辩称此三地是后唐刘仁恭献给辽国的，并非后晋割让。金人态度强硬，宋方毫无办法。几经交涉，金国最终才答应将石敬瑭割给辽国的幽州及其附近六州之地归还宋朝，条件是宋朝另添每年一百万贯的"代税钱"。金人认为他们放弃了幽云地区，每年损失不少租税，要求宋朝加以补偿，其实这就是一种变相的赔款。

1123 年四月，宋徽宗派童贯、蔡攸代表朝廷前去接收燕京地区。但金兵撤退时，将燕京一带的人口、金帛一并掠走，只留下几座空城送给了宋朝。虽然如此，童贯、蔡攸等人还是上了一道阿谀奉承的奏章，声称燕京地区的百姓箪食壶浆，夹道欢迎王师，焚香以颂圣德。徽宗十分得意，自以为建立了不世之功，宣布大赦天下，命人立碑纪念这一功业，并对参与此次战争的一帮宠臣加官晋爵。朝廷上下都沉浸于胜利的喜悦之中，殊不知末日即将降临。宋朝

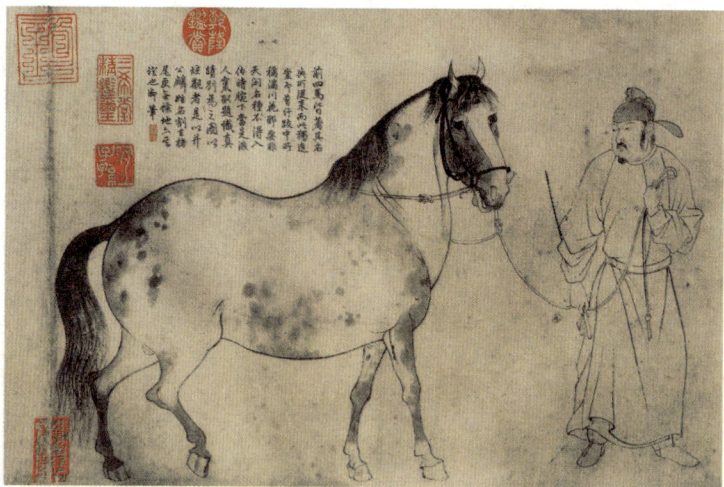

五马图（局部）

宋人所绘的马匹膘肥体壮，姿态雄伟。但普通士兵很少接触马匹，再加上北部边境长年没有战事，士兵缺乏训练，故在上战场之际才发现一些人连马都不会骑的。

的富裕及无能已经完全刺激了金国的野心，金国开始虎视眈眈地注视着下一个猎物——赵宋王朝。

其实当时马植已经意识到了隐伏的危机。1120 年，马植见到女真的首领完颜阿骨打。当时金军已经占领了半个辽国，并开始攻打辽国的上京。马植到达时，完颜阿骨打告诉他："你可以先看一下我们的力量，再谈条件。"说罢就下令攻城。这个闻名四方的号称铜墙铁壁的契丹首都，一天即被攻陷。马植大为震惊，他知道女真是强悍的，但料想不到竟强悍到如此程度。马植警告当权官员："和平顶多维持两三年，中原必须早作准备。"但以宋徽宗为首的宋朝高层人物，还试图虎口夺食。

宋朝君臣除了扣押金国的使臣以外，又屡屡犯下致命的错误。1123 年五月，南京（今河北卢龙）留守长官张觉向宋国归降。马植再度提出警告说："现在我们不要招降纳叛，绝不可以不遵守盟约。"宋徽宗立即把马植贬官。但金国很快就击败了张觉。张觉逃入宋国，请求庇护。在金国的严厉压迫下，徽宗虎头蛇尾，只好杀掉张觉，把人头送还。这个轻率的举动使辽国的降兵人心全部瓦解，后来他们中间一些人又投降了金国。由于他们比较熟悉宋朝的情况，为金国攻打宋朝提供了很大的便利。恰好金军向宋军官员索取二十万石军粮，遭到拒绝，就说："马植算什么东西，他承诺的怎么能算数呢？"1125 年，金兵在俘虏了辽天祚帝后，就开始以宋朝违背盟约为借口攻打宋朝。

开封陷落

与宋朝发达的经济形成鲜明对比的是，在金兵的攻打下，宋军的国防显得如此孱弱。金兵两次深入千里，围攻开封，虽有北宋军民奋力抵抗，但宋朝积弊已深，最高统治者又在迎战与妥协中间动摇，开封终被金兵所破。宋徽宗、宋钦宗以及宗室和大量京师人口被掠至北方，是为靖康之耻。

第一次围城

1125 年，金兵分两路南下，一路攻打太原，一路攻打幽州。两路大军约定在开封会师。金太宗还派出使者到汴梁，胁迫北宋割地称臣。这时东路金兵已经攻下了幽州，直奔开封而来。1126 年一月，金军东路部队抵

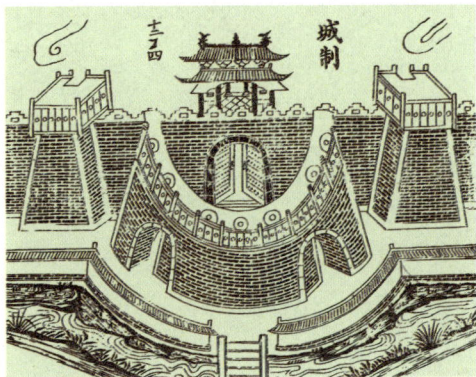

宋代瓮城

瓮城是为了加强城堡或关隘的防守，而在城门外（也有在城门内侧的特例）修建的半圆形或方形的护门小城。有宋一代，由于攻城技术的提高，特别是火药武器的发明，导致瓮城大量出现。

达黄河。而在这之前，曾有两万宋朝禁军开赴黄河。欢送他们出征的开封民众惊奇地发现，这些禁军很多连马都不会骑，需要有人扶着才能上马，甚至还有从马上掉下来的。这些士兵到了前线之后，远远望见金军旗帜，就一哄而散。

听到金兵南下的消息之后，正在艮岳游山玩水的宋徽宗竟然吓得昏了过去，醒来后就写下了传位给东宫太子的诏书，宣布退位。不久他就带着两万亲兵逃出汴梁，到亳州（今安徽亳县）避难去了。当卫士们在一片痛哭声中请求徽宗不要继续南下时，童贯竟然命令亲兵放箭，当即射倒数百人。太子赵桓即位，改年号为靖康，是为宋钦宗。宋钦宗立即召集紧急会议，大臣大多主张迁都，只有李纲主张坚守待援。这时金军已经逼近开封城，宋钦宗只好把主张抵抗的李纲提升为兵部侍郎，并且下诏亲自讨伐金兵。其实宋钦宗也是畏敌如虎，看着宋军在前线接连打败仗，开封吃紧，宰相白时中、李邦彦两人又主张逃跑，也准备逃跑。李纲好不容易才稳住了宋钦宗，开始积极准备防守，在京城四面都布置了强大的兵力，配备好各种防守武器。同时还派出一支精兵到城外保护粮仓，防止敌人偷袭。

这时金军产生了动摇，唯恐宋朝有所准备而想退师。而原本降宋，后来却因宋杀张觉而最终投降金国的郭药师，清楚宋朝的腐朽本质，说宋朝非常富裕，而且未必做好了准备。即使宋朝有所准备，也可以耀兵于宋朝。金军将领听从他的建议，继续南下。1126 年金军到达汴京外围后，由郭药师引导，占领了城西北的牟驼岗，也就是宋朝官府养马的地方。宋军对如此重要

历史细读

唐朝的大学只招收五品以上官员子弟，而宋朝太学下移至招收八品以下官员及平民的优秀子弟，规模日益扩大，至北宋末已达三千多人，成为一支不可忽视的力量。北宋末年大学生陈东带领士人及市民伏阙上书，伸张正义，迫使皇帝收回了成命，重新起用李纲，成为著名的政治事件。

的地点不加以守卫，也不把马匹及草料运入城中，结果两万匹战马以及堆积如山的草料落入了金人手中。

金军多次进攻均告失败，眼看东京城防坚固，一下子难以攻克，就派人来讲和。宋钦宗早就想要求和，立刻迫不及待地派出使者到金营谈判。金军提出了十分苛刻的议和条件，即北宋赔给金朝黄金五百万两，银币五千万两，马一万匹，绸缎一百万匹；宋钦宗尊金国皇帝为伯父，并派亲王到金营做人质；除把太行山以东七州交还金国外，还要割让太原、中山、河间三镇土地。宋钦宗一心想要求和，就准备全部接受。李纲听到朝廷准备全部接受这些丧权辱国的条件，力主跟金人拖延谈判时间，只等四方援兵一到，就可以反攻。宋钦宗却很不耐烦，说："你只管带兵守城，和谈的事不要管。"他开始下令在开封全城强搜金银，并运送给金军。

这时候各地救援的宋军二十多万人马陆续到了城外，而围城的金兵只有六万人。金兵一看形势不妙，赶快把人马后撤，缩在堡垒里。援军大将种师道、姚平仲都支持李纲的抗战主张，但种师道主张长期相持，等敌人粮草接济不上被迫退兵的时候，再找机会反击。而姚平仲心急，主张派一支人马乘夜偷袭金营，活捉金军元帅完颜宗望，至少也要打击金兵的气势。正好宋钦宗希望侥幸取胜，就同意夜袭金军大营。

但可笑的是，既然是偷袭，军机决不可泄露，但宋钦宗竟用道士选择良辰吉日作为夜袭日期，并且大张声势，传旨在开宝寺立起大旗，上书"御前报捷"四个大字，还在封丘门正楼上设立御座，以便自己亲临受俘，弄得满城风雨、人人皆知。姚平仲也自恃有宋钦宗的信任，欲独占其功，竟然与宋钦宗商定由他率军直奔金军中军大帐所在地牟驼岗，并由宋钦宗下旨，其他部队无旨意不得擅自出兵，使之不能与其争夺首功。而金军早就做好了充分准备。姚平仲偷袭没能成功，反而中了金军伏击，损失了一千多人马。姚平仲突围后，竟然狂奔数千里，躲藏到了四川，隐姓埋名几十年。

此时投降派大臣幸灾乐祸，造谣说援军已经全军覆没，还趁机攻击李纲。宋钦宗惊慌失措，马上派使者到金营赔礼道歉，并把李纲、种师道撤职。这个消息一传出来，开封军民都气愤万分。太学生陈东听说李纲被撤职，马上集合了几百名太学生，涌到皇宫的宣德门外，上书请愿，要求朝廷恢复李纲、种师道的职位，惩办李邦彦、白时中等奸贼。开封军民听说太学生请愿，都不约而同地来到宣德门前，一下子就聚集了几万人。这时候李邦彦正好退朝出来，请愿的太学生就纷纷用砖头、瓦块砸他，吓得李邦彦抱头鼠窜，赶快又逃进宫去。宋钦宗无奈，只好派人召李纲进宫，并当众宣布恢复李纲、种师道的职务。

李纲复职后，重新整顿队伍，下令凡是能够英勇杀敌的一律重赏。宋军士气极为高涨。金军看到这种情况，迫于宋朝军民的士气，不等宋军交足赔款，就匆忙撤退了。种师道马上向宋钦宗建议，在金兵渡黄河退却的时候发动攻击，消灭金兵。但是宋钦宗见到李纲和种师道得到了太学生的拥护，害怕他们获得军功后会拥兵自重，就严令不可追击，甚至下令沿途驻军均不得追击，如果任何人胆敢中途邀击金军，即以叛逆论罪。

围攻开封的金兵退走之后，宋徽宗回到汴梁，以为从此可以过太平日子了，又开始花天酒地起来。李纲一再提醒宋钦宗要加强军备，防止金军再次进攻，可宋钦宗根本就听不进去。

这时西路女真军队的主帅完颜宗翰正率军加紧攻打太原。尽管宋朝使臣进城传达了割让太原的诏书，但太原军民与中山、河间两镇一样，拒绝了这份屈辱的圣旨，与金兵展开了血战。而宋钦宗迫于各方面的压力，也开始组织兵力救援太原，但只拨给李纲一万二千人。他向朝廷请求拨军饷银、绢、钱各一百万，朝廷也只给了二十万。李纲到了河阳，招兵买马，修整武备。钦宗却命令他解散招来的新兵，立刻前去太原。但救援太原的部队直接受钦宗指挥，根本不听李纲的调度。三路人马没有统一指挥，结果屡吃败仗，没有解去太原之围。投降派趁机攻击李纲，宋钦宗把李纲撤职，贬谪到南方。

这时候太原城已经被完颜宗翰的西路军围困了八个月。而太原经历了赵

降龙罗汉

能够降魔伏妖的各种佛道神仙的传说在宋朝深入人心，这也是北宋朝廷在金兵的猛烈攻击下最终相信了骗子郭京"六甲神兵"的重要原因。虽然宋人科技基础远比金人要好，但没有充分利用，最后宋廷反而被金兵的炮击吓破了胆。

光义的焚烧之后，早已不是周长四十二里共开二十四道城门的坚固城防，只是一座没有包砖的、周长十一里只有四座城门的土城。城里早已断了粮，待到牛马吃完、皮革烧光、野草糠皮吃尽，太原城终于被金兵攻破，太原三十余名官吏壮烈殉国。太原守将王禀依然率领饥饿疲惫的士卒坚持巷战，后背负供奉在太原祠庙的赵光义御容出城，被金兵全力追赶，身中数十枪，最后投汾河自尽。太原城破之后，金兵大肆屠杀，在饥饿中幸存的太原百姓几乎被屠杀一空。

开封城陷

宋钦宗企图通过一些秘密活动来进攻金国。他首先写了一封密函给金国大将耶律余（耶律余原是辽国大将，被辽国末代皇帝所逼，于1121年降金），请他发动兵变；然后又写了一封密函给西辽国君耶律大石，对过去叛盟的事表示歉意，要求恢复百年来的传统友谊，夹击金国。

让人难以理解的是，宋钦宗竟把如此重要的信件交给金国派到开封催缴欠款的使节萧仲恭，试图用重贿请他转交给耶律余。萧仲恭回国后立刻就把密函呈给了金国皇帝，而派往西辽的使节也在边界被金国部队捉住，因此金国又获得了攻打宋朝的借口。

1126年八月，金国对宋朝展开第二次攻击。这时金国已经攻下了太原，仍然兵分东西两路南下。在黄河南岸防守的宋军还有十二万步兵和一万骑兵。金军的西路军到了黄河北岸，不敢强渡。到了夜里，完颜宗翰虚张声势，派士兵打了一夜战鼓。南岸的宋军听到对岸的鼓声，以为金兵要渡河进攻，纷纷丢营弃寨逃命，十三万宋军一下子逃得无影无踪。到了第二天早上，宋军大将才发现，其手下已全部逃跑了，军营中只剩下他一人。这样金兵没动一刀一枪，就顺利地渡过了黄河。金军东路军也攻下大名（今河北大名），渡河南下。两路金兵不断向开封逼近，宋钦宗只好派给事中王云陪同康王赵构前往议和。行到磁州（今河北磁县），王云被愤怒的百姓所杀。州官宗泽则跟赵构说："金朝要殿下去议和，这是骗人的把戏。他们已经兵临城下，求和又有什么用呢？"赵构害怕被金朝扣留，就在相州（今河南安阳）留了下来。

此时金人胃口更加膨胀，提出讲和也可，除三镇外，必须增割两河之地。宋钦宗再派耿南仲、聂昌分头再去交涉，聂昌走到降州，为民所杀，耿南仲也为民变所迫逃到了相州。百姓搅碎了宋廷议和的清梦。钦宗乃立主战的何栗为相，再次下诏勤王。

金军这一次稳扎稳打，用两个月的时间，除了几个城镇外，占领了所有的华北之地。在无后顾之忧的情况下，1126年十一月，两路大军在开封城下会师，宣布宋钦宗叛盟毁约的罪状，要求割让已在他们手中的整个黄河以北地区。

皇帝车驾

按照古代的礼仪，皇帝出行是有相当的规格的。在这幅宋人所绘的《大驾卤簿图》中，朝中大臣都坐豪华的车子，侍从前呼后拥。而宋徽宗和钦宗作为亡国之君，已经无法享受这样的待遇。

当时城防形势相当严峻。有人建议用火箭、蒺炮、金汁炮御敌，但此前因为宋钦宗拒绝了李纲加强开封城防的建议，致使军备松弛，再加上生产作为火药重要原料的硫、硝的山西地区已被金人占据，武库里根本没有这些火器。另外汴梁城的设计本来着重防御功能，所以修得弯弯曲曲。宋徽宗为求美观，肆意改直，结果防御功能大大下降。更要命的是，由于当时的官员相互推卸责任，政务荒废，城外大批军用物资，特别是几百门石炮，既没有及时运回城里，又没有及时销毁，反而成为了金人的攻城利器。

金兵日日架炮攻城，炮石在城墙脚下堆积有一丈多高。金兵为了补充石炮供给不足，把城外的石磨、墓地的石碑等都通通砸碎当作炮石。金兵还在城外建起高高的瞭望台，可以清楚地看到城内宋军的调动情况。正好当年开封天气异常寒冷，金兵早已习惯了这种天气，而宋军则被冻得拿不起弓箭。护城河结了厚厚的冰，金兵可以纵马跃至城下，展开攻势。宋军则士气不振。殿前都指挥使王宗濋为鼓舞士气，对宋军出城杀敌者许以金碗、官诰。此令既出，兵士争先效力，一天下来，竟斩敌三千。可是等到兵士领赏之时，宋钦宗却不愿意兑现，严重影响了士气。

这时一个道士郭京声言他会神术"六甲法"，即挑选男子七千七百七十九人，经过咒语训练后就可刀枪不入，这样就可以消灭金军，生擒两路元帅。宋钦宗和一些高级官员对此深信不疑，于是将他的计划付诸实施。郭京要求城上守军撤退，不准偷看，说偷看会使法术失灵。施法之后，郭京命他的神兵出击，结果大败而归。如果不是宋军及时把城门关闭，金军就可能乘势冲入。郭京说："这必须让我亲自作法。"于是他率领残余的神兵，缒城而下，向南逃走。就在此时，金军发动猛烈攻击，攀城而上，城上没有守军，无数军民死命防守的开封就此陷落。

靖康之耻

在金兵攻下开封外城后的第二天，就有三十万民众领取器甲，准备在巷战中和金兵决一死战。金军将帅害怕开封军民的抵抗，只是占领外城四壁，宣布议和退兵。当时蒋宣、李福等禁军士兵不顾一切冲进皇宫，想要力保宋钦宗突围，钦宗竟下令将其格杀。钦宗又派何㮚和齐王赵栩到金营求和。何㮚恐惧至极，吞吞吐吐不敢答应，钦宗再三命令，他还在拖延时间。吏部侍郎李若水见状，怒斥何㮚道："国家危难至此，都是因为你们这样的小人误事。如今社稷倾危，你们万死也难辞其咎！"何㮚不得已领命，却浑身发抖，不能跨坐上去，最后还是别人把他扶上马，而在由皇城向北出朱雀门这段短短的距离中，他的马鞭竟掉落到地上三次。

金军将领要求宋徽宗到金营谈判，徽宗不愿前去。宋钦宗不得已，以太上皇受惊过度、痼疾缠身为由，由自己代为前往。钦宗到金营之后，金军统帅却不与他相见，只是派人索要降表。钦宗急忙令人写降表献上。钦宗呈上降表后，金人设立香案，令宋朝君臣北面而拜，以尽臣礼，宣读降表，并下令各路勤王兵马停止向开封进发。

宋钦宗刚回到朝廷，金人就来索要金一千万锭，银二千万锭，帛一千万匹，可谓漫天要价。然而钦宗已被金人吓破了胆，一意屈辱退让。宋廷起初不愿交出内府的金银，就向百姓抢夺。略有反抗者，就被抓到监狱。金人又索要少女一千五百人，钦宗不敢怠慢，甚至让自己的妃嫔抵数，京城里的少女不甘受辱，纷纷自杀。但金人的要求仍然没有得到满足，他们扬言要纵兵入城抢劫，并要求钦宗再次到金营商谈。钦宗再赴金营，被金人扣留。金人扣留钦宗后，声言金银布帛一日不齐，便一日不放还钦宗。宋廷闻讯后，加紧搜刮金银。开封府派官吏直接闯入居民家中搜括，横行无忌，如捕叛逆。百姓五家为保，互相监督，如有隐匿，即可告发。然而金人仍不罢休，宋廷就改掠他物以抵金银。凡祭天礼器、天子法驾、各种图书典籍以至百戏所用服装道具，均在搜求之列。诸科医生、教坊乐工、各种工匠也被劫掠。宋廷疯狂掠夺妇女，只要稍有姿色，即被开封府捕捉，以供金人玩乐。当时吏部尚书王时雍掠夺妇女最为卖力，号称"金人外公"。

不过灭宋是金人的既定方针，所以尽管宋朝君臣对金人如此俯首帖耳，金人还是决意废黜宋钦宗。1127年二月初六，钦宗被废为庶人，北宋灭亡。金人册封一向主和的张邦昌为帝，国号"大楚"，建立了傀儡政权。初七宋徽宗等人被迫前往金营。宋朝变节官僚范琼等人翻脸不认旧主，逼迫徽宗乘坐

正史史料

粘罕令曰："必使李（若水）侍郎无恙。"若水绝不食，或勉之曰："事无可为者，公昨虽言，国相无怒心，今日顺从，明日富贵矣。"若水叹曰："天无二日，若水宁有二主哉！"……至郊坛下，谓其仆谢宁曰："我为国死，职耳，奈并累若何！"又骂不绝口，监军者挝破其唇，噀血骂愈切，至以刃裂颈断舌而死，年三十五。

——《宋史》卷四四六《李若水传》

牛车出宫。金人同时大肆搜寻宋朝宗室。开封府徐秉哲也命令坊巷五家为保，不得藏匿皇室成员。此人将宗室三千多人衣袖连在一起，送至金营。金人不见太子，再命人在城中搜查。原来钦宗临出城时，暗中命令孙傅辅佐太子赵谌监国，孙傅便将太子和皇后藏到民间，但还是被范琼找到。孙傅说："我为太子傅，当与太子共生死。"遂共赴金营。车子在城里走着，后面尾随的一些仍然忠于宋朝的官吏痛哭不已。当遇到相送的百姓时，太子扯着嗓子大呼道："百姓救我！"众人一时哭声震天。当金人逼迫徽宗和钦宗二帝脱去龙袍时，随行的侍郎李若水抱着钦宗大哭，不让他脱去龙袍，还斥责金人为狗辈。金人恼羞成怒，用刀割开他的咽喉，并割掉了他的舌头，李若水至死方才绝声。当时就有金人不由地感叹道："辽国之亡，死义者十数人，南朝唯李侍郎一人而已。"

金军在掳掠了大量金银财宝后，开始分两路撤退。被驱掳的百姓男女不下十万人，史称"靖康之耻"。

宋徽宗和钦宗北上途中，被迫头戴毡笠，身穿青布衣，骑黑骡子，一路上不但受尽旅途风霜之苦，还备受金军的侮辱。将要过黄河时，大臣张叔夜受不了侮辱，悲愤难抑，仰天大呼后自杀。1128 年，徽宗和钦宗二帝抵达上京，金人命他们身穿孝服拜祭完颜阿骨打庙，是为献俘仪，以此来羞辱北宋君臣。

在封建时代，没有不亡之国。但拥有当时世界上最先进的军事科技、庞大的军队数量以及无数优秀人才却灭亡得如此窝囊的，恐怕只有宋朝一家。大多数的改朝换代都会给人民带来了深重的灾难。不过对于宋朝这样一个以儒道伦常立国的王朝来说，竟然是以这样一种前所未有的丧尽伦常的方式走向死亡之路。皇帝为求苟安，奴颜婢膝，苟且偷生，甚至把一万多名宫廷、宗室和京城女性作为抵押品，明码标价地献给了金军。她们在金军的营寨中屡遭强暴和

赵匡胤蹴鞠图

此图描绘了宋太祖赵匡胤与太宗赵光义、赵普以及其他大臣踢蹴鞠（古代的一种球类活动）的场面。图中赵匡胤身着龙袍，与赵普正在争抢。更值得玩味的是，在宋朝亡国过程中起了相当作用的高俅就是靠蹴鞠起家的。而宋徽宗在被俘后到北方的途中，金朝的太子让他当众表演球技，他竟然使出浑身解数，异常卖力，堂堂大宋皇帝为了苟且偷生竟然成了卖艺之人。

蹂躏。金兵北撤时，这些女性作为战利品随同北迁，在途中历经磨难，大批死亡。到达金国都城上京以后，她们又被遣送到洗衣院，供金国君臣肆意玩乐，或赏赐给金军将领，甚至流落民间，被卖为奴娼。作为她们父兄丈夫的男子，竟然不仅让她们来承担国破家亡的精神痛苦，而且还要让她们承担被糟蹋的身体痛苦、受人歧视的心理压力。宋钦宗的朱皇后就是因为不甘受辱而自杀。妻女受辱，而宋徽宗和钦宗二帝却苟且偷生，徽宗甚至照样吟诗作赋，怀念过去的腐朽生活。有这样的国君，国家怎么能不灭亡呢！

宋金对峙

北宋灭亡之后，宗室赵构建立了南宋政权。在金军的步步紧追之下，赵构一度出海逃亡。然而在南宋军民的奋力抵抗下，形成了宋金对峙的局面。

南宋军民普遍希望能够恢复中原，但得不到赵构的支持，著名将领岳飞也被杀害。后来南宋在金海陵王完颜亮南侵失败之后，先后发动了张浚北伐和韩侂胄北伐，但均以失败告终。

赵构称帝

宋高宗赵构是宋徽宗的第九个儿子，母亲韦后也只是宋徽宗的一名妃子。若按照皇位传于嫡长子的传统，怎么也轮不到赵构继位。可是世事多变，金人的入侵使他继承皇位有了可能，并且最终变成了现实。当时宋朝皇室几乎被全部掠到北方，而赵构却幸运地逃过一劫，因此他成为皇位唯一的合法继承人。

1126 年金兵第一次攻至开封城下时，宋廷向金人求和，金人要求以亲王、宰相为人质，方可退兵。宋钦宗命康王赵构前往金营。赵构在金营被软禁期间，姚平仲劫营。金军将领认为庶出的康王赵构似乎不足为恃，便提出要更换嫡出的肃王赵枢来。钦宗只好命肃王赵枢代替赵构，赴金营为人质。在钦宗答应割地、

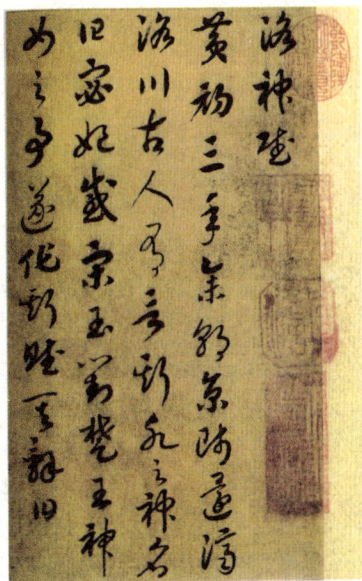

宋高宗赵构手书《洛神赋》局部

这是赵构手书的《洛神赋》开头。赵构在位三十六年，政治上无能，成偏安之局，却精于书法，善行书、草书，并有论述书法理论的《翰墨志》一卷。

赔款等要求后，金人暂时撤军，肃王却没有被放还，而是被掳北去，身死异乡。金兵第二次南下时，赵构又被派出与金兵议和，后经宗泽劝阻，停留在相州（今河南安阳），逃过了一劫。

1126 年底，宋钦宗见乞和无望，慌忙派人持密诏前往相州，任命赵构为兵马大元帅，宗泽、汪伯彦为副元帅，命他们尽起河北（即黄河以北）兵马勤王。赵构传檄各地勤王大军赴大名府（今河北省邯郸一带）集合，得到积极响应。宗泽赶到之后就催促赵构，"京师受困日久，入援之策不可缓"，要求尽快确定出师日期。但赵构无意出师救援，他打着勤王旗号集合军队，只是为了扩大自己的势力，以便伺机夺取帝位，因此对宗泽的建议置若罔闻。当时他还从容地对亲信说："夜来梦皇帝脱御袍赐吾，吾解旧衣而服所赐，此何祥也？"在宋朝需要赵构将生死置之度外时，他竟做起皇帝梦来，根本不顾开封军民的死活。

不久开封失陷的消息传来，赵构仍不积极救援，以至于1127 年宗室尽被掳去，其中还包括赵构的妻子与母亲。而在此时，他的亲信把"靖康"解读为"十二月立康之兆"，即宋钦宗年号靖康，他当上皇帝十二个月后任命弟弟康王为河北兵马大元帅，且康王的大元帅府正好于靖康元年十二月设立。赵构也就于1127 年五月在应天府（今河南商丘）宣布即位，改年号为建炎，是

为南宋高宗。

初期乱象

北宋灭亡之后，民众纷纷自发组织起武装力量抵抗金兵，但南宋统治者没有有效地利用这些义军，再加上统治者以及军队高层安于享乐、腐化不堪，正规军战斗力低下，结果赵构被金兵追至海上，狼狈逃命数月。禁军士兵又因宦官的恣意妄为发动了兵变，而原为义军的钟相也和杨幺一道，以"等贵贱、均贫富"为口号，发动了持续数年的农民大起义。

义军风起云涌

靖康之变后，黄河以北的中原大地沦入金人的铁蹄之下。中原民众生灵涂炭，遭受了巨大的苦难。金朝统治者虽然逐渐吸收中原文化，却仍然残留着掠夺杀伐的奴隶制习俗，高官贵族乃至普通士兵都可以肆无忌惮地强取汉人财产，甚至掳掠青壮男女为奴。因为宋军无法完成保家卫国的任务，中原百姓于是就自动集合起来，"怀土顾恋，以死坚守"。黄河以北的民众"忠义民兵等倡义结集，动以万计，邀击其后，功绩茂著"。

在这其中，最出名的就是王彦的"八字军"。王彦所部将士面刺"赤心报国，誓杀金贼"八字，以示决心，故称"八字军"。这些义军的抗金活动，牵制着金兵的南下，也使金朝在北方的统治不能稳定下来，因而帮助南宋朝廷保住了江南的半壁河山。但赵构并没有信心抗战，反而担心义军的力量壮大会动摇自己的统治。因此，南宋朝廷对金人采取屈辱投降的政策，对义军则采取压制及不信任态度。但就是在这种十分困难的环境下，中原人民仍然坚持了多年的抗金斗争，直到1142年宋金和约签订之后，金朝腾出手来专门镇压义军，义军的活动才沉寂下去。

金海陵王完颜亮1161年南侵，引发了北方人民抗金斗争的又一次高潮。辛弃疾就是其中的杰出代表。辛弃疾生于北宋灭亡之后的金人统治地区，他从小就受到民族意识与爱国思想的教育，立志恢复失地，报效祖国。当时北方爆发了以耿京为首的农民起义。二十二岁的辛弃疾也组织了两千余人的抗金队伍，在济南南部山区起义，不久投归耿京领导的义军。后来辛弃疾奉命渡江与南宋接洽联合抗金事宜，叛徒张安国却趁机杀死耿京投降金人。辛弃疾归来途中闻此消息，立即带领身边仅有的五十余人，飞骑闯入金营，活捉了张安国，并收拢义军残部万余人投归南宋。

过河！过河！过河！

南宋建立后，虽然金兵撤出了开封，但仍严重威胁着南宋朝廷的安全。再加上民众遭受金兵之祸后一致要求抗金，立足不稳的赵构不得不起用抗战派代表人物李纲为宰相。那时各地军民纷纷组织义军抗敌，多的几万人，少

岳阳楼图

范仲淹在《岳阳楼记》中提出的"先天下之忧而忧，后天下之乐而乐"是宋人诸多士人的内心流露。辛弃疾也是心怀天下，最后却壮志难酬，"却将万字平戎策，换得东家种树书"。

的也有数千人。李纲认为应该支持这些武装力量，收复失地，并且推荐宗泽留守开封。

宗泽是一名爱国忧民之士。1119 年，他因反对宋金海上之盟，自请去职不得，曾被软禁于镇江。金兵第二次攻打开封的时候，宗泽要求康王赵构召集各路将领，救援开封。哪知道赵构早就抱着拥兵自重、乘机自立的想法，对宗泽的建议置之不理。宗泽没办法，只好孤军解救开封之围。有一次他率领的宋军遭到金军优势兵力的包围，宗泽对将士说："今天进也是死，退也是死，我们死也要对得起国家。"将士们受到他的激励，以一当百，英勇作战，杀退了金军，但由于兵少势单，最终没有解除开封之围。

宗泽接受任命时，虽然金兵已经撤出开封，但城墙全部被破坏了，百姓和士兵混杂居住。再加上靠近黄河，金兵经常在北岸活动，开封城里人心惶惶，社会秩序混乱。宗泽一到开封，就下令逮捕勾结金兵、为虎作伥者，就地正法，以清除金兵的内应；同时严禁盗窃，严惩奸商，采取限价政策；并发动民众疏通汴河、五丈河，使各地货物源源不断地运到了开封。由于宗泽理财有方，开封很快重现了商旅云集、货物充盈、物价平稳、人心安定的繁荣景象。

同时宗泽积极联络义军，并以国家大义来团结义军共同抗金。有个义军首领王善，聚集了数万人马，想袭击开封。宗泽得知这个消息之后，立即单骑去见王善。他流着眼泪对王善说："现在正是国家危急的时候，如果有像您这样的几个英雄，齐心协力抗战，金人还敢来侵犯我们吗？"王善被他说得

野外宿营的赵构
在金兵的追击下，宋高宗赵构无心抵抗，只好狼狈逃命，在野外扎营。

流下了感动的眼泪，说："愿听从指挥。"至于其他的义军，宗泽也派人去联络，说服他们团结一致，共同抗金。宗泽的努力收到很大成效。从1127年冬到1128年春，金军挟新胜之势，又对开封发动了凌厉的攻势，却在宗泽的抗击下，遭受到严重挫败。

就在宗泽准备北上恢复失地之时，宋高宗和黄潜善、汪伯彦却嫌南京（今河南商丘）不安全，准备继续南逃。李纲因反对南逃，只当了七十五天宰相，就被宋高宗撤了职。他苦心经营的抗金措施，一概被废除。宗泽一再上奏章，要求高宗回到开封，主持抗金。从1127年七月至1128年五月，在不到一年的时间里，宗泽接连上了二十四道《乞回銮疏》，这就是历史上著名的"乞回銮二十四疏"。但是奏章到了黄潜善等人手里，他们竟取笑宗泽是个狂人，把他的奏章扣了下来。过了不久，宋高宗就从南京逃到扬州去了。

其实赵构从即位起，他就没有打算回到开封，收复中原。一是他自身没有这个能力，也担心在此过程中有将领积累了声望，对他的皇权不利；二是北伐如果成功，或者取得部分成功，宋徽宗和钦宗二帝一旦返回中原，他就得让位，而且很可能会追究他拥兵自重、拒不救援开封的罪过。因此在他立足不稳的情况下，还都开封、迎还二帝的建议触了他最大的忌讳，根本不可能得到他的应允。

　　不过宋高宗赵构的态度也不是没有松动。1128年五月，赵构突然下诏要回开封恭谒宗庙。据说，有人自称是从金营里逃回的信王赵榛，也就是赵构的十八弟，在河北五马山组织义军，上书请求支援。虽然赵榛承认赵构的帝位，但赵构担心如果赵榛入主开封，振臂一呼，应者云集，他这个偏安的皇位就坐不住了。于是他一方面一改往日的懦弱，信誓旦旦要回开封，另一方面却拒绝给予赵榛支援。此时金军对五马山发动了猛烈攻击，在孤立无援的情况下，五马山很快被金兵攻破，赵榛不知所踪。赵构也就不再提回开封的事了。

　　宗泽在屡劝赵构都无果的情况下，准备出兵渡过黄河收复失地。可赵构不但一再拒绝宗泽的建议，而且越来越猜忌宗泽。宗泽为宋王朝忠心耿耿，却得不到赵构的理解和支持，反而"信而见疑，忠而见谤"，眼看自己殚精竭虑筹划的北伐计划成为了泡影，因而忧愤成疾，病情日益恶化。众将去探望他，他朗声说道："我因山河沦陷、二帝蒙尘，积愤至此。你们若今后仍能奋力杀敌，我死也无憾了。"大家齐声说："敢不尽力！"众将走后，宗泽又反复吟诵杜甫的名句："出师未捷身先死，长使英雄泪满襟。"第二天风雨大作，宗泽大呼："过河！过河！过河！"遂告别人世。

狼狈逃命

　　宗泽去世之后，宋朝派杜充任开封留守。杜充是个昏庸残暴的人，他一到开封，就把宗泽的一切防守措施全都废除了，原来团结在宗泽旗下的义军

桴鼓助战

据说在黄天荡之战中，韩世忠的夫人梁红玉亲自为将士擂鼓助威，她遂被民间视为同花木兰一样的巾帼英雄。

也陆续散去，有些甚至为金兵所用。没过多久，中原地区又全都落在了金军手里，金兵又开始了新一轮的攻击。

赵构畏敌如虎，不顾主战派大臣和将领们的反对，于1127年十月将朝廷迁至扬州，以避金军兵锋。父兄以及妻母被掳的奇耻大辱都无法激起他对金人的仇恨，他在金人面前卑躬屈膝，一味地投降求和。赵构企图偏安一隅，但金兵却不肯放过他。金人要趁赵构立足未稳，将其一举消灭。

1129年二月，金军奔袭扬州，前锋距离扬州城仅有数十里。赵构正在后宫白天宣淫，一听到战报，慌忙带领几个随从逃跑。这次惊吓也给赵构留下了严重的后遗症，他从此失去了生育能力。赵构逃到杭州之后，立即派人到金营议和。听到金人攻破扬州就撤退的消息之后，宋高宗这才稍微安心，升杭州为临安府，以临安府治为行宫。

但金兵在秋季又发动了一次攻击。金兀术（完颜宗弼，也称金国四太子）率领大军过江，直攻临安。赵构逃往明州（今浙江宁波），金军再攻陷明州。赵构逃亡海上，金军入海追击三百里。但是金军将领不敢过于孤军深入，而且夏天将至，金人不习南方的酷热，就于1130年三月撤军北还。在撤军过程中，金军一把火烧了临安，又在苏州纵兵焚掠，南宋民众再次遭受到深重的苦难。

1130年四月，宋高宗在海上获悉金兵北撤，才回到陆上。在这四个多月的颠沛流离的海上流亡生活中，赵构吃尽了苦头。一次赵构实在饥饿难耐，便命令停船靠岸，找到一所寺院索食。僧人没有准备，只好以五张大饼进献，赵构一口气连吃了三张半，根本顾不上臣僚与卫士的肚子。

但是这些苦难并未磨砺出赵构坚忍的意志，也没有激发起他的斗志。他在第一次入质金军前，曾慷慨英武地宣称："国家有急，死亦何避！"当副使张邦昌揣度此去凶多吉少，害怕得眼泪鼻涕直流时，赵构还责备道："此大丈夫本分，相公不必如此！"但赵构的勇气在于阅历的贫乏，并非是本性刚强。长于深宫的赵构在金军大营中第一次真正地体会到了敌人的猖狂气势，从内心中产生一种强烈的恐惧感。当姚平仲夜劫金营落败，金人以此呵斥恫吓他，大有杀掉他而泄恨的意思时，赵构已经开始对金兵畏敌如虎了。他不顾父兄及妻母被掳、国土沦陷的国仇家恨和中原浴血奋战的军民，宁可忍受道路风霜，只为保全自己的身家性命。在逃跑途中，他还时时不忘向金人乞和，一

历史细读

宦官在北宋朝虽然有受到皇帝信用的一面，以致他们广泛参与政事并卷入政争，但是从来没有达到汉唐明三朝祸乱朝政的地步。这主要是因为宋朝士大夫与皇帝共治天下，从而阻碍了宦官的势力膨胀。另外宋徽宗信任宦官却最终导致亡国，而一度废掉宋高宗赵构的"苗、刘兵变"也是以宦官乱政为借口，这就使宋朝皇帝不得不引以为戒。

再派出使者前往金营，在国书中竟然自称"康王"，说自己未得金朝允许就登基称帝，实为大错，现在甘愿放弃帝位，向金朝称臣。但他的哀求根本阻挡不了金兵继续南下，倒是南宋广大军民的奋起抵抗，使金兵屡遭挫败，再加上江南气候潮湿、河道密布，不利于金朝骑兵作战，金军主帅才决定撤兵。

金兵在北撤途中，遭到南宋军民的不断攻击。当撤至镇江时，宋将韩世忠率水师截断了金兵的归路，将其逼入建康东北数十里处的黄天荡，宋军以八千人的兵力包围了十万金兵。双方相持四十多天，金兵屡次突围均告失败，最后用火攻打开缺口，才得以撤退。

在金兵退去之后，赵构开始考虑定都何处。有人建议应把建康（今江苏南京）或镇江暂作行都，以便与江北的抗金斗争互为声援。赵构却没有这个胆量。而临安（今浙江杭州）交通方便，江河湖泊交错，金人的骑兵无法驰骋，即使抵抗不住金兵，赵构也可以很快坐船出钱塘江口逃到海上。临安又是鱼米之乡，物产丰富，基本可以满足南宋朝廷的需要，而且自唐、五代以来，经过了长期的开发建设，已经一跃成为繁华秀丽的"东南第一州"。它对刚刚饱经流离之苦、热切渴望安逸生活的赵构来说，无疑具有巨大的吸引力。1138 年，宋高宗赵构正式决定定都临安，南宋朝廷终于获得了喘息之机，初步在东南站稳了脚跟。

苗刘兵变

1129 年二月，赵构从扬州狼狈逃出，最后抵达杭州城。他听说金兵已撤，就在杭州安顿了下来。赵构长舒了一口气，又开始过上花天酒地的日子，致使下层的军民怨愤异常，以致酿成了兵变。

1129 年三月的一个清晨，正是春暖花开时节，赵构暂驻的杭州街头突然戒严，一队队士兵把守着各处城门，城楼下突然挂出御营都统王渊的首级。接着赵构宣布退位，年仅三岁的皇太子赵旉即位称帝，由隆祐太后临朝听政。

赵构渡河

苗傅对宋高宗赵构帝位的合法性提出了公开质疑。为了消除人们的怀疑，赵构让人以他即位前的种种瑞应传说为蓝本而绘成十二幅图画，以说明他的皇位乃是天授。图中所绘场景即是一群人马（身着黄衣者应为赵构）停了下来，他们回首观看正在将马从冰已裂开的河中拉上岸来的一人。赵构遂将其过河之后冰面才裂开当作其必定要登位的十二个瑞兆之一。

而在宫中，八千禁军四处捕杀宦官，"凡无须者尽杀之"。血泊深处，也有不少普通的仆役和低级官员，因为没有胡须而被误杀。虽然他们连声辩解，但杀红了眼的士兵根本顾不了那么多，只要是看着可疑的，便一并杀掉。是为"苗刘兵变"。

这场兵变是有深刻原因的。宋高宗赵构一味逃避，任用奸臣，导致南宋一败再败，生灵涂炭。局势稍一稳定，他就又开始纵情享乐，宦官也开始作威作福。这勾起了民众因北宋末年宋徽宗因重用宦官导致朝政不可收拾的痛苦回忆。苗刘兵变之中，当时就有大臣直言："近闻将相大臣剿戮内侍，诚可以快天下之心，纾臣民忿怒之气！"

在从扬州逃出之前，赵构把军政大权全部交付给了黄潜善和汪伯彦，一心玩乐，结果遭到惨败。而各地城乡居民看到皇帝和高级文武官员们拼命南逃，也都扶老携幼，追随在他们之后逃难。很多人家连钱财都顾不得带上，也有很多人家父母兄弟妻子分离失散、不能相见，以致道路上哭泣呼喊之声不绝。而一些溃败军兵，乘势到处逞凶，公然抢劫，民众房屋也多被放火焚烧。因此不论是逃走的还是没有逃走的百姓，没有一家不是关门闭户的。民众遭受了深重的苦难，他们咬牙切齿，要杀黄、汪二人以泄积愤。有好几个姓黄的朝官，因被误认为黄潜善，而为逃难群众所杀。

在御营司做都统的王渊依附宦官康履而被提升。这次他负责调度渡江船只，却利用职权，抢先调用了百来只船只，早在一个月以前就把他和大部分

宦官的私财和眷属运往临安。等到金军兵马逼近扬州，南宋兵马百姓都拥挤在大江北岸争渡的时候，反而仅有极少的船只可供使用。当金军追至时，还有十多万民众没有来得及过江，除被金军掳去以外，都丧命江中。而在金军烧杀抢掠之后，扬州城也化为一片焦土，"士民皆死，存者才数千人而已"。

历此劫难后，宋高宗虽然下了罪己诏，放还了被贬斥的士大夫，但却唯独不赦免李纲。这是因为当时黄潜善上奏说开释李纲可能会得罪金朝，于是赵构"罪纲以谢金"。这时中丞张澄上书，论黄潜善、汪伯彦"大罪二十"。赵构被迫将黄、汪二人外放。但康履、蓝珪等宦官因为在此次高宗逃亡途中尽心侍奉，算是"有功"之人，气焰更加嚣张。到了杭州之后，他们作威作福，大讲排场，浩浩荡荡地观赏钱塘潮，引得众怒沸腾。王渊本对扬州溃逃负有重大责任，却通过依附宦官升任高官，这也使民众极为愤怒。禁军军官苗傅和刘正彦对赵构的赏罚不明极为不满，再加上其部下多为中原人士，对赵构的苟且偷安政策大为愤怒，于是就开始谋划政变。

1129年三月的一天，王渊在退朝的路上，被埋伏着的兵变士兵斩杀。苗傅、刘正彦把王渊的首级悬于长矛之上，引兵直朝赵构所在的行宫而来。守门的中军统制吴湛本来就是苗傅手下，他一边开大门，一边派人向内殿的皇上报告说："苗傅不负国，只为天下除害。"赵构面对这突如其来的变故，吓得六神无主。新任宰相的朱胜非只得带着其他朝臣拥着宋高宗，登上行宫的城楼。兵变将领仍旧依礼大呼"皇上驾到"，兵变士兵见到皇帝的伞盖，也齐声高呼万岁，拜见赵构。

赵构询问兵变将士："爱卿们因何而来？"苗傅和刘正彦厉声回答道："只是因为陛下信任宦官，军士有功不赏。黄潜善、汪伯彦二贼误国，却没有受到应有的处置。王渊组织撤退不力，因与康履是好友，竟得高职。王渊已

张俊画像

张俊是南宋初期著名将领。赵构曾亲临其家，礼遇优厚，死后被追封为循王。但是张俊贪婪好财，大肆兼并土地，被称为"钱眼将军"。

斩，望皇上下旨杀康履、曾择等宦官以谢三军！"而赵构想把他们流放到海岛了事，但遭到苗傅的断然拒绝："如今天下纷乱，百姓罹难都是因为宦官们专权而致，若不斩康、曾二人，决不还营归寨。"他们身后的数千名官兵都群情激愤，怒视城楼之上的南宋君臣。朝臣也赞同斩杀康、曾二人，以谢天下。赵构无奈，只得答应。

苗傅仍然愤愤不平，指责赵构："你不该当皇帝，如果钦宗回来的话，那应该怎么办呢？"苗、刘进而提出要赵构退位，立其年仅三岁的幼子赵旉为皇太子，请隆祐太后孟氏临朝听政，并与金人议和，归还二帝。高宗不愿。隆祐太后也劝说二人说："现在大敌当前，我是一个妇女，抱着三岁的小孩决定朝政，如何号令天下？如果金国人听到的话，也会更加看不起我们。"但苗、刘二人对赵构早已失去了信任，在听完隆祐太后的话之后，恸哭不已，并声称如果太后不答应他们的要求的话，他们就要自杀于太后面前。赵构被迫退位。赵构三岁独子赵旉（兵变失败后数月之间便受惊吓而亡，疑为谋杀）被拥立为帝，改元明授。

这时韩世忠、张俊等人调集兵力，开始攻打苗傅和刘正彦二人。苗、刘失利。而二人在撤退的时候，还专门向赵构索要了丹书铁券。殊不知赵构对他们已是恨之入骨，诚如苗傅的谋士王钧甫所言："二将忠有余而学不足。"苗、刘两人最后被韩世忠擒获，斩首于建康。苗刘兵变至此结束。

平心而论，苗傅和刘正彦虽然有勇无谋，但对宋朝可谓忠心耿耿，最终却落得如此下场。他们之所以发动兵变、废掉赵构，是因为赵构荒淫无道、任用奸臣，不但不力图恢复中原失地，还让江淮民众屡遭灾难。但不幸的是，在兵变失败之后，赵构更加猜忌武将，南宋军民恢复中原的梦想终成泡影。后来矢志恢复中原的岳飞之所以被赵构加害，与这次苗刘兵变给他带来的心理阴影就有着很大的关联。

钱眼将军

钱眼将军张俊是南宋前期的重要将领，但比他的战功更出名的则是他的贪财敛财。他原本出身行伍，却在十几年时间里跻身于大富豪的行列。据说他一个人拥有的田地，每年光是田租就能收进三十多万石，相当于当时南宋最富饶的绍兴府全年赋税的一半。有人甚至还认为至少不低于一百万石。一次他在家设宴款待宋高宗赵构，集水陆奇珍、飞禽走兽于一席，菜肴达二百多种。而他为了防止家中的财宝被窃贼偷走，便把家里的白银统统做成一千

历史细读

据说有一次，宋高宗赵构在宫中大宴群臣，一艺人自称可以看出世上显贵的人是上天什么星宿下凡的。在场的君臣纷纷要求他给观测一下。于是这位艺人从袖筒中掏出一枚铜钱对准了赵构，观察片刻，声称看到了帝星。又对准韩世忠，说是看到了将星。最后他将铜钱对准了张俊，左看右看，说看不到星星。众人大急，张俊更急，请他无论如何再仔细观察一番。他煞有介事地仔细看了半天，最后叹了口气，严肃地对大家说道："确实看不到星宿，只是看到一个坐在钱眼里的将军。"众人大笑，一时成为京城笑谈。

两一个的大球，取名为"没奈何"，意思是不管什么样的窃贼都拿这大家伙无可奈何。

而张俊之所以在短短的十几年内聚敛了那么多的财富，一是克扣部队的粮饷，二是利用职务之便进行各种经营活动。张俊从很早的时候开始，就特意从部队里专门挑选了一批年轻力壮、身材高大的士兵，从手臂以下一直文身到脚，号称"花腿军"，无偿地为自己家从事各种劳役，包括耕种土地和大兴土木。当时极有名气的太平楼酒家就是张俊的产业。这座酒楼以经营高档酒菜和富丽豪华的气派而闻名。有一首打油诗讲的就是这件事："张家楼里没来由，使他花腿抬石头。二圣犹自救不得，行在盖起太平楼。"所以军中又称他为"张太尉铁脸"，意思是他没有廉耻观念，脸皮好像铁打的一样。就是这样一个贪鄙的人，却很得赵构的宠幸。赵构何尝不知张俊很坏，取其无远志，所以重用他、厚待他。看来苗刘兵变并没有让赵构真正吸取教训，而在这种思想主导之下，南宋朝政也更加腐败。

钟相、杨幺起义

南宋王朝一方面对金国屈辱求和，致使金兵不断掠夺江南，另一方面加紧剥削民众，加重税捐，使老百姓遭到双重灾难。再加上宋朝溃散的军队军纪松弛，四处抢劫，甚至有些正规军队也是祸害一方。岳家军单是做到"冻死不拆屋，饿死不掳掠"（宁可冻死也不拆老百姓的屋子烧火取暖，宁可饿死也不抢老百姓的粮食充饥）就赢得了民众的拥护，可见当时宋朝的军队军纪之差。

1130 年，金兵攻占了潭州（今湖南长沙），大肆抢掠。接着一个被金兵打败

正史史料

　　平时飞扬跋扈，不循朝廷法度。所至驱虏，甚于夷狄。陛下不得而问，正以防秋之时，责其死力耳。张俊守明州，仅能少抗。奈何敌未退数里，而引兵先遁？是杀明州一城生灵，而陛下再有馆头之行者，张俊使之也。……臣观今日诸将，用古法皆当诛。

——《文献通考》卷一五四

的宋军将领孔彦舟带着一批败兵残卒在那里趁火打劫。当地百姓忍无可忍，在钟相的带领下举行了起义。

　　钟相是鼎州武陵（今湖南常德）人，在金兵南下的时候，他组织过抗金民兵，还派长子钟昂率三百余人前往南京（今河南商丘），也就是赵构称帝的地方"入卫王室"，但没得到朝廷的支持，就回到家乡组织农民自卫。当时他采用宗教的形式在农民中宣传，自称"天大圣"，能够解救人民疾苦。钟相说："现在朝廷的法律把人分成贵贱贫富，这不是好法。我行的法，就是要不分贫富贵贱，人人平等。"钟相宣布起义之后，附近各县的农民纷纷参加起义军，钟相就建立政权，自称楚王。起义军攻占城池，焚烧官府，打击豪强大户，不到一个月就占领了洞庭湖周围十几个州县。钟相得到了越来越多的民众的支持，一些士大夫也前去投奔。

　　南宋朝廷十分恐慌，任命孔彦舟担任捉杀使，镇压起义军。孔彦舟知道正面打不过钟相，就先派一批奸细，假扮成贫民，混进钟相起义军队伍。1130 年三月，孔彦舟发起进攻，与埋伏在内部的奸细里应外合，起义军措手不及，钟相和他的大儿子被捕，惨遭杀害。

　　钟相被害后，起义军推杨幺当首领，继续和官军作战。杨幺原来名叫杨太，因为他年纪轻，当地民众亲密地称他为杨幺（幺就是小的意思）。起义军在杨幺的带领下，在洞庭湖沿岸建立营寨，又在湖里和各个港汊上集中了大批船只，平时生产，战时打仗，屡屡击败朝廷的军队，队伍越来越壮大，后来发展到了二十多万人，占领的地区也越来越广。起义军在占领的地方，宣布免除百姓的一切劳役和赋税。

　　而朝廷官员程昌寓被杨幺水寨义军击败后，焦躁不安，正好木匠高宣献车船（以脚踏机轮为动力的大型战船）图样，就不惜工本制造了大批车船，每船可装载水军一千人，由人踏车就可以使船进退。程昌寓没有考虑到江水

岳母刺字

相传岳母为了激励岳飞，在其背部刺上"精忠报国"四字。这幅年画即描绘了这一场景。

涨落不定的情况，急着炫耀车船威力，督军攻打义军水寨。结果水寨滩头水浅，车船开进港汊，搁在浅滩里动弹不得。起义军趁势发起攻击，程昌寓乘小船逃脱，车船被义军缴获，高宣也当了俘虏。自此各寨义军利用当地丰富的木材资源，改制创新十余种车船，与轻便小船配合，出没于洞庭湖区，屡败宋军，取得了水战优势。

有一天洞庭湖边的江面上，忽然出现了三只大车船，船上既不见旗帜枪械，也不见一个士兵。宋将崔增、吴全见了，以为起义军在上游被官军打败，这几条船是顺流漂下来的，就开船追赶。不料到了湖面宽广的地方，几只大船里突然发出一阵擂鼓声，船舱里钻出来的起义士兵开动车船，横冲直撞，把官军的几百只小船全部撞沉。而留在沙滩上的官军步兵也遭到起义军的攻杀，一万多名官军全军覆没。农民军又向宋军其他部队喊话道："崔增、吴全是天下有名的水军，但他们一万多人，只消我们三只车船，就全部消灭掉了。你们还不够我们杀的。"宋军士气大挫。农民军趁机发动大举进攻，宋军狼狈逃走。

刘豫伪齐政权（金人在中原扶植的傀儡政权）听到起义军节节胜利的消息，就派人带着金帛文书，到杨幺大寨游说，要起义军联合进攻宋朝，提出"联军灭宋，分地而王"的方针，被起义军拒绝。伪齐又派了三十五个人带了官诰、金带、锦袍来诱降，起义军不再饶恕，把三十五名伪齐使者全部杀死。

和杨幺的民族大义相反，一贯对金屈服的南宋，把农民军看作是比金、

年画中的岳飞
岳飞在民间具有很高的声望。民众除了把他的事迹编入各种话本、小说之外，还通过年画等形式歌颂岳飞的尽忠报国之情和大智大勇的精神。

齐更为危险的敌人。有人向宋高宗上书说："方今之大患有三：曰金虏，曰伪齐，曰杨幺。然金虏、伪齐，皆在他境，而杨幺正在腹内，不可不深虑之。若久不平灭，必滋蔓难图。"侍御史张致远也在 1135 年二月上奏说："金朝侵侮，不过是小病，如果善用药石，就很容易去掉。而庶民作乱，则是心腹大患，如果一直不管，实在难好。"对待金朝，宋朝官员中存在着抗战派与投降派的对立，但在镇压农民起义时，他们又高度一致起来。宋金战事略有缓和，高宗便派张浚亲临督战，又下令把精锐的岳飞所率部队从淮西前线调往洞庭湖。二十万朝廷大军开始镇压杨幺起义。

由于这时起义军将领有人动摇叛变，杨幺大寨被官军攻破，杨幺被俘后遭到杀害。而其部下将领夏诚仍在水寨坚持斗争。鉴于义军的车船优势，岳飞就采纳降将杨钦的计策，遣人开闸泄放湖水，放巨筏堵塞港汊，并于湖面散放青草，以破农民军车船的优势。后以杨钦为向导，进围夏诚水寨。夏诚率水军出战，因水浅船行不便，车船机轮又被水草缠住，遂被官军击败。至此前后相继六年的钟相、杨幺起义失败。

钟相、杨幺起义在中国历史上第一次提出了"等贵贱、均贫富"的口号，沉重打击了南宋的腐朽统治。钟相、杨幺本是勤王兵马，最后却走到了南宋的对立面，反映出南宋朝政的腐败与昏庸。而农民军以区区数州之地，竟制造出先进的战船，占据水战优势，南宋军队竟然不敢正面交锋。这也说明宋

历史细读

党进是赵匡胤时期的高级将领。一次，党进在街上看见艺人说书，就问那个说书人："你在说什么？"说书人回答："说韩信！"党进竟勃然大怒，说："你对我说韩信，见韩信就会说我。"当即命令手下人将说书人打了一顿。虽然他目不识丁，言语举动都非常粗鲁可笑，但赵匡胤却很优容他、重用他，原因就在于他没有知识，即使起兵造反也很难成功。

朝的部分体制已经阻碍了科学技术的发展，逐渐不能适应时代发展的需要。

岳飞之死

岳飞少年时丧父，由母亲养育成人。青年时代，正遇上女真贵族对宋朝发动大规模的掠夺战争。他目睹北宋灭亡前后的惨痛场景，有坚决抗击女真贵族民族压迫、收复故土的强烈愿望和要求。其母在他的背部刺上"尽忠报国"四个字，以激励他尽力杀敌、报效国家。现今不少人所说的"精忠报国"，应是受到宋高宗御赐"精忠岳飞"四字并由岳家军以之为旗帜与金兵作战的误导。

在广大民众的支持下，岳飞与其他将领一道奋力抗击金兵，收复了中原不少失地，金兵逐渐失去了战场上的优势，南宋朝廷的安全得到了初步的巩固。当时岳家军所到之处，民众无不欢欣围观，"举手加额，感慕至泣"。而由于岳家军作战勇猛，军纪严明，当时的金军就有人说："撼山易，撼岳家军难。"但岳飞在苗刘兵变的时候没有驰兵救援，这就很让宋高宗赵构怀疑岳飞是否对自己心存不满。更重要的是岳飞本人文武兼备，而岳家军也是当时南宋最强大的军事集团，再加上岳飞力主北伐，这就与赵构的偷安政策形成了冲突。不过由于当时金军的攻势正猛，岳飞还有利用价值，赵构就没有把岳飞怎么样。但随着宋金战场局势的日益缓和，赵构也不用担心金兵再次南下，岳飞及岳家军就成为了赵构的眼中钉。于是在赵构的指使下，由秦桧出面罗织罪名，岳飞于绍兴十一年除夕夜（1142 年正月二十七）含冤而死，时年三十九岁，其子岳云及部将张宪也被杀害。

岳飞其人

岳飞与其他将领不同，与宋朝防范武将的政策相抵触，所以让赵构动了杀机。

历史细读

相传岳飞的著名部将杨再兴是武冈军（治所在今湖南省新宁县）瑶族人。他自小习武，弓法神奇，后来跟随曹成对抗朝廷。岳飞领命征讨，其弟岳翻在此战中为杨再兴所杀。但岳飞见杨再兴魁伟勇武，说："吾不杀汝，汝当以忠义报国。"杨再兴感恩依言，就追随岳飞，屡立大功，后来被小说家演绎成杨家将的后人。

第一是因为岳飞好学。他本是地主家的佃客，幼年并没有读太多的书。但他天性好学，其后贵为大将，仍然好学不倦，其中他最爱读的书就包括《孙子兵法》。武穆遗书虽是传说，但也从侧面说明了岳飞谋略的高明。但在宋代，典型的武臣通常连字也不识，越是没有知识，就会越得朝廷的信任。岳飞文武双全，自然要被看作是危险分子。同时岳飞注意招揽人才，发挥幕僚的作用。1136 年，岳飞上书要求增加幕僚二十员："欲乞差参谋、参议各一员，主管机宜文字一员，书写机宜文字一员，干办公事六员，准备差使八员，点检医药饮食二员。"时人也称，岳家军中"食客所至常满，一时名人才士皆荟幕府"。但宋朝统治者最害怕武将和文人交往，因此对将帅及其幕僚处处防范，甚至由朝廷派遣官员监视将帅。岳飞触犯了宋朝的大忌。

第二是岳飞不爱财、不好色。宋代的将领，特别是南宋初年的大将，差不多个个都贪财，前面提到的钱眼将军张俊就是典型一例，韩世忠也曾议买官田。但岳飞不爱财，这就让赵构很是猜忌。在赵构看来，一个贪财的将领往往会因腐化而丧失上进心，这样就不可能对他形成威胁。以前梁武帝听说他的兄弟临川王萧宏家里库房很多，疑心藏的是武器，等到打开库房一看，只见装的都是钱。梁武帝于是知道临川王是个没有出息的东西，就非常高兴，也就不追究这些钱的来源了。赵构对诸将的心理和梁武帝对临川王的态度是差不多的。当赵构得知韩世忠也是一个求田问舍之人，就非常高兴，特意赏赐田地给他。而岳飞死后被抄家，家里仅有一百余贯现钱。赵构曾要在杭州为岳飞建豪宅，岳飞辞谢道："北虏未灭，臣何以家为？"在南宋初年诸将中，少有不贪财的，更少有不好色的，例如张俊和韩世忠都是娶名妓为妻。赵构不仅以诸将贪财为可喜，而且觉得诸将好色也是可喜的。贪财的人已不足畏，贪财而又好色，就更不足畏了。当时诸将无不姬侍众多，唯有岳飞与众不同，他家里并无姬妾。有人特意送美女给他，他拒却不受说："皇上为了国事殚精竭虑，这难道是将领应该享乐的时候吗？"一个不贪财而且不好色

岳飞收何元庆

何元庆原来占山为王，后被岳飞降服。岳飞在平定各地叛乱时，多采取降服手段，因此其实力能够迅速壮大。但这也招来了朝廷的猜忌。

的人，越发使赵构感觉到难以驾驭，这当然又构成了岳飞的一条死因。

第三是岳飞不扰民，得军心。岳飞治军非常严厉。他的军队有"冻死不拆屋，饿死不虏掠"的美称，深得民众的拥护。有次他的一个部下取民众一缕麻来束马革，他立刻将其斩首示众，毫不姑息。同时，岳飞能够与士兵同甘共苦，非常关心将士的生活。当时南宋对军队犒赏极厚，岳飞从来不取一文，全部分给将士。他的饮食与士卒同例，部队补给艰难时，则"与士卒最下者同食"。而岳飞全家均穿粗布衣服，妻子李氏有次穿了一件绸衣，岳飞便道："二圣在北方过着艰苦的生活，你既然与我同甘共苦，就不要穿这么好的衣服了。"自此李氏终生不着绫罗。岳飞还亲自为得病的士兵调药。当部下的将领到远地驻防时，他常遣自己的夫人去慰问他们的家人。若部下战死，他不仅为之痛哭，并抚育死者的遗孤。因此他和他的部下关系亲密得像一家人一样，故他的部队打起仗来绝无兵不顾将、将不知兵、胜不相让、败不相救的毛病。当初苗刘兵变中宋高宗赵构之所以被废掉，对方的理由就是他不得民心、不得军心。因此岳飞越是得民心、得军心，赵构越是害怕。

岳家军

岳飞之所以能够抗击金朝的侵略，除了中原民众的支持外，岳家军作战勇猛、纪律严明则是关键因素。但正是因为岳家军的强大，岳飞才会为赵构所猜忌。

迎銮图

曹勋前往金朝接客死异邦的宋徽宗赵佶和郑皇后的棺椁以及赵构生母韦太后南归，安乐郡王韦渊率仪仗迎于途中。仪仗肃穆，每个人的脸上都露出了深深的丧国之痛。

北宋灭亡前后，宋朝的主力部队已不堪一击，无法抵御金兵的进攻。赵构也在金兵的追击下狼狈逃命。南宋政权在生死线上苦苦支撑了数年，不可能完全实行以文制武这一套猜忌武将的办法。迫于无奈，赵构为了稳定风雨飘摇中的流亡政权，部分放弃了宋朝猜忌武将的传统政策，承认义军，并放松了对将领的控制，给予他们各种实权。不过事实上，当时的军队大部分都得自己解决粮饷问题。岳飞在镇守湖北时，很大程度上只能靠做生意维持。而岳飞、韩世忠、张俊、刘光世等将领凭着个人才能，收拢溃散的原宋朝部队，吸纳义军，抗击了金兵的侵略，捍卫了江淮地区的安全。再加上古代的将军多以自己的姓氏制成大旗立于军中，所以民间自发地称呼岳飞的部队为岳家军、韩世忠的部队为韩家军、张俊部队为张家军、刘光世的部队为刘家军。岳飞以及他带领的岳家军就是其中最强大的军事集团。

这种类似私家军的现象的出现有着深刻的历史原因。以岳家军为例。宋朝正规军队之所以失败，至少有以下原因：将不知兵、兵不知将；互不相救；军纪松弛。而岳家军多以亲信同乡为骨干，这样将领兵士就彼此熟悉信任，作战也分外勇敢。即使是一部遇到危险，其他部队也会奋勇来救。这一点有点类似于乡兵，虽然乡兵的兵员一般都没有接受过系统的军事训练，武器装备也比较差，但战斗力却不逊于当时的宋朝正规部队。同时岳飞不受朝廷派来的文臣的牵掣，命令可以在军中得到很好的贯彻，能够保持严明的军纪。再加上宋朝实行募兵制，往往是对岳飞比较认可的民众才会加入岳家军。而岳家军在岳飞的带领下屡屡取得胜利，又强化了这种格局。但这也为岳飞

带来了杀身之祸。

南宋初年的特定历史条件使武人权力增大，但当金兵的攻势减弱，暂时不意图江南时，赵构就着手削弱武将的军权。岳飞及岳家军就成为众矢之的。岳家军在战斗中不断壮大，最后达到十万之多，且多有战功，是南宋当时的精锐部队。而岳飞深得军心、民心，平生大志昭著，更成为朝廷疑忌的对象。尽管岳飞素以忠君著称，岳家军也为赵构在江南建国立下了汗马功劳，仍不免成为宋朝防范武将政策的牺牲品。

而赵构杀害岳飞的直接原因，就是因为岳飞力图恢复中原，对他的偏安政策构成了挑战。他还担心岳飞的实力及威望在北伐中进一步提高，更担心一旦金朝因岳飞的胜利放回宋钦宗的话，他的皇位乃至性命就岌岌可危了。

恢复中原的争论

靖康之变中，宋徽宗和钦宗被抓至金国的五国城（今黑龙江依兰县），这对宋人来说是极大的耻辱。宋人提起此事时，就以"二帝北狩"而代之。而在南宋成立初期，迫于宋、金两国军事和政治斗争的局势，虽然宋高宗赵构只想苟安江南，但在表面上还是提出要恢复中原、迎还二帝。赵构定都临安时，称临安为"行在"。古时皇帝出行所在之地叫作行在，此名意味着杭州只是暂住，最终还是要还都开封。宋哲宗的皇后孟太后死前也留下遗命，希望选择就近之处暂时安葬，待将来恢复中原故土后，再归葬祖宗陵园。因此孟太后的陵园既没有高耸的陵台，也无神道两侧雕刻精湛的石兽。当时的人们也对赵构恢复中原寄托了很高的希望。当曹勋从金朝关押宋朝宗室的地方南逃时，在靖康之变中被掳到南方的赵构的妻子邢秉懿摘下金环，交给曹勋说："幸为吾白大王，愿如此环，得早相见也。"

可邢秉懿没有想到，她的丈夫是个懦弱无能的皇帝，只想苟且偷安，保住他自己的富贵。虽然赵构遥封她为皇后，一直到得知她的死讯之后才另立皇后，南宋的中宫也因此虚位长达十六年，但这些只是赵构蒙骗世人的伎俩。对于这一点，宋钦宗看得还比较清楚。1142年，宋金关系有所缓和，赵构的生母、宋徽宗的韦贤妃由五国城归宋。她离开时，宋钦宗挽住她的车轮，请她转告赵构，说自己若能归宋，到道观出家就够了。从这番话中可以看出，钦宗知道他被囚在五国城并不仅仅是金人的意思，但他的哀求并没有感动赵构。

事实上赵构根本就没有想要恢复中原。1129年二月，靖康之耻才过去两年的时间，赵构已经乐不思蜀，白天宣淫，结果被金兵攻来的消息吓得失去了生育能力。而当时他接到警报之后，不是想着如何抵御，而是抛开数十万军民，立即南逃，以致军民死伤惨重。

赵构的态度在1156年，也就是宋钦宗去世的那一年，所发布的一份诏书中体现得最为明显。当时赵构的权力已经巩固，但还是有人上书要求收复失地，他就专门下了一份诏书说："朕维偃兵息民，帝王之圣德；讲信修睦，古今之大利。是以断自朕志，决和议之策。故相秦桧，但能赞朕而已，岂以其存亡而有渝定议耶？近者无知之辈，遂以为尽出于桧，不知悉由朕衷。乃鼓倡浮言，以惑众听。至有伪造诏命，诏用旧臣；献章公车，妄议边事。朕实骇之……内外大小之臣，其咸体朕意，恪遵成绩，以永治安。如敢妄议，当置重典。"在这段话里，赵构首先用儒家的大道理为他的投降政策辩护，其次则诏告天下，和议的政策是不容改变的，如果谁还要继续讨论就要严惩。

岳飞则力主恢复中原。他目睹了在金军铁蹄下中原民众所遭受的苦难，激发了满腔的爱国情怀。在岳飞还是低级军官的时候，他就上书赵构求战。当时的宰相黄潜善和汪伯彦看到岳飞的上书，批示道"小臣越职，非所宜言"，于是就将他革掉官职、削除军籍。后来只是因为战事紧急，岳飞才得以重新任命。

岳飞虽然屡遭挫折，但爱国之心不改。1138年，赵构派岳飞收复襄汉六郡，但警告他只许收复李横原先"所守旧界"，不许越界到伪齐领土上，否则"虽立奇功，必加尔罚"。在这样的情况下，赵构与岳飞的矛盾就难以化解了。在岳飞看来，只要努力，虽然金人强大，但恢复中原还是有可能的。但赵构并不想恢复中原、迎还二帝，他只是想偏安江南，过自己的安逸生活。

北宋的灭亡与艮岳的修建有很大的关系，而赵构在逃亡过程中，还不忘将艮岳上的少量奇石精品南运，安置在了临安皇宫的御花园里。当时不少大臣也持与赵构相似的观点。那些从北方来的士人，正忙着弄个一官半职以安身立命，南方的士人则对北伐根本就不关心，只要金兵再不过长江就行了。

可悲可叹的是，当赵构的生母韦太后从金国回来之后，竟忘了亡国之耻以及自己所受的屈辱，又沉浸在享乐之中。当时赵构为了表示以天下养太后

中兴四将图

这四位大将是刘光世、韩世忠、张俊、岳飞（背负武器者为侍从）。南宋史学家将宋高宗赵构重建宋王朝及南宋初年宋军抵御金军入侵的这段历史称为"中兴"，将这四人称之为"中兴四将"。但也有人认为宗泽、刘锜、韩世忠和岳飞为"中兴四将"。

的决心，就挖空心思制作了一些在宋徽宗时期宫中所用的香烛。这些香烛是用龙涎香、沉脑屑等上等香料填充河阳花蜡烛而成的，异常昂贵，南宋小朝廷既无财力也无心思弄这些东西，这次也只能弄十几支。但韦太后在寿宴上却视而不见。赵构实在忍不住了，就对她说："这蜡烛还让您满意吧？"可她却淡淡地说："你爹爹曾经每夜都点几百支，连妃子的房间也有的点。"赵构当时非常失望。在韦太后中途离席的时候，就对妃子说："我怎么能比爹爹富贵呢！"

在这种风气下，岳飞是一个异类，而且是一个掌有重兵的异类，因此岳飞的死就是必然之事。就是因为岳飞在抗金斗争中将众多爱国志士团结在他身边，赢得了民众的拥护，不愿过"山外青山楼外楼，西湖歌舞几时休？暖风熏得游人醉，直把杭州作汴州"的生活，力主北伐，结果被赵构杀害。

岳飞死了，和议成了，虽然丢了中原，江南又安全了几年，皇帝又开始纵情享乐，士大夫们也继续吟风弄月、填词作画了。但岳飞的遭遇又怎么能不让一心爱国的忠义之士寒心呢？后来金国在招降南宋的一名大将时，就特意强调："飞之威名战功暴于南北，一旦见忌，遂被叁夷之诛，可不畏哉！"

事实上南宋小朝廷的偏安日子也没有持续几年。1161 年，金军又大举南下，幸好有虞允文等将士力挽狂澜，南宋朝廷又维持了一百多年。假如一个社会共同体在边衅频仍的危急存亡之秋，其上层居然还有心思去纵情享乐，使人"直把杭州作汴州"，同时又在自毁长城，其灭亡就是时间早晚的问题。

当时的南宋诸军

自然岳飞并非毫无指责之处，例如岳飞在几次救援友军的战斗中行动迟缓，这也是秦桧给岳飞定的罪状之一。但这是当时宋军的通病。有人上书赵构说："今之诸军将帅，相视若冰炭，相疾如仇雠。假使一军深入，其谁为应；一军陷阵，其谁为援？"后人也有评论道："建炎中兴之后，兵弱敌强，动辄败北，以致王业偏安者，将骄卒惰，军政不肃所致。"岳飞等人的功绩也不能做太多的夸大："张、韩、刘、岳之徒……究其勋庸，亦多是削平内难，抚定东南耳。一遇女真，非败即遁。纵有小胜，不能补过。"怪不得陆游感叹道："楚虽三户能亡秦，岂有堂堂中国空无人？"

出现这种情况是有其深刻原因的。宋朝虽然实行重文轻武政策，但对于武将却是极为宽松的，这也是北宋灭亡的重要原因。南宋成立伊始，中央政府极为依赖军队，更是无力控制这些现象的发生。因此就形成了一个怪圈，北宋立国伊始，对武将极为宽松，军纪松弛，结果导致宋军屡败，北宋也由此灭亡。而南宋建立之后，又不得不依赖武将来维持局面，军纪更加败坏。赵构在局势稳定下来后，一方面对武将的各种违法乱纪之事纵容姑息，另一方面剥夺了韩世忠、张俊的兵权（刘光世病死），杀掉了岳飞，但问题还是没有得到解决。幸好金军不习惯在南方作战，宋朝这样的军队还可以偏安江南。但等到更为强大的蒙古军队南下的时候，宋朝这样的军队虽然造不了皇帝的反，但却纷纷溃逃投降，葬送了南宋。

十里荷花与完颜亮侵宋

自隋朝以来，江南地区得到了很大的发展，到宋朝时已成繁华之地，这也引起了少数民族政权的觊觎之心。据说北宋著名词人柳永描写江南繁华的《望海潮》不但在中原地区广为传播，而且也为少数民族所熟知。而金朝皇帝完颜亮读到《望海潮》时，就"欣然有慕于三秋桂子、十里荷花，遂起投鞭渡江之志"。事实上有宋一朝，北方少数民族政权的领导者在政治上和文化上的成熟已经达到了相当的程度。他们熟悉中原的制度，并渴望成为中原的统治者。唐太宗天可汗的地位是想有所作为的少数民族领袖所追求的。宋朝的软弱也给他们提供了机会，刺激了他们的雄心。金主完颜亮即是一例。

今日北风甚劲

金国海陵王完颜亮 1149 年弑君而篡位称帝之后，加速吸收汉族文化，同

太液荷风图

太液是指太液池，本为汉代宫廷的御池，后来专门用来指代宫廷御池。池中荷花盛开，荷叶玉立，群鸭戏水，空中蝴蝶翩翩，燕子啼鸣，一派风和日丽的景象。这对身处苦寒之地但又深受中原文化影响的金国海陵王完颜亮构成了极大的吸引力。而宋朝此时却异常脆弱，因此他就发动了南侵的战争。

时也开始了侵宋的准备。1154 年，金朝从上京迁都到燕京。1158 年，他又命令在汴京（今河南开封）兴建宫室，准备将都城再次南迁，以便进攻南宋。许多大臣都表示反对，认为宋人无罪，师出无名，连太后徒单氏也极力劝阻。完颜亮却一意孤行，甚至处死了太后，禁绝异议，积极准备南侵。

1158 年，南宋出使金国的使者孙道夫回国后即报告金国有南侵之意，而宋高宗赵构却错误地认以为金国没有什么借口，不会南侵。宰相还怀疑孙道夫借此引荐主战派张浚出山，便把他贬到外地。1159 年末，金国禁止百姓谈论即将起兵南侵的消息传到南宋，有些官员要朝廷早作准备，反而被赵构斥责是造谣生事。

但越来越多的迹象表明金朝很快就要攻打南宋。1160 年，金朝使臣施宜生想透露点消息给南宋朝廷，但是旁边一直有金朝的随从官员，不好明说，就向接待他的张焘暗示："今天北风可刮得厉害啊！（今日北风甚劲！）"他怕张焘还不明白，拿起几案上的笔说："笔来，笔来！（"笔"和"毕"同音，"毕来"，就是都来的意思）"赵构这才开始准备。施宜生回到金国之后，因此事为副使所控告，受酷刑而死。

火箭烧金船

1161 年秋，完颜亮以向宋朝索要淮河之地未果为由，起兵六十万，号称百万，分四路攻宋：一路从海上直取临安；主力则由完颜亮率领，从宿、亳，攻淮泗；一路出唐、邓，取荆襄；一路出秦、凤，侵四川。金兵在千里战线上，发动了对南宋的全面进攻。完颜亮狂妄地宣称："多则百日，少则一个月，定能灭掉南宋。"

金军为防止赵构流亡海上，还出动了六万水军从海路进攻临安，企图

宋代的喷火器
中国很早就将石油（在沈括命名之前，多称猛火油）用于战争。宋军就研制了喷射石油的猛火油柜。上有四个铜管，管上横置唧筒，与油柜相通。唧筒前部装有"火楼"，内盛引火药。当发射时，点燃"火楼"中的引火药，然后用唧筒向油柜中压缩空气，使猛火油经过"火楼"喷出时，遇热即成烈焰，用以烧伤敌人和焚毁战具，水战时则可烧浮桥和战船。喷火距离为五至六米。

将赵构一举擒获。在大敌当前的紧急关头，宋将李宝自请率领一支战船一百二十艘、弓弩手三千人的船队北上，长途奔袭金人的船队。

完颜亮这次南征加重了金朝统治地区民众的负担，再加上金朝女真贵族对中国北部地区一贯实行残酷统治，各族人民纷纷起来反抗。1161年八月，义军起兵收复了海州（今江苏连云港西南）。完颜亮被迫分兵数万围攻海州。李宝援救了被金军围困在海州的抗金义兵，并与山东义军取得了联系。十月下旬，李宝的船队驶抵石臼山（今山东日照附近）。几百名金朝汉族水兵前来投诚，他们告诉李宝，金人的船队正停泊于距离石臼山只有三十里左右的唐岛（又名陈家岛，在今山东灵山卫附近），而且金兵由于不习惯水战，多在船舱中匍匐而睡。根据这一情报，李宝决定采取先发制人、火攻破敌的战法，率领船队迅速出击。而充当金军水手的多是被迫征来的汉族人民。当他们远远望见李宝的船队时，一直不告诉金兵。所以当李宝的军队逼近金人的船队时，金军还在船舱里睡觉。李宝紧紧抓住战机，命令船队全面出击。刹那间"鼓声震荡，海波腾跃"。李宝的部队用火箭射向金人的船帆。由于金人的船帆是用油布做成，见火即燃，霎时间金人的船队烟焰冲天。再加上金军遭到突袭，惊慌失措，仓促应战，船只挤成一堆，几百艘战船一下子陷入火海之中。少数没起火的金船，宋军就跳上船去进行肉搏战。受尽压迫的金人船队中的汉族水兵，纷纷倒戈起义，大概有三千人之多。这时金军水军主将尚未启程，得知战败，急忙逃跑。金朝六万人的船队烟消云散。

走舸者船舷上立女墙棹夫多战卒皆选勇力精锐者充往返如飞鸥乘人之所不及金鼓旌旗在上

宋朝走舸

这是宋代《武经备要》中所绘的走舸图。宋朝有多种战船，走舸是一种高速轻便的小型战船，速度较快，能给敌军以出其不意的攻击。该船与宋朝的其他船只在采石矶之战发挥了重要作用，给金兵以很大的心理震撼。

李宝之所以能够全歼相当于自己数倍兵力的金人庞大的船队，粉碎金军从海上侵袭宋都城临安的战略计划，首先关键在于这是一场正义的战争。李宝所部士气高昂，斗志顽强。而女真族占领区的人民为摆脱金国的残酷统治，对宋军给予了积极的配合和支持。初则提供情报，后则临阵倒戈，严重地削弱了金军的实力，壮大了宋军的力量。其次李宝根据所得情报，正确地采取了出其不意、隐蔽接敌、火攻破敌的战法，这也是赢得这次海上奔袭战胜利的重要原因。这次海上胜利，同陆上的采石矶之战的胜利一起，使南宋转危为安。而唐岛之战也开创了火药火器大规模用于海战的先河。

虞允文力挽狂澜

完颜亮率领的金军主力很快就抵达长江北岸。刘锜领兵迎战，命副帅王权先行。王权畏敌如虎，出发前和妻妾哭泣告别，还以犒军为名，将家中金帛装船运走。王权听说金军逼近，连夜逃走，宋军不战而溃。刘锜患病已重，只好退兵镇江。宋高宗赵构闻讯，准备再次入海避敌。后经大臣竭力劝阻，高宗暂留临安，观望形势。但又暗地命令建造船只，备足粮食和淡水，做好了逃难海上的准备。在此危急关头，虞允文在采石矶击败了完颜亮的渡江部

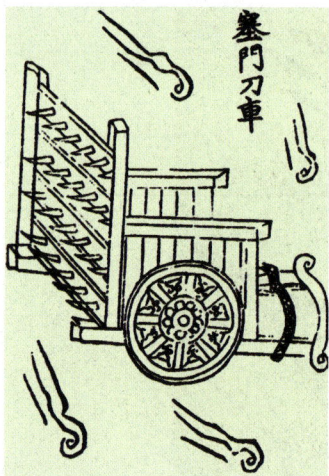

宋代塞门刀车

塞门刀车是一辆木车前厢装有数层利刃而成的防守武器。在古代，一旦城门被破，塞门刀车就充当活动城门，使敌人不能前行。

队，使金军内部矛盾激化，完颜亮被部将所杀。

当时虞允文只是以中书舍人参谋军事的身份，到采石矶犒军。当他看到军无主帅、军心涣散时，他便召集将士，重新部署，抗击金兵。当时有人劝他说："你是奉命犒师，又不是派你督战，何必自讨苦吃呢？"他慷慨地回答："假如金兵一旦渡江，国家就危险了，作为臣子，我怎能逃避呢？今天的事情，只能进不能退，如果不能抵挡就以死殉国。"士兵们被虞允文的爱国热情所感动，先后聚集了一万多人，奔赴采石矶防御。

虞允文与将领们商议，决定采用水、陆配合，以水战为主的战法。步兵与骑兵埋伏于江岸高地之后，水军分五队，各以海鳅船（一种用车轮激水，行动快速的小型战船）和大型战船组成，一队泊大江中流，为主力；两队分东西两翼，成犄角之势；其余的两队隐蔽于港湾中，以袭击敌船和援助前阵。

而此时完颜亮的堂弟完颜雍趁中原空虚而在东京（今辽宁辽阳）称帝，是为金世宗。而南征将士也有从前线逃回去拥立完颜雍的。再加上水军被宋军击败，金军军心动摇。完颜亮决定先取南宋，再北上与世宗抗衡。这时金军制造的大船还没有到达前线，有金将进谏说："臣观宋舟甚大，行驶如飞。我舟既小，行驶反缓，水战非我所长，恐不可速济。"完颜亮斥道："以前我跟四太子追赵构至海上几百里，当时有大船吗？"他执意进军。他先使部分水军佯攻以试探宋军虚实。虞允文识破了金兵的动机，未予反击。于是完颜亮在岸边挥动红旗，五千金军乘坐三百余艘小船，顺风顺水，向东岸（长江在芜湖——南京一段，自南而北，折向东流。金军在北岸，故在西北方向；宋军在南岸，故在东南方向）冲来。等到金兵靠近东岸，突闻鼓号四起，只见宋军从岸头隐蔽处冲出，严阵迎战金兵。这种气势，金军自从出兵以来还是第一次遇到，因此大为震惊。然后部分金兵开始登陆。宋军看到金兵登岸，一时胆怯，开始后退。虞允文就拍着一名将领的后背说："你的胆量，天下闻名，此时立在阵后做甚？再向后退，就和小孩子没有什么差别了。"在虞允文的刺激下，宋军拼死力战。

这时江面风力渐弱，虞允文命令以海鳅船猛冲金军船只，并用装有火药、硫磺、石灰的霹雳炮猛击。霹雳炮"盖以纸为之，而实以石灰硫磺。炮自空而下坠水中，硫磺遇水而火自水跳出，其声如雷。纸裂而石灰散为烟雾，迷其人马之目，咫尺不相见。遂压虏舟，人马皆溺"。在海鳅船上划船的民工也毫无惧色，冒着射来的箭矢踏车前进。南宋军将见民工都这样勇敢，深为感动。而金兵所用的舟船底部宽平，风力一弱，就在江中飘摇不定，无法前进。结果船只或沉入江，或半浮水面。水军将渡江之敌歼灭了一大半，打退了金兵的进攻。

完颜亮不甘心失败，于是重新集结船只，准备再次进攻。这时天色已晚，正好有一队败退的宋军路经采石，虞允文立即让他们自山后至江边往返击鼓，充作疑兵。当时采石附近百姓，也来助战观战，连绵数十里，助威声不绝。完颜亮听到对岸鼓声震天，人声如潮，以为宋朝援军到达，慌忙下令退兵。

次日在虞允文的指挥下，宋军主动出击，在另一渡口处焚毁敌船，射退敌骑。完颜亮被迫移驻瓜州渡，准备再次渡江。完颜亮无视金军的怯战情绪，将没有战死而退回的金兵全部杀掉。并对近侍说："三日渡江不得，将随军大臣尽行处斩。"这就激起了兵变，结果完颜亮被乱箭射死于帐中，于是金军主力退去。消息传来，老将刘锜激动得热泪盈眶，抓住虞允文的手说："朝廷养兵三十年，今日大功乃出儒生！"

金兵退去，南宋又一次面临着是抗战还是求和的问题。抗战派主张乘胜北上作战，恢复中原。有官员上书说，完颜亮被杀，金朝内乱，这正是难得的好机会。也有人建议密传檄文，号召中原义士，各取州县，等有机会可乘，就一举恢复故地。但赵构拒不采纳。

金朝在退兵后遣使来告世宗完颜雍即位。金使来到临安，要求宋朝行臣子之礼。一些大臣认为："金朝南侵，已弃绝原来的盟约，接待金使，当用平等的敌国礼，不再称臣。"赵构则希望要回河南的皇室陵寝地，仍然甘愿作金朝的藩臣，而不以为耻。投降派官员附和赵构，说土地是实利，称臣是虚名，主张继续称臣。

仓皇北顾

宋高宗赵构实行屈辱退让政策，激起了南宋军民的不满。赵构之后的宋孝宗赵昚力主恢复中原，利用金国完颜亮被杀之后政局不稳的机会，发动了北伐。但由于军队战斗力低下，尤其是指挥混乱，遭到惨败。等到蒙古兴起之后，韩侂胄也发动了一次北伐。但由于朝政腐化不堪，不但惨败而归，而且作为宋金议和的条件之一，韩侂胄也被杀掉。

张浚北伐

采石矶之战后，南宋方面宋孝宗继承皇位，金国金世宗夺得皇位。宋孝宗要乘采石矶之役的胜利扩大战果，金世宗则要恢复采石矶之役以前的疆界，宋金间的一场大战也就不可避免了。张浚北伐就是基于这样一个背景发生的。

张浚北伐与宋孝宗的支持是分不开的。虽然南宋的君王大多昏庸不堪，但宋孝宗赵昚还算是较为英明的一位。宋孝宗原是宋太祖赵匡胤儿子赵德芳的六世孙。高宗赵构在扬州逃跑时因为受到了惊吓，失去了生育能力，而后唯一的儿子也死去了。而宋太宗赵光义一系的后人，在靖康之变后基本被金国一网打尽，全都押往北方。剩下的只是些远支，血缘上并不比太祖一脉的近支宗室更近。再加上民间一直流传着一种传闻，认为是赵光义杀了赵匡胤而得到了皇位。据说一些出使金国的使臣回来后说，金太宗长得酷似赵匡胤，于是人们纷纷说，太祖要回来夺皇位了。基于各种考虑，宋高宗赵构说："太祖大公无私，将皇位传给弟弟而不传给自己的儿子，现在朕就将皇位传给太祖的后人。"据说在太祖的后人中，宗室们挑中了一胖一瘦两个小孩，将他们送到赵构面前。赵构中意胖小孩，这时两个孩子在宫中站着，突然来了一只猫，瘦的孩子没动，胖孩子却伸脚去踢猫。这一脚踢走了猫，也踢没了赵构的好感，于是瘦的孩子便被留了下来，他就是赵昚。

赵昚自小在宫中接受了良好的教育，后来晋封为郡王。这位天资聪明的皇储非常厌恶秦桧，而秦桧也顾忌赵昚能力太强，双方关系很僵。赵昚的生父病故时，秦桧上奏要求赵昚守制三年，当时因为赵昚的皇太子身份并未确定，所以这个要求也并不过分。秦桧是想借机免去赵昚的皇储身份，但没有成功。守孝期满后，赵昚回宫，后被确立为太子。

1161年，金军再次南侵，宋高宗赵构又准备下海逃命。这时皇太子赵昚上书，要求自己率兵迎敌。不久金兵退走，赵构决定禅位给赵昚，自己自称太上皇，颐养天年。赵昚即位后，首先做的就是给岳飞平反，并将秦桧时期制造的冤假错案全部予以平反昭雪，力图收复失地。

1163年，宋孝宗任命张浚为枢密使，都督江淮军马，负责抗金前线的军事指挥。此前金人向南宋索取海、泗、唐、邓、商五州之地及岁币，被张浚拒绝。金朝于是屯兵虹县、灵璧，摆出一副马上就要进攻南宋的架势，局势骤然紧张起来。张浚主张先发制人，立即进行北伐。

北伐初期，宋军接连取得胜利，李显忠攻克灵璧、宿州，邵宏渊攻克虹县，北方民众纷纷响应，归附者络绎不绝。然而就在宋军节节胜利的时候，军队内部的问题开始暴露。首先是将领不和，导致宋军无法协调行动、统一指挥。邵宏渊为人心胸狭隘，争强好胜，宋孝宗任其为招讨副使，位在李显忠之下，对此他耿耿于怀。而张浚对这一问题又处理不当，听任邵宏渊不受李显忠节制，导致问题恶化。其次面对胜利，主帅李显忠产生了轻敌心理。攻克宿州后，他既不谋进取，也不做防守，终日与部下饮酒作乐。当有人报告说有金军万余人向宿州逼近时，他竟不以为然地说："区区万人，何足挂齿！"此外李显忠在犒赏军士时有失公平，士兵三人才分得一千钱，每人平均只得三百余钱，无法调动士兵们的作战积极性。邵宏渊又趁机暗中起哄鼓噪，士卒怨怒，宋军一度高昂的士气大为削弱。

就在宋军主将失和、军心浮动的时候，金人已经
从前期仓促应战的慌乱中调整过来，准备反击了。宋
孝宗和张浚对北伐面临的潜在危险也已有所觉察，以
时值盛夏、人马疲乏、不宜连续作战为由，急令宋军
撤退。然而诏书尚未到达军中，金军已抵达宿州城下。
当时正值酷暑时节，李显忠通知邵宏渊出兵，夹击金
军，邵宏渊却按兵不动，李显忠只得独自率军出战。
战斗间隙，邵宏渊装模作样地出城巡视，对士兵们
说："天气如此炎热，就是手不离扇尚不凉快，更何况
要在烈日暴晒下穿着厚重的铠甲作战？"言外之意是
宋军几乎没有获胜的机会。宋军的二号统帅人物都表
现出如此悲观的情绪，使得宋军人无斗志，军心涣散。

当晚中军统制官周宏、邵宏渊之子邵世雄等将领
各带领所部逃跑，宋军顿时大乱，金人趁机大举攻城。
李显忠率领部下奋力抵抗，而邵宏渊当此紧急关头，

宋宁宗

宋宁宗是南宋比较软弱的皇帝。在位期
间，先后有韩侂胄及史弥远专权。他曾
派使节赴蒙古谈判，拟联蒙灭金，但宋
军对金作战失利，反而丢城失地。

仍不肯与李显忠合力守城，极力主张弃城撤退。李显忠知道邵宏渊对自己心
存嫉恨，不会援手，仅凭自己所部孤军守城已不可能，只得放弃宿州，连夜
南撤。但步兵怎么能跑过金军的骑兵，宋军刚刚退到符离，就被追击的金兵
赶上。在金兵的围攻下，宋军再无抵抗之力，士兵们丢盔弃甲，惊慌逃窜，
连同随军民夫在内的十多万人马伤亡殆尽。李显忠、邵宏渊二将在乱军中逃
脱，侥幸保住了性命。至此历时仅二十天的北伐以宋军溃败告终，这也是孝
宗在位期间唯一的一次北伐。虽然失败了，但这毕竟是南宋历史上第一次主
动出击，说明宋金的实力对比正在发生变化，与以前南宋穷于应付金人的进
攻有了很大不同。不过也说明了在防范武将的政策下，南宋军队充斥着无能
之辈，即使偶尔出现了岳飞等优秀人才，也很快被扼杀。南宋也只能靠着江
南的水网苟且偷生。

南宋在北伐失败后，主和的声音再次抬头。金国又乘机继续进攻，宋军
抵抗不住。宋孝宗赵昚最后答应了金国稍作退让的议和条件，将宋朝收复的
唐、邓、海、泗四州还给金国，改宋对金称臣为叔侄之国，将岁贡改为岁币，
并将秦、商二州的土地割让给了金国。

绍熙政变

基于日益崛起的蒙古对金国构成了致命威胁，为了化解统治阶级的内部
矛盾以及收复失地，韩侂胄发动了北伐。但由于军队的腐败以及将领的叛变，
北伐失利，求和派就杀掉韩侂胄，将其首级送到金国，以此议和。而这一切
与先前的绍熙政变有着莫大的关系。

历史细读

　　南宋杭州有一风俗，亲王一旦登基成了新皇帝，市民就可以去该亲王的旧府第随意拿东西，皇家认为这样可以图个吉利，是为"扫阁"。但该亲王也可以事先把贵重物品转移走，以减少损失。所以到了扫阁那一天，基本上是一些桌椅板凳之类的粗笨之物，让百姓们乱抢一阵，热闹一番。但这次却不一样，宋孝宗以前说过要让赵抦继承皇位，没想到后来即位的却是嘉王赵扩。赵扩事先一点准备也没有，杭州人顿时将偌大的一座嘉王府上下里外拿得一干二净。

　　韩侂胄的得势，开始于统治阶级内部的一场危机。宋光宗赵惇于 1171 年被立为太子，但东宫历来都是权力斗争的中心，言行稍有疏忽，都有可能招来杀身之祸，更不要说保住储君的地位。赵惇深知这一点，因此在入主东宫后，他勤奋好学，一举一动都严守礼法，对宋孝宗更是恪尽孝道。赵惇就这样小心翼翼地做了十几年孝子，等自己过了四十岁，父亲却依然身体康健，而且也没有将皇位传给他的意思，心中很是烦恼。一天，赵惇终于耐不住性子，便向孝宗试探道："我的胡须已经开始白了，有人送来染胡须的药，我却没敢用。"孝宗何等聪明，立刻听出了儿子的弦外之音，回答道："有白胡须好，正好向天下显示你的老成，要染须药有什么用！"太子碰了个软钉子，更加摸不清父亲的意思，只得求助于太皇太后吴氏（高宗的皇后）。太皇太后便开始向孝宗暗示，早点传位给太子，但得到的回答却是太子还须多加历练。

　　1189 年，宋孝宗禅位于太子赵惇，自称寿皇圣帝。四十三岁的赵惇终于登基为帝是为光宗，第二年改年号为绍熙。他觉得自己终于没有必要事事都看着孝宗的脸色行事，父子二人就此产生了隔阂。宋孝宗认为赵惇对他不够孝敬。由于孝宗仍有强大的影响，再加上其他人的不断挑拨，宋光宗也由此产生一种挥之不去的恐惧感，最终导致他患上无端猜疑和极度偏执的症状。孝宗逝世时，宋光宗连丧事也不肯主持，只得由太皇太后吴氏代其主丧。此时的宋光宗，精神病的症状已十分明显，他根本不相信孝宗已死，以为这是一个篡夺自己皇位的圈套，每天只是呆在深宫中喝酒。由于时刻担心遭人暗算，他从不让佩剑和弓箭离身。就在这位皇帝终日提防已经死去的父亲暗算自己的时候，皇位已经被儿子悄悄取代了。

　　太皇太后吴氏和朝廷大臣考虑另立新君，嘉王赵扩就这样被选中，没来得及被册封为太子，就于 1194 年在大臣的拥立下仓促即位，是为宁宗，第二年改年号为庆元。当太皇太后吴氏命赵扩穿上黄袍时，赵扩居然吓得绕着殿柱逃避，口中大声喊叫："儿臣做不得，做不得！"太皇太后命令韩侂胄把黄袍取来，给嘉王穿上。韩侂胄拿来黄袍，嘉王一看就跑，两人绕着殿中的柱子跑来跑去。最后太皇太后喝止住嘉王，加上韩侂胄在旁劝说，嘉王这才穿上黄袍，并在韩侂胄的扶持下登上御座，这场政变因为发生在宋光宗绍熙五年（1194 年），所以被称之为"绍熙政变"。韩侂胄还在第二天陪同宁宗去拜谒光宗，并设法从光宗处取得传国玉玺，由此立得大功。后来韩侂胄拜平章军国事，三省相印都放在他家中，被其亲信、当时的宰相陈自强尊为"师王"，完全掌握了朝廷大权。

改容听讲

宋朝的士大夫可以对皇帝提出各种批评。北宋仁宗年间，宰相找人为皇帝讲读史书。皇帝一旦左顾右盼，讲者就会停下不讲，意思是这样讲了也没用。仁宗最后端正表情，不再东张西望，讲学才得以继续下去。

绍熙政变是第一次由文官发动，以不孝的罪名把在任的皇帝赶下宝座的政变。这次政变体现出了宋代礼教蕴含的巨大道德力量。这种力量之强，甚至对于至高无上的皇帝，也有衡量的尺度和约束的标准。这与南宋的道学繁荣有着密切的联系。南宋人所讲的道学是指继承孔孟道统而以洛学为主干的思想体系。而所谓洛学即二程（程颢、程颐）之学，在朱熹这里得到了发扬光大，也成为绍熙政变的重要理论基础。朱熹后来也被安排到宋宁宗身边担任侍讲。可惜宁宗对朱熹宣讲的那一套"存天理、灭人欲"的议论毫无兴趣，经常是敬而远之，在一个多月后更是以朱熹年老的借口辞掉了他。同时皇权对士大夫势力的过于强大也心存不满，韩侂胄就成为了打击道学的急先锋。

庆元党禁

在宋孝宗年间，就有大臣声称："近世士大夫所谓道学者，欺世盗名，不宜信用。"朱熹曾经上书孝宗，认为政治的清明有待于治道的"大根本"，即君主能够"正心诚意"，使"人主之心术"归于正才能解决。孝宗认为朱熹在诋毁他"君心不能以自正"，要治朱熹的罪。幸好有大臣劝阻不要和一个狂妄书生生气，朱熹才逃过一劫。宋宁宗一朝，也有不少大臣上书批评道学。一位大臣就认为道学是"依正以行邪，假义以干利"，"如饮狂药，如中毒饵"，"口道先王语，而行如市人所不为"。又说："孝宗锐意恢复，首务核实，凡虚伪之徒言行相违者，未尝不深知其奸。臣愿陛下以孝宗为法，考核真伪，以辨邪正。"

韩侂胄不属于士大夫阶层，他执掌朝政后，就开始正式打击道学的势力，

朱熹画像

朱熹是南宋著名的哲学家、教育家，宋代理学思想的集大成者。他的思想与"二程"的思想合称程朱理学。他的思想先是被指责为"伪学"，后来成为中国封建社会的官方哲学，他所著的《四书章句集注》也成为南宋以后封建教育的正统教材。

朱熹等提倡道学的五十九人被打入"伪学逆党籍"，朝廷更在1198年五月正式下诏禁"伪学"。一时间理学被斥为"伪学"，朱熹被斥为"伪师"，学生被斥为"伪徒"。宋宁宗下诏命凡荐举为官，一律不取"伪学"之士，是为"庆元党禁"。

这要先从沈继祖弹劾朱熹说起。1196年，监察御史沈继祖先是上书弹劾朱熹"不孝其亲""不敬于君""不忠于国""玩侮朝廷""哭吊汝愚""为害风教"等六大罪。特别指责朱熹霸占已故友人的家财、引诱两个尼姑做自己的小妾，进而主张斩熹之首，以绝"伪学"（这是沈继祖对道学的称呼），史称"庆元党案"。

不知道是不是违心，朱熹写了《谢表》，向皇帝认罪承认"私故人之财而纳其尼女，规学宫之地而改作僧坊"。他还说出了一句"深省昨非，细寻今是"，彻底否定自己的过去。朱熹的认罪让道学一派极为被动。有大臣进而上书，要求将道学家的语录之类，全部销毁；朝廷录用进士，凡是有讲到程朱义理之学的试卷，一律不得录取。因此朱熹的门生、朋友都惶惶不可终日，特立独行者隐居于山间林下，见风使舵者改换门庭，从此不再进入朱熹家门，与他划清界线。

韩侂胄的权势在道学势力的全面溃退中水涨船高，但他的权势并不是那么巩固。太皇太后吴氏和皇后韩氏都去世了，而宋宁宗新的皇后杨氏则跟韩侂胄有仇，因为当初他反对立杨氏为皇后。所以韩侂胄迫切需要用现在还算巩固的权力做一番大事，"立盖世功名以自固"。但对一个执政者来说，要想有所作为，无非是文治武功两方面。文治方面无非是内政的改革。内政的改革有庆历新政、王安石变法的教训，韩侂胄既没有那个才能，也没有那个胆略，自然不会考虑。武功方面则自然是响应民众恢复中原的意愿，出兵北伐。

而此时北方的金朝已经不如昔日强大。金人朝国内农民起义和少数民族起义时有发生，特别是北方蒙古高原上的蒙古部落从金建国时就在边境骚扰，金人束手无策，只得在北方边境修筑壕沟堡垒，走上了汉族王朝的老路。而在韩侂胄开始北伐的那一年，铁木真在斡难河源头被尊为成吉思汗，金国灭亡的序幕已经拉开。对南宋朝廷来说，金朝实力衰落的最直接迹象就是金国的使者不再像过去那样视南宋皇帝如无物、公然咆哮朝堂。1202 年，金章完颜璟宗还对使宋大臣交代，要给宋朝使者讲明"两国和好久矣，不宜争细故，伤大体"。

韩侂胄为了进一步了解金国的情况，就于 1203 年冬派亲信邓友龙出使金朝。一天晚上，有人潜往邓友龙住处，分析金朝形势，罗列金朝为蒙古所困、国内饥馑连年的困境，认为南宋北伐必然能势如破竹。历史再次重演。这时安丰守臣厉仲方也上书称淮北义民都愿归附，周围大臣也力主伐金。再加上 1203 年金国竟然公开宣称，金国已经以土德取代了宋朝的火德。而按照传统的政治观念，每个正统的王朝，都相应地以五行中的一种物质来表示。对南宋来说，这无疑是一种极大的挑衅。因此摆在南宋面前的只有两条路：一是保持偏安局面，默认金国已经取代南宋成为中国的正统王朝；二是向金国开战，并收复中原。韩侂胄选择了第二条路，那就是北伐。

辛弃疾《去国帖》

辛弃疾的书法虽无豪纵恣肆之态，但也不失方正挺拔之气，字里行间透露出浓浓的爱国之情。

未闻函首可安边

1205 年的一天傍晚，当时任镇江知府的辛弃疾登上镇江城北北固山上的北固亭。辛弃疾壮志未酬，独对满天夕阳，发出了流传千古的感慨："千古江山，英雄无觅孙仲谋处……元嘉草草，封狼居胥，赢得仓皇北顾。四十三年，望中犹记、烽火扬州路……凭谁问，廉颇老矣，尚能饭否？"

辛弃疾南归后，正值南宋统治集团中妥协投降势力嚣张得势之时，他凭着对南北政治、军事形势的深刻了解，与投降派进行了针锋相对的斗争。他曾先后呈给宋孝宗《美芹十论》和宰相虞允文《九议》。这两篇政论全面分析了当时的敌我形势和进取方略，并提出了一系列具体的强国措施，显示了辛弃疾经邦济世的非凡才能。他还能用以民为本的思想看待北伐事业，他说："恢复之事，为祖宗，为社稷，为生民而已。此亦明主所与天下智勇之士所共也，顾岂吾君、吾相之私哉！"他还能用战略家的眼光，根据敌我双方的

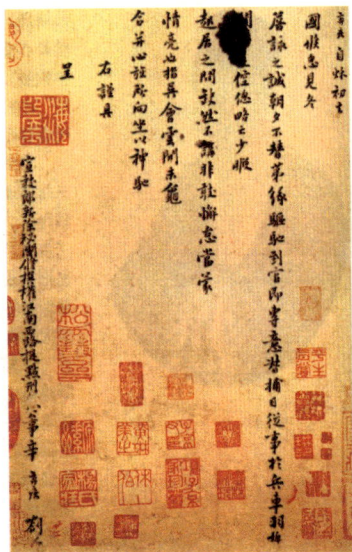

历史细读

宋将郭倪以诸葛亮自许，并在扇子上题有"三顾频烦天下计，两朝开济老臣心"的诗句。北伐前夕，他对后勤官说："木牛流马靠你支持。"（木牛流马，相传是由诸葛亮发明的运输工具）结果兵败如山倒，他不知所措，对着幕僚流泪。正巧好开玩笑的军法官彭法传在场，他后来就对人说："这就是带汁的诸葛亮（带汁即流泪的意思）。"人们无不拍掌而笑。郭倪知道后非常愤怒，要治彭的罪，但因他很快就被朝廷罢免，只好作罢。

实际情况，提出抗敌救国的三原则："一曰无欲速，二曰宜审先后，三曰能任败。"但由于种种因素，特别是南宋政府的猜忌，辛弃疾一直郁郁不得志。

1204 年，时任浙东安抚使的辛弃疾入朝，上报历年探查得来的金朝情况。他认为金人必乱必亡，"愿付之元老大臣，务为仓猝可以应变之计"。他提出当务之急在于厉兵秣马，等待时机。但是韩侂胄急于北伐，并没有重用辛弃疾。在《永遇乐·京口北固亭怀古》一词中，辛弃疾除了抒发虽然年老但仍想建功立业的感想外，更是担心朝中没有称职的人才，而这很可能会导致北伐的惨败。而事实的发展正如辛弃疾料想的那样，这次北伐正如张浚当年北伐一样，再次遭到了惨败，韩侂胄更是付出了生命的代价。

但韩侂胄确实为北伐做了相当的准备。其中的一个重要举措就是崇岳飞、贬秦桧。封建朝廷加给死者的谥号和封号，是官方对其所作的评价，有时也是推行何种政策的一种标志。1204 年，宋宁宗追封岳飞为鄂王，给予其政治上的极高地位，以鼓励抗战派将士的士气。1206 年，宁宗、韩侂胄削去秦桧的爵号，并将其谥号改为缪丑。贬秦的制词说："一日纵敌，遂贻数世之忧。百年为墟，谁任诸人之责？"当时传诵一时，大快人心。韩侂胄对秦桧的贬抑，实际上也是对投降、妥协势力的一次沉重打击，为北上伐金做了舆论准备。

除此之外，宋廷还采取了一系列措施来准备北伐。宁宗在 1205 年改年号为"开禧"就是标志性事件。开禧出自宋太祖赵匡胤"开宝"和宋真宗"天禧"年号，透露出宋廷恢复中原的志向。1206 年二月，为凝聚统治阶级的力量，韩侂胄废除了对"伪学"的禁令，朱熹等名列伪学逆党人士也被追复旧职，以争取他们一致对外，但其中一些人并不愿合作。

北伐战车虽然已经启动，但是朝中的反对之声时有耳闻，韩侂胄不能不有所犹豫。武学生华岳的言论就很有代表性。在华岳看来，"将帅庸愚，军民怨怼。马政不讲，骑士不熟。豪杰不出，英雄不收。馈粮不丰，形便不固。山砦不修，堡垒不设"，他进而断言宋军会"师出无功，不战自败"。

当时金朝是衰落了，但南宋更是糜烂，整个官僚阶层都沉迷于西湖歌舞的暖风之中。而当时的将领也多靠谄媚权臣爬上高位，在任时只知克扣军饷、役使士卒，打起仗来自然是怯于战而勇于逃。而真正的将才，则沉沦下僚，如日后力挽狂澜的毕再遇、李好义只不过是低级军官，而诛杀叛将吴曦的杨巨源也只是一个看管仓库的小官。但问题在于，当时北伐的诏书讲得很清楚："天道好还，中国有必伸之理；人心孝顺，匹夫无不报之仇……兵出有名，师直为壮。言乎远，言乎近，孰无忠义之心？为人子，为人臣，当念祖宗之愤！"难道国破家亡的深仇大恨就此了结？南宋糜烂的官风如何才能有所改观？这些反对韩侂胄北伐的人无法给出答案。

遵循韩侂胄的意图，宋朝边境的将领开始了一系列的试探性攻击。1206 年四月，宋军在东线中线相继告捷。在东线，镇江都统制陈孝庆和部将毕再遇攻克了泗州，陈孝庆攻克了虹县。在中线，江州都统制许进攻克了新息县，光州民间武装孙成也收复了一些州县。捷报传到临安，韩侂胄大受鼓舞，于是请求宋宁宗下诏伐金。

四相簪花

相传韩琦出知扬州期间，官署后园一株名叫金缠腰的芍药开花。当时传说这预兆着城里就要出宰相。韩琦就邀请当时还是他的属下的王珪、王安石和过路的朝官陈升之聚会，正好各簪金一朵，果然四人先后为相，于是民间流传下"四相簪花"的美谈。与北宋的人才济济相比，南宋这时人才匮乏。韩侂胄虽然有志恢复中原，却志大才疏，最终悲惨收场。

在决策者的乐观情绪中，开禧北伐正式开始。1206 年五月，宋朝发布了北伐的诏书。但是韩侂胄实在是高兴得太早了，他对宋军将领的无能没有充分的预料，更没有想到宋军中的叛徒以及内讧会导致北伐的失利。

就在诏书下达的前一天，江州都统制王大节攻打蔡州（今河南汝南）失败，军队溃散。西线兴元都统制秦世辅更是无能，行军途中，军队居然溃散。在攻打宿州的战斗中，宋军以几万人攻打仅有几千金兵守城的宿州，攻势激烈，民众武装奋勇当先，登城肉搏。金兵失去了斗志，宿州陷落在即。这时候令人扼腕的一幕发生了。城下的正规军嫉妒民众武装之功，竟然射杀民兵。这种恶劣举动不但瓦解了民兵的斗志，而且使本来准备投降的金兵兔死狐悲，议论纷纷："他们一家人还自相残杀，我们投降还能有活路吗？"于是金兵重整斗志，做困兽斗，趁着宋军内讧造成的一时混乱重新巩固了城防。宋军主将昏庸无能，对军粮防范不严，竟然被金兵烧毁了粮草。当时正值淫雨连绵，宋军疲惫不堪。而其中一个将领根本不懂兵法，竟然将部队驻扎在低洼之处，营地被大水所淹，金兵趁机以骑兵冲击，击溃了该部宋军。其他部队也无法支撑，又听说金军援军将至，只得撤退，被金军骑兵追上，又被打散。宋军残军退入蕲县，被金兵包围。金人又抛出了诱饵，要求交出猛将田俊迈来换取其他宋军的安全，而几个宋军将领竟然真的把田俊迈交给了金人。金人虽然放走了这些宋军将领，却歼灭了宋军的绝大部分部队。田俊迈落在金人手中，被作为俘虏献捷给金章宗，其悲惨命运可想而知。

宋军的全面溃退实在是大出韩侂胄的意料，他"为之须鬓皆白，困闷不知所出"。这时韩侂胄虽然对宋军战斗力大失所望，对北伐几乎失去了信心，但金人的报复已经不可避免，也只好硬撑下去。这个时候他才意识到了自己手下人才的缺乏。乏人可用的他不得不放下身段，起用一些跟他政见不同的人物，以解燃眉之急。同时韩侂胄惩办了王大节、李汝翼、皇甫斌等大批败军之将，斩掉了将田俊迈交给金人的郭倬，然后罢免他们的后台苏师旦，没收其家产犒军，破格提拔了作战勇猛的毕再遇。平心而论，韩侂胄在宋军溃败后尚属清醒，赏罚大致得体，防御措施、人选也大致得当。然而不幸的是，韩侂胄诸多补救措施还没来得及生效，金军的反攻已经开始。

1206年九月底，金军开始大规模反攻。金朝置北方蒙古政权的威胁于不顾，几近倾国之力南下。战争形势由宋军北伐反而变为金军南侵。而1207年一月，韩侂胄的重要政治盟友吴曦叛变，使得京湖、两淮宋军孤立无援，韩侂胄几乎精神崩溃。虽然军中勇士杨巨源和李好义于几十天后斩杀了吴曦，但已造成了严重的损失。而接任吴曦的安丙不仅不许乘胜北伐，还在宋军内部自相残杀。安丙与孙忠锐不和，命杨巨源伏兵杀掉了孙忠锐。安丙又诬指杨巨源谋乱，把他下狱害死，假造说是自尽，报给朝廷。抗金将士无不愤慨。由下级军官和民众武装发展起来的大好形势，又被安丙等人断送了。这时的金朝，正如辛弃疾所判断的，处在"必乱必亡"的前夕，只是由于宋朝出了叛徒导致内部不和、部署失宜，才使金兵得以侵入淮南。但金朝实际上已不再有继续作战的能力，只是对宋朝威胁、讹诈。在此情况下，金朝加强了对南宋主和派的诱降活动。1206年底，金军就秘密派人去见宋军东线主帅丘崈，示意讲和。丘崈密送金使北归。此后丘崈多次遣使与金军和谈，暂行停战。

西线吴曦叛变，东线丘崈主和，韩侂胄陷于孤立。1207年正月，韩侂胄罢免丘崈，改命张岩督视江淮兵马，并捐出家财二十万，补助军需，又派遣使臣方信孺到开封同金朝谈判。宋使方信孺到达金朝后，金人先把他下狱，虚声恫吓。到了九月初，方信孺才带回金国的复信，说宋朝若称臣，以江淮之间取中划界；若称子，以长江为界。还要斩元谋奸臣（指韩侂胄等），函首以献，增加岁币，出犒师银，方可议和。韩侂胄大怒，决意再度整兵出战。宋宁宗下诏，招募新兵，以兵部侍郎等官职聘请辛弃疾出山。重病缠身的辛弃疾躺在病床上，听了宁宗发来的任命诏书后，唯有仰天悲叹，上奏请辞。韩侂胄还以为辛弃疾嫌弃官职太小，又慌忙进封他为朝议大夫、枢密都承旨，命令辛弃疾立刻到临安奏事。可诏书还没到达，六十八岁的辛弃疾就大呼"杀贼"数声，忧愤而死。

但南宋朝廷像辛弃疾这样的忠义之士少之又少。投降派痛恨韩侂胄打破了他们苟延残喘、醉生梦死的生活。道学的支持者则痛恨他主持了庆元党禁，虽然他为了团结人心而撤销对他们的禁令，但他们还是不愿意放过韩侂胄。于是在两派势力的合谋下，主和派礼部侍郎史弥远与杨皇后等人勾结，杀掉了韩侂胄，将其首级送到金朝。

1208 年五月，权倾一时的宋前太师韩侂胄的首级被从临安送抵金中都。金章宗亲御应天门，接受金军将领所献的韩侂胄首级。随着韩侂胄首级悬于闹市，金国正式宣布罢兵。1208 年九月，宋金嘉定和议签订。其主要内容如下：其一，依靖康故例，世为伯侄之国；其二，增岁币为银三十万两，绢三十万匹；其三，疆界与绍兴时相同（金放弃新占领的大散关、濠州等地），南宋另给金军犒军银（赔款）三百万两。

宋朝历次岁币示意图			
年份	事件	关系	年岁币数量
1004年	澶渊之盟	宋兄辽弟	三十万
1042年	重熙增币	宋兄辽弟	五十万
1044年	庆历和议	宋君夏臣	二十二万五千（另有茶叶三万斤）
1141年	绍兴和议	宋臣金君	五十万
1164年	隆兴和议	宋侄金叔	四十万
1208年	嘉定和议	宋侄金伯	六十万（另一次支犒军费三百万）

当时临安的太学生为韩侂胄写诗鸣不平："自古和戎有大权，未闻函首可安边。生灵肝脑空涂地，祖父冤仇共戴天。晁错已诛终叛汉，於期未遣尚存燕。庙堂自谓万全策，却恐防边未必然。"在这首诗中，韩侂胄被比作因为力主削藩而被汉景帝牺牲掉的晁错和被燕太子丹牺牲掉的樊於期。其实作为敌

历史细读

拖雷是成吉思汗的小儿子，是蒙古军队的优秀将领，但在战争中却极为残暴。在蒙古西征中，因一支蒙古小部队在马鲁城下被歼灭，拖雷于1221年率七万精兵围攻马鲁，马鲁长官出城投降。拖雷假称不杀俘虏，但入城后却屠杀了除四百名工匠外的全部居民和降卒，并将马鲁城夷为平地。

方的金人，对挑起宋金战端的韩侂胄颇多同情。金人后来将其首级收葬，并谥为忠谬侯。1209年，金人还特意把宋使带到韩侂胄的墓前，向他解释，韩侂胄是"忠于谋国，谬于谋身"。

而随着韩侂胄的首级被送往金国，象征着由当年李纲、岳飞等抗金将士铸造并抵挡了女真铁骑的堤坝已经千疮百孔。南宋军民士气大挫，再也无力有效抵抗外来的进攻，投降现象也日趋增多，南宋朝廷遂亡于蒙古军队之手。

南宋灭亡

南宋与金国签订了屈辱的和约，又苟且偷安了一段时间。北方的蒙古政权日益强大起来，最后与南宋结盟，灭掉了金国。南宋与蒙古立即发生了冲突，腐败的南宋朝廷无法抵抗强大的蒙古军队，虽然南宋军民奋勇抵抗，蒙古大汗也战死在钓鱼城下，但等到忽必烈即位之后，蒙古便全力攻打南宋，中原王朝第一次完全亡于少数民族手中。

宋蒙开战

孱弱的南宋朝廷没有能力打败金国，但却又想复仇，加上蒙古军队的强大压力，被迫给蒙古军队借道，最后还与蒙古结盟，一起攻破了蔡州。但蒙古军队早已把矛头对准了南宋，乘南宋收复中原故土时，发动了对南宋的攻击。南宋军民奋力抵抗，蒙古大汗蒙哥丧命于钓鱼城下。但由于南宋朝廷的政治腐败以及蒙古军事力量的强大，蒙军攻下了南宋重镇襄阳，并击溃了宋军主力，逼近临安。

宋理宗画像

宋理宗赵昀既是南宋灭亡的关键人物之一，也是南宋诸位皇帝中命运极其悲惨的一位。他继位的前十年都是在权相史弥远挟制之下，一直到 1233 年史死后才开始亲政。亲政之初他立志中兴，却爆发了宋蒙战争。而在元灭南宋的战争中，他的陵墓被盗，头骨还被不法僧人制成法器，直到明朝才得以安葬。

联蒙伐金

当韩侂胄的头颅被送到金朝时，金朝已非常衰弱，并遭到蒙古军队的不断进攻。在蒙古军队的攻打之下，金朝将首都迁到了开封，固守潼关。蒙古军队难以突破，就想绕至金军后面进行攻打，而这就需要经过宋朝的土地。蒙古政权就此多次向宋朝派出使者，提出两国结盟，要求借道。宋朝既没有同意，也没有反对，双方仍不断地进行谈判。

1231 年，成吉思汗的小儿子拖雷率领三万骑兵，准备假道南宋攻打金朝，但请求假道的使者刚到陕西就被南宋守将杀死。拖雷大怒，就强行过境。宋军与拖雷发生冲突，但宋军毫无战斗力，损失惨重。仅陕南一带阵亡的宋军士兵和被屠城的百姓就达数十万，宋朝官员束手无策。在蒙古军队的胁迫下，南宋朝廷同意提供蒙军粮草，并派人担任向导，引蒙古军通过宋境，进入河南。金人闻警，急调大军堵截，但在次年的钧州（今河南禹县）三峰山一战中，三十万金军大败，主力尽丧。蒙古军很快就开始围困汴梁，金哀宗完颜守绪向南逃亡，到达蔡州（今河南汝南）一带。而拖雷仅以三万骑兵就如入无人之境，并击败了三十万金军，蒙古军队的战斗力极大地震动了南宋朝野。

蒙古军队于 1233 年九月围困蔡州之后，筑起长垒，对金哀宗所在的蔡州实行重重围困。金军企图突围，但没有成功。因蒙古最初曾备受金人压迫，与金国有不共戴天之仇，急于灭金，于是再次派出使者，要求南宋出兵援助，攻打邻近宋境的蔡州。南宋也想借蒙古之力灭掉金国，恢复失地，就与其签订了和约。双方约定，灭金以后淮河以南的土地归南宋所有，南宋则为蒙古军供应粮秣，南宋与蒙古仍以淮河为界。但河南地区的归属却没有做出明确的规定，这成为宋蒙今后爆发战争的重要原因。

1233年十月，宋将孟珙率军二万，运粮三十万石，赴蔡州供应蒙古军。十一月孟珙至蔡州城下与蒙军会合，宋军受到蒙古军队的欢迎，双方约定由宋军攻南、蒙军攻北，互不侵犯。金哀宗感到穷途末路，绝望至极。有金臣献计，建议重新结好南宋，向南宋乞粮求和，即可以避免腹背受敌，也可以离间宋蒙之间的关系。南宋朝廷见金灭国在即，再联系到宋金两国的历史积怨以及先前金朝欲占领川蜀的图谋，就拒绝了金国的乞和与求粮。

宋朝选择与蒙古结盟是有深刻原因的。此时的金朝已经到了山穷水尽的地步。从金蒙的力量对比和整个战局来看，在蒙古军的不断打击下，在三峰山之战以前，金国已经失去了黄河以北的土地。三峰山之战后，金军的主力悉数被蒙古消灭，金朝的灭亡已成不可逆转之势。南宋与金联盟并不能改变大局，只能得罪蒙古，使宋蒙提前开战。再加上当时南宋军民一直视中原为故土，而矢志收复中原。早在金宣宗完颜珣时期，金人因宋朝停止了岁贡，就不顾北方蒙古的侵略和西夏的趁火打劫而贸然侵宋，金哀宗完颜守绪即位后也没有表达出同宋联盟的诚意，甚至还在背地里打南宋川蜀的主意。幸好当时孟珙击败金军，并乘胜攻克唐、邓等州，粉碎了哀宗入蜀的计划。

1234年，金朝在宋蒙联军的进攻下灭亡。孟珙率领军队载着金哀宗的骸骨和诸多战利品回到临安。南宋上下欣喜若狂，朝中更是举行了一系列的庆

赵构射兔

在南宋的诸多皇帝中，宋高宗赵构还算是经历过战争的，但其英武程度也不过戎装射兔而已。而这还作为他具备当皇帝资格的例证之一。到了南宋末年，皇帝更是不堪，其国防实力就愈加不容乐观了。而此时弯弓射雕的蒙古贵族已经扫灭诸国，在战争中得到了极大锻炼。两者的首次碰撞自然以南宋的惨败收场。

正史史料

　　金哀宗的乞和大元灭国四十，以及西夏。夏亡，及于我。我亡，必及于宋。唇亡齿寒，自然之理。若与我连和，所以为我者，亦为彼也。

　　　　　　　　　　　——《金史·本纪第十八》

祝活动，宋理宗赵昀还特意告祭祖先。然而宋蒙战争也在这一年爆发了。

　　金朝灭亡之后，蒙军主力撤回。由于宋蒙联手灭金时对河南的归属没有作出明确的规定，在蒙古军北撤后河南成了无人占领区。宋军就派人收复了三京（西京洛阳、东京开封、南京商丘）。在宋军进军河南的同时，远在大漠的窝阔台还不知道南宋军队北上的消息，但蒙古大军已经准备大举南下。蒙古在诸王大会上重新制定了战略目标。蒙古大汗窝阔台对名将木华黎的孙子塔思说："先皇帝肇开大业，垂四十年。今中原、西夏、高丽、回鹘诸国皆已臣附，唯东南一隅，尚阻声教。朕欲躬行天讨，卿等以为何如？"塔思回答说："臣家累世受恩，图报万一，正在今日。臣虽驽钝，愿仗天威，扫清淮、浙，何劳大驾亲临！"窝阔台大喜，当即下令塔思随王子阔出南征。

　　由于中原地区遭受严重的战乱破坏，无法固守，宋军很快就被打败。中路蒙古军队随即占领襄阳，兵临长江。西路蒙古军队也攻下了成都。幸好此时蒙古的主力部队用于西征，没有全力对付宋军。宋军与蒙古军展开了惨烈的拉锯战，宋军最终收复襄樊诸郡和成都等地，暂时解除了蒙古大军对南宋

的威胁。而1241年窝阔台病死，蒙古军队对南宋的大规模进攻告一段落。

上帝之鞭折于此处

1251年，拖雷的儿子蒙哥登上蒙古大汗之位。1253年，忽必烈率十万大军长途奔袭并灭掉了大理国，南宋陷入蒙古军队的战略包围之中。1257年，蒙古大军兵分三路大举进攻南宋：中路军由蒙古大汗蒙哥亲自率领，南下四川，直扑重庆；南路军从云南出发，经广西，直扑长沙；北路军由忽必烈率领，直扑鄂州（今湖北武汉）。三路大军计划在鄂州会师，然后顺江东进，直取临安，企图一举灭亡南宋。

由大汗蒙哥率领的中路军一举攻克了成都，此后宋军节节败退，四川大部失守。蒙军顺嘉陵江南下，但在合州（今重庆合川）钓鱼城遇到了守将王坚的顽强抵抗。钓鱼城位于三江（嘉陵江、渠江、涪江）合流处，因山为垒，屯兵聚粮，形成坚固的山城防御体系。双方在合州展开了激烈的攻防战，相持了几个月，蒙古军多次攻上城墙，但由于山路崎岖，后续部队难以快速跟上，被宋军击退。

这时蒙古军队可以顺江而下，而没有必要攻占钓鱼城。但蒙哥所经沿途各山城寨堡，多因南宋守将投降而轻易得手，尚未碰上一场真正的硬仗，就决定继续攻打钓鱼城。蒙古军队从1259年二月打到六月，虽然南宋的援兵均被击退，但钓鱼城仍补给充足。一日南宋守军将一条三十余斤的鲜鱼及蒸面饼百余张抛给城外蒙军，并投书蒙军，称即使再打十年，蒙军也无法攻下钓鱼城。

相形之下，蒙军的境况就很糟糕。蒙古人本来畏暑恶湿，加以水土不服，又值酷暑季节，导致军中疟疾、霍乱等疾病流行，不少将士因此丧命，导致中路军士气低落。心情焦急的蒙哥亲自率兵攻城，被飞石击中。1259年七月，蒙军自钓鱼城撤退，行至金剑山温汤峡（今重庆北温泉）一带，蒙哥逝世。因那时蒙古大汗由蒙古贵族集体推选，不少将领要回到漠北参与新的大汗选举，中路军就退出了四川。当时的蒙古军队被西方人称为"上帝之鞭"，在此遭受重挫。

北路的忽必烈并未撤军，而是继续进军，包围武汉。从云南经广西北上的南路军也包围了长沙，并与忽必烈军会合。这时南宋丞相贾似道前来议和，而忽必烈因急于北归抢夺汗位，就答应了贾似道的求和要求，北路军及南路军引军北还。因此宋朝的灭亡被延后了二十年。但在蒙古军后撤之后，贾似道却攻击了殿后的一支几百人的蒙古军队，并夸大战功，上报朝廷，因此还得到皇帝的嘉赏。

而蒙哥的战死也使蒙古的第三次西征就此结束。1253年，蒙哥派遣其弟旭烈兀发动了第三次西征，先后攻占今伊朗、伊拉克及叙利亚等大片土地。

正当准备向埃及进军时，旭烈兀获悉蒙哥死讯，就留下少量军队继续征战，自率大军东还。结果蒙军因寡不敌众而被埃及军队打败，蒙军始终未能打进非洲。蒙古的大规模扩张行动从此走向低潮。

屡拘使者

忽必烈于 1260 年称汗以后，首要大事就是对付来自漠北和西域（狭义的西域是指玉门关、阳关以西，葱岭以东，即今巴尔喀什湖东、南及新疆广大地区。而广义的西域则是指凡是通过狭义西域所能到达的地区，包括亚洲中西部，印度半岛等地区）的一些蒙古贵族，巩固自己的统治。因此他暂时无力向南宋用兵，就派郝经前往南宋议和。

当时蒙古内部的一些北方汉族将领企图通过对南宋的战争扩大势力，因此就千方百计阻挠郝经与南宋议和。在郝经出使途中，他们私下派出部队不断侵扰南宋，导致南宋对郝经的出使目的很是怀疑。而蒙古两次侵宋最终都以撤退告终，其大汗蒙哥也命丧于钓鱼城下，南宋的民族情绪极为高涨，郝经出使南宋之路坎坷不平。

郝经一行本来打算自涟州经楚州（今江苏淮安）入宋。行至济南时，主管山东淮南行省的李璮告诉郝经，他先期派往南宋通报的两个人已为宋楚州官员所杀，若继续前行，恐怕会遭遇不测。于是郝经改道五河（今安徽五河县），抵达宿州，遣副使移文于南宋，要求对方接待并安排入境日期。但在此期间，李璮却突袭淮安，后被击退。正好贾似道也想掩盖与忽必烈口头议和之事，就将郝经扣押在军营里。后来宋理宗赵昀得知此事，经过讨论，宋朝君臣认为此乃蒙古重操故伎，以议和为幌子，掩护其军事行动，就"下诏告谕，誓不与北和"。蒙古屡次派使者诘问郝经下落，甚至以武力相威胁，南宋均置之不理，以图在心理上打击蒙古的气焰，以示抗蒙决心。郝经在江南做囚徒，一做就是十六年，一直到 1275 年伯颜大军渡过长江，宋朝到了亡国的边缘，才把郝经送还。但就在这时，宋朝又屡屡攻杀对方使者，致使元朝坚定了早日灭宋的信念。

当时元军攻至江苏一带，因不适应当地湿热的气候，就对南宋朝廷采取软硬兼施的政策，在重兵威胁临安的同时，还派遣廉希宪、严忠范作为蒙古国特使，来和南宋朝廷进行谈判。廉希宪到了建康（今江苏南京）后，请求

蜀道图

四川地形险要，易守难攻，再加上南宋军民同仇敌忾，所向无敌的蒙古军队在此吃了不少苦头。

元世祖忽必烈画像
元世祖忽必烈，1271 年建立元朝，庙号世祖，谥号圣德神功文武皇帝。

元军将领伯颜派兵保卫他的人身安全。伯颜对他提出的要求不以为然，对他说："你是代表大元国的外交人员，用不着士兵保护。带着士兵反而会引起南宋的怀疑，招来不必要的麻烦。"廉希宪却坚决要求派兵护送，伯颜只得派出了五百名士兵为他送行。廉希宪一行到了独松关的时候，宋朝守将张濡就杀死了严忠范，然后把廉希宪抓了起来，押送到了临安。伯颜对此事件不能置之不理，就向宋朝写信，谴责其无理行为。南宋朝廷接到信件后，也不敢怠慢，立即派出使臣，向对方说明事件的起因，并向元朝赔罪，解释说是边境上守卫将领造成的误会，朝廷对此毫不知情。伯颜为了进一步处理这一事件，派遣议事官张羽，跟随着宋朝的使者返回南宋都城临安。结果他们到了平江的时候，又被当地的守卫将士杀死了。地方守军攻杀议和使者事件的频频发生，说明南宋朝廷开始丧失对地方的控制能力。

襄阳、樊城陷落

忽必烈在局势稳定下来之后，开始发动了对南宋的大举进攻。这次进攻以襄阳及樊城（两城隔汉水相望）为主攻点。1267 年，忽必烈下令阿术率军攻打襄阳。襄阳军民进行了顽强的抵抗，长达六年的关乎南宋政权命运的襄阳保卫战就此打响。

襄阳以及外围的樊城城坚池深，城中储备可支数年，蒙古军队便决定采用围困战术。蒙古军首先在鹿门堡和白河口（都在今湖北襄阳东北）筑城，切断了宋军南北之援。又筑台汉水中，与夹江堡相应，完成了对襄阳的围困圈，并切断了襄阳与外界的联系。蒙古军队知道自己水战不如宋军，于 1270 年造战舰五千艘，练水兵七万，日夜操练。

南宋朝廷先后派张世杰、夏贵、范文虎率军援救襄阳，均被拦截的蒙古军打败。1270 年农历正月，南宋朝廷派李庭芝督师援救襄、樊。但宋将范文虎担心李庭芝夺去头功，便致书宰相贾似道，表示不愿听其节制。贾似道竟然让范文虎牵制李庭芝。李庭芝多次要求进兵，范文虎却日恣淫乐，拒不发兵。范文虎遭到弹劾后，才于九月率师援助，结果为蒙古将领阿术、刘整等大败于灌子滩（今湖北襄阳南）。范文虎不顾儿子还在襄阳奋战，率先乘舟逃脱。

1271 年，忽必烈又从四川增兵，襄阳、樊城两城所受压力越来越大。1272 年春，元军（1271 年元朝建立）对樊城发动总攻。而这时两城已被围五年，粮食已基本耗尽。李庭芝就招募了三千民兵，以张贵、张顺为首，充当

历史细读

　　驯养宠物的传统在宋朝立国之始就很兴盛。宋初大将党进曾经在京城负责治安，看到有养驯鹰和鹦鹉的人，就骂他们："你们买的肉不去给自家的爹妈吃，反而精心饲养这些鸟儿！"并命人把这些鸟儿放了。尚未登基时的宋太宗赵光义也养了鹰，他不但给养鹰人钱财去买肉，还说："你应当好好地看护它，不要让猫狗伤了它。"连未来的皇帝都痴迷此道，社会上自然也会弥漫此风。

敢死队，携带城内急需物资，成功突破了元兵的包围，冲进了襄阳。这是五年内第一支进入襄阳的援兵，极大地鼓舞了全城军民的士气。然而收军时却不见张顺，数天之后，张顺的尸体才从河中浮起，他身中六箭，手中仍然紧握兵器，见者无不动容。

　　张贵带领民兵入援襄阳成功后，又派能泅水的战士二人，联络范文虎，约定自郢州（今湖北钟祥）发兵夹击。但范文虎失约，又因为叛徒出卖，元兵来袭。张贵误认元兵为郢州兵，仓促应战，身被数十创，战败被俘。阿术劝张贵投降，张贵不屈而被杀。元军派四名南宋降卒抬着张贵尸体晓示襄阳城中，迫使吕文焕投降。吕文焕杀掉了降卒，把张贵与张顺合葬在一起，并立庙祭祀。

　　这时襄阳城已被围五年有余，粮食吃尽，民力殆尽，已经到了最危急的关头。吕文焕每次巡视城楼，都南望恸哭。但临安城内的权贵们却天天歌舞升平，正应了前人所谓的"战士军前半死生，美人帐下犹歌舞"。士大夫也是置国家危亡于不顾，个个正襟危坐，大谈"修身养性"，退朝之后都是纵情享乐。宋理宗之后的宋度宗赵禥更是一心玩乐，将朝政全部交给贾似道，不称其名，而称其为师臣。朝臣都称贾似道为周公。贾似道在西湖葛岭有不少豪华堂室，朝中官员都把文书抱到葛岭，交给他的门客处理。有人因此讽刺说："朝中无宰相，湖上有平章。"在襄阳被围之时，他还与小妾以斗蟋蟀为乐，并写了中国历史上第一本关于蟋蟀的专著《蟋蟀经》。当时他的一个门客就以开玩笑的方式劝谏他说："这恐怕也是军国大事吧。"时人称他为"蟋蟀宰相"。

　　1273 年，襄阳被围第六年，元军开始切断襄阳和樊城之间的交通。当时樊城与襄阳隔汉水相望，宋军植木江中，联以铁索，架造浮梁，互为声援，

共同坚守。元军派军断木沉索，焚毁浮桥，断绝了樊城与襄阳的联系，并放火烧毁了襄阳江岸宋军的战船。随后元军用回回人阿老瓦丁和亦思马因所造的巨炮攻打樊城。该炮又称"回回炮"或"襄阳炮"，实为巨型发石机，威力巨大，可一次发射一百五十斤的石块，"机发，声震天地，所击无不摧陷，入地七尺"。樊城西南角被回回炮攻破，守将牛富率军巷战，终因寡不敌众，投火殉职，樊城陷落。然后元军开始集中兵力攻打襄阳。

此时襄阳城早已陷于内无力自守、外无兵入援的困境。城中宋军多次突围不得，李庭芝督师援襄亦告失败。樊城破后，对襄阳宋军军心打击很大。接着元军又使用回回炮攻打襄阳。元军根据对地势的细心观察，在襄阳城东南角安置回回炮，结果一炮就轰塌了襄阳谯楼（古代城门上用以高望的楼），对守军造成了极大的心理打击，"声如雷霆，震城中。城中汹汹，诸将多逾城降者"。这时元军将领又派人入城招降。元将阿里海崖更是亲自到襄阳城南门下，宣读元世祖忽必烈的招降诏书，并将招降诏书射上城楼，许以高官厚禄，并声称不会屠杀城中居民。吕文焕见大势已去，终于举城投降。与吕文焕同守襄阳的荆湖都统范天顺自缢殉难。襄阳城终于在坚守了数年之后失陷。襄阳降后，南宋沿江诸城皆闻风而降，为元军进攻南宋腹地敞开了大门。

襄阳被元军攻下之后，南宋的半壁河山已命垂一线。对蒙古来说，这是宋蒙开战以来空前的胜利，它表明了蒙军水上作战与攻坚作战的能力已有很大的提高，南宋以前赖以固守的坚固城防、纵横水道对元军已经构成不了任何障碍。

但可悲的是，襄阳、樊城失陷后，朝野震动。大臣上书，请斩杀怯弱逃跑的范文虎，但因范文虎是贾似道的女婿，朝廷只降了范文虎的官职。还有大臣上

写生蛱蝶图

此图上半部分彩蝶翔舞于野花之上，蚂蚱跳跃于草叶之下；下半部分则是蝴蝶的特写。整幅图给人以春光明媚的愉悦和轻柔的美感。此图曾为贾似道收藏。他对政务不够投入，也没有抵住元军的攻势，对斗蟋蟀、搜集书画倒非常上心，甚至采用各种不法手段将皇宫收藏纳为己有。当今流传下来的唐宋名迹，有不少是经他收藏的。《写生蛱蝶图》就是其中一例。

书痛斥贾似道用人不当，贾似道大为恼怒，将上书的大臣全部贬逐出朝。而吕文焕因南宋朝廷救援襄阳不力而对南宋生出了逆反心理，投降之后主动充当元军前锋，要求攻打驻扎在郢州的范文虎所部。后来还利用他在南宋军队的人脉关系劝降沿途的南宋守将，因而加速了南宋的灭亡。这实在是南宋朝的一大悲剧。

逼近临安

襄阳、樊城失陷之后，元军势如破竹，逼近临安。1275 年，贾似道被迫亲率十三万大军迎战元军。他委任孙虎臣率领先头部队，夏贵统领中军，他自己则带领后卫军队到江上驻扎，指挥各路军队。

元军步兵与骑兵夹岸而进，先对宋军展开了一番炮击，宋军辎重营帐登时被毁不少。接着阿术指挥小型战船数千艘，"乘风直进，呼声动天地"，直冲孙虎臣军。孙虎臣手下先锋将姜才勇敢，率军与元军接战。但孙虎臣看到无法战胜元军，感到非常恐惧，连忙逃到随军带来的小妾的船上躲避起来。宋军将士见状，大呼道："步军统帅跑了！"军队因而溃散，不可收拾。

夏贵的水军为坚船大舰，面对元军的数千蚂蚱小船，其实占有很大的优势。但他看到孙虎臣不战自逃，也自乘一只小舟，狂逃不已。他败至鲁港，正好掠过贾似道的指挥舰，大呼道："敌众我寡，势不支矣！"贾似道惊愕失措，不仅没有下令组织部队迎击元军和阻遏溃军，反而令人鸣金收兵。元军大军杀至，宋军一哄而散，贾似道随即也弃军逃跑。

贾似道一直逃出一百多里地，这才招夏贵上船议事。没说几句话，孙虎臣也登上了船，进门就拊胸大哭"我军无一人用命抵敌"，而完全不讲他自己未战先逃之事。贾似道此时也不敢追究二人的败绩，只得向二人问计。夏贵扔下一句话："诸军皆胆战心寒，不能再战。您可到扬州召集溃兵，迎圣驾于海上，我本人会死守淮西。"说罢就扬长而去。此时宋军溃兵"散江而下"，贾似道急忙派人登岸，扬旗召唤，竟无一人响应，不少人还冲船上高声叫骂。至此南宋十三万精军，除被杀和淹死水中的以外，全都溃逃了。

贾似道兵败之后便成为众之的，朝野上下人人高喊要处死他。谢太后认为贾似道勤劳三朝，不能因为一朝之罪，而失了对待大臣的礼数，仅将他贬为高州团练副使，抄没了他的家产。贾似道在南去途中，被山阳县尉郑虎臣所杀。

但悲哀的是，"蟋蟀宰相"贾似道被杀掉了，接着上台的又是一个逃跑宰相陈宜中。他抵抗元军不力，逃跑的本事却是不逊色于别人。1275 年七月，朝野内外纷纷要求他亲往前线督战，他却逃到了远离前线的南部沿海地区，要求朝廷在这一地区给他安排职务。1276 年正月，伯颜要求宰相到元军大营会谈，陈宜中不敢前往，便再一次抛弃了太后和年幼的皇帝，于当天夜里逃离了临安。后来他又在撤退途中借口到占城（国名，在今越南南部）去搬救兵，结果一去不返。据说在元军攻打占城时，他又远逃到泰国，最后老死在那里，再也没有回来。

悲壮谢幕

在元军的猛烈攻势之下，南宋小皇帝恭帝赵㬎于 1276 年出降。一些大臣先后拥立宋端宗赵昰和末帝赵昺继位，继续抵抗元军，出现了宁死不屈的文天祥、负帝投海的陆秀夫等具有崇高气节的悲剧性英雄人物。

留取丹心照汗青

在元军的猛烈攻势之下，南宋朝廷土崩瓦解，陈宜中只不过是一个比较典型的例子。有些官员甚至故意令御史弹劾自己，御史的奏章尚未呈上，他们已经出城潜逃。太皇太后谢氏无计可施，下诏斥责这些大臣说："我朝三百余年，待士大夫以礼。现在我和新皇帝遭难，你们大小官员都不曾说一句救国的话。朝中的官员离职逃走，外边的守臣丢印弃城。御史官不能弹劾，两三个宰相也不能统率，却在里外合谋，陆续在半夜逃跑。你们平日里读圣贤书，平时是怎么自我标榜的？却在此时做出这种事情。活着有什么面目见人，死后又如何见先帝？"在 1276 年正月短暂的休战后，仅有六名官员出现在朝堂上。官员的逃跑瓦解了军心、民心，使南宋王朝根本无法组织起有效的抵抗，南宋皇室也因之陷入了孤立无援的境地。

这时元军气势极盛，已不同意南宋的议和要求。1275 年十二月，宋朝使者柳岳前往元军大营求和。柳岳哀求元军班师，保证每年进奉修好。伯颜说："你们宋朝拘我郝经杀我使者，我们大元因此才兴师问罪。以前吴越的钱氏、南唐的李氏都是献出国土而投降的，这都是你们宋朝的祖制，你们宋朝

历史细读

文天祥在参加殿试时，直指时弊，慷慨激昂。而当宋理宗看到"天祥"之名时，也不由自主地说："天祥者，宋之瑞也。"虽然文天祥并没有挽救宋朝于灭亡，但他崇高的爱国精神和民族气节，使他当之无愧于"状元中的状元"。

怎么不遵守呢？你们宋朝从小孩子手中得到了天下，也在小孩子手中失去天下，这就是天意，你不要多说了！"

南宋朝廷迫于无奈，于1276年正月呈上传国玉玺及降表。1276年二月初五，宋恭帝赵㬎率百官于临安降元。三月，皇帝及后宫数千人被元军押解北上。忽必烈为了瓦解南宋残余势力的斗志，对谢太后和宋恭帝都很优待。恭帝被封为瀛国公，后被送到西藏学习佛法，曾将《百法明门论》《因明入正理论》这两部中原佛教著作翻译为藏文，于1323年去世，享年五十三岁。谢太后有病，元军允许她留在临安养病。八月，谢太后来到元朝的都城大都，忽必烈封她为寿春郡夫人，七年后病故，享年七十三岁。

状元宰相文天祥在历史上留下了重重的一笔。他被元军扣留后，寻机逃走，继续抗争。后来转战于广东海丰五坡岭一带。一天，文天祥与部将邹洬、刘子俊、杜浒等人正在吃饭，突然遭到元军袭击，仓促之间来不及应战，便被俘虏。刘子俊自称是文天祥，与文天祥争着承认。元兵判断出真伪后，将刘子俊放在锅里煮死，文天祥则被押到潮阳见张弘范。张弘范百般利诱，文天祥始终刚强不屈。

张弘范又将文天祥押至崖门海。在过伶仃洋时，勒令文天祥写信劝张世杰投降元军。文天祥正气凛然地说："我不能保卫宋朝，本身就够耻辱了，难道还能让别人背弃宋朝！"张弘范不死心，再三逼迫。文天祥奋笔挥就了名传千古的《过伶仃洋》诗：

辛苦遭逢起一经，干戈寥落四周星。

山河破碎风飘絮，身世浮沉雨打萍。

惶恐滩头说惶恐，伶仃洋里叹伶仃。

人生自古谁无死？留取丹心照汗青！

文天祥被押到元大都后，时人称誉能成天下宰相之大器者"北有耶律楚材，南有文天祥"。元朝统治者对文天祥是"既壮其节，又惜其才"，更希望

文天祥像
文天祥是南宋杰出的民族英雄。临安危急时，文天祥立即捐献家资充当军费，组建起一支万余人的义军，抵抗元兵。宋恭帝出降后，他仍然坚持斗争，后不幸被俘，终以不屈被害。

能够利用文天祥的声望来收买民心，稳定天下。因此在文天祥被俘后的几年里，元朝将他安排在官府的招待所中，用尽一切办法对他进行劝降。

元朝先是派前南宋朝宰相留梦炎劝降，结果却被文天祥骂走；元朝后来又派俘虏来的宋恭帝去劝降。面对十来岁的不谙世事的年幼孩子，文天祥先是"北面拜号"，以臣见君之礼拜之。又说"圣驾请回"，明确表示自己决心殉国，无意降元。

当元朝副宰相阿合马强行要文天祥下跪时，他说："南朝宰相见北朝宰相，为什么要跪呢？"宰相孛罗提审文天祥的时候，文天祥昂然屹立，对孛罗行了一个拱手礼。孛罗命令手下逼迫文天祥下跪，文天祥坐在地上竭力挣扎，坚决不跪。文天祥说："南揖北跪，我是宋人，当然要依宋礼作揖，怎么能行你们胡人的跪礼呢？"孛罗问他："明知拥立赵昰、赵昺二王也保不住赵家社稷，你又何必拼死抵抗呢？"文天祥掷地有声地回答道："假如父母得了重病，虽然明知治不好，但绝没有不去医治的道理。为了大宋，我尽力而为。局势不可挽救，那是天命。我文天祥到了今天，一心求死，你就不要再说废话了！"

最后忽必烈亲自劝降文天祥，但文天祥对忽必烈仍然是长揖不跪。忽必烈也不强迫，只是劝说道："如果你能用效忠宋朝的忠心对我，我可以让你在中书省做宰相。"文天祥回答说："我是大宋的宰相，国家灭亡了，我只求速死，不会苟且偷生。"元世祖又问："那你希望怎么样？"文天祥回答："但求一死！"元世祖无奈之下，只得下令处死文天祥。文天祥从容赴义，南向再拜，从容引颈就刑，时年四十七岁。死后人们在他的衣带中发现一首诗："孔曰成仁，孟曰取义，唯其义尽，所以仁至。读圣贤书，所学何事？而今而后，庶几无愧。"

陆秀夫像

南宋抗元名臣。据说元军将领伯颜曾这样称赞他："宋朝有这样的忠臣，却不知重用。如果重用的话，我还会在此吗？"陆秀夫虽然赤胆忠心，但也无法挽救宋朝灭亡的命运。厓山海战为元军所败，负宋末帝赵昺投海自尽。

宋朝的终点"厓山之战"

宋恭帝赵㬎出降之后，南宋大臣先是于 1276 年五月在福州拥立其异母兄长赵昰为帝，是为端宗。1278 年三月，在元军的追击下，宋端宗入海躲避，不幸遭遇沉船，落入海中，虽被救起，但就此得病，好几天都讲不出话来。后因元军追兵再度逼近，他又不得不入海转移，但经此颠簸，又惊病交加，于四月病死，年仅十一岁。陆秀夫、张世杰遂于同月拥立其同母弟赵昺为帝，是为末帝。1278 年六月，太傅张世杰、丞相陆秀夫等文武官员拥年仅八岁的宋末帝赵昺及其母后杨太后，率领二十余万宋军和勤王义军驻扎新会（今广州新会）厓门。各地闻讯纷纷组织民军前来勤王，还运来不少军粮和各类物资，准备与元军在此决一死战。

1279 年正月，张弘范率军由闽入粤，准备消灭最后的残余宋军。在打败文天祥后，直扑新会厓山。元军副帅李恒也率兵船百余艘从广州驶到厓门海面，水陆夹攻厓门宋军。宋太傅张世杰为死守计，焚烧厓山的陆地据点，结大舟千艘，贯以大索作一字阵，奉宋末帝赵昺据中间的巨舰，指挥作战。张世杰此举有两大失误，一是放弃了陆上基地，单是淡水就严重缺乏。在十几天的防御战中，将士们只能饮海水解渴，而饮过海水的士兵呕吐不止，战斗力严重削弱。二是把千余战船贯以大索，结成水寨，虽然集中了力量，但却丧失了机动性，相当于把宋军暴露在敌人面前，任人攻打。兵败之后，正是由于宋末帝赵昺位于中间的大舟，才难以突围。

元将张弘范先是控制了厓山之南的入海口，又从北面和南面两个侧翼切断了宋军的所有退路。当时有千艘载满渔民义兵的小船前来救援宋军，也被元水师击溃，数千渔民落海，大部分壮烈牺牲。张弘范又切断了宋军的粮草运输以及取水路线，不断向宋军炮轰袭击。元军还以装满油脂干草的小船火

名家评史

> 南宋末年，首都临安被元军攻入，丞相文天祥组织武装力量坚决抵抗。失败被俘后，元朝劝他投降，他写了一首诗，其中有两句是："人生自古谁无死，留取丹心照汗青。"意思是人总是要死的，就看怎样死法，是屈辱而死呢，还是为民族利益而死？他选取了后者，要把这片忠心纪录在历史上。
>
> ——吴晗《谈骨气》

攻宋军连环船，但宋军早有防备，船面涂上泥浆，并用长木顶住攻过来的火船。张弘范见久攻不下，便改变手法，派张世杰的外甥三次去劝降张世杰，但都被他严词拒绝。两军对峙多天。

1279年二月初六，元军再次发起猛烈进攻，宋军奋力抵抗，一直战至中午。张弘范乘宋军午饭防守松懈之机，趁着潮涨率元军发起总攻。宋军前后受敌，在黄昏时终被元军攻破阵线。张世杰见水师阵脚大乱，战船为大索联贯，进退不得，便下令砍断绳索，率十余战船护卫杨太后突围。张世杰杀到外围，见赵昺的御船过于庞大，被外围的船只阻隔在中间，无法突围，便派小舟前去接应。但当时海面生了大雾，对面不辨人影，陆秀夫唯恐小船为元军假冒，又担心如突围不成反被元军截获，拒绝来人将赵昺接走。张世杰无奈，只得率战船护卫杨太后杀出崖门。

陆秀夫见大势已去，且无法突围，就对赵昺说："事已至此，陛下当为国捐躯。大宋已经受尽屈辱，陛下不能再被敌人侮辱了！"于是赵昺就身穿龙袍，胸挂玉玺，由陆秀夫背着，跳海自尽，时年九岁。大臣及宫人也多随之投海自尽。后来元军清理战场，海上浮尸十万余具，场面惨不忍睹。元军一兵卒从一具身着黄衣的幼童身上取得"诏书之宝"的印玺，经确认是宋末帝赵昺所带玉玺。张弘范再派人寻找赵昺尸体时，已下落不明。据说赵昺的尸体后来漂到深圳赤湾，被人收葬，当地现在仍有宋少帝陵。而香港民众也在据说是宋端宗赵昰及宋末帝赵昺逃难期间曾停留的地方修建宋王台，以示纪念。杨太后闻宋军大败、宋末帝投海，亦赴海而死。张世杰收拾残部，心情黯然，令船队再次出海。不料突遇飓风，船舰皆翻，张世杰为国捐躯。

崖山之战结束了，"汉氏存亡顷刻中"，宋朝就以这样的惨痛结局收场，中原汉族政权第一次完全沦于游牧民族之手。南宋是相对幸运的，在当时世界上最强大的军事力量的攻打之下，支撑了几十年。当时元朝的政策还比较温和，没有对民众进行大规模屠杀，宋朝皇室也得到了优待，靖康之耻没有重演。而且由于元朝统治者宽松的文化政策，中原的文化得以较好地保留。

但越是这样，越是让人感到悲凉。如果说北宋的败亡还有种种偶然因素可言的话，那么南宋的败亡则是彻底的失败。对中原民族特别是士人来说，这无疑是极其沉重的打击。他们无法从深深的自责中超拔出来，"惜哉无祖逖，谁肯著先鞭（祖逖是东晋初有志于恢复中原而致力北伐的著名人物）"便是他们悲凉心声的表达。比照南宋的歌舞升平、苟且求和的偏安岁月，这种悲凉才更显得惨痛。

两宋梦华

　　宋朝是中国古代社会发展的高峰时期，政治、经济、科技、文化都取得了令人炫目的成就，涌现出了沈括、苏轼、王安石、司马光等一大批灿若群星的人物。然而宋朝的开封城由于水灾而沉睡在地下数米处，后人只能通过《清明上河图》等有限的资料来追忆昔日的繁华。如果要用一个词来形容宋朝的繁荣，那就是"梦华"，即虽然繁华一时，但却随风逝去，追之忆之恍如梦境。

《洗冤录》书影

宋慈的《洗冤录》开篇就讲："事莫重于人命，罪莫大于死刑。杀人者抵，法固无恕，施刑失当，心则难安。……俾知法者畏法，民鲜过犯，保全生命必多。倘检验不真，死者之冤未雪，生者之冤又成。"这闪耀着人性光辉的论述直到现在仍然是指导司法工作的重要思想。

高度的政治文明

在继承隋唐制度的基础上，宋朝的政治体制有了进一步的发展，创造出了足以称道的政治文明。这在司法制度的健全和政府社会职能的完善这两方面体现得尤为明显。

司法制度的健全

经过长时间的发展，宋朝司法制度形成了两大突出的特点：一是通过机构的设置和不断的调整，使监察制度有了长足的发展；二是司法审判中强调搜集证据，不仅注意物证的收集、鉴别和运用，而且还建立了较为严密的检验制度、犯罪现场勘查制度，并注意在死伤案件中运用法医学的知识，并出现了《洗冤录》这样的法医学名著。

监察制度

宋朝中央设大理寺为中央最高审判机构，御史台为监察机构。御史台除行使刑事监察职能外，还拥有重大疑难案件以及诏狱的审判权，同时也是法定的上诉机关。对于社会上争议较大的案件，仍由皇帝指定朝臣组成临时特别审判机构"制勘院"审理。

宋朝的地方司法机构则分为路、州（府）、县三级，实行三级三审制：县一级是基层司法审判机关，处理杖刑以下的刑事案件；州（府）可以判决发配以上直至死刑的案件；路一级司法机构负责监督州、县的审判活动。路设提点刑狱司，作为中央在地方各路的司法派出机构。提点刑狱司负责官员为提点刑狱公事，俗称提刑官。提刑官即是提刑司的长官，为朝廷派驻到路的最高司法监察官员。南宋杰出的法学家宋慈之所以能够写出了《洗冤录》，一方面是学习借鉴前人及当代人的成果，另一方面与他在提刑官任上处理了大量案件，从而积累了丰富的法医学经验有很大的关系。

在宋朝，如果官员误判的话，会遭受降职等处分。再加上宋朝的经济社会变化极为剧烈，各种思潮争论非常激烈，这也导致宋朝的很多案件直到现在还争论不休。其中一个是斗鹌少年案。有一年，有人看见同伴饲养的斗鹌（鹌鹑，当时宋朝赌博成风，很多东西都可以当作赌具）很好，就想据为己有，主人不给，他就强行夺走，结果被追到的主人刺了一刀，不治身亡。开封府判定鹌主人死刑，王安石复审后认为："按律，公取、窃取皆为盗，此不与而乃强携以去，乃盗也。此追而殴之，乃捕盗也，（盗）虽死，当勿论。"开封府不服。后经多方复议，认为开封府判的是对的。王安石就因为复审失误而被认为有罪，宋仁宗下诏"放罪"，不予追究。按照惯例，王安石要到皇帝殿门谢恩，但王安石认为自己按律复审，并没有错，不肯去谢恩，皇帝也就没有追究。

重视物证和检验

物证和检验制度在宋朝诉讼证据制度中占有十分重要的地位。宋代已开始出现关于物证的理论，郑克在其所著的《折狱龟鉴》中通过比较分析各种案件，系统地总结了治狱之道、破案之术和定案之法。宋代的刑事案件证据体系中的证据以物证为多，主要包括犯罪工具、犯罪中留下的物品以及痕迹等，这些物证的收集由司法机关通过现场勘验、检查、搜查而获得。当时官府规定，在物证确凿的情况下，即使犯罪者不承认也可以定罪。在《水浒传》中，官府取得了鲁智深打死郑屠的确凿证据后，就发出了对鲁智深的通缉令。但如果物证不全的话，即使犯人已经招供，也要查取物证以验证口供的虚实。例如审讯盗窃案务必要查出窝藏赃物和地点，否则法官要受到徒二年的处罚。换言之，只有查出赃物才能给人定罪。在田宅买卖发生纠纷时，有官印的契约是法官判案的最主要证据，"官司定夺，止凭契约"。如杀人案的处理，必须要有尸首可验，如果没有，则作为疑案上奏朝廷处理。

检验是获取证据的重要途径，宋朝的检验制度和检验技术都远远超过了前代。宋朝司法极为注重尸体检验工作，制定了严格的检验制度。在检验范围上，各种非正常死亡情况须报官府差官检验，通过检验后确定有无犯罪，后来又规定凡没有医者证明或猝死的，都要检验。

宋朝检验一般必须经过报检、初检、复检三个程序。报检是指在发生杀伤案件及非正常死亡后，死者所在的邻保必须报州、县差官检验，这是一种法定的强制性义务。在报检后，州、县官府要召集当地里正、死者家属等相关人员在现场进行初检。复检是在初检后根据案件性质和法定的复检范围，对已初检的案件进行复查，检验有无舞弊和错误，是对初检的监督和检查，所以复检官必须是与初检人员无关的上级人员或相邻州、县的人员。宋朝还对检验笔录的内容、格式等做出了一定要求。1174年，浙西提点刑狱郑兴裔创制了检验要点、注意事项。验状既是审判杀人案件的根据，又有帮助尸亲认识无名尸体的作用，与今日的鉴定书性质相似。1211年，宋朝又印制颁布了"检验正背人形图"，这是我国最早的尸图。检验官根据尸身伤痕点依样画于图状上，验状直观明了，从而方便了检验工作，减少了检验中的失误，还可以防止检验官员的徇私舞弊。

宋朝检验制度的成就在宋慈所著的《洗冤录》中有集中的体现。《洗冤录》是中国现存最早的法医学著作，比欧洲最早的系统性法医学著作早了三百多年。《洗冤录》出版于1247年，朝廷立即下令全国颁行，要求办理刑案的官吏人手一册，《洗冤录》成为当时和后世的法医检验指南。该书相继被翻译成朝鲜、日本、英、法、德、俄等多国文字，至今仍然具有相当的指导作用和实用价值。

包拯画像

包拯是宋朝著名大臣。他在开封府任上，执法严明，铁面无私，敢于惩治权贵们的不法行为，把号称难治的开封府，治理得井井有条。开封府广泛流传着"关节不到，有阎罗包老"这样一句话，意思是只有阎王和包公那里才打不通关节。

政府社会职能的完善

随着城市和商品经济的发展，需要政府扶助的对象越来越多。对于这种情况，宋朝开创了中国古代社会对鳏、寡、孤、独救济制度化、经常化管理的先河。其中完成于1096年的《详定重修敕令》对社会救济体系做了较为系统的规定。

社会救助事业的初步完善

经过多年的发展，宋朝逐渐形成了一套较为完整的官方社会救助体系。

一、幼儿救助机构。宋代原来的幼儿救助和贫病救助混在一起，专门的慈幼机构出现于南宋中期以后，主要为婴儿局、慈幼局和慈幼庄等。对于弃婴或者孤儿，政府出钱雇佣乳母，并为这些孩子聘请大夫。如果有人想抱养这些孩子，需要与政府订立契约。同时宋朝政府为了从源头上杜绝弃婴现象，还对抚养孩子有困难的家庭给予一定的补助。

二、助葬机构。两宋时期，因疾疫和贫穷，一些人往往客死他乡，有的

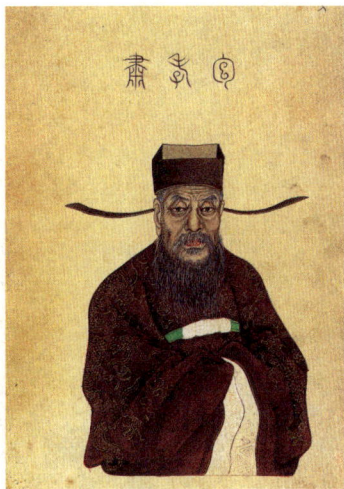

赵光义雪中送炭

史书记载，有一年天气特别寒冷，宋太宗赵光义就派人给孤寡老人送去钱粮以及木炭。后来就演化成了"雪中送炭"的典故。

无家可归者甚至死于道旁。针对此种情况，宋朝政府开始设立安葬这些人的漏泽园。漏泽园的字面意思就是为"上天的恩泽所漏掉"的人服务。宋真宗时已有此做法，宋徽宗时形成了制度和规模。蔡京为宋朝的社会救助事业做出了一定贡献，后来他死于流放地，最初就是被葬在漏泽园中。

三、济助贫病孤老的机构。宋朝济助贫病的机构主要有福田院、居养院、安济坊和养济院等。宋朝的福田院沿用旧制，设在首都，主要赈济那些流落街头的年老之人，以及身有重疾、孤苦伶仃或贫穷潦倒的乞丐。居养院初设于宋徽宗年间，主要收养无亲属供养的孤寡老人。安济坊是北宋收容病患并予以救治的机构，其收养对象为患病的贫民。安济坊也初设于徽宗年间，政府要求凡户数上千的城寨镇市，都要设置安济坊，凡境内病卧无依之人，都可送入安济坊医治。值得一提的是，政府对安济坊进行严格的监督检查，并制定了奖惩条例。如安济坊年治愈人数超过一定的数额，就给以奖惩。如果弄虚作假，就对主管人员杖一百。养济院创办于南宋初年，是一个兼顾居养院和安济坊功能的综合性济助机构。

专业消防队伍的出现

随着城市的发展，人口居住日益密集，火灾屡有发生，损失惨重。宋朝政府也因之建立了专业的消防队伍。以北宋的开封为例，政府专门设立了"探火军人"，并用砖砌望火楼，派人在上面巡逻瞭望，楼下驻扎有官兵，并配有各种灭火工具。一旦发生火情，则由官兵前往扑灭。如果奋力灭火，则给予奖励。如果有人受伤，上级就要派大夫察看伤势，加以救治。如果灭火不力，就以军法惩治。这套严密的体系在当时发挥了很大的作用。到了南宋的临安，消防体系更加完善，专业消防队伍数量超过千人，分隔管理（相当于现在的分片管理），并以专人负责。临安府也直接掌握着千人左右的消防力量。如果发现火情，瞭望塔上的士兵白天以旗、夜晚以灯的数量多少表示地区远近，并指示方向。若火情在本辖区内，主管官吏要立即率隅兵扑救；如果是附近的隅发生火情，则聚集隅兵等待临安府调遣。临安的消防组织与措施，是当时世界上所有城市中最完善的，已与近代城市的消防组织相类似。可以说，这是我国最早的消防部队。

古代科技的高峰

宋朝科技极其发达，活字印刷术得以发明，指南针开始用于航海，火药大规模用于军事。医学、建筑业也有长足发展，科技著作也开始大量涌现。

国家标准与针灸铜人

针灸是中国医学的重要组成部分，古代的医生认为用针来刺身体上不同的穴位可以治疗不同的病症，但针灸在治疗病症的过程中需要遵循人体正确的经穴规范。北宋以前，医生主要依照《黄帝明堂经》来确定人体上的穴位位置及用针时的深浅尺度。然而《黄帝明堂经》却因唐朝末年的战乱而下落不明，针灸在治疗中失去了标准，以致出现了大量的误诊病例。

各地频繁不断的误诊事故引起了宋仁宗的注意，他意识到只有制定一个新的针灸经穴的国家标准才能杜绝误诊病例的发生。于是他就指派著名的医学家王惟一设计针灸铜人，并组织全国的能工巧匠进行铸造，于 1027 年铸成了两座针灸铜人，并为此颁布了《新铸铜人腧穴针灸图经》，刻在石碑上，作为国家标准。

这两座针灸铜人都是一个直立的青年男子的形象，胸腹腔中空，铜人表面铸有经络走向及穴位位置，并在穴位钻孔。在进行针灸医学考试时，向铜人体内灌满水，再在铜人表面涂上一层黄蜡，这样铜人外表的经脉穴位就被封得严严实实，学医者无法辨认穴位，只能凭着经验下针。如果扎对穴位，水就会由孔中流出，否则无水流出。

军事技术的发展

宋朝建立以后，作为兵器制造业基础的采矿业和冶炼业有了很大的发展，科学技术更是达到了中国古代社会前所未有的高峰，为兵器制造业的创新和新式武器的问世提供了前提条件。同时战争的需求促进和推动了武器装备的发展。宋朝立国 320 年，先后与辽、夏、金、元等政权并存，边患连绵，战争不断，宋朝不得不注意重视武器装备的改进和创新，对国防科技方面的发明创造采取奖励政策，并及时加以推广应用。这种政策提高了军民的积极性和创造性，当时"吏民献器械法式者甚众"，甚至皇帝本人也加入到军工产品制造技术的研究与改进之中。宋高宗赵构就亲自改进克敌弓，从而在抗金战争中发挥了很大的作用。宋朝军事技术也由此获得了长足的发展。

火药武器的使用

发明于唐末的火药在宋朝得到了很大的发展。成书于 1044 年的《武经总

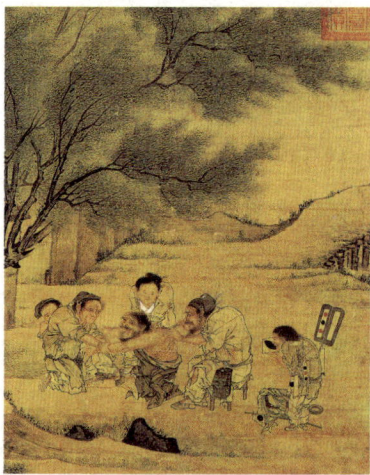

村医图

此图描绘了宋朝走方郎中为农民医治疾病的情形。郎中坐在小板凳上，用艾条薰灼患者的背部。病人坐在地上，一老年妇女双手紧握其臂，虽然病人不忍灸艾之苦而呼叫，郎中也不为所动。一中年妇女则强按其背，好像在劝病人要忍住。

要》一书就记载了火药的三种配方。朝廷对火器研制者实行奖励政策。970 年五月，冯继升向朝廷进献火箭，因试验成功，得到了"衣物束帛"的赏赐。在朝廷的鼓励下，新型火药武器不断出现。后来又出现了带有爆炸性质的霹雳炮。

当时火药在兵器生产中占据首位。据记载，"同日出弩火药箭七千支，弓火药箭一万支，蒺藜炮三千支，皮火炮二万支"。在早期阶段，火药武器主要利用了火药的燃烧性能。而随着硝的提炼、硫磺的加工，火药质量得到提高，促进了火药武器的发展，逐步过渡到利用火药的爆炸性能。到了北宋末年，人们创造了"霹雳炮"等爆炸力比较强的武器。霹雳炮一炸，声如霹雳，杀伤力比较大。

到南宋时期，由于战火频繁，火器的发展又上了一个新台阶，先后出现了铁火炮、突火枪、火铳等新式武器。著名发明家陈规还于 1132 年研制了世界上最早的管形火器。这种长竹竿制成的管形火器，需由三个士兵同时操作，一人持枪，一人点火，另一个人辅助。它的个头粗长，装药较多，能持续进行较长时间的喷射。在与金人的战争中，宋军还使用埋设于地面的"火药炮"（即铁壳地雷），给了金军以很大的杀伤，这是世界历史上最早的地雷。

火药武器也在一些战场开始成为主角。而虞允文在采石矶之战中，在水战中创造性地运用了霹雳炮，给金军以很大的心理震撼，为宋军的胜利奠定了基础。而 1161 年李宝之所以能够以三千兵力全歼金人六万人的庞大船队，就是利用火箭射击金兵的船帆，烧掉了敌船，开了海战中大规模运用火药武器的先河。

武器的专业化生产

宋朝非常重视武器的制造。宋太祖赵匡胤亲自督查武器的生产情况，他曾经每隔十天便查核一次各种兵器的质量。但由于种种原因，到了后来，武器质量难以保证。宋神宗曾随意抽取三张弓检查，结果没有一张令人满意，而赵匡胤时期造的弓还能使用。

针对这一情况，宋神宗就设立了军器监，专门负责兵器的生产，并采取各种措施提高兵器的质量：一、军器监派员到各处都作院，指示制作的"法式"（规格、标准），按制作的优劣分为三等，作为各路都作院官员升降的依据；二、懂得制作军器技术的，无论官吏或其他身份的人，都可到军器监献

历史细读

　　北宋时期著名的药物学家唐慎微在为士人治病时，不收取任何费用，只是要求提供名方秘录。因此士人每当在书中看到一药名或药方，就记下来并告诉他。在此基础上，唐慎微编撰成了药物学巨著《经史证类备急本草》共三十二卷，六十余万字，是我国宋代以前本草学集大成的著作。问世之后，历朝修刊，并数次作为国家法定本草颁布，沿用了近五百年之久。

策，以供采择。军器监由火药、青窑、猛火油、金火、大小木、大小炉皮作、麻作、窑子作等十一个作坊组成，实行专业生产，并依照各自法式严格制作。全作坊有五千名工匠和三千七百名军匠。除军器监外，宋朝还专门设有由内府管理的御前军器所。御前军器所规模也很大，役兵工匠近万人。为了进一步提高兵器的质量，宋神宗还曾多次让军器监与御前所竞赛，比较优劣，并以此作为主管官员升降的重要标准。

　　军器监设置之后，促进了武器的专业制造，质量数量都有了保证，并且促进了创造发明。在此基础上，一百一十卷的《军器法式》被编纂出来。在量的方面，亦大有增加。至 1075 年五月，军器监成立仅两年，这两年当中的产品，多的增加了数十倍，少的也增加了一倍。在数量增加的同时，工料反而节省了许多。另外军器监的设置不仅促进了军事装备生产，还带动了采矿、冶炼、纺织等相关产业的发展，推动了科学技术的进步，使宋朝的采矿业及科学水平都得到很大的提高。

战船制造的繁荣

　　水战的主要武器是战船，而宋朝的造船事业非常发达，为之提供了良好的基础。宋代是中国古代造船技术高度发展的时期，内河战船有了重大发展，海上战船已趋于成熟，拥有世界上最先进的造船技术，这使来自北方的游牧民族很难越过长江防线。

　　北宋初年，在京城设有造船务，专门负责制造船舶。在内地的潭州（今湖南长沙）、衡州（今湖南衡阳）、虔州（今江西赣州）、吉州（今江西吉安）等地也设有造船工场房。战船的制造也日趋科学，北宋已出现"海战船式"，即海上作战舰船图样。南宋初年又出现了"大军船小样"，还有战船模型，可仿此建造战船。此外北宋时还制定了整修战船的规章制度。为了方便战船出入，这时已在沿海挖深航道，设置船坞，修建了作战船队专用的军港。

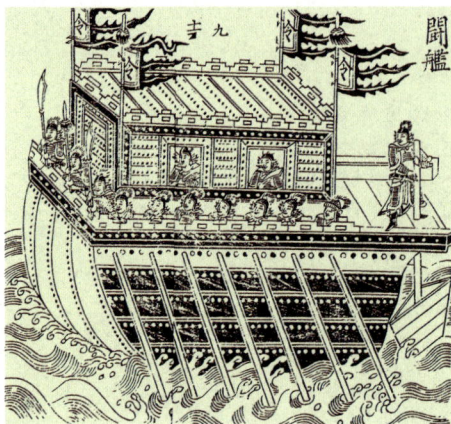

斗舰图

这是宋人《武经备要》所载斗舰图。左侧有详细的规格说明："斗舰者，船舷上设女墙，可蔽半身……船内五尺又建棚与女墙。齐棚上又建女墙……前后左右竖牙旗金鼓。"

　　宋朝战船制造业的突出特点就是车船的使用。宋代车船以使用转轮数量为标准分级，一组两个转轮称为一车，车数越多，船体一般也越大。许多车船轮桨并用，在内河湖泊可以完全不靠风力而达到很高的速度。车船在杨幺农民起义军中得到了发扬光大。南宋都水监高宣为著名车船制作家，后为杨幺起义军所俘，又为起义军造"和州载""大德山""望三洲""混江龙"等车船，桨轮多至二十四车，船体长三十六丈，有三层楼那么高，可容战士千余人。当时官军水军都无法正面抵抗。最后只好在湖面散放青草，缠住轮桨，才打败了杨幺水军。

指南针的运用

　　中国很早就研制了指南针，但指南针是从北宋才开始被用于航海事业的。世界上指南针应用于航海导航的最早记载来自北宋朱彧所著的《萍洲可谈》。他在该书中说："舟师识地理，夜则观星，昼则观日，阴晦观指南针。"也就是说，当时航海若遇上阴天，船队就根据指南针来把握方向。

　　当时的指南针已大有改进。其中有一种新型的指南针名叫指南鱼。指南鱼用一块薄薄的钢片做成，大约有两寸长，五分宽，肚皮部分凹下去一些，形状很像一条鱼，又可以浮在水面上，故有此称。与司南相比，它不需要再做一个光滑的铜盘，只要有一碗水就可以了。盛水的碗即使放得不平，也不会影响指南的作用，因为碗里的水面是平的。而且由于液体的摩擦力比固体小，转动起来比较灵活，所以它比司南更灵敏、更准确。而沈括在制作和应用指南针的科学实践中，又发现了磁偏角的存在，即指南针"常微偏东，不全南也"。

名家评史

　　中国的科技发展到宋朝，已呈巅峰状态，在许多方面实际上已经超过了 18 世纪中叶工业革命前的英国或欧洲的水平。

——李约瑟《中国科学技术史》

　　指南针及磁偏角理论促进了宋朝航海事业乃至对外贸易的发展，泉州等地也因此发展成为繁荣的商港。繁荣的对外贸易不仅活跃了经济，其征收的关税还带来了巨额的财政收入，曾一度占到南宋总收入的百分之三十左右，缓解了南宋朝廷的财政紧张局面。与北宋相比，南宋的领土人口都要少上很多，收入却在八千万贯左右，远远高于北宋的六千万贯左右，这其中就有海外贸易的贡献。就世界范围而言，指南针先由阿拉伯海船采用，后来传到了欧洲。15 世纪哥伦布探索美洲大陆时，指南针是他在茫茫大海中航行的重要技术保障。指南针与印刷术、火药一道改变了欧洲历史，也改变了人类的历史进程。

泉州海船模型

此海船模型藏于厦门大学博物馆。指南针用于航海之后，大量的海船被制造出来，宋朝的远洋贸易得到了迅猛的发展，泉州也一跃成为国际性大港口。

科技著作的大量涌现

　　宋朝与以往朝代很不相同的一点就是涌现了大量的科技著作。宋人在这些书中不但记录了不少当时的科技成就，也提出了很多自己独到的看法。其代表作为《梦溪笔谈》与《营造法式》，前者为大科学家沈括的著作，后者是李诫为官府撰写的技术指导著作。

沈括与《梦溪笔谈》

　　沈括是北宋时期著名的科学家，博学善文，天文、方志、律历、音乐、医药，无所不通。其中以记录了当时科学发展和生产技术情况的《梦溪笔谈》对后世影响最大。沈括在《梦溪笔谈》中介绍了一种用牛皮做的箭囊听枕，并科学地指出，这种箭囊听枕之所以能够听到数里内外的人马声，是因为大地能够传递声音，而箭囊"虚能纳声"。他详细地记录并描述了陨石的特征及

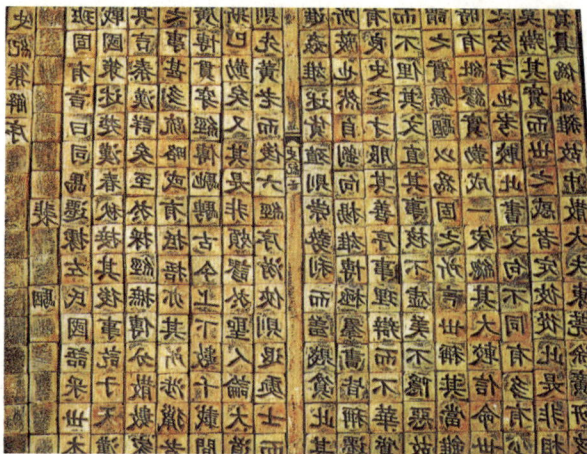

活字印刷模型
因当时的活字印刷是要先在活字上刷墨，然后再覆上纸压制，所以这些活字都是使用阳文反字。

其陨落过程，记载了铁陨石的特性。他通过对浙江雁荡山、陕北黄土高原地貌地质的考察，明确提出了流水侵蚀作用说。他率先使用"石油"这个名词，并注意到石油资源丰富，"生于地中无穷"，预测"此物后必大行于世"，认为石油可以用于照明和制墨，也可以作为森林资源的替代品。

在这本书中，沈括正确而详细地记载了平民毕昇发明的泥活字印刷术。对于活字印刷的原料选择、注意事项以及与雕版印刷的对比还有毕昇如何改进印刷术，他都有翔实的记载。沈括的记载是世界上最早的关于活字印刷技术的可靠史料。

李诫与《营造法式》

有宋一代，除了私人的科技著作以外，宋廷还组织人力编纂了不少科技著作，作为国家标准。除军事方面的《武经总要》《军器法式》外，李诫编著的《营造法式》就是其中的优秀代表。

北宋建国以后百余年间，建筑业有了长足的发展，宫殿、衙署、庙宇被陆续建造起来。但在施工中间出现了大量的浪费现象，而负责工程的大小官吏也往往肆意贪污，政府却无法监管。针对这种情况，在王安石变法期间，宋朝廷开始组织人力，编修了指导手册《营造法式》。但该书漏洞颇多，不能防止工程中的各种弊端。于是宋哲宗诏令李诫重新编修，并于 1103 年刊行全国，这就是流传至今的《营造法式》。

李诫参阅了大量文献和旧有的规章制度，收集在工匠中间流传的各工种操作规程、技术要领以及各种建筑物构件的形制、加工方法，并结合自己多年修建工程的经验，对各种建筑的设计标准、规范和有关材料、施工定额、指标做出了明确规定。

骆驼虹
金明池中心附近有一拱桥，中央隆起，如飞虹状，故称"骆驼虹"。桥两头分别树有立柱，气势宏伟。

　　该书共分五个部分。第一部分考证了每一个建筑术语在古代文献中的不同名称和当时的通用名称以及书中所用正式名称，并明确了测定方向、水平、垂直的法则，广、厚、长等常用词的含义，计算工料的有关原则等。

　　第二部分详述建筑物各个部分的设计规范，各种构件比例的标准数据、施工方法和工序，用料的规格和配合成分，砖、瓦、琉璃的烧制方法等。

　　第三部分规定了各工种的构件劳动定额和计算方法，各工种所需辅助工数量，以及舟、车、人力等运输所需装卸、架放等工程定额。

　　第四部分规定各工种的用料定额，或以材料为准，如举例说明木料规格，注明适用于何种构件。或以工程项目为准，如粉刷墙面，每单位面积单位厚度，需用石灰、颜料各若干公斤。

　　第五部分是图样，包括当时的测量工具、石作、大木作、小木作、雕木作和彩画作的平面图、断面图、构件详图及各种雕饰与彩画图案。这是人们了解宋代建筑不可缺少的钥匙。

　　《营造法式》是我国古代最完整的建筑技术典籍，也是我国古代工匠的技术结晶。它全面地反映了宋朝11世纪末到12世纪整个建筑行业的科学技术水平和管理经验，还反映出当时的社会生产关系、建筑业劳动组合、生产力水平等多方面的状况，具有很高的科学及史学价值。《营造法式》在南宋和元代均被重刊，直到明代还被用于指导建筑施工，至今仍受到世界建筑界的高度重视。

繁荣的经济

宋代是中国封建王朝经济最为发达的朝代之一。在农业继续发展的同时，宋代在手工业特别是瓷器制造方面取得了长足的进步，远洋贸易首次在国家财政中占据着重要的地位，纸币也开始流通。宋代商业的繁荣至今让人叹为观止。

农业格局的变化

自唐代以来，中国农业的重心已经开始向南方转移。这一过程至宋代已经基本完成，北方农业虽有很大的发展，但江南的农业重心地位日益凸显，并出现了商品化生产的趋势，农民开始卷入到市场经济中来。

苏常熟，天下足

宋朝在开国伊始就采取了许多奖励农业、减轻农民负担的政策，特别是鼓励农民垦荒的政策。宋朝规定不论何人，只要能开荒并缴纳税赋，即可拥有开垦地的所有权。在这一政策的鼓励下，百姓垦田的积极性大大增加。但此时只有南方还有大量荒地，江南的丘陵山区开始得到大规模的开发。从湖南到广西，历来为人少地多的山丘地区，在宋朝也被开垦了出来。随着人口的增长，特别是靖康之乱后北方人口的大举南迁，南方甚至出现了漂在水上的架田。南方农田面积由此大为增加。

宋朝也很重视水利建设，在1069年颁布了《农田水利法》，制定整治河道规划，修建沟渠陂塘以提高防洪蓄水灌溉能力，引河水淤泥溉田以改良土壤、提高地力，并设立了专门机构淤田司、浚河司。同时鼓励农民出钱兴修水利。这些措施收到了明显的成效，例如山西绛州一带原来亩产仅5～7斗，淤田后亩产达到了2～3石（斗和石都是古代的容量单位，一石十斗，一斗十升）。其中南方得益最大。南方地区在五代十国期间局势相对稳定，修建了不少水利设施，再加上南方本身就水网密布，开发水利有着得天独厚的条件。在农作物品种上，南方很多地区已有早稻、中稻、晚稻的区分。水稻栽培技术也有了明显的提高，还出现了一种新型的插秧工具秧马，提高了生产效率。早稻优良品种占城稻在宋初从越南引进以后，经过一百多年的推广，江南各地已经普

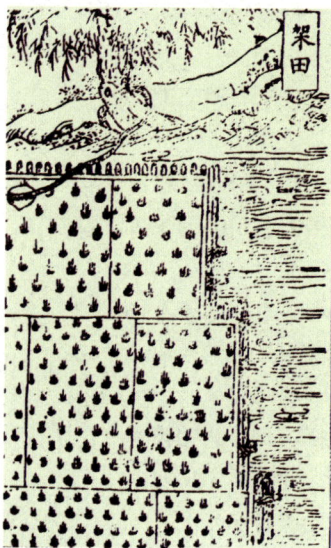

架田

当时人们将木架浮在水面上，将木架里填满带泥的菰根，让水草生长纠结填满框架而成为人造耕地。耕种时，将水草上面的叶子除去，就可以种植水稻或蔬菜。为了防止它们漂走，人们经常用绳子将其拴在湖边或河边。

清明上河图（局部）
街道上人流如织，商家众多，河道上则停泊众
多船只。这表明宋代的经济已相当繁荣。

遍种植。江浙地区遂成为当时国内最主要的粮食基地，"苏常熟，天下足"这一说法就开始出现在南宋的诗文中。

江南不但提供了大量的粮食，也向社会提供了大量的蚕桑、茶叶。在有些地方，蚕桑经营甚至成为农民的主业，而茶叶也因商品化生产而产量大增。商人纷纷下乡收购各种商品，范成大就记载了这样的情形："鸡飞过篱犬吠窦，知有行商来买茶。"

皇家园林中的农业活动

欧洲直到 18 世纪，甚至大城市里还保留着某些农村的生产活动。1746年威尼斯曾发布禁令，禁止在城内或寺院里养猪。中国的城市也不例外。虽然宋代是中国历史上工商业和城市发展最快的时期之一，行政区划上出现了城乡分治，在户籍管理上也出现了城镇居民的"坊郭户"和农村居民的"乡村户"，但即使是开封城中还有相当的农业成分。

皇家园林中的农业则是宋朝城市内的农业活动的典型。它首先是为满足皇宫荐新需要而发展起来的。荐新是宫廷中一年四季都要举行的大礼，主要内容是以新收获的五谷和其他时鲜果品等祭献祖先和神灵。为了表示对祖先和神灵的崇敬，用于荐新的物品贵在新鲜，而从市场上采购的物品难以保证。为了确保新鲜，宋朝规定宫廷和官府所需要的用于荐新的粮食等物资，首先

推磨彩绘砖雕
这块砖雕为宋代墓葬砖雕，描述了一个磨房内有两位妇人用力推磨的场景，画面生动真实。墙上挂有箩筐、簸箕等物，这些器物至今仍在农村地区广泛地使用。

应该由皇家园林提供。这些场所除了提供一年中所有祭祀用的祭品以及满足皇宫的需求外，还有大量可供出售的富余产品。

渔业在皇家园林中也有相当的发展。金明池是皇家园林的重要组成部分，它一方面承担了水上乐园的功能，另一方面也在偏僻处大量养鱼。当时的钓鱼爱好者都向官府出钱购买许可证，钓上鱼之后再用双倍的价格买下来。现场还提供加工服务，京城很多人都对此乐此不疲。

另外为了表示对农业的重视，每年仲夏麦收时节，皇帝都要观看麦子收割。因此皇家园林也植麦种稻。这些地方也就成为皇帝及其大臣们了解农业、体察民情、观察庄稼甚至进行农事实验的场所。例如宋真宗在向江、淮、两浙推广占城稻之前，就在皇家园林对占城稻做过许多试验，并摸索出一套切实可行的技术。宋孝宗也十分关注新的农作物品种。有一次范成大进呈一种叫"劫麦"的新品种，宋孝宗命人先在皇家花园里试种，发现其穗饱满，就在江淮各地大面积推广。

为了增强对农业的认识以及提醒帝王不要忘了稼穑之艰难，自后周以来，宫中还用图画的形式来表达农桑的内容。描绘农家的耕织情况的耕织图在宋仁宗年间已在宫廷中出现。于潜县令楼璹经常深入民间了解农桑实情，感叹于农夫蚕妇的辛劳，就在1133年以连环图的形式详尽描绘了农耕、蚕织的全过程，其中耕图二十一幅、织图二十四幅，又由楼璹的孙子楼洪为每幅画配上五言诗，是为《耕织图诗》，上呈朝廷。宋高宗特别高兴，亲自召见了他，并颁布全国。吴皇后也命画家临摹此图的蚕织部分，并作了一些修改，还根据自己养蚕织绢的亲身经历，为画中内容作了详尽的题注。后来几乎所有州县官府的墙上都绘有《耕织图》壁画，以供官员百姓观摩。

值得一提的是，作为政治、经济、文化的中心，城市集中了大量的优秀

名家评史

在南方，人口更加密集，富足程度增加，海上和
内河交通发展起来，并且形成了一种几乎不为中国北
方所熟悉的特殊的城市生活方式，产生了一些重要的
书香世家，这终于使人们意识到它的存在和它的活力。
对于这种深远的、几乎难于觉察到的变化过程，我们
最先想到的也是最有可能正确的解释是：正是10世纪
至13世纪的来自中亚和今天蒙古一带的野蛮游牧民族
的持续不断的压力，才构成了促进中国长江流域和东
南省份经济普遍成长的主要动因。

——谢和耐《蒙元入侵前夜的中国日常生活》

农业人才。另外由于新品种的培养方面需要数年的投入以及大量的资金，同
时生活在繁荣经济下的城市居民具有很强的购买力，又为之提供了销售市场。
城市在农业新品种的培养也有很大优势，韭黄等蔬菜就最先出现在宋代的城
市。当时开封由于受运输条件的限制，冬天蔬菜供应特别紧张。京城的人们
就在前人的基础上，创立了韭黄培植技术。菜农在冬天把韭菜移植到温度较
高的屋内，施以粪土，保证韭菜不会因低温而冻死。因这种状况下的韭菜少
见阳光，不能产生光合作用而合成叶绿素，就会变成黄色，被称为"韭黄"。
这是现代温室出现以前的北方冬天，生产蔬菜成本较低的办法。韭黄在开封
大量种植，成为开封城里冬天的重要蔬菜。

生态的隐患

农业的开发以及由此带来的人口增长，对生态造成了很大的影响。北宋
末年人口已达一亿左右，为了增加耕地面积，北宋开始大规模地围水造田，
南方的许多森林也被砍伐、造田。再加上气候的变迁以及宋朝（还包括控制
了黄河中上游部分区域的西夏）对森林资源的过度开发的双重作用，宋代生
态隐患已相当严重。一个典型的标志就是黄河、汴河河床的抬升。黄河夹带
着大量泥沙入汴，使汴河河床越来越高，在有些堤段水面竟比堤外地面高出
四米多。

宋代经济发达，刺激了对木材的需求，宫殿、陵墓、皇室富商私宅、僧
寺道观以及河防工程都需要大量的木材。如修建定州木塔时，就有民谣说：
"砍尽嘉山木，始成定州塔。"造船业也消耗了大量的木材。沈括就曾感叹：
"今齐、鲁间松林尽矣，渐至太行、京西、江南，松山太半皆童矣"。

耕织图部分

此图是楼璹所献织图的一部分，是我国最早记录蚕织生产技术和以劳动妇女为主的画卷。每段画面下有宋高宗的吴皇后楷书题写的标题。有的标题下或旁注以小字，具体阐释画面内容。

居民对木柴的需求与气候变迁的双重作用也对生态环境造成了极大的破坏。宋初气候还相当温暖，962 年河南还有野生大象出现的记载。而 1110 年和 1178 年福州地区的荔枝两度被全部冻死。1245 年，广州就曾经"大雪三日，积盈尺余"。气候的变冷直接导致植物生长缓慢，北方农业生产萎缩，同时增加了居民对燃料的需求，以致出现了木柴危机。

北宋初年，由于木材不足，就出现了砍伐桑树和枣树为柴薪这种挖肉补疮的现象，军队后来也加入其中。政府屡禁不止，甚至出现桑树和枣树公然在木材市场出现的现象。先圣先贤的庙祠以及历代帝王、功臣陵墓区的林木也被人砍伐为木柴。在宋高宗赵构统治期间，甚至出现原来用来欣赏的花卉也被砍断刨根，充作干柴的现象。在柴薪危机中，北宋京城开封体现得最为明显。1058 年冬天至次年春天，开封雨雪不止，不少贫民被冻死。而宋仁宗也不得不节食减膳，以示"畏天忧民"之心，宋代节日中最为盛大、热闹的元宵灯会也只好停办一年。北宋政府不得不以免税来刺激商人们由外地往开封贩运煤炭，以缓解开封的木柴危机。

值得注意的是，木柴危机的出现与对森林资源的破坏是一恶性循环的过程，严重损害了农业的生产能力。到了金朝，北方地区已无法实现粮食自给，不得不向南宋大量进口稻米。

煤炭的使用及五大名窑

随着煤炭的广泛使用，宋代手工业有了很大的发展，在金属冶炼技术及水平方面都有了很大的提高。特别是瓷器制造业方面，先后出现了五大名窑，并大量出口海外。

矿冶业的发达

矿冶业在北宋手工业中占有重要的地位。矿冶业的发展，突出表现在开采冶炼规模的扩大以及产量的增加上。这首先要从煤炭的大规模开采及运用说起。

我国煤炭蕴藏资源丰富，早在两汉时就已被用作炼铁燃料，但并没有得到广泛的使用。后来由于北宋燃料危机以及手工业的发展，煤炭才得到了广泛的运用。时人记载："汴都数百万户，尽仰石炭，无一家燃薪者。"而由于手工业生产用煤的增加，当时就有人这样形容延州："沙堆套里三条路，石炭烟中两座城。"说两座城在浓浓煤烟云中若隐若现，类似于现代工矿厂区的烟雾。在旺盛的需求下，北宋的采煤业有了长足的发展。今河南鹤壁市发现的一个宋代煤矿，矿井口直径二点五米，井深四十六米，还有完整的排水系统，规模已非常之大。

煤炭的广泛应用，又大大地推动了宋代矿冶业的发展。徐州很早就是重要的产铁地区，但是由于木柴的缺乏，连居民烧柴都成了问题，因此冶铁业陷入了停顿。后来由于发现了煤炭，冶铁业才得以继续发展。由于煤炭可以产生较高的温度，所以造出的兵器也比以往更加锋利。官府还在这里开始铸造铁钱，每年铸造三十万贯。徐州单是冶铁工人就有四千名左右。而江西信州（今江西上饶）则盛产铜、铅，"常募集十余万人，昼夜采凿，得铜、铅数千万斤"。在开采冶炼规模扩大的基础上，产品大有增加。宋神宗期间年产铜七千多万斤，银一百多万两，产量都超过唐朝数倍。

瓷枕与五大名窑

中国是瓷器制造的故乡，宋代则是中国瓷器艺术臻于成熟的时代，不管是在种类、样式还是烧造工艺等方面，均处于巅峰地位。宋瓷追求以"玉为本，清如天，薄如纸，明如镜，声如磬"的艺术境界。虽然多是单纯的素色釉，式样简单，但却意境悠远。

谈到宋瓷，不能不谈瓷枕以及五大名窑。唐朝即有瓷枕，但在宋朝达到了高峰。宋代瓷枕主要流行民间，式样很多，有长方形、云头、花瓣、椭圆、孩儿、卧女等。图案多闲适，流露出宋人知足常乐的人生观，具有浓厚的民间气息。其中以童子荷叶枕最为出名。瓷枕也多有文字装饰，但与唐朝多用诗歌不同，宋人多用词曲，或用格言，如"为争三寸气，白了少年头"，"过桥须下马，有路莫行船"句。

北宋共有五大名窑，即汝窑、定窑、哥窑、钧窑和官窑。汝窑居宋代五大名窑之首，窑址在今河南省宝丰县，宋朝属于汝州，故有此称。原为民窑，北宋晚期开始为宫廷烧造高档瓷器。瓷器自然含蓄，淡泊质朴。定窑唐朝时就很出名，在今河北省曲阳县一带，因唐属定州，故名定窑。定窑白瓷居多。哥窑窑址据说是在今浙江省龙泉市。传说浙江人章生一和其弟章生二都是制瓷好手，并在龙泉各设一窑，因生一是兄，所以被称为"哥窑"，生二为弟，当然被称为"弟窑"。哥窑瓷器由于胎体和釉层的膨胀系数不一致，形成釉面上的冰裂纹，别有风味。钧窑在今河南省禹县一带，宋代称钧州，宋初于此设窑，故有此名。宋徽宗时期又在这里设立官窑。官窑专供皇家用瓷，窑址在开封一带。南宋朝廷沿袭北宋旧制，在临安建造了专门为皇室烧造瓷器的官窑。

商业的进一步发展

与前代相比，宋代的商业有了很大的发展。王安石之所以能够提出理财的观念，与此有着很大的关系。这主要表现在市场意识的提高、远洋贸易的广泛开展和纸币的出现以及广泛使用。

全民经商

宋朝各个社会阶层都卷入到商业之中，宗教界也不例外。开封的大相国寺更是兼佛寺与交易市场于一体，不仅是著名的宗教圣地，更是繁华的商业区。相国寺每月初一、十五和逢八都要开放，允许老百姓在寺内做买卖。每次来交易的商人达万余之多，并且各有明确的交易区。根据史书记载，寺内大山门内交易飞禽走兽；第二座山门内出卖各种杂物；广场上出卖家用器物，有屏帏、马鞍马辔、弓箭、新鲜水果及果脯等；近大殿处多出卖各种老字号产品，如孟家道院王道人蜜煎、赵文秀笔、潘谷墨。这说明当时的人们已经很注重商品的品牌，有着很强的品牌意识，还设立了专门的交易地点。其中将人名写在商品名前以标示自己产品独特品质的做法沿用至今。两廊则出卖各个寺庙尼姑制作的绣作、珠翠首饰等，大殿后主要出卖书籍、古玩、图画以及地方上返京的官员带来的各地土特产等。

其中有意思的是，商品的售出者有官员，有道士尼姑，而且当时的人们也认同这种做法，要不也不会有孟家道院王道人蜜煎这种说法。而寺内"每遇斋会，凡饮食茶果、动使器皿"也要以金钱论价，虽然就三五百文钱，但僧人也要和顾客进行激烈的讨价还价。

自然市场意识的提高并不完全是好事。军人、官吏纷纷利用职务之便，加

白瓷孩儿枕

宋代瓷枕有多种形式，孩儿枕多为求子的妇女所用。该孩儿枕为定窑产品，该类作品传世仅此一件。

红陶坐童

在瓷器广泛使用的同时，宋朝的陶器也有很大发展。图中的宋代坐童颐满目秀，双手持球，天真可爱，充分展现了宋朝的陶器水平。

入到商业中来，破坏了市场秩序，也败坏了官风、民风。特别是边境的官员士兵不顾朝廷禁令，进行边境走私，将盐、铁、货币等诸多战略物资大量输出，以至于辽国根本就不用铸钱，而宋朝倒出现了货币危机。辽国还在边境私买硫磺等火药原料，这也与边境官员士兵的走私有关。这直接影响了宋朝的国防安全。宋朝为了在经济上打击西夏，一度停止与西夏的贸易，对西夏打击很大。但边境的走私特别是官员士兵的走私，使宋朝的贸易战政策不能充分发挥应有的效用。

远洋贸易与陶瓷出口

宋代是历代王朝中最重视商业的朝代，尤其重视对外贸易。北宋在唐朝的广州一个城市的基础上增加了杭州、明州、泉州、板桥等九个负责远洋贸易的港口。南宋还在海南岛新建了神应港。据说神应港的前身是白沙津，沙多水浅，无法停泊大船，历任官员都想把白沙津改造成良港，但每次开挖不久，水中的泥沙都会重新淤积。1248 年，这一带遇到台风，海浪冲走了大量的泥沙，白沙津顿成良港，人们便将之改成神应港。宋廷也从中得到了巨额的收入。宋朝从大量进口货物通过市舶司获得的税收，北宋皇祐（1049 年—1054 年）年间每年约五十万贯，到了南宋绍兴（1131 年—1162 年）年间已达每年约二百万贯。

在丰厚收入的刺激下，宋高宗赵构曾明确表态："海外贸易获利最丰厚，如果经营得当，可以得上百万贯钱的收入，难道不比向民众征税好得多？"在此思想指导下，宋朝政府每隔几十里就在沿海添置灯塔，并于海上岛屿设立水师寨，为进出的商船护航。经过政府与民间的不断努力，到了 12 世纪

僧人补衲图

宋代僧人之所以卷入商业，是由于社会环境的变化，他们不能再仅靠信徒的供奉为生，必须削减开支、增加收入。图中的老僧虽然须眉尽白，显得老态龙钟，但也要亲自穿针引线。这体现了当时宋僧节俭的生活方式和禅家的信念。

末，宋朝开始取代了阿拉伯人在东亚和东南亚的海上优势。

宋朝先进的造船技术也为其远洋贸易提供了重要的保障。宋船已经装备了指南针，配备了救生艇，并设有密封隔水舱。一般的远洋船只平均三十米长、十米宽，可载百余吨货物，外加六十余名水手。大的船只可载三百吨以上的货物，再外加五六百人，还往往携带足够吃一年的粮食，在上面养猪酿酒。

1271 年，意大利人在泉州看到了满载着瓷器的远洋船队出航，该船队的目的地是埃及的亚历山大港。这是一个由上百条至少挂了十张帆的大船组成的庞大船队，每一条大船还分别配有小船三艘。每一艘大船上都有一支上千人的队伍，其中海员六百人，护卫人员四百人，包括弓箭手和持盾战士以及其他兵种。

宋代的对外贸易输出中最大宗的是瓷器。瓷器被宋人直接运往全球五十多个国家，最远的包括非洲大陆的坦桑尼亚。瓷器所到之处，都能引起轰动。东南亚一些国家在中国陶瓷器传入以前，多以植物叶子为食器。直到宋瓷输入之后，他们才改变了过去"掬而食之"的饮食习俗。在有些地方，宋瓷的使用成为阶级和身份的象征，据说有一段时间瓷器在欧洲甚至与同等重量的黄金等价。

在巨大经济利益的驱使下，宋代的泉州、广州、杭州等著名对外贸易港口附近出现不少瓷窑，一些专门的外销品种也被生产出来。考古学家曾在沿海的窑址发现过一些瓷雕塑，人物形象高鼻深目，从侧面反映出当时瓷器出口之繁盛。

有意思的是，宋朝的瓷器出口在很多情况下是由小商人完成的。他们向船主支付运费，在船舱买得数米见方的空间。瓷器大小相套，塞得满满当当，而他们晚上就睡在瓷器上。宋朝商业的繁荣离不开这些吃苦耐劳的小商人。

纸币的出现

在古代，人们在进行交易时，采用的是物物交易，后来才出现了金属货币。纸币要到经济发展到一定阶段才会出现。欧洲则到 17 世纪才发行纸币，真正意义上的纸币直到 1694 年才出现。而中国在北宋时期就出现了纸币"交子"。

宋朝开国以来，市场经济异常发达，铜钱已无法满足需求，很多地方只

历史细读

宋朝沿用唐朝的度牒制度，度牒相当于僧侣的身份证。但为了解决财政短缺，宋朝廷后来开始公开出售度牒。在《水浒传》中，鲁智深之所以能够到五台山出家，很重要的一个原因就是赵员外已经买了度牒。

好铸造铁钱作为铜钱的代用品。四川更是专用铁钱，当时买一匹绫罗需铁钱两万，重百余斤。再加上四川道路崎岖难行，铁钱根本无法满足蓬勃发展的经济需要。四川民间就开始专为携带巨款的商人经营现钱保管业务的"交子铺户"。存款人先把现金交付给铺户，铺户把存款人存放现金的数额临时填写在用楮纸（用楮树树皮纤维制成的一种纸，纸质很好）制作的券面上，再交给存款人，当存款人提取现金时，每贯付给铺户三十文钱的利息，即付百分之三的保管费。这种临时填写存款金额的楮纸券便被称为"交子"。后来随着商品经济的发展，交子的使用范围也越来越广泛，许多商人联合成立专营发行和兑换交子的交子铺，并在各地设交子分铺。在商业上的大额交易方面，为了避免搬运铸币的麻烦，直接用随时可变成现钱的交子来支付货款的事例也日渐增多。后来交子铺户开始印刷有统一面额和格式的交子，这种交子真正成了纸币。但此时的交子尚未取得朝廷的认可，同时有一些唯利是图的铺户蓄意欺诈，在滥发交子之后停止营业；或者挪用存款经营他项买卖失败而破产，使所发交子无法兑现。这样便往往激起事端，引发诉讼。于是益州知州张泳在 1005 年对交子铺户进行整顿，剔除不符合资格的铺户，规定专由十六户富商经营。至此交子始取得政府的认可。

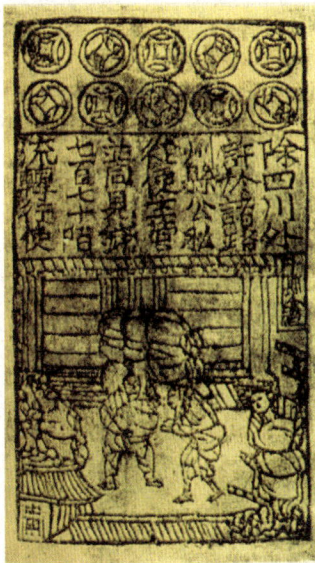

北宋交子

继四川发行交子之后，其他地方也开始发行交子。不过与现代纸币不同的是，宋朝的一些交子具有特定的使用范围。如图中所示的交子，就很明确地说明"除四川外"才可使用。

1023 年，朝廷设益州交子务，由朝廷官员担任监督人员主持交子发行，并"置钞纸院，以革伪造之弊"，规定了严格的章程。我国最早由政府正式发行的纸币"官交子"也由此诞生。这种政府发行的纸币面额固定，盖有官印，用户以现钱换取纸币时，要把商业字号登记在册，兑现时按字号销账，以防伪造。

觅宝海船

随着远洋商业的发展，航运安全也成为民间极为关注的话题。该幅壁画就宣扬了当
遇到大风浪时，念"观音"名号就是求得平安的最简单有效的方法。

繁荣下的阴影

宋代经济相当发达，但农民却极其贫困。宋朝对土地兼并的政策是"本
朝不抑兼并"，并认为"富室连我阡陌，为国守财。缓急盗贼窃发，边境扰
动，兼并之财乐于输纳，皆我之物"。在这种情况下，富人越来越富，往往
"富有弥望之田"，而穷人则越来越穷，"贫无立锥之地"。另外宋代商业发达，
大量资本流入农村，导致土地兼并情况不断恶化。据估计有宋一代，不足百
分之一的人口占有了全国土地的百分之七十左右；百分之九十以上的土地集
中在地主手里，几乎所有的农民都是佃农。另外大地主往往拥有各种特权，
不用纳税。据统计在 1064 年—1067 年间，只有百分之三十的耕地纳税，沉
重的税赋负担就落在了基层农民的身上。虽然王安石变法对此有所触动，但
王安石辞相之后，这种局势更加恶化了。

在此背景下，宋代的农民起义呈现出新的特点。993 年，王小波、李顺
在四川发动农民起义时宣称："吾疾贫富不均，今为汝均之。"这是中国历史
上第一次明确提出"均贫富"的口号，也从侧面说明宋代的贫富差距之大。
钟相、杨幺则于 1130 年在湖南洞庭湖一带起义，更是主张"等贵贱，均
贫富"。

其实连政府内部人士都注意到了这种情况。王安石在一次赴任途中，恰
逢天下大旱，民众流离失所，弱妇病子比比皆是。王安石感同身受，写下一

纺线图
这是明人临摹宋人作品《纺线图》而成，此图生动地反映了当时纺织业的生产状况。

首描写灾民悲惨生活的纪实诗《河北民》：

河北民，生近二边长苦辛。

家家养子学耕织，输与官家事夷狄。

今年大旱千里赤，州县仍催给河役。

老小相携来就南，南人丰年自无食。

悲愁天地白日昏，路旁过者无颜色。

汝生不及贞观中，斗粟数钱无兵戎。

当时辽国和西夏经常侵扰中原，所到之处，"俘掠人民，焚荡村舍，农桑废业，闾里为墟"。而北宋朝廷却采取苟安政策，搜刮民脂民膏献于辽和西夏，以求得暂时的安宁。广大人民尤其是黄河以北的平民百姓深受边患、赋税、徭役等压榨之苦。老百姓实在没办法了，就拖家带口到黄河南岸找活路。但黄河南岸的百姓丰收时尚且无衣无食，歉收时就更不待言了。民众生活在水深火热之中，只好怀念唐朝贞观年间的盛世。

到了南宋时期，宋金战争激烈，人民流离失所，大批土地荒芜。南宋朝廷趁机把大量荒地圈为官田，再把它们卖给或赏赐给文臣武将。南渡的皇室、官僚和地主们拼命掠夺荒地或私田，南方土著地主也极力强占农民的田宅。这样土地兼并愈演愈烈，严重程度远远超过了北宋。农民生活非常艰难，他们白天耕田，晚上纺织，小孩子虽不能耕织，也得学着从事种瓜之类的农业生产。

对于这种"丰年不饱食，水旱尚何有？虽无剽盗起，万一且不久"的局面，宋朝统治阶级仍过着穷奢极欲的生活。开封城内资产百万者非常之多，

名家评史

尽管丝与瓷的出口贸易有所增长，中国却从 12 世纪初就开始日趋贫困。贵重金属和铜钱流向国外，正证明了贸易上的逆差。中国人正在寅吃卯粮地过活，而且中国社会中一小部分人穷奢极欲的生活方式，正是这种财政亏空的主要原因之一。

——谢和耐《蒙元入侵前夜的中国日常生活》

十万之上比比皆是。在绝大多数基层民众连温饱问题都没有解决时，京城的一些人连洗脸水、漱口水都不愿烧，都要到外面去买，可见当时宋朝上层生活之糜烂。宋徽宗就是典型一例。他喜欢花鸟、书法、绘画，喜欢太湖的石头，却没有想到有无数民工和厢军为之饿死累死在从太湖到开封的路上。

而到了南宋时期，都城临安的人口逾百万众，但皇族与官吏竟占全城总人口的近四分之一。他们花天酒地，夜夜笙歌。酒肆、歌馆、青楼，随处可见，以至于有人感叹："山外青山楼外楼，西湖歌舞几时休。暖风熏得游人醉，直把杭州作汴州。"拿"商女不知亡国恨，隔江犹唱后庭花"来形容南宋上层的生活也不过分。但可叹的是，继南宋人追忆北宋开封的生活而写出《东京梦华录》之后，南宋的遗民又写出了《梦粱录》，历史重演。

更让人感叹的是，繁荣的对外贸易在两宋期间却变成了一把双刃剑。对外贸易固然刺激了国内工商业和农业的发展，但同时也埋下了宋朝灭亡的伏笔。当时广州出口的商品主要是金、银、铜、瓷器、丝绸、布帛等手工业品，进口的则主要是象牙、犀角、珊瑚之类的奢侈消费品。南宋政府每年购入奢侈品花掉的钱，竟占去南宋年度财政总收入的二十分之一左右。随着大量奢侈品的进口，金、银、铜钱不断流出海外，国内钱币越来越少，国计民生难以为继，再加上频繁的战事，加剧了宋朝的财政危机，一个王朝因而没落。

宋朝的城市

宋代与前面朝代很大不同的一点就是有了极其繁荣的城市。各色人等在城市这个大舞台上扮演自己的角色，演出了一出出风俗剧。

风雨中的牧童

村郊野外，风雨大作，放牛晚归的牧童在艰难前行。在过去的农村，男孩帮助家人放牧，女孩则帮助母亲做家务，异常辛苦。

商业城市的出现

宋朝打破了唐朝居民区"坊"和商业区"市"分开，并用围墙把居民区和商业区围起来的做法，同时改变了除了高官以外居民不许向街路开门的制度，这样就使商业扩散到各个大街小巷。在居民区"坊"里出现了做小买卖的，还有瓦子与勾栏，为都市增添了繁华的商业气息与市井色彩。宋仁宗年间，朝廷正式规定，只要纳税，可以到处开设店铺。而随着朝廷对于夜市的禁令的取消，很多市场一直营业到三更，五更又重新开张。娱乐场所则通宵营业。在此基础上，宋代涌现出了一大批商业城市。

以开封为例。开封是当时世界上最大的城市，人口已经超过一百万，行市、酒楼、茶坊、食店、瓦子（娱乐场所）等连成一片。最为热闹的是潘楼街。潘楼街既有集市性质的潘家酒楼，又有金银彩帛的交易场所，还有最大的娱乐场所桑家瓦子。樊楼是北宋东京最繁华的一家酒楼，由东、西、南、北、中五座楼宇组成，每座楼皆高三层。宋朝话本中很多故事都与樊楼有关，据说宋徽宗就是在樊楼和李师师幽会。而桑家瓦子有五十多座戏场，其中最大一个戏场竟可以容纳一千多人。

市民的生活

商业城市发展起来之后，必定会产生市民阶层。宋代的商业及城市在封建朝代最为发达，因此也有着与其他朝代极为不同的市民阶层。他们的生活与前人有着很大的不同。

历史细读

宋代城市市民的生活节奏已大大加快。市民在遇到熟人时，如果有事情要忙，不愿寒暄，就以扇子遮面。对方心领神会，并不责怪，反而认为是礼貌之举。当时就有人说："以扇遮面，则其两便。"

餐饮广告与吃什么

按照古代礼仪，天子一日四餐，诸侯一日三餐，平民两餐。在宋代以前，百姓在太阳出来之前吃一顿，在太阳落山之前吃一顿，然后就上床休息。即是在城市，官府也实行宵禁政策，晚上到了一定时间之后就有官府人员巡查。若有人还在街上走动的话，一般都要受到惩罚。但到了宋代，随着市民阶层的壮大，人们有了很多的闲暇时间。加之宵禁的解除，城市居民的夜间生活一下就活跃了起来，很多人也由此养成了入夜后再吃一顿饭的习惯。再加上有一部分富裕的人群往往在外就餐，特别是在开封，那里的百姓，寻常家里都不开灶的。这样就刺激了餐饮业的发展。当然餐饮业之间也展开了激烈的竞争。

一般著名的酒楼，如樊楼会不惜千金请人赋写诗词以增加自家酒楼的名气，一些不知名的小店也会打出"孙羊肉""李家酒"等特色招牌广告。更多的酒楼则是普遍以妓女的美色来卖酒以促进业务，官营酒楼也往往选择长相好、声音甜美的妓女来卖酒。她们的声音让食客们百听不厌，促进了酒楼的销售。

至于一般的小商小贩，也挖空心思使自己与众不同。宋哲宗时期，一名走街串巷卖饼的小贩，想出了别出心裁的叫卖词："吃亏的便是我呀。"他不说卖的是什么东西，只说自己吃亏，吸引了不少买者。但在他走到被废的孟皇后居处瑶华宫前时，官府却怀疑他借此讽刺皇帝废后不当，就把他抓起来审讯。审后才得知他只是为了推销自己的饼，就将他放回。此后该小贩便改口为："待我放下歇一歇吧。"此事一时传为笑谈。当时餐饮业竞争之激烈可见一斑。

值得一提的是，当时吃何种肉食还有着明显的人群差异。宫廷多吃羊肉，普通百姓则吃猪肉。因为羊肉价格比较贵，吃羊肉可以显得与众不同，再加上与少数民族互市，羊肉的供应也较有保证，所以两宋皇宫"御厨止用羊肉"，原则上"不登彘肉"（彘为猪的古称）。宋真宗年间，"御厨岁费羊数万口"。宋朝廷甚至在京师开封成立了牧羊业的管理机构牛羊司，"掌畜牧羔羊，栈饲以给烹宰之用"，羊存栏数达三万多只。为此还在京师开封之北开辟了大片牧地，"乃官民放养羊地"，雇用人员也达一千多人。虽然南宋牧羊业的发展受到一定的限制，但宫廷羊肉的消费量仍然很大，如皇太后每月食用羊的定量就为九十只。

平民百姓主要吃"价贱如泥土"而"贵人不肯吃"的猪肉（这两句都是苏轼的诗句。对大部分官僚来说，猪肉是很便宜的）。开封城的猪肉消费量非常之大，一个屠户生意好时一天就可以卖上百头猪。而猪的来源除了市民自养以外，主要靠外来供应。据说每天都有上万头猪被送到开封城。当时是由人赶猪入城，一个几千头猪的猪群只由十几人驱赶，猪也没有乱跑的。有趣的是，当时南薰门由于正对着皇宫，普通百姓不能由此门出入，但这些猪却不受限制。

至于牛肉，一般人是不能吃的。在封建社会，牛是农业生产的重要工具，而牛皮、牛角都是重要的军事物资，所以私自杀耕牛是要被处以重罪的。举报私宰耕牛者，官府都会给以重赏。就是等到牛老得不能再耕种了，也要官府批准了才可以杀掉。但古人相信吃了牛肉会有力量，因此在犒赏军队时往

子孙和合图
此图绘三名孩童在花园中戏水船，主题撷取童"子""荷"花的谐音而成"子孙和合"之寓意，白胖活泼的婴戏图透露出对子多福多的追求。这也是宋代孩童画在市民中极为流行的重要原因。

往会提供牛肉。而农民出于对牛的感情，一般也是不吃的。宋朝官府为了促进农业生产，还曾把从游牧民族手中购买到的本用来犒赏军队和祭祀的"蕃牛"改变用途，"转送内地，以给农耕，宴犒则用羊豕"，不让宰杀了。因此《水浒传》中提到的吃牛肉的人都是不从事农业生产、专与官府对抗的所谓江湖好汉。

不过在饮酒方面，倒是没有太大差别，当时的人们多喝家酿或者酒店自酿的黄酒，皇帝则喝皇宫自酿的黄酒，差别只是在于味道而已。而黄酒最传统

宋人温酒器具
在这套酒具中，碗为注碗，酒壶为注子。宋人喝酒时，在注碗中放入适量热水，注子内盛酒置于碗中。注碗的水凉了之后，再换上热水，非常方便。

女子鞠球
宋代踢球之风颇盛，虽然当时社会上对女子约束颇多，但仍有不少女子乐于此道。瓷枕上即为女子鞠球图案。

的饮法是温饮。温饮的显著特点是酒香浓郁，酒味柔和。温酒的方法一般有两种，一种是将盛酒器放入热水中烫热，另一种是隔火加温。但黄酒的加热时间不宜过久，温度以三十度左右为限。所以话本经常有烫酒、温酒一说。

市民的娱乐

两宋的经济生活已经相当发达，市民耽于享乐，时人有言："太平日久，人物繁阜，垂髫之童，但习歌舞，斑白之老，不识干戈。"就是南宋迁都临安之后，中原沦陷亡国的哀痛丝毫没有影响这种生活的延续，整个社会被一种及时行乐的风气所笼罩。这在玩蹴鞠上体现得相当明显。原出于强身健体目的的蹴鞠在宋代变成了表演项目，甚至成为一些人在仕途上飞黄腾达的工具。

蹴鞠是一种始于战国时期的古代足球运动。原先人们踢的是一种实心皮球，到了唐代，开始用动物的尿泡当球胆，再加上一层外皮。宋代在材料上沿袭唐代，但在踢法上发生了很大的变化。

宋朝重文治而轻武功，推崇谦谦君子的温文尔雅，鄙薄孔武之士的争强好胜。在这种社会文化背景下，蹴鞠由对抗性比赛逐步演变为表演性竞技。有宋一代盛行以表现个人技巧的踢法，谓之"白打"。既有单人表演，也有二三人乃至十余人的共同表演。甚至还有人比赛踢球的花样，在当时的娱乐场所踢球就是比赛踢球的花样。据说花样脚法有几百种之多，除用脚外，还可用头、肩、臀、胸、腹、膝等部位处理球。当时一位道士球艺极高，能"使鞠绕身，终日不堕"。

当时踢球的风气极盛，宋人著有《蹴鞠图谱》等专论踢球的著作，踢球者组织的足球团体有"圆社""齐云社"等。不少皇帝都特别爱好踢球。赵匡

卖浆图
宋代市民喜欢饮用各种茶点，该图就描绘了这一场景。画面右边有几人正围在一起饮茶。左边一位妇女买完了东西，捧着一个装满点心的小盘，提了壶热水，带着小孩要回家享用。而卖主正在为一个小孩盛茶点。

胤就经常与亲信踢球，并有图画流传于世。宋神宗也经常和他的弟兄踢球。而南宋的孝宗更是痴迷踢球，如果下雨，就转到室内踢。大臣劝阻，他也不听。在帝王都如此痴迷的情况下，有些人就通过踢球而获得了飞黄腾达的机会。据说宋真宗年间，有一个姓柳的进士想晋见权倾朝野的当朝宰相丁谓，但一直苦于没有机缘。当他得知丁谓喜欢踢球后，就决计以自己不俗的球技引起丁谓的注意。一次他探听到丁谓在后花园踢球，便在后花园的围墙外等候，待丁谓所踢的球飞出，他立即用踢球的惯技挟住，并顶在头上，由此得到丁谓的召见。他跪见丁谓时将头上的球转到背上而不落，等到他起来的时候又让球回到头上。这让踢球老手丁谓大吃一惊，就提拔了他。这样的例子在宋朝还不止一桩。据说李邦彦也是因为善于踢球而得到宋徽宗的赏识，后来当上了宰相。

春节与元宵

宋人极为重视节日。比如等到农历腊月初八那天，和尚就三五成群，用盆子盛着佛像，走街串巷，一路念佛，而市民也纷纷给以施舍。同时各个寺庙也举办浴佛会，并给信徒分送有多种果子的七宝五味粥，是为腊八粥。而市民也开始用各种果子以及杂粮煮粥，后来就演变成到了这一天每家每户都要煮腊八粥的习俗。

在众多节日中，以春节（当时称元旦）和元宵节最为隆重。每到除夕夜，人们都要打扫房里房外，贴上年画，换上传说中能打鬼驱邪的钟馗门画（到

历史细读

　　古人在春节时，把竹子放到火堆中，竹子爆裂，发出巨大的声响，以求驱瘟逐邪，是为爆竹。到了南宋，爆竹逐渐演变为以纸卷裹硝磺，以后演变为装火药，但依然沿用"爆竹"之名。

了北宋末年则以唐代名将秦琼、尉迟敬德代之），将新的据说能够驱邪的桃木板钉在大门两侧（后来就发展为春联）。到了晚上，全家人都围坐在一起，整夜不睡，是为守岁。这时人们还要喝一种名叫屠苏的药酒，以祈求来年无疾无病。有意思的是，这屠苏酒是年少者先喝，年长者后喝。而儿童则享受着属于他们的节日，成群结伴地在大街上游玩。

　　三更过后，爆竹声便响彻天空，宣告了新的一年的开始，"爆竹声中一岁除"。皇家开始举行隆重的朝贺大礼，寻常百姓也开始拜天地、祭祖先，互相拜年。官员在拜访亲友的同时，也要拜访同僚。如果自己不能亲往，就派人骑马到每一位朋友家代为拜见，并留下一张名刺（即名片），表示已前来拜年。这时官府放假三天。开封城中更有大量的娱乐活动，民众尽情玩乐。

　　元宵节也是宋朝的重大节日。官府放假五天，上至王公贵族，下至贩夫走卒，无不出外赏灯。一般自十三日开始，称"上灯"，十四日为"试灯"，十五日为"正灯"，十七日为"罢灯"，又称"残灯""阑灯"。随着闹花灯的兴盛，宋朝逐渐形成了"猜灯谜"的习俗。这在南宋的都城临安最为兴盛。

　　而随着火药的发明，宋人更是制造了大量的烟火以助兴。每逢元宵佳节，达官贵人便争相燃放各种烟火，宫中也要燃放烟火，这就推动了烟火制造业的发展，新的品种也不断被研发出来。人们利用火药燃烧时产生的气体向外喷射时的反推力围绕一个轴心旋转的原理，制造出了旋转型烟火玩具"地老鼠"。在南宋理宗年间，宫中燃放烟火，"地老鼠"喷着火，在地面上横冲直撞，跑到太后的椅子下，让见惯了各式庆典烟火的太后也乱了方寸。

瓦子听戏

　　宋代的娱乐事业极为发达。在北宋的开封城，有五十多家瓦子，人们喜闻乐见的傀儡、影戏、杂剧等表演，应有尽有。瓦子里还兼营商业，卖药的、卖小吃的、卖纸画的，到处都是。因为"其来时瓦合，去时瓦解之义，易聚易散也"，就起了"瓦子"这个名字，也有叫"瓦舍"的。在瓦舍中则设勾栏，就是用栏杆、绳索、幕幛分开而成的一个个表演场地。开封著名的瓦子有桑家瓦子、州北瓦子等，其中桑家瓦子有大小勾栏五十余座，最大的勾栏可容纳数千人。

宋代的戏剧是由滑稽表演、歌舞和杂戏组合而成的一种综合性戏曲。演出时一般由四个角色组成，有的增添一人，演员有男有女。北宋的杂剧分为"艳段"和"正杂剧"两个部分。"艳段"是在正剧上演前表演的一段日常生活中的熟事。"正杂剧"又分为两段，表演一个完整的故事，是杂剧的主体。到了南宋，又增加了由民间的滑稽戏演变而来的"杂扮"。"讲话"（评书）也非常流行，从历史、爱情、神怪到侠客，各种故事题材应有尽有。而讲史家的话本一般称作平话，《三国志平话》《大宋宣和遗事》对后世影响很大。

宣德楼观象舞

对开封的市民来说，宣德楼前的象舞也是独具特色的娱乐活动。当时宫中一到有大的祭祀活动，就提前两个月训练大象，让大象在御街上来回走一趟。根据当时的记载，先是马车开道，再加以数十面红旗，十数张锣鼓，七头大象尾随其后。每头大象上面都坐着一个驯象员，如果大象不听话，就用棍子打它们。大象走到宣德楼前之后，要来回走几圈，然后整整齐齐排成一行，面北而拜，并用鼻子发出表示参拜的响亮声音。每

宣德楼前演象活动
该图生动地描绘出七头披着锦缎的大象在宣德楼前演出的场景。七头大象的形貌以及所饰器具，均与史载相合。

逢此刻，御街上观者如堵。商贩乘机出售用泥捏成的小象以及画有小象的图画，很多人买了之后带回去作礼物，送给那些看不到驯象表演的人们。而一些王公贵族，就花费大量金钱，把这些大象叫到自己家里表演，以致这些大象的日程都被安排得满满当当。

大象表演对于开封的很多人都是很稀奇的。宋徽宗时期，薛昂虽贵为宰相，但他的夫人在第一次见到驯象表演之后，非常震惊，回来就告诉薛昂："真奇怪啊，我今天从皇宫门前过，竟然看到了大鼻子的毛驴。"后来人们都引为笑谈。

南宋时期虽然不再有演象活动，但也养有大象。当时象院养有外国进贡的六头大象，每天都要和两头骆驼一起，由负责礼仪的官员引到宫前唱喏，直到朝会结束。在返回象院时前面也是几队锣鼓，彩旗三四十面，一路敲锣打鼓，很是热闹。当时的人们都很喜欢这些大象，还给其中的一头母象起了

名家评史

13 世纪的中国人……成了中华文明所曾经产生出的最精巧和最有教养的人格类型。从他们的日常生活历史中，我们得到的一般印象是，他们能自然而然地自我约束，而且其生活中充满了欢乐和魅力。

——谢和耐《蒙元入侵前夜的中国日常生活》

个"三小娘子"的名字。

使枪弄棒

宋朝之前的五代，战火频仍，因此全社会对武术有着强烈的需求，刺激了武术的发展。那时候中国武术已出现了大量套路，并形成了一系列的武术流派。宋太祖长拳即是一例。宋太祖长拳又称太祖拳或宋太祖三十二式长拳，据说是赵匡胤综合士卒在战场上真拼实杀的格斗经验编制而成的。而宋太宗赵光义在攻打北汉时，就选了军中勇士数百人，在城下舞剑，先将剑抛到空中，再跳起来接住。当时北汉的守城士兵见了之后非常恐惧。有宋一朝，虽然重文轻武，但也非常重视对士卒的训练，还特意设立了枪棒教头。

民间习武之风也是颇为兴盛。在农村，由于盗贼四起，农村民众多侧重实用性。另外《保甲法》也强制规定农民要购买弓箭，并加以练习。而城市居民习武则多出于爱好，还组成了相关团体，如角抵社、英略社、弓箭社都是影响比较大的民间习武组织。市民大多会刺枪使棒，但侧重于套路，武术多作为表演内容，主要有摔跤、使拳、踢腿、使棒、弄棍、舞刀枪、舞剑以及射弩等。

当时的市民为了强身健体，还创立了一种八段锦功法。八段锦是一套独立而完整的健身功法，共有八节动作，体势动作古朴高雅，古人把这套动作比喻为"锦"，意为这套动作美而华贵。八段锦上承汉代的五禽戏，后启明清时代的太极拳，与易筋经、五禽戏、六字诀同为中国四大健身气功，流传至今。

城市的角落

宋代的城市发展达到了古代中国的高峰，但除了燃料缺乏、物价上涨之外，也出现了一系列独具城市特色的现象。

色情业的畸形繁荣

宋代无论是通都大邑，还是偏远小镇，都有妓女的身影。据说当时在官府备案的妓女超过万人。而杭州在北宋期间，苏东坡一次出游就可集合起千余妓女，可见规模之大。到了南宋更是发达，虽然在元朝已有所衰落，但就算这样，马可·波罗还是对杭州色情业的繁盛感到极度震惊。

更让人感叹的是，当时的人们对这见怪不怪，笑贫不笑娼的风气已非常之盛。官府一有公私宴会，就要点妓女去点缀门面。例如在金明池举办各种竞赛时，官府就让妓女站在彩楼上，以壮观瞻。而苏东坡和相差二十多岁的妓女朝云恋爱不止，而柳永更是整日出入歌楼馆所，这在当时不仅没有被人讥笑，反被传为美谈。同时许多士大夫家里也蓄有歌姬。

如果一个妓女容貌出众，又在琴棋书画、诗词歌赋方面颇有造诣，能够迎合士大夫的需求，那么她就可以名利双收。她们甚至可以购买家产，只在家里接待贵客。如果她们能和一些风流倜傥的才子文人来往，诗酒唱和，就会成为名重一时的名妓。在这种情况下，社会上就出现了花魁制度。当时中状元的人被称为魁星下凡，花魁也就有女状元的意思在内。花魁被民间评选出来之后，就会立即成为社会仰慕的对象，就连卖油郎等体力劳动者，也对她仰慕不已，而官府也往往会让花魁充当一些宴会、演出的首席歌手或演奏者。

陶穀赠词图

妓女甚至在政治生活中扮演重要的角色。宋初陶穀出使南唐，他在李后主面前态度傲慢。南唐臣僚就设下圈套，派金陵名妓秦蒻兰扮做驿吏之女诱之。陶穀情不能禁，还写了一首词《风光好》："好姻缘，恶姻缘，奈何天。只得邮亭一夜眠，别神仙。琵琶拨尽相思调，知音少。待得鸾胶续断弦，是何年？"没过几天，后主设宴招待陶穀，陶穀岸然危坐，作严肃状。后主令秦蒻兰出来劝酒唱歌，歌词即是陶穀的《风光好》。陶穀顿时面红耳赤，狼狈不堪。

李师师在宋徽宗一朝久居花魁的位置，还得到宋徽宗的宠幸，不过后来在靖康之乱中不知所踪。

有了庞大的市场需求，女子买卖就猖獗起来。让人震惊的是，很多父母也加入到出卖女儿的行列。宋代常有嫁女破家之说，范仲淹曾立下规矩："嫁女者钱五十千，娶妇者钱二十千，再嫁者钱三十千，再娶者十五千。"京城一些生活困难的民众，无力支付这笔钱财，一等女儿生下来，就异常爱护，并根据她的具体情况教她各种技艺，等长成之后就卖给士大夫，或做小妾，或做女仆，甚至卖给色情场所。话本《碾玉观音》就有这样一个情节，再问："小娘子如今要嫁人，却是趋奉官员？"待诏道："老拙家寒，那讨钱来嫁

济公图

济公原名李修元，是南宋禅宗高僧，法名道济。济公出家后，不喜念经，嗜好酒肉，衣衫褴褛，浮沉市井，常行救死扶弱之事，状类疯狂，人们称他为"济颠僧"。后世逐渐将其神化。这幅画上面就描写了他这种情态，画面左轴上面有题诗："说我疯来我就疯，莫怪疯人无道理，我笑他人解不通。"

人，将来也只是献与官员府第。"对于此种情况，南宋有官员上书："臣观都人生女，自襁褓而教之歌舞，计日而鬻之，不复有人父母之心。"甚至官宦人家也有不得已出卖妻女者。王安石的夫人就曾为王安石买了一个小妾。据那位女子讲，其夫"为军将，运米失舟，家资尽没，犹不足，又卖妾以偿"。虽然王安石马上将那位女子送回，但也无力从根本上扭转这种局面。

丐帮

两宋时期商品经济的发达，特别是城市商品经济的繁荣，推动了城市生活的大众化，促进了城市生活与相关社会活动的群体化。宋朝行会、结社之风大盛。当时有绯绿社（杂剧）、齐云社（蹴球）、锦标社（射弩）、锦绣社（花绣）、英略社（使棒）、雄辩社（小说）、翠锦社（行院）、绘革社（影戏）、净发社（梳剃）等诸多社团。在这其中，就包括丐帮。

市场经济的发展使市民有财力施舍，当时开封城内的市民又较为豪爽。曾经有些盲人在军官上下班所经过的一座桥念经求化，往往能如愿以偿，以致该桥就被人叫作念佛桥。在这种情形下，大量的破产农民以及衣食无着的市民就加入到乞讨者的行列中来，人数日益膨胀。乞丐开始从无职业身份、无明确角色地位向半业职化、职业化转化。再加上官府的推动，丐帮逐渐形成，"诸行百户，衣着各有本色，不敢越外街市行人，便认得是何色目。至于乞丐者，亦有规格，稍似懈怠，众所不容"。

一些大城市已经有了丐帮帮主"团头"。据说在南宋初年的杭州城中，有一位世袭了七代的丐帮帮主"团头金老大"。他管辖着杭州相当一部分的乞丐，俨然族长、宗老一般，在乞丐中享有相当的权威，负责着众多乞丐的相关事务，但乞丐也得将每月的一部分乞讨收入缴纳给他。就这样金团头积累了大量财富，还"放债使婢"，成为杭

历史细读

因宋朝重文轻武，青年士子们腰间不再以别着一把三尺长剑为荣，而改别扇子。很多文人就在扇面题诗写字，而社会上不少人甚至出高价购买。据说有一年夏天，有下级官吏用扇子为蔡京扇凉，蔡京于是在扇子上面题了两句杜甫的诗。没想到几天之后，这个人忽然阔气起来，一问才知，原来扇子被一位亲王花两万钱买走了。两万钱大约相当于当时一户普通人家一年的花销。而这位亲王就是后来登上皇位的宋徽宗赵佶。

州城数得着的富户。

闲人无赖

随着城市的发展，宋代还出现了一种新的角色，即闲人无赖。当时社会已经有能力养活一些闲人，而文人或富家子弟在享乐时又需要有人去打理或者捧场。《水浒传》中的高俅、燕青就是很典型的例子。特别是高俅，他"自小不成家业"，只好流落到开封府，城里城外，为人帮闲，且学到了一套帮闲的本领，"吹弹歌舞，刺枪使棒，相扑玩耍，亦胡乱学诗、书、词、赋"。由于引诱他人子弟天天不务正业，"每日三瓦两舍，风花雪月"，为人告发，结果被开封府断了二十脊杖，赶出开封城，弄得"东京人民都不容他在家食宿"。后来他得着机遇又回到了开封城，凭着他的帮闲本领，先后取得了朝中重臣乃至皇帝的宠幸。

而当时色情业的畸形繁荣也导致了各种帮闲的出现，单是维持色情场所治安的人就为数不少。而当时无论官私筵会、富户宴乐，都要请一些妓女来陪伴。如果要请一些比较知名的角色，就离不开和色情业有广泛联系的中间人。在北宋甚至还有个专门帮国子监学生招妓赴宴拉皮条的团伙，共十多个人，常驻学府内以"专充告报"。

宋朝尤其是北宋特别推崇道教，算命求卦之风极盛，甚至靖康年间夜袭金营，皇帝也要算一个良辰吉日。因此宋朝就出现了大量的术士，有开店设肆的所谓专家，也有走街串巷的流动术士。据王安石所说，当时在开封城内注册登记的术士就有一万以上，而东京的总人口也不过一百多万。甚至大相国寺庙会也有他们的专门地盘。这些人随意拉个绳子挂上"神课""看命"的布条，或在案前竖立一块"决疑"的牌子，就开始做起算命解疑的生意来。

《四景山水图》（局部）
《四景山水图》描绘了幽居于山湖楼阁中的士大夫闲逸的生活。这里取秋斋观山（上副）、冬院赏雪（下幅）部分。

另外一种则是小偷、流氓、骗子。特别是在南宋杭州城内，他们形成了团伙，光天化日之下就在街上结伙抢劫。另有一些人专干打家劫舍的勾当，在砖墙或竹篱上掏洞潜入富家宅院，拿走成箱的金银珠宝。据说一个小偷屡屡作案，还在被偷人家墙上写着"我来了"，但官府却束手无策。还有些人利用魔术等手段，"又有卖买物货，以伪易真，至以纸为衣，铜铅为金银，土木为香药，变换如神，谓之'白日贼'"。还有些小偷专门在密集的人群中"剪脱衣囊环佩"。还有设各种骗局的，"以倡优为姬妾，诱引少年为事"的，是所谓"美人局"；"以博戏关扑结党手法骗钱"的，是所谓"柜坊赌局"。但在这样一个人口庞杂的大都会中，再加上宋朝官僚的无能，是无法根除盗贼和骗子的。

士人的享乐生活

传统儒学教育下的士人往往忧国忧民，但这样的士人在宋朝却变成了异类。大多数宋代士人是"太平也，且欢娱"，而且对社会风气的败坏起了一定的推动作用。岳飞对之痛心疾首道："文官不爱钱，武官不惜死，不患天下不太平！"

闲适的生活

宋朝立国伊始，就提倡享乐思想。宋太祖赵匡胤在杯酒释兵权时，就鼓励将领多买些歌舞美女，每天喝酒作乐以过一生。而当时的官员招待客人，酒如果不是照宫内酿酒的方法酿造的，水果、下酒菜如果不是远方的珍贵奇异之品，食物菜肴如果没有摆满桌子，士大夫们就都争相非议他，认为他没有见过世面。

寇准生活豪奢，在做邓州（今河南邓州市）知府时，常常通宵达旦地饮

竹院品古图

该图描写苏轼和米芾等人在竹林里玩赏古物的场面。众人聚精会神地鉴赏古画，书童、侍女则在周围服侍。屏风后面一个童子在煮茶，一个童子在摆放棋局。当时士大夫的生活可谓闲适之至。

酒作乐，而且不点油灯，全用蜡烛，官舍里到处灯烛通明。每次宴会结束时，连厕所里也是烛泪成堆，可见浪费的程度。他在一次宴会时，就赠了歌妓五匹绫（古时布帛也当作货币使用，这相当于五两白银，大致能买五百斤大米）。这连他的小妾都看不过去了，出言规劝，寇准却不以为然。

宋太祖赵匡胤曾经认为："贵家子弟，唯知饮酒、弹琵琶耳，安知民间疾苦？"但有宋一代，来自下层的士大夫一旦有了条件，也是纵情享乐。皇帝曾经赞扬晏殊读书勤奋，不像别的官僚耽于嬉游宴饮，他却直率地说："我不是不喜欢宴会游乐，只是家里贫穷，没有办法而已。如果有钱，我也会出去游乐的。"

事实上后来晏殊身历富贵，确实是喜爱宴游。在晏殊担任枢密使的时候，有一次下雪，正值欧阳修等人在他家做客，晏殊就很高兴地说："天降瑞雪，又值客人来访，不可不饮酒为乐。"于是开宴置酒赏雪，即席赋诗。欧阳修却偏偏扫他的兴致，赋诗说："主人与国共休戚，不唯喜乐将丰登。须怜铁甲冷透骨，四十余万屯边兵。"欧阳修在此讥讽他作为枢密使（相当于现在的国防部长）只顾自己寻欢作乐，却不想想边境上的战士正经受着严寒。晏殊非常不高兴，后来就跟别人说："欧阳修纯粹是胡闹，扰人兴致！"当时边患连连，晏殊却有"暮去朝来即老，人生不饮何为？"等诗句。

宋庠、宋祁兄弟在得到功名之前，非常贫苦，经常以加了些菜沫的白粥充饥。但宋祁在当上了翰林学士之后，就暴露出他的真面目。他曾在那首有名的《玉楼春》词中这样写道："浮生长恨欢娱少，肯爱千金轻一笑？为君持酒劝斜阳，且向花间留晚照。"有一年的元宵节，宋庠（时为宰相）在官府读《周易》，听说他弟弟宋祁抱着歌妓通宵饮酒。第二天他就让亲信去批评宋祁："相公让我转告学士，听说您昨晚上高点华灯，通宵夜宴，穷极奢侈，不知道你还记不记得有一年元宵节我们在州学内吃只加了菜沫的白米粥的艰苦呢？"宋祁却不以为耻道："您也转告相公吧，不知道那时候我们为什么要吃白米粥呢？"看来当时的艰苦只是为了能够在将来满足自己的口腹声色之欲。这样的士大夫，怎么会体谅民间的疾苦呢？

当然宋朝的士大夫并非都是奢华之辈，王安石就非常节俭。王安石当宰相的时候，一个姓萧的亲戚来访，王安石约他吃饭。他们喝酒时，果品蔬菜之类都没有准备，那个萧公子非常不满。酒过三巡后，先上了两枚烧饼，又上了几块切成小块的猪肉。萧公子平时奢华惯了，也就不再举筷子吃菜了，只是吃了烧饼中间最好吃的一部分，然后就把烧饼放了回去，而王安石就把他剩下的饼拿过去吃了。但王安石也就是因为不沉溺于财利酒色，所以被人视为"衣臣虏之衣，食犬彘之食（穿着类似罪犯的衣服，吃着极为粗糙的食物）"，还说这是大奸无比、极其虚伪。士大夫风气之败坏，由此可见一斑。

放荡的私生活

苏轼在《念奴娇·赤壁怀古》中，在"大江东去，浪淘尽千古风流人物"之后，却又写上"小乔初嫁"这一笔，还放在"雄姿英发"前面。此中正包含着他对于政治事业和个人生活两方面的理想，也反映了相当一部分宋朝士大夫文人集"建功立业"与"风流情种"于一身的人生观。

但问题在于建功立业难，风流倒容易走向极端。事实上宋朝的士大夫既没有解决宋朝的积贫积弱问题，也没能抗击外侮，以致北宋、南宋均亡于少数民族之手，倒是他们放荡的私生活却是为历代王朝之少有。而立下大功的狄青、王韶、虞允文、岳飞等人，都没听说有什么风流韵事。毕竟一个人的时间与精力有限，花在吟诗作赋上的时间多了，就不能勤于政事；花在风流之事上的精力多了，正事也就被耽误了。宋朝之所以灭亡，有着很复杂的原因，但与由士大夫的言传身教而导致的社会风气败坏有一定的关系。

苏轼的好友、词人张先在八十五岁的时候还娶了小妾，而苏轼竟然还有一丝羡慕："十八新娘八十郎，苍苍白发对红妆。鸳鸯被里成双夜，一树梨花压海棠。"张先如此，其他人更是不堪。曾在朝廷派人逮捕苏轼之前通风报信的驸马王诜生活更是放荡，他有妾八人，还不时外出寻花问柳，而且在1079年因"携妾出城"而受处分。虽然公主温柔贤淑，尽心侍奉公婆，但王诜却偏偏宠爱小妾。甚至在公主生病时，当着公主的面与小妾寻欢作乐，最后把公主活活气死，王诜也因此被贬往外地。宋神宗死后，王诜还朝，后又因"隐匿妇人刘氏"而被罚铜三十斤。但品行如此恶劣之人却是宋徽宗赵佶的座上宾。

宋朝之所以出现王诜这样的怪胎，其实与宋朝整个社会风气有关。要是在别的朝代，不要说其妻子贵为公主，就是普通人家，女方家人也会跟王诜计较的，但王诜却能安然无恙。宋徽宗赵佶在登基之前就荒淫无道，而太后还认为他贤明，宋神宗也没有阻止赵佶的荒唐无行。到了最后，只有章惇一个人认为赵佶"轻佻"，这很能说明当时的士大夫生活普遍糜烂，对赵佶的丑行见怪不怪。

因此在宋朝就出现一种颇有讽刺性的情形，士大夫们一边嘴里大讲儒家的传统伦理道德，让女人们遵守"三从四德"，甚至提倡"饿死事小，失节事大"；一边自身却沉溺声色，"早食则凛然谈经史节义及政事设施，晚集则命妓劝饮，尽欢而罢"。

踏歌行
词的兴起有着浓厚的民间基础。词更适合歌唱，更能适应民间娱乐活动的需求。图绘六名村民（四名成年人，二名儿童）唱着歌，打着节拍，走在山间小路上的情景。该图上方有宋宁宗赵扩题写的王安石的诗句："宿雨清畿甸，朝阳丽帝城。丰年人乐业，陇上踏歌行。"

两宋风流

宋朝是继唐朝之后中国文化的又一个高峰。由于士大夫待遇优厚，有了充裕的时间去从事文学艺术创作，从而创造了灿烂的宋词宋诗，绘画方面也有突出的成就。在书院发展的同时，理学也对社会产生了重要的影响。

灿烂的宋词和宋诗

宋词是宋朝文学中最璀璨的明珠。虽然有苏轼、辛弃疾这样的豪放派词人，但宋词基本上属于低吟浅唱的婉约词。而宋诗虽然不比宋词，但由于其

闲看儿童捉柳花

此图乃明人所作，描写的就是杨万里"日长睡起无情思，闲看儿童捉柳花"句的诗意。

长于议论，以及对基层民众生活的关注，特别是内含的家国之悲，也在诗歌历史中占据了重要的地位。

低吟浅唱

词出现于晚唐，主要在宴乐场合供给伶工歌女歌唱，因此五代词的创作中心分别在西蜀和南唐的宫廷。入宋以后，随着都市的繁荣和文化娱乐业的发展，以及生活宽裕的士大夫的享乐倾向，词得到很大发展。宋代士大夫的享乐方式通常是召集歌妓轻歌曼舞，当时的士大夫大多蓄家伎，地位低的官员也有官伎提供歌舞娱乐。而由于都市的繁荣，民间的娱乐场所需要大量的词作，这就刺激了词人的创作热情，也促进了词的繁荣和发展。士大夫的词作便通过各种途径流传于民间。例如宰相晏殊喜召集宾客宴饮，以歌乐相佐，然后亲自赋词"呈艺"。欧阳修、秦观、周邦彦、苏轼也都为歌妓写了不少词作。更有一些词人直接为歌女写词，如柳永"多游狎邪，善为歌辞。教坊乐工，每得新腔，必求永为辞，始行于世。于是声传一时"。这时很多词作还仅限于描写闺情花柳、笙歌饮宴，追求华丽的词藻和对细腻情感的描写。因此词被认为是一种不登大雅之堂的民间艺术。王安石就曾经批评晏殊："为宰相而作小词，可乎？"

但随着词在宋代的文学中占据越来越重要的地位，词的内涵也在不断地充实和提高。范仲淹的"人不寐，将军白发征夫泪"，使只闻都市风情、脂粉相思之类的世人耳目一新。苏轼更是首开豪放词风。宋词开始跳出歌舞艳情的巢窠，寄托了当时的士大夫对时代、对人生乃至对社会政治等各方面的感悟和思考，升华为一种代表了宋朝时代精神的文化形式，逐渐成为和诗歌同等地位的文学体裁。

另外由于词被看作是用于抒发个人情愫的文体，很少受到"文以载道"思想的影响。而宋朝的士大夫本有丰富的声色享受，又有趋于轻柔、细密的审美心态，自然能够领略男女之间的旖旎风情。所以柳永能写出"执手相看泪眼，竟无语凝噎"，"今宵酒醒何处，杨柳岸，晓风残月"这种缠绵的词句。而身为女性的李清照的"寻寻觅觅，冷冷清清，凄凄惨惨戚戚"，"知否，知否，应是绿肥红瘦"，"莫道不销魂，帘卷西风，人比黄花瘦"，则将词在描写人的心理活动的作用发挥得淋漓尽致，取得了很高的艺术成就，至今仍为人称道。

宋词也有别的艺术风格。当时就有人就说，苏轼之词适合关东大汉，铁板铜琶歌"大江东去"；而柳永之词，适合二八佳人，浅吟低唱，歌"杨柳岸，晓风残月"。苏轼的《念奴娇·赤壁怀古》堪称是豪放词的代表："大江东去，浪淘尽，千古风流人物。故垒西边，人道是三国周郎赤壁。乱石穿空，惊涛拍岸，卷起千堆雪。江山如画，一时多少豪杰。遥想公瑾当年，小乔初嫁了，雄姿英发。羽扇纶巾，谈笑间，樯橹灰飞烟灭。故国神游，多情应笑我，早生华发。人生如梦，一尊还酹江月。"而辛弃疾由于经历了南宋初年的动荡局势，因此其词作一扫缠绵之气，"想当年，金戈铁马，气吞万里如虎"。岳飞的《满江红》更是豪迈之至："怒发冲冠，凭阑处，潇潇雨歇。抬望眼，仰天长啸，壮怀激烈。三十功名尘与土，八千里路云和月。"

在宋朝的议论诗中，苏轼和王安石取得了突出的成就。苏轼有《题西林壁》诗："横看成岭侧成峰，远近高低各不同。不识庐山真面目，只缘身在此山中。"王安石也有类似的诗歌传世："不畏浮云遮望眼，自缘身在最高层。"他还在《商鞅》一诗中为改革家叫不平："自古驱民在信诚，一言为重百金轻。今人未可非商鞅，商鞅能令政必行！"针对杜牧的"江东子弟多才俊，卷土重来未可知"的观点，王安石则在《乌江亭》中这样评论项羽："百战疲劳壮士哀，中原一败势难回。江东子弟今虽在，肯为君王卷土来！"而围绕宋朝与周边少数民族的关系的话题，王安石则有《明妃曲》："明妃初出汉宫时，泪湿春风鬓脚垂。低徊顾影无颜色，尚得君王不自持。归来却怪丹青手，入眼平生几曾有。意态由来画不成，当时枉杀毛延寿。一去心知更不归，可怜着尽汉宫衣。寄声欲问塞南事，只有年年鸿雁飞。家人万里传消息，好在毡城莫相忆。君不见咫尺长门闭阿娇，人生失意无南北。"此诗被认为是咏王昭君的诗歌中最好的一首。

进入南宋之后，虽然仍有不少优秀的议论诗传世，如朱熹的"问渠哪得清如许，为有源头活水来"，但关注美好河山、关注民众生活的诗歌逐渐盛行。如叶绍翁的《游园不值》："应怜屐齿印苍苔，小扣柴扉久不开。春色满园关不住，一枝红杏出墙来。"但这中间最为突出的则是南宋四大家，即杨万里、范成大、陆游、尤袤。杨万里在《晓出净慈寺送林子方》中描述了西湖的美丽景色："毕竟西湖六月中，风光不与四时同。接天莲叶无穷碧，映日荷花别样红。"《小池》则写道："泉眼无声惜细流，树阴照水爱晴柔。小荷才露尖尖角，早有蜻蜓立上头。"《宿新市徐公店》则更为生动："篱落疏疏一径深，树头花落未成阴。儿童急走追黄蝶，飞入菜花无处寻。"范成大对农家的辛劳生活做了生动的描述："昼出耘田夜绩麻，村庄儿女各当家。童孙未解供耕织，也傍桑阴学种瓜。"他还描写了竹笋的强大生命力："土膏欲动雨频催，万草千花一饷开。舍后荒畦犹绿秀，邻家鞭笋过墙来。"陆游的《游山西村》则将田园生活与生活哲理结合为一体："莫笑农家腊酒浑，丰年留客足鸡豚。山重水复疑无路，柳暗花明又一村。"自然两宋时期人民的生活并不是一片太平，尤袤就在《淮民谣》中写道：

李清照词意图

此图形象地表现了李清照"帘卷西风，人比黄花瘦"的意境。当她看到朝廷官员乃至皇帝妥协投降而导致民众国破家亡，也发出了强烈的质疑："生当作人杰，死亦为鬼雄。至今思项羽，不肯过江东！"

"流离重流离，忍冻复忍饥。谁谓天地宽，一身无所依！"

家国之悲

靖康之变打破了北宋朝廷歌舞升平的生活，而金兵南下的威胁乃至后来蒙古政权的攻击对宋人产生了极大的震撼，深深地影响着社会生活的各个方面。在词方面，无论是哪种风格的词人，其词作都带有深深的家国之悲。辛弃疾写道："郁孤台下清江水，中间多少行人泪。西北望长安，可怜无数山。"而出于对世事的无奈，辛弃疾悲叹："追往事，叹今吾，春风不染白髭须，却将万字平戎策，换得东家种树书。"而婉约派词人姜夔，面对扬州"过春风十里，尽荠麦青青。自胡马窥江去后，废池乔木，犹厌言兵。渐黄昏，清角吹寒，都在空城"的景象，也不得不感叹："二十四桥仍在，波心荡，冷月无声。念桥边红药，年年知为谁生？"

而这种家国之悲在宋诗中体现得最为明显。杨万里面对淮河以北的大好河山被金人夺走的惨痛场景，心中万般感慨："船离洪泽岸头沙，人到淮河意不佳。何必桑乾方是远，中流以北即天涯！"陆游曾经对抗金事业充满信心，"早岁那知世事艰，中原北望气如山"，可结果却是"胡未灭，鬓先秋，泪空流。此生谁料，心在天山，身老沧洲"。但他的爱国之情不改，"僵卧孤村不自哀，尚思为国戍轮台。夜阑卧听风吹雨，铁马冰河入梦来"。不过面对"遗民泪尽胡尘里，南望王师又一年"这种局面，他也只能在临死前谆告子女："死去元知万事空，但悲不见九州同。王师北定中原日，家祭无忘告乃翁。"

由于宋朝军事上的软弱以及外交上的屈辱求和，宋朝的诗人并没有写出"一川碎石大如斗，随风满地石乱走"，"大漠风尘日色昏，红旗半卷出辕门"这样豪迈的诗句。但正如文天祥在《正气歌》中所说的那样，"时穷节乃见，一一垂丹青"，他们的字里行间所蕴含的爱国情怀、骨气与血性，却是中华民族弥足珍贵的精神财富。

享誉一时的书法与绘画

书法与绘画都是中国古代文人的必备技能。有宋一代，书法与绘画都有了长足的发展，在书法方面涌现出了苏轼、黄庭坚、米芾、蔡襄宋书四大家。在绘画方面，宋朝沿袭了

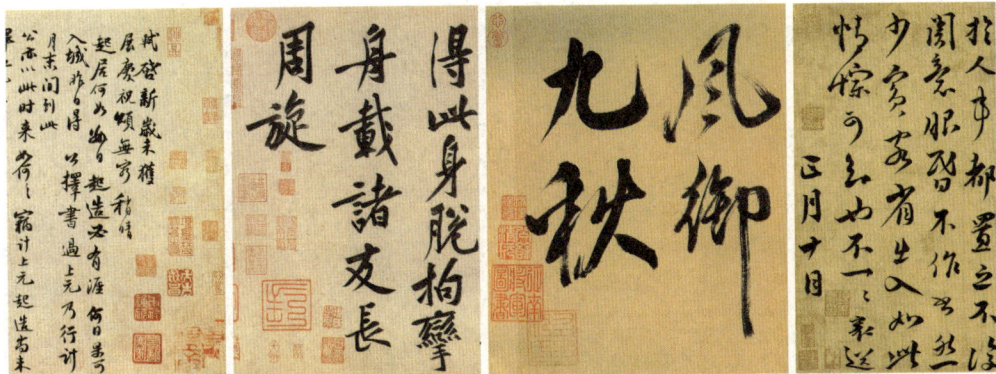

宋书四大家
从左至右依次为苏轼的《新岁展庆帖》、黄庭坚的《松风阁诗帖》、米芾的《多景楼诗帖》、蔡襄的《谢郎春初帖》。

五代的画院制度，涌现出一大批如张择端这样的优秀画家。人物、山水、花鸟绘画都涌现出新的流派，名家高手灿若群星，形成了彪炳画史的两大体系，即宋代画院树立的院体画和米芾等人创兴的文人画，影响深远。

宋书四大家

宋代书法尚"意"，是对唐人书法尚"法"的一个创作理念上的创新。因此宋代行书名家颇多，但没有篆书、隶书和楷书大家。宋人传世的大批墨迹如书札，更多体现的是书法家有意识的个人性情。

"宋四家"被认为是宋代书法风格的典型代表。苏轼擅长行书、楷书，能自创新意，用笔丰腴跌宕，有天真烂漫之趣。存世书迹有《答谢民师论文帖》《祭黄几道文》《前赤壁赋》《黄州寒食诗帖》等。黄庭坚善行书草书，楷法亦自成一家。他的行书，善藏锋，注意顿挫，以"画竹法作书"，给人以"沉着痛快"的感觉。其《诸上座帖》"笔势飘动隽逸"，更是稀世佳作。米芾擅篆、隶、楷、行、草等各种书体，擅长临摹古人书法，能达到乱真的程度。体势展拓，笔致浑厚爽劲，自谓"刷字"（意指行笔方法与前人不同）。米芾书法自宋代以来，为后世所景仰，传世墨迹有《向太后挽辞》《蜀素帖》等。蔡襄书法精妙，恪守法度，有晋唐书风、前代意韵，变态无穷，真、行、草、隶四体都达到了妙胜之境。苏轼评"君谟，行书第一，小楷第二，草书第三，就其所长求其所短，大字为少疏也。"现存《万安渡石桥记》是他的大字代表。

宋朝的皇帝也非常爱好书法。宋太宗赵光义购募前人墨迹，编纂成《淳化阁帖》，并赏赐给大臣。宋朝的货币淳化元宝上的字也是赵光义亲题。宋高宗赵构还撰有书法专著《翰墨志》。但在这其中最突出的是宋徽宗赵佶。他学褚遂良等人而出新意，运笔挺劲犀利，笔道瘦细峭硬，而有腴润洒脱的风神，

清明上河图（局部）
在《清明上河图》中，商店的名称都被清晰地绘在画面上。当时宋人的生活场景的细节便存留在此画之中。

成一家法，自号"瘦金书"，亦称"瘦金体"。

《维摩诘像》与《清明上河图》

宋朝是中国绘画史上的高峰时期。文人士大夫与宫廷之间的绘画创作各具特色而又互相影响，使宋代绘画在内容、形式、技巧诸方面都达到了前所未有的高度。

文人士大夫方面的代表是李公麟。他继承了顾恺之、吴道子等人的传统，而又有所创造，擅长于画道释、人物和鞍马，被认为是能"集众所善，以为己有，更自立意，专为一家。若不蹈袭前人，而实阴法其要"。其代表作有《五马图》《维摩诘像》等。与唐代的丰腴圆润不同，宋代画家往往喜欢将人物描绘成瘦骨清弱的形象。《维摩诘像》中的维摩诘像就呈现出一副清弱的病态之状，神情却十分睿智多思、清朗凝重。

值得一提的是宋朝皇室对绘画的推动。宋徽宗赵佶本身就是一个杰出的画家，他不仅提高了画院的地位，还设立了专门培养绘画人才的画学，分道佛、人物、山水、鸟兽、花竹、屋木等科目，并进行严格的考试。在他的支持下，一系列传世画作被创作出来，其中以宫廷画师张择端的鸿篇巨制《清明上河图》为典型代表。

北宋风俗画作品《清明上河图》是中国十大传世名画之一，是张择端存世的仅见的一幅精品。这幅画生动地记录了中国12世纪城市生活的面貌，这

名家评史

　　能够向我们提供日常生活细节的，主要来自绘画作品。宋代画家们的确喜爱描绘富家生活的细致场景或街景。在其他的这类文物当中，我们可以参考一幅表现了12世纪初叶之开封城的长轴，此幅长轴出自一位特别擅长描画城墙和车马的画家。

——谢和耐《蒙元入侵前夜的中国日常生活》

么大幅的风俗画在世界绘画史上也是绝无仅有的。

　　张择端还是比较幸运的，能够在中国历史上，特别是绘画史上留下自己的名字。而画院的其他画师则多寂寂无名，这主要是因为他们的大部分作品都是替皇帝做了"代笔"。宋徽宗经常举行书画赏赐活动，但他不可能用全部的精力去从事创作。而画院原属宫廷机构，画院的画家有义务画这些应制的作品，所谓"供御画"的作用正在于此。徽宗在上面题印，只是表示他对官僚臣下的恩赐之意罢了。不过他能在作品上签押，说明此画符合他的审美趣味，或者就是在他的指导下完成的。

书院的兴起

　　书院制度是中国古代有别于官学的重要教育制度。它始于晚唐，盛两于宋。宋朝统一后，文风日起，而当时政府尚无足够的人力物力顾及教育，书院的出现首先既满足了读书人的要求，又可为统治者培养大批治术人才，因而得到统治者的认可。其次官学路途遥远，入学多有不便，而书院则可因人、因地、因时而设，比官学更具灵活性。再者我国源远流长的私人讲学传统对书院的兴盛也起了极大的作用。

　　宋代书院为名流或当地开明士绅、百姓捐资而建，一般有学田养护，当然也有得到官府资助的。书院办学的规模、层次不尽一致。层次较低的书院收授蒙童，承担启蒙教育的任务，中等层次的书院可培养秀才之类的文人。岳麓书院系高层次的书院，其讲学者中多为全国名流大师。而入院生徒对经史有一定了解，赋诗已有一定基础，甚至还要通过一定的考试或推荐，才能选拔入学。

　　宋代著名的书院还有石鼓、白鹿洞、岳麓、睢阳、嵩阳、茅山、丽泽、象山、应天、鹅湖等。其中江西庐山的白鹿洞书院、湖南长沙的岳麓书院、

宋朝女衫
这是南宋墓中随葬品，应是当时的贵族妇女或富豪家庭的妇女所穿之物。

河南嵩山的嵩阳书院、河南商丘的应天府书院号称中国四大书院。其中白鹿洞书院是朱熹亲自建立的，并制定了学规："父子有亲，君臣有义，夫妇有别，长幼有序，朋友有信"的"五教之目"；"博学之，审问之，慎思之，明辨之，笃行之"的"为学之序"；"言忠信，行笃敬，惩忿窒欲，迁善改过"的"修身之要"；"正其义不谋其利，明其道不计其功"的"处事之要"；"己所不欲，勿施于人，行有不得，反求诸己"的"接物之要"。

鹅湖书院也是南宋著名理学家朱熹的治学之所，坐落在江西省铅山县境内的鹅湖山北麓。相传东晋时有龚姓人家在此养鹅，其双鹅育子数百，遂名鹅湖。中国哲学史上有名的两次"鹅湖之会"就是在这里举行的。

1175年，吕祖谦为了调和朱熹"理学"和陆九渊"心学"之间的理论分歧，使两人的哲学观点"会归于一"，于是出面邀请陆九渊、陆九龄兄弟前来与朱熹见面。六月，由吕祖谦邀请，朱熹与陆九渊、陆九龄等人参加的一次学术会议，名为"鹅湖之会"，首开书院会讲之先河。列席旁听者有官员及学者百余人，朱、陆双方的朋友和门生弟子也都到场。朱熹侧重于"道问学"，他认为治学的方法，最好是居敬和穷理，二者相互运用。陆九渊、陆九龄侧重于"尊德性"，力主发人之本心。陆九渊从"心即理"出发，提出"尧舜之前有何书可读"，认为只要"明心见性"即可，所谓"苟为知本，六经皆我注脚"。双方争论了三天，陆氏兄弟略占上风。

1188年，辛弃疾、陈亮两位爱国志士又举行了第二次"鹅湖之会"。这一次本来是邀请朱熹参加的，相约到鹅湖商讨统一大计，但朱熹因故没有前来。辛弃疾、陈亮来到鹅湖，"长歌相答，极论时事"，在鹅湖湖边的山道上纵论抗金策略，共计十余日而别。辛弃疾也写下了他这一生中最著名的词作

孝经图

此图画父母坐于堂中，后辈奉上酒食，旁有小儿观看。构图极具民俗情趣，再现了宋人当时的生活场景。

名句，像"男儿到死心如铁。看试手，补天裂"，像"醉里挑灯看剑，梦回吹角连营。八百里分麾下炙，五十弦翻塞外声，沙场秋点兵"等，向世人展示了他豪放的诗词风格和豪迈的英雄气概。面对山河破碎的民族灾难，为统一祖国而呐喊抗争，这一次鹅湖之会以熠熠的爱国主义思想光辉而映照千秋。

理学对社会的影响

理学在宋朝的出现并不是偶然的。在理学的提倡者看来，它可以作为心防的思想和理论武器，挽救唐末五代以来的人心败坏，外可以抗拒胡人的入侵而图存，内可以排拒佛学，并抵制因工商业蓬勃发展而流行的"全民皆商"的社会风气和重利轻义的功利主义思潮而自固。但理学背离了经世务实精神，对解决宋朝的积贫积弱问题没有丝毫的帮助。理学家提倡"灭人欲，存天理"，而在实际生活中他们并没有做到这一点，以至于理学一度被称为"伪学"。不过理学还是对宋朝社会产生了很大的影响。

正史史料

今无宗子，故朝廷无世臣。若立宗子法，则人知尊祖重本。人既重本，则朝廷之势自尊。

——《近思录》卷九

妇女地位的下降

有宋以来，妇女地位开始下降。北宋有人对有文才的女子就如此评论："妇人美色能文翰，谓之人妖。"但那时女子还是有相当的地位。例如王安石的次子因媳妇生的儿子不像自己，就疑神疑鬼，结果把孩子吓死了，还天天和媳妇吵架。王安石对他儿媳的遭遇非常同情，就让他们离婚。同时又怕儿媳背上被休弃的名声嫁不出去，就认她为干女儿，还给她找了个好人家嫁了。

但到了南宋之后，汉族的民族危机进一步加深，理学开始大行其道，女性开始受到越来越多的约束。朱熹就用"饿死事极小，失节事极大"理论劝友人的妹妹守节。在他的眼中，女色成了洪水猛兽，"三姑六婆，实淫盗之媒；婢美妾娇，非闺房之福。奴仆勿用俊美，妻妾切忌艳妆"。

特别值得一提的是，女子缠脚这一习俗的发展就与理学家的提倡有很大的关系。缠脚是对女性身体的极大摧残，女孩子四五岁就开始缠脚，直到七八岁才初具模样。民间谚语说得十分形象："裹小脚一双，流眼泪一缸。"缠脚据说在五代时就已出现，但在宋代才开始流行。这是有深刻的原因的。

在理学家看来，"存天理，灭人欲"才是最重要的。宋王朝在中国历代王朝中是一个比较弱势的政权，在与少数民族政权如金、辽、西夏以及蒙古的对峙中基本上处于被动地位。同时由于苟和求安而每年交纳的岁币增加了百姓的赋税负担，兵变、农民起义此起彼伏，统治阶层对安定与秩序充满了渴望。女性在缠了小脚之后，因行走不便而尽显柔弱，只好呆在家里做一个娴静的贤妻良母，这与宋王朝政权渴望的秩序是相符的。在这种情况下，女子所遭受的痛楚也就无人在意了。

据说朱熹在一县当主簿时，就下令妇女要用花布兜面，只留小孔看路。他要求妇女在鞋底安上木头，一走路就有响声，便于觉察，以防私奔。朱熹还大力提倡当地所有妇女缠足，说这样才能端正风俗。而随着理学家的大力提倡，缠足逐渐成为了社会风尚，延续达数百年之久。

理学家对女性如此严酷，而对于男性尤其是统治者则是另外一回事。在宋理宗的时候，理宗与贾似道大力弘扬程朱道学。不过他们虽然满口仁义道德，但宋理宗却公然将妓女唐安安招入宫中。后人就有诗云："宋史高标道学名，风流天子却多情。安安唐与师师李，尽得承恩入禁城。"

家族意识及义庄

理学极为强调宗法伦理精神，尤其重视家族的作用。而在过去，普通百姓是不能祭拜祖先的。但由于南宋理学家的提议，普通百姓也可以创立祠堂，以祭拜祖先，这就开了中国民间祭祖的先河。

宋人对家族重视的另一个例子就是义庄的出现。由于经济、社会的重大变化，慈善组织成为宋代的一种社会需求。范仲淹就于 1050 年在其原籍捐助田地一千多亩建立义庄，试图用家族自身力量体恤族人，以家族纽带解决一部分人的社会福利问题。义庄的目的是保证族人的基本生活需要。义庄以田租为财政来源，为了公正，不许族人租种义庄的田地，义庄也不买族人自有的田地。对于生活确实有困难的族人，义庄才给予一定的补助。义庄设有管理人，负责经营管理。管理人有权独立处理义庄事务，但受族人的监督。对于违反义庄规矩的人，义庄可以采取罚款、取消获得救济资格、送官等不同的处罚措施。

义庄既巩固了家族，也服务了社会，减轻了国家负担。因此范氏义庄也受到了政府的欢迎和支持，官府对范氏义庄进行备案，并给予保护。其他地方也纷纷效仿。范氏义庄虽然历经朝代更迭，但到清朝年间依然有田五千余亩，且运作良好，延续了八百多年。

西夏 金元

马背民族　渐习汉风　多元一体

　　从来没有不依赖农耕民族的游牧民族，中国北方的游牧民族需要用皮、毛、马或其他东西和汉人交换诸如谷物、金属制品和茶叶、丝绸等物品。对于中国北部和西部的少数民族来说，中原不单单是一个强大的邻居和先进文化的源泉，而且拥有令人惊奇的财富，并且是各式各样的商品的生产者。一些商品是生活必需品，一些商品是少数民族上层需要的奢侈品，还有一些商品则还可以用来与中亚或西方进行交易。

　　在中原王朝文化的影响下，游牧部落经济得到发展，政治上开始走向联合。同时为了更好地和农耕民族讨价还价，甚或掠夺中原地区以及应付由此引发的农耕政权的反击，在农耕区与游牧区交界地区形成了一系列少数民族政权，对中原构成了重大的挑战，其统治者甚至萌发了入主中原、成为汉家天子的壮志。

　　这一趋势在辽、西夏、金、元时期表现得更为明显。

　　宋的软弱刺激了党项族李元昊的野心。李元昊不甘心臣服于宋，声称："衣皮毛，事畜牧，是我们的习俗。英雄在世，当图大业，何必介意锦绮这些小东西！"他在学习中原文化的同时，强化民族传统，最后建立了大夏国。因其地处宋朝西方，亦称西夏。之后西夏与宋朝屡屡发生战争，形成了宋、辽（金）、西夏三足鼎立的局面。后来西夏被蒙古所灭，其国延续了二百多年。其金属冶炼、汉文典籍的翻译取得了相当的成就。

12 世纪初，女真部落于白山黑水即今天的东北地区兴起之后，用十多年的时间灭掉了曾强大一时的辽国，又消灭了北宋，与南宋形成了南北对峙的局面。后来金朝逐渐掌握汉族文化，开始和南宋争夺正统地位。但在其北部边境，蒙古部落崛起，最后金亡于蒙古和南宋的联手攻击中。金朝的文化也相当发达，在文学戏剧以及武器制造方面，特别是火药制造取得了很大的成就。

少数民族的势力在蒙古以及后来的元朝时期达到了顶点。而随着少数民族铸造技术的提高以及与中原经济文化交流的增多，游牧骑兵的装备已相当精良。蒙古政权在发动西征的同时，征服了西夏以及金国，并开始向南宋发动进攻。虽然蒙古大汗蒙哥在四川战死，但因南宋统治集团整体软弱昏庸、安于享乐，即使有文天祥等人的奋力抵抗，南宋最后还是在 1279 年亡于元朝之手。

南宋灭亡后，早已在 1271 年建立的元朝统一了全国，将西藏、台湾等地区纳入中央政府的管辖范围，并创立了沿用至今的行省制度。元朝在科技、航海以及戏曲方面取得了突出成就。但因其对中原文化程度吸收不够，再加上民族压迫政策，引起民众的广泛不满，而纸币的贬值、财政的破产则直接造成元朝在 1368 年被推翻，历时 98 年。

陶谷赠词图

番骑猎归：女真骑射

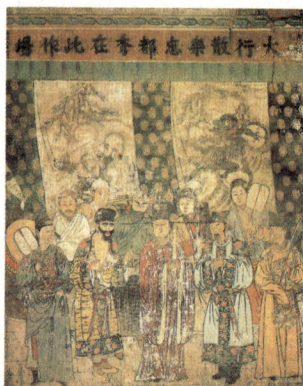

杂剧表演：戏曲繁荣

八思巴觐见：元朝一统

西夏世系：景宗嵬名元昊 >> 毅宗嵬名谅祚 >> 惠宗嵬名秉常 >> 崇宗嵬名乾顺 >>
　　　　　仁宗嵬名仁孝 >> 桓宗嵬名纯祐 >> 襄宗嵬名安全 >> 神宗嵬名遵顼 >>
　　　　　献宗嵬名德旺 >> 末帝嵬名睍

金世系：太祖完颜旻（完颜阿骨打）>> 太宗完颜晟 >> 熙宗完颜亶 >> 海陵王完颜亮 >>
　　　　世宗完颜雍 >> 章宗完颜璟 >> 卫绍王完颜永济 >> 宣宗完颜珣 >> 哀宗完颜守绪

元世系：太祖孛儿只斤·铁木真（成吉思汗）>> 拖雷（监国）>> 太宗孛儿只斤·窝阔台 >>
　　　　乃马真后（称制）>> 定宗孛儿只斤·贵由 >> 海迷失后（称制）>>
　　　　宪宗孛儿只斤·蒙哥 >> 世祖孛儿只斤·忽必烈 >> 成宗孛儿只斤·铁穆耳 >>
　　　　武宗孛儿只斤·海山 >> 仁宗孛儿只斤·爱育黎拔力八达 >> 英宗孛儿只斤·硕德八剌 >>
　　　　泰定帝孛儿只斤·也孙铁木儿 >> 天顺帝孛儿只斤·阿速吉八 >>
　　　　文宗孛儿只斤·图帖睦尔 >> 明宗孛儿只斤·和世㻋 >> 宁宗孛儿只斤·懿璘质班 >>
　　　　顺帝孛儿只斤·妥懽帖睦尔

西夏、金、元大事一览表

时　间	事　件
1032年	拓跋部首领李德明病死，其子李元昊继位。
1034年	李元昊发布秃发令，强调汉蕃有别。
1038年	李元昊建国，自称"大夏"。因其居北宋西北，故称"西夏"。
1040年—1043年	宋夏战争爆发，宋军遭受三川口、好水川、定川寨大败。
1042年	北宋增加对辽国的岁币二十万。
1044年	宋夏和约签订，宋朝每年须支付岁币。 辽夏战争爆发，辽兴宗亲征西夏。
1112年	完颜阿骨打在春捺钵的宴会上拒绝表演歌舞，女真部落与辽国的矛盾公开化。
1113年	完颜阿骨打成为女真部落领袖。
1114年	完颜阿骨打开始起兵反抗辽国。
1115年	完颜阿骨打建立金国。
1119年	金朝创立女真大字。
1123年	金朝开始科举考试。
1125年	金灭辽。 金国开始进攻北宋。
1126年	金军攻破开封城。
1132年	辽国贵族耶律大石建立西辽。
1138年	金朝创立女真小字。
1144年	西夏为皇室子孙开设汉文学校。
1145年	西夏创建大汉太学。
1147年	西夏开始通过考试选拔官员。
1153年	金朝从上京迁都到燕京。
1158年	金国在汴京（今河南开封）大兴土木，准备将都城再次南迁。
1161年	虞允文在采石矶击败完颜亮的渡江部队，完颜亮被部下所杀。
1173年	金朝创立女真进士科。
1189年	蒙古部落爆发十三翼之战，铁木真败绩。
1194年	金国在中都建立弘文院，大量翻译汉文化典籍。
1206年	铁木真在斡难河源召开蒙古部落大会，称成吉思汗。
1211年	成吉思汗聚众誓师，决计出兵攻金。

时　间	事　件
1215年	蒙古攻占金中都。
1219年	蒙古西征开始。
1222年	成吉思汗会见道教首领丘处机。
1223年	蒙古军队大败钦察和俄罗斯联军。
1226年	成吉思汗在西征结束之后，亲率大军攻打西夏。
1227年	成吉思汗逝世，临终前制定了灭夏灭金战略。 西夏灭亡。
1231年	拖雷绕道宋境，进攻金国。
1232年	拖雷以三万人击败金军三十万，但很快死去。 震天雷、飞火枪首次出现在战场上。
1233年	蒙古联合南宋攻金。
1234年	蒙古灭金。 蒙古发动王子西征。
1241年	蒙军在波兰大破波兰与条顿骑士团联军，欧洲震动。 蒙古大汗窝阔台因饮酒无度病死。
1247年	蒙古宗王阔端命令西藏当地首领清查户口。
1253年	忽必烈革囊渡江，奇袭大理，完成了对南宋的包围。
1259年	蒙古大汗蒙哥在南宋钓鱼城下战死，忽必烈引军北还。
1260年	忽必烈遣官赴西藏地区清查户口。 忽必烈派遣特使郝经到南宋商讨和平解决方案。 蒙古军队攻占大马士革。
1264年	与忽必烈争夺汗位的阿里不哥投降。
1271年	忽必烈取《易经》"大哉乾元"之义，改国号为元。
1273年	元军在回回炮的协助下，攻下襄阳、樊城。
1276年	南宋朝廷投降。
1279年	张弘范打败了宋朝最后的抵抗力量，宋朝灭亡。
1280年	《授时历》由郭守敬主编而成。
1281年	忽必烈命令烧掉除《道德经》以外的所有道教书籍。
1282年	朱清等人海道运粮成功。
1286年	元朝政府规定各地三皇庙祭祀伏羲、神农、黄帝。
1296年	黄道婆从海南返回，在今上海一带推广先进的纺织技术。
1337年	伯颜借民众爆发起义之机，下令禁止汉人、南人携带并拥有兵器。
1351年	贾鲁治理黄河。 红巾军起义爆发。
1367年	朱元璋平定江南，发布北伐檄文。 元顺帝下诏削夺王保保的一切官爵，下令将领率兵剿除王保保。
1368年	明军攻至大都，元顺帝北逃。元朝灭亡。

夹缝中成长——西夏

　　西夏由党项的拓跋氏建立，拓跋部是党项化了的鲜卑上层。后来被蒙古所灭，其国延续了二百多年。其统治范围大致在今宁夏、甘肃、新疆、青海、内蒙古以及陕西的部分地区，其疆域方圆数千里，是西北地区又一重要的少数民族政权。

正史史料

> 臣祖宗本出帝胄，当东晋之末运，创后魏之初基。远祖思恭，盖拓拔之远裔，当唐季率兵拯难，受封赐姓。
>
> ——《宋史》卷四八五《外国一·夏国上》

三足鼎立之势

西夏原来臣属于宋，后来脱离宋朝而自立，与宋爆发多次战争，形成了宋、辽（金）、西夏三足鼎立的局面。开国皇帝李元昊死后，西夏在是否汉化的争论中反复，最后为蒙古所灭。

西夏的建立

拓跋部就是党项化了的鲜卑上层。9世纪，拓跋部生活在夏州（今陕西横山县西）一带。9世纪末年，唐朝统治处于风雨飘摇之中，这种形势使拓跋部的野心大大膨胀。873年，拓跋思恭占领了宥州（今内蒙古鄂尔多斯市境内），自称刺史。他还追随沙陀人李克用，曾帮助唐王朝收复长安，并击败黄巢，因功被封为夏国公，并赐国姓"李"，夏州地区的党项武装也被称为"定难军"，总括夏、绥、宥、银四州。由此以夏州为中心，鄂尔多斯以南的广大地区皆成为拓跋部的私人领地。

宋朝建立之后，拓跋部先是臣服于宋，向宋称臣。991年，宋朝曾赐拓跋部首领李继迁国姓"赵"，而他还使用着唐朝的李姓。因拓跋部多次劫掠宋朝边境，并与辽交好，宋朝曾一度与其断绝贸易往来。到了1032年，拓跋部首领李德明病死，其子李元昊继位。李元昊在这之前，就多次劝其父李德明不要向宋朝称臣。李德明表示："我们以前总是打仗，也没有得到什么利益。而且我们党项人三十年能衣锦服绮，都是宋朝的恩赐啊，不可轻易辜负。"李元昊则不同意："衣皮毛，事畜牧，是我们的习俗。英雄在世，当图王霸大业，何必介意锦绮这些小东西呢！我们不如拒绝朝贡，训练兵马。力量小可以去掳掠，大了可以去夺取土地，这样岂不更好？"

李元昊继位后，除改名为"曩霄"以外，又自称"嵬名兀卒"，即党项语的可汗。"嵬名"是拓跋鲜卑"元"姓（北魏孝文帝改制时，把"拓跋"皇

姓改为"元"姓）的党项音译，"兀卒"在党项语中有
"青天子"之意。李元昊的称帝野心也可见一斑。接着
他还"自制蕃书，命野利仁荣演绎之"。李元昊称帝的
准备工作已经基本完成。李元昊的叔父山遇劝他不要反
宋，李元昊不听。山遇逃奔宋朝，宋廷怕得罪李元昊，
反把山遇抓起来交给李元昊，结果山遇被残酷杀害。

　　1038 年，李元昊称帝。此前李元昊已自建年号，称
帝后改年号为天授礼法延祚。西夏对宋朝自称为大夏，
建都兴庆（今宁夏银川）。大夏的国名承袭匈奴贵族赫
连勃勃在十六国时期建立的夏国，当时赫连勃勃在今天
的宁夏及周边地区建立过一个大夏政权。因为它在宋朝
的西北，所以又叫作西夏。

　　李元昊派使臣去开封，宣告自己称帝一事。虽然语
气不乏谦恭，但对宋朝来讲，藩国一下子变成了"友
邦"，宋廷上下非常愤怒，马上下诏削夺李元昊的官爵。
但是众大臣并没有意识到西夏威胁的严重性，认为：
"元昊小丑，出师征讨，旋即诛灭！"唯有谏官吴育一
人忧心忡忡地说："元昊已经称帝，不可能自己再改回
原先的称号，而且他一定做好了充足的战争准备。当今
之计，应当暂且答应他的要求，让他没有口实兴兵。同
时严命边将抓紧战备，争取时间，兵祸还可能不会太
深。"但人们却认为吴育迂腐可笑。宋朝在削夺李元昊
爵号的同时，立刻断绝双方的互市，在边境张贴告示，
称有斩李元昊之首者就授予定难军节度使一职。李元昊
也派遣使臣，把宋朝先前赐予的旌节和诰敕都退了回
去。双方正式决裂。

与北宋的战争

　　李元昊即位之后，对西夏军队进行了大规模的整
顿。首先他以黄河为界，在西夏国内把军队划为左、右
两部厢军，设十二监军司，分别命以军名，明确驻地。
其次李元昊设立了铁鹞子、卫戍军、泼喜军等几个新兵种。铁
鹞子是西夏最精锐的骑兵部队，配以最优良的战马、最精良的盔甲，总人数三千人。卫戍
军是西夏禁卫军，共五千人，皆由西夏贵族子弟充任。泼喜军是炮兵，主要
在攻城时用抛石机协助进攻，人数最少，才二百人。西夏炮兵所装备的是轻

西夏王妃供养图
此图画法脱胎于吴道子，线条飞动流
畅而细秀潇洒。人物体态丰韵，头顶
高冠，手持鲜花，颇有唐朝风韵。

回鹘王像
党项部落与回鹘有着广泛的文化交往，
西夏统治时期的莫高窟的回鹘王像即
是一例。

西夏青铜镀金牛

该铜牛出土于西夏王陵。铜牛长 1.2 米，重 188 千克，造型精美，充分展示了西夏的工艺水平。而根据《梦溪笔谈》的描述，由于西夏冶铁业发达，西夏军队的兵器装备并不亚于宋军。

西夏木缘塔

此木缘塔四周书写佛经咒语，反映了"笃信机鬼，尚诅咒"的西夏人受到中原土葬习俗和西藏地区风俗双重影响的葬俗特色。

型旋风炮，作战时可立于骆驼鞍上发射石弹，主要用于野外作战。

在军事准备完成之后，在辽国的支持下，西夏在 1040 年—1043 年接连向北宋发动了三次大规模战争，即三川口之战、好水川之战以及定川寨之战。三次战役皆以西夏的胜利而告终，李元昊歼灭宋军精兵数万。总结其原因，不外乎有如下几点：

第一，由于宋朝原先的软弱政策，同时又在是否赞同李元昊称帝问题上面采取强硬立场，导致西夏主和派遭到沉重打击，以李元昊为首的强硬派势力抬头。他们贪图宋朝的财富，一致对外，军纪严明。而宋朝很多地方将领怯战畏敌，消极抵抗，吃了败仗也无实质性惩罚，导致军纪松弛。

第二，西夏的君主李元昊"幼熟读兵书，心娴韬略"，而且自年轻时就带兵打仗，战场烽火将他锻炼成一个杰出的军事指挥官，"性雄毅，多大略"。而宋军将领范仲淹、韩琦、范雍、夏竦等，都是以"儒臣委西路"，他们不能像汉唐的名将卫青、霍去病、李靖等一样，"身当行阵，为士卒先"。范仲淹、韩琦"忧国有情，谋国有志"，但未能娴熟兵略，不能尽知军情，以致"纵之而弛，操之而烦，慎则失时，勇则失算"，屡遭败绩。

第三，西夏总兵力虽然少于宋军，但每次大战皆是集中优势兵力，一举歼灭宋军一部主力。反观宋朝，战线拖沓，兵力分散。无论是宋军动向还是战场地形，西夏军皆是成竹在胸。反观宋军，在李元昊的声东击西之计下，宋军如堕云里雾里，好几次贪功冒进，都陷入了西夏优势兵力的包围之中。

虽然西夏的军事胜利使宋朝和辽国承认他的皇帝地位，但李元昊牺牲了与辽国的联盟关系，长期的消耗战争换来的不过是一些局部的胜利。李元昊发动宋夏战争的最重要目的之一，是为了大量掠夺财富，以满足西夏皇室和党项贵族的贪欲。但几次战争下来，所获不偿所费，不但没有达到预期的目的，反而加重了老百姓的负担。沉重的兵役和徭役将老百姓压得喘不过气来，加上宋朝对西夏实行经济制裁，关闭边境榷场，停止互市贸易，对西夏经济造成很大打击。而宋朝答应每年给西夏绢缎十五万匹，银币七万两，茶叶三万斤，这也初步满足了西夏贵族的贪欲。自此以后，李元昊贪图享乐，肆意妄为，最后竟然强夺儿媳，结果被儿子所杀。西夏政局也从此走向动荡，无力发动新的进攻。

但是宋朝与西夏间的外交较量一直没有停止，西夏使臣一再要求得到与辽国使臣相等的礼遇，而宋朝官员则抱怨西夏使臣素质低下，言辞无礼。更重要的是，宋、夏和约中对边界问题存而未议。由于未能划定一条清楚的边界，为双方日后的激烈争端留下了隐患。此后宋夏之间又爆发了多次冲突。直到北宋灭亡，双方不再接壤，宋夏之间的冲突才得以停止。

治国政策的反复

早期党项族人主要依赖由部落首领率领的军队，而这些军队往往都处于高度分散的状态。而李元昊曾采取措施加强对军事首领的控制，但并没有放弃传统的部落长者议事的习俗。据载，李元昊"每举兵，必率部长与猎。有获，则下马环坐饮，割鲜而食，各问所见，择取其长"。

这种军事上的结构与西夏的统治阶层结构类似。李元昊强调蕃汉有别，这也是他立国的重要基础。在他土著化的革新措施中，最有名的是他在1034年发布的剃发法令，"初制秃发令，元昊先自秃发，及令国人皆秃发，三日不从令，许杀之"。但西夏统治区域内，有党项、汉人、吐蕃等族。而李元昊初期的"主谋议"的六个人中五个都是汉人。就西夏的经济而言，东部汉人的农耕和西部的游牧是截然不同的两种体系。李元昊的远祖北魏拓跋氏就是通过全面汉化政策化解了这一问题。而在与宋、辽长期对峙的情势下，这一问题显得尤为复杂。国内不同的势力为此展开了激烈的斗争。

西夏第二任皇帝毅宗李谅祚亲政的十九年间，宋夏关系和缓。毅宗曾派人到开封，说自己的父亲李元昊建国时废除了汉礼，他希望宋廷恩准"去蕃礼，从汉仪"，并请求服饰汉族衣冠。同时他用马匹换取了《诗经》《尚书》等汉族典籍，恢复了与宋朝的边境贸易。毅宗的行为引发了一系列关于汉族与党项礼仪的争论，争论的此起彼伏直接反映了主张亲汉派与党项排外派之

宋朝马匹的缺乏

宋朝在宋夏战争中屡屡失利的一个重要原因就是缺乏马匹。与唐朝相比，宋朝丧失了众多传统的产马地区，这些地区为西夏以及辽国所据，宋朝很难从他们手中获得战马。而宋朝疆域里又缺乏大片可供放牧的草地，只能采用圈养的方式来养殖马匹。因此唐人绘画中常有数百上千的马匹，而宋人笔下则是圈养的马匹居多。《五马图》即是一例。

间的相互力量对比的变化。后来出身汉人的皇太后在摄政期间，主张拥护党项礼仪，而小皇帝只要有机会就要改用汉族的传统习俗。在朝廷的权力斗争中，中原的政治制度甚至是具体的汉人，都成了双方斗争的武器和被攻击的对象。后来小皇帝联合大臣谋取太后的实权，遭到了太后的囚禁，拥护皇族的西夏大将也纷纷拥兵自立，西夏局势动荡不已。

西夏的灭亡

　　蒙古崛起之后，向西夏发动了攻击，曾在 1205 年、1207 年和 1209 年三次攻入西夏，但是始终没有占领西夏都城中兴府（今天宁夏银川）和灵州。在 1209 年围攻中兴府的战役中，蒙古人引黄河水灌中兴府，但因为缺乏修筑水利工程的技能，堤围溃决，反而淹没了蒙古军队的营地，被迫解围撤军。但西夏国王也不得不承认自己是蒙古的附属国，除了贡献大批骆驼、鹰隼和纺织品之外，还被迫向蒙古首领请和。

　　但到了后来，西夏由于内部的纷争，拒绝支持成吉思汗经略中亚、攻打花剌子模的军事行动。1226 年成吉思汗西征结束之后，亲率大军攻打西夏，并于年底包围了中兴府。1227 年六月，中兴府被围半年，粮尽援绝，军民病困，又发生了地震，"宫室多坏，王城夜哭"。没多久瘟疫肆虐，军民死伤过半。西夏皇帝被迫乞降，西夏就此灭亡。

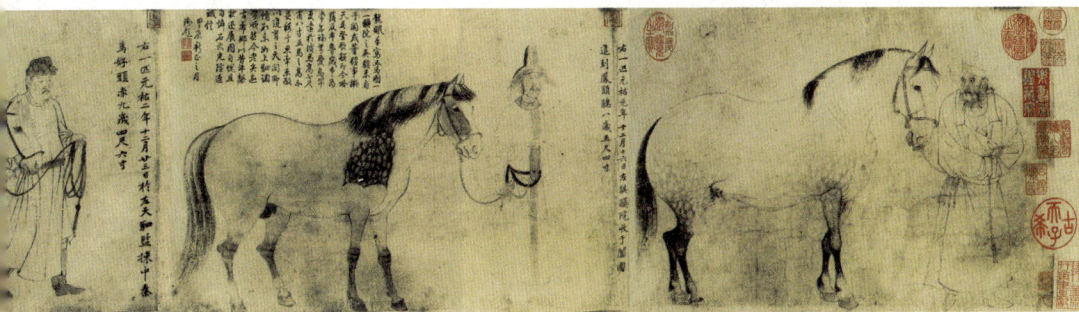

汉蕃之间

西夏地处西北一带，既有黄河之利，农耕条件优越，又有广阔的草场，畜牧业发达，同时又受到西藏地区的影响。因此西夏的经济就兼农耕与游牧于一体，在吸收汉族文化的同时，也吸收西藏地区的文化。在这其中，藏传佛教的发展是西夏文化的重要特色。

混合经济

西夏畜牧业发达，以其家畜、猎鹰和其他牲畜著称于世，而且农耕也有相当大的发展。主要粮食作物有小麦、大麦、荞麦、水稻、豌豆、黑豆等，蔬菜品种有香菜、萝卜、茄子、胡萝卜、蒜、韭等，水果品种有杏、梨、葡萄、李子、柿子、枣、石榴、桃等。

西夏的手工业也相当发达，其中包括珍贵的驼毛毯、足以与最优质的宋朝出版物相媲美的插图印本书籍、大黄和其他药用植物。盐也是当时和宋朝交易的重要商品。

西夏的冶铁业更是发达。西夏政府开办有大型的冶铁作坊，宋朝使者在李元昊的宫中曾听到附近传来千百人锻铁的声音。党项人有"天下第一"盛誉的"夏人剑"，受到各族军队的珍视，宋统治阶级上层人士以佩戴该剑为荣。应用了当时较先进的鼓风技术，西夏的冷锻技术达到了很高的水平。由于西夏的军队多披经过冷锻的重甲作战，而宋军因"衣甲皆软脆，不足当石"，在宋夏战争初期屡遭失利，故宋人就建议"悉令工匠冷砧打造纯钢甲"，以削弱西夏军队在铠甲方面的优势。

西夏与汉族文化

西夏政权非常推崇汉族文化。李元昊设立了汉学，以培养人才。西夏于

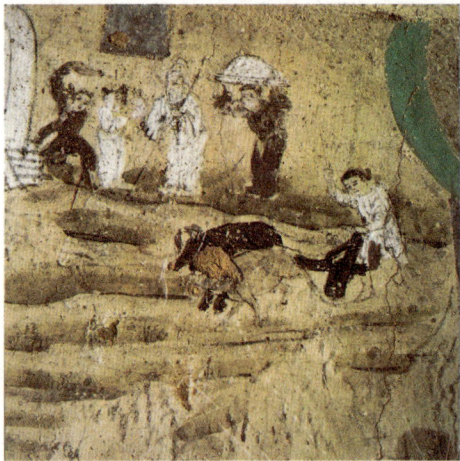

西夏播种壁画
一童子扶犁持鞭，赶二牛耕地，田边一男子头顶粮食种子，一黑衣男童甩袖起舞。这应为一种播种的仪式，通过各种活动特别是舞蹈以求丰登。这幅壁画生动地展示了当时西夏农民的生活和习俗。

1144年在全国设置学校，并为七至十五岁的皇室子孙开设了汉文学校。1145年则创建了"大汉太学"。1147年，还实施了通过考试选拔官员的策举制度。有意思的是，1211年—1223年在位的西夏神宗皇帝李遵顼还是1203年的西夏状元，后统领西夏军事，最后登上皇位。从状元到皇帝，在中国历史上是无前例的。

汉语和党项语都是西夏官方认可的语言，并且都在社会生活中得到了广泛的应用。西夏人还特意编写了《番汉合时掌中珠》这本西夏文同汉文的对照字典，以促进各民族的文化交流。作者的写作目的在序言中说得很清楚："不学番言，则岂和番人之众；不会汉语，则岂入汉人之数。番有智者，汉人不敬；汉有贤士，番人不崇。若此者，由语言不通故也。"这说明作者编写该书的主要目的是为了给西夏人学习汉文、汉人学习西夏文提供方便，从而解决语言不通的问题，以便互相学习、取长补短，增进西夏与汉族人民之间的友谊。

在这种思想的引导下，汉人的《论语》《孟子》、各种专科书籍、治国方略著作都被翻译成了西夏文。军事论著如《孙子兵法》，也有西夏文的文本保存下来。而为了推动本国的养马事业，汉族兽医学的著作也被大量翻译。西夏的政府官员和文人们还往往把《孝经》《论语》《孟子》这些经典作为他们的研究对象，同时喜欢阅读《庄子》《老子》以及汉族的军事论著。

西夏也重视本民族文化的发展。李元昊在称帝之前，就筹划创立文字。党项文字由六千多个字构成，表面上很像汉字，但实际上是以包括复合表意在内的极为复杂的原则为基础的。西夏文字主要使用于政府机构和学校，并开始了将汉文和藏文文献翻译为党项文的工作。

西夏译经图
该图为西夏文《现在贤劫千佛名经》卷首扉画。该画人物众多，场面浩大，形象地描绘了皇太后、皇帝亲临译场的生动情景。其刻法流畅，显示出精湛的木刻技艺。

西夏与佛教

西夏以佛教为国教，佛教思想体系在西夏社会的思想意识中占有极为重要的地位。儒学往往在西夏的统治者阶层影响较大。而佛教思想的影响，不仅在西夏上层，而且也在下层民众中广泛地存在。

西夏历代诸王均崇信佛教，除自中原请经及翻译、雕印佛经之外，还致力于寺庙的修建，故境内寺院林立。有些寺庙还承担了重要的文化任务，或翻译西夏文佛经，或刻印汉文佛经，或刻印西夏文佛经。而皇室还资助印制了大批最受欢迎的佛教文献，并在各种庆典场合广泛散施。例如在1189年，皇室特意用西夏文和汉文印制了数万部《观弥勒菩萨上生兜率天经》和其他经典。西夏的几朝皇帝和皇太后多以佛经的译者、校者的身份署名于当时所译、校的佛经卷首，由一般的倡导者变为主要佛事活动的实践者，在历代王朝中是极少见的。

但党项人信奉的佛教是一种混合宗教，它属于北方佛教的一支，吐蕃密教和汉地大乘经典的传统被巧妙地糅合在了一起。西夏对西夏境内的吐蕃人给予了较高的地位，并招揽藏族高僧入境传法，使藏传佛教能够在西夏流传发展，藏文佛经也得到流行和保护。后来藏族文化、藏传佛教得以通过西夏故地为蒙古人所接受，与西夏时期打下的基础有很大的关系。

值得一提的是，西夏首次出现帝师，帝师具有极其崇高的地位，高于国师。这种特殊的宗教体制后为元朝所继承，对元朝的政治生活和宗教活动产生了重大影响。

与南宋对峙的金国

　　建立金国的女真族是我国东北地区的古老民族。他们建立了金国，并很快灭掉曾经强大一时的辽国和北宋，建立起对中原地区的统治，并在科技和文学方面取得了突出的成就。

金之兴衰

女真族部落于 12 世纪初兴起之后，用十多年的时间灭掉了曾经强大一时的辽国，后来又消灭了北宋，与南宋形成了南北对峙的局面。后来金朝逐渐掌握汉族文化，开始和南宋争夺正统地位。但在其北部边境，蒙古部落崛起，在其攻势下，金人节节败退，最后金亡于蒙古和南宋的联手攻击。

肃慎，吾北土也

女真和他们的先人们世世代代居住在松花江和黑龙江流域的广大地区。他们的历史可上溯到舜、禹和商周时期，其先祖被称作肃慎，其生活的白山黑水地区也被称为肃慎。周代有"肃慎、燕、亳，吾北土也"的记载，这是东北地区见诸记载的最古老的民族。此后肃慎的后裔，名称屡有变更。到隋唐时称靺鞨，女真就是其中的黑水靺鞨。到了五代十国时期，黑水靺鞨逐渐兴旺起来，改称女真。

11 世纪末，女真族被辽国统治者分为两大群落。首先是熟女真，他们是 10 世纪被契丹所俘获的部落后裔，被安置在辽河流域且已完全被同化。熟女真生活在吉林省东部，与辽国有着密切与定期的联系。但是最大和最主要的部分是生女真，他们居住在松花江中下游和黑龙江的东部山区，精于射猎，猎手们身披鹿皮，头戴鹿头皮帽，口衔用桦树皮制成的口哨，模仿鹿鸣，引鹿而至，然后用弓箭射杀。生女真在 10 世纪已经很强大，以致宋朝认为他们是反对辽国的一个潜在同盟，而他们也确实不时给辽国制造严重的麻烦。

在 11 世纪，生女真的完颜部逐渐强大起来，建立起对其邻部的统治，并开始将女真诸部落凝聚为一个强大的民族。辽国承认完颜氏为女真的首领，并任命他们的首领为女真节度使。

金国建立

在辽国末代皇帝天祚帝朝初期，女真与辽国的关系已经逐渐变得紧张起来。辽国政治日益腐败，而女真部落已经变得足够强大，不想臣服于辽。

1113 年，阿骨打被部落首领们选为女真族的领袖，并被辽国按惯例授予汉式官职节度使的称号。阿骨打以阿疎事件为借口，开始骚扰辽国。阿疎本是一个女真首领，曾反对过当时完颜盈哥的霸权，并在辽国境内避难。辽国斥责了完颜盈哥，因为女真人当时实力还不够强大，只好接受。但在女真人羽翼丰满之后，却以不把"逃犯"阿疎交出来当作辽国最大的罪恶。辽金两国十年血战，几乎每次战役都要出现阿疎的名字。金国坚持只有把阿疎交

古格王统世系图

在 11 世纪时，除了宋朝、辽国、西夏三国之外，还有很多少数民族地方政权或者相对独立的部落。西藏地区的古格王朝就是一例。

出来，才可以和解，但辽国基于对藩属的责任和义务，每一次都加以拒绝。1114 年，阿骨打以让辽国交出阿疎的要求又一次被辽国拒绝为借口，进攻作为边界的主要贸易场所和辽国皇帝按惯例接见女真首领的地点的宁江州。看起来好像阿疎是一个辽金和战的关键人物，金国对他有不共戴天的仇恨。可是等到辽国崩溃，金国把阿疎逮捕后，只不过打了几板，即行释放。后来每有人请教阿疎姓名时，他都幽默地自我介绍说："我叫破辽鬼。"

完颜阿骨打起兵之后，取得了一系列的胜利，并于 1115 年建国，号为"大金"。建年号为收国，是为金太祖。由于辽国以及北宋的统治极其腐朽，金国于 1125 年灭掉了辽国。而金国又在联宋灭辽中看出了宋朝的虚弱，就于 1126 年攻占了北宋都城开封，1127 年北宋灭亡。后来金兵又南下攻打南宋，一度攻入了浙江，但宋金分界线在大多数时间还是稳定在江淮一线。

正史史料

癖宇制度极草创，居民往来或车马杂还，皆自前朝门为出入之路，略无禁限。每春正，击土牛。父老士庶，无长无幼，皆观看于殿之侧。主之出朝也，……拦驾以诉之，其朴野如此。

——《三朝北盟会编》卷二四四

完颜亮的改革

金国建立前后，其政治制度尚处于早期形态。就是在灭辽阶段，"国有大事，适野环坐，画灰而饮，自卑者始……军将行，大会而饮，使人献策，主帅听而择焉，其合者即为将，任其事。师还，有大会，问有功者，随功高下与之金，举以示众，众以为薄，复增之"。而金朝早期的统治者，根本不知道在汉族的等级思想中皇帝与臣民之间存在着不可逾越的鸿沟。甚至到了1197年，当金国的国家机构已经完全采用了汉制之后，在朝廷一次有关是不是应该对蒙古人发动进攻的讨论中，还是运用了投票决定的方式，表决结果为："议者凡八十四人，言攻者五，守者四十六，且攻且守者三十三。"最后金朝根据投票结果，采取了守势。

但到了北宋灭亡之后，女真人不仅统治了辽国故地，还统治了中国北方的大部分地区，特别是河北和河南。如何来统治这样一个由许多有着不同的经济和社会背景的众多民族组成的国家，便成为女真政权面临的一个难题。一开始女真人是按照辽国的旧例对他们进行治理的。整体而言，女真贵族掌握着所有的大权。

海陵王完颜亮为了改变这种状况，加强君主的权力，就采用汉制，进行大力改革。他为巩固皇权，镇压大批贵族反对派，大批任用汉人、契丹人、渤海人执掌朝政。他于1153年迁都长城以南的燕京（今北京）。他还废除了大部分贵族世袭的官职，并试图把他们的职位转变为正规官员的职务。而作为正规官员，必须是经过任命的，必要的话，朝廷可以随时将他们撤职。但他的改革也引起女真贵族的反对，随着他对宋朝军事扩张的受挫，他被部将所杀。但在他死之后，改革仍在继续。到了12世纪末，金国设立了与几乎所有宋朝曾经设立过的中央官署相对应的部门。金国逐步从部落和贵族的政治体制转化为中原王朝的官僚政体。

寒风凛冽的塞外
这是金人所绘之《文姬归汉图》部分，真切地描绘出了朔风凛冽的塞外环境以及骑士顶风前行的场景。

猛安谋克的没落

猛安谋克是金代女真社会的最基本组织。它产生于女真原始社会末期，由最初的围猎编制进而发展成为军事组织，最后变革为地方行政组织，具有行政、生产与军事合一的特点。它是满洲八旗制度的先驱。

汉语中的猛安谋克是两个女真词的音译。"猛安"的意思是千，指的是早期战争中统领千人的首长（千夫长），也可以指他统领的这个单位。"谋克"为百人的首长（百夫长）。猛安谋克的编制中有猛安（千夫长）、谋克（百夫长）、谋克之副蒲里衍（牌子头）、什长（执旗）、伍长（击柝）、士卒（正兵）、士卒之副阿里喜。这种组织最初是平时射猎，战时出征，后来就转化成常设的军事组织。但无论是猛安还是谋克，一般都不能达到足额。

自完颜阿骨打起兵后，女真贵族为了降服汉、渤海、契丹和奚等族人，亦用猛安谋克编制，并用猛安或谋克称号授其首领，首领均为世袭，这在一定程度上减弱了他们的反抗情绪，并增强了自身的力量。因此女真只用了十余年时间，就灭掉了辽国与北宋。除了女真兵的勇猛善战和辽、宋的腐朽外，猛安谋克也发挥了很大作用。但随着女真人统治的稳固，金国又逐步撤销了外族的猛安谋克。

后来为了更好地控制中原地区，金朝统治者把大量猛安谋克迁到中原，并创屯田军之制。政府规定："凡女真、契丹之人皆自本部徙居中州，与百姓杂处，计其户口授以官田，使自播种，春秋量给衣马。若遇出军，始给其钱米。"但许多女真人由于缺乏农事经验，又不习惯于在汉地的条件下耕种，就将土地租给汉人，坐收地租。他们逐渐失去原来剽悍善战的习性，一部分变得游手好闲，贪图享乐，或者沉溺于打猎，或者过度饮酒，甚至陷入贫困的

金代砖雕丰收舞蹈人

这是金代墓葬出土的一组乐舞砖雕中的一块。砖雕中的人物为女真人长相，肩扛长瓜，表情生动，动作协调。砖雕的阊门式围框与立体人物巧妙结合，产生了较好的艺术效果，也说明了当时女真人已经开始熟悉农业生产。与此同时，金兵的战斗力也开始下降，蒙古部落的威胁日益严重。

境地。而另一部分人则崇尚汉族文化，吟风弄月，舞文弄墨，以考取进士为最大的荣誉，而把世袭猛安谋克这一军官职务看成是一种有失自己高贵身份而去充当起起武夫的莫大耻辱。

政府对于猛安谋克的没落采取了诸多措施。例如制定反对奢侈的法律来禁止酗酒和过度挥霍，定期进行军事训练。对于最贫困的谋克由官府颁给官粮，鼓励他们学习农耕技术。但不废除民族特权，就无法真正刺激这些猛安谋克努力耕作，加强武备。到了金国末年，黄河以北地区被蒙古占领，金政府为了安置这些猛安谋克，又占据了汉人的大量土地。但黄河和淮河流域正是密集耕种地带，这样大量汉人失去了自己的土地，金国也失去了很大一部分民心。金国的灭亡进程也由此加快。

蒙古部落的威胁与金长城

自金国建立以来，其北方的蒙古部落就构成了严重威胁。金初对蒙古部落的战争投入的军队都是驻防北部的偏师，屡战不利，后来将兀术用于对宋作战的精锐部队调回，但是蒙古的合不勒汗还是成功地打败了一部分金军。1147 年，金国被迫以割让几个边区县和献出大量实物为代价与蒙古人讲和。金国开始修建多条漫长的长城防御工事，以防御蒙古骑兵的入侵。

金长城全长约五千千米，共有两条。一条起于大兴安岭北麓，穿呼伦贝尔草原，达蒙古人民共和国肯特省德尔盖尔汗山以北沼泽地中，史称"明昌旧城"或"兀术长城"。这是兀术主持修建的。而到了 12 世纪末期，蒙古部落的威胁变得更加严重，金国就修建了第二条长城，史称"明昌新城"或"金界壕"，主要分布在今内蒙古自治区境内。与兀术长城相比，金界壕已向

正史史料

金汴京大疫凡五十日，诸门出死者九十余万人，贫不能葬者不在是数。

——《金史》卷十七《本纪·哀宗上》

南退缩不少。

金界壕的最大特点是由单线变成网状，构成了多重防御体系。金界壕长约一千九百千米、宽约八百千米。金界壕变单层阻断为多层阻断，外线失守，还有内线可防。变单向横向阻断为网内多方位阻断，敌军即使攻破一点，也不能长驱直入或左右迂回。这就避免了单线长城所存在的一点突破全线崩溃的缺点。而蒙古骑兵作战的特点是反应快速，迂回包抄，在长城网中，骑兵的特点却难以发挥出来。后来的明长城有许多地方汲取了金长城的特点。不过后来蒙古利用民族以及宗教信仰的相似使防守西部长城的汪古部归附，使金国苦心经营的长城屏障失去作用，金国利用长城拒敌于国门之外的战略也化为了泡影。

金国之所以在攻打宋朝的同时采取防守蒙古部落也就是南攻北守的战略，是基于现实的考虑。宋廷腐败而懦弱，致使宋军战斗力低下，加之中原地区的发达和富庶，攻打南宋会得到较多的利益。而蒙古高原地广人稀，自然条件恶劣，经济文化落后，即使攻下来也不会有太多的利益。再者由于蒙古部落还是松散的部落联盟，无法对之进行致命的打击。这也是以前中原王朝难以对付游牧民族的重要原因。而游牧民族一旦形成初步的政权，其实力已经相当强大。不过历史上也有几次成功突袭的例子。汉朝的卫青就乘匈奴的麻痹心理，利用骑兵的机动性，找到匈奴单于的直属部队，并进行决战，从而使匈奴转向彻底的守势。而唐朝的李靖也曾利用东突厥遭受大灾而实力大损的有利时机，利用骑兵千里奔袭，一举攻破颉利可汗的牙帐，生擒颉利可汗，从而灭掉了东突厥。但总体而言，这样的情况在历史上只是少数。

蒙金战争

防御工事的修建并没有消除来自北方蒙古部落的威胁。到了金大定年间（1161年—1189年），金国民间就开始流传谣言："鞑靼来，鞑靼去，赶得官家没去处。"铁木真于1206年称成吉思汗之后，为了掠夺财富和扩张势力范围，以为祖先复仇之名，于1211年二月聚众誓师，决计出兵大举攻金。

蒙古军队一路势如破竹，以十万蒙古军队在野狐岭（今河北万全县西北）与三十万金军进行决战。成吉思汗命大将木华黎率领敢死队在前冲杀，他则率主力跟进，攻破金军中军大营，金军败退会河堡。蒙古军骑兵跟踪追击，经过三天激战，歼灭了金军精锐。经过这一战役，金军再也无力抵抗蒙古军队的进攻，也没有了与对手决战的勇气，只是一味地依靠坚城死守，直到被蒙古兵一一攻破。蒙古军队乘势围困了中都（今北京）。但因城墙坚固，金军又屯有重兵，蒙古军伤亡惨重，就掳掠大批人畜和财物后撤兵。金国被迫将首都迁至开封。但这一战也让蒙古军队开始认识到中原先进的防守技术特别是火药武器的威力。后来蒙古军队吸收了中原的先进技术，组建了炮军，配合骑兵攻坚。1215年五月，金中都守将服毒自杀，蒙古军进占中都。

撞车
在古代的攻城作战中，除了用云梯登上城头外，攻方还往往会利用前端装有尖锐而厚重的铁器的撞车去撞开或毁坏城门。

经历了多年的战争后，1232年四月，蒙古军队开始围攻开封城。围城战异常激烈，双方都使用了火器。女真和汉人的军士们努力抗击蒙古与汉人联军的攻击，震天雷、飞火枪首次出现在战场上，给蒙古军队巨大的杀伤。蒙古军停止攻城，但击败了金军的援军。开封粮尽援绝，又发生了瘟疫，军民伤亡惨重。

在此情况下，金哀宗只好带领少数臣僚离开开封，最后到达蔡州。蒙古军队又包围了蔡州，在前锋部队被击退之后，蒙古军不再攻城，而是筑起长垒，把蔡州城围了起来。而这时南宋应蒙古之约，也遣孟珙率领两万军队，运米三十万石，来到蔡州城下。蒙古军得到了宋军的粮食援助，就联合修建攻城器械。宋蒙联军在蔡州城外砍伐树木，用来制造攻城武器，砍伐呼喝声传到了数里之外，蔡州城内人心浮动，惊惧异常。幸亏守将四处游说，激以忠义，勉强安定了蔡州城内的动荡局势。金军守城壮丁不够用，就在城中到处征召健壮女子，上城墙运送木石充当壮丁。对于这种局面，哀宗也亲出劳军，"人有被创者，驻马近视敷药，军民感泣"。

金哀宗深知大势已去，对侍臣叹息道："我当皇帝十年，自知没有什么大的过错，死无恨矣。所恨祖宗传国百余年，至我而绝，与自古荒淫暴君同为亡国之君，这让我耿耿于怀……自古以来，没有不亡之国，亡国之君往往为人辱囚，或被绑缚献俘，或跪于殿庭受辱，或关闭于空房。我绝对不会到这

正史史料

　　熙宗（完颜亶）自为童时聪悟，适诸父南征中原，得燕人韩昉及中国儒士教之。后能赋诗染翰，雅歌儒服，分茶焚香，弈棋象戏，尽失女真故态矣。视开国旧臣，则曰"无知夷狄"，及旧臣视之，则曰"宛然一汉户少年子也"。

——《大金国志》卷一二

个地步！"然后哀宗带人趁夜出东城突围，但被打退。宋蒙联军在城外大搞心理战，他们支开大锅，煮肉豪饮。缺粮多日的守城金军闻见肉香，斗志大减。有投降者从城上缒城而下，告知宋军说城内已绝粮三个月，能吃的都已经吃尽，连鞍靴甲革包括鼓皮都煮掉吃了。

　　1234 年，金哀宗准备传位于金末帝完颜承麟，完颜承麟拜而不受。金哀宗说："实不得已啊，我身体肥重，不能驰马奔逃。而你矫捷多智，如果侥幸得以逃出重围，保存一线国祚，我死也瞑目了！"完颜承麟乃起身受玺。这时宋蒙军队已经攻破城门，金哀宗自杀于幽兰轩，残余金军大多战死。完颜承麟也死于乱军之中，在位不到一个时辰，成为中国历史上在位时间最短的皇帝。金朝自此为宋蒙联军所灭。蒙古灭亡金朝，为其随后建立元朝、统一全国奠定了基础。

金之文教

　　金朝在广泛学习汉族文化之后，文化事业有了很大的发展，在建筑、文学、武器制造方面都取得了突出成就。在此基础上，金朝开始尝试和南宋争夺中原文化的正统地位。

女真与中原文化

　　在吸收汉族文化方面，与契丹人相比，由于社会发展程度的差异，女真人一开始对中原文化吸收得并不多，但也很早就受到汉族文明的影响。随着时间的推移，女真人开始广泛接受汉族文化，完善了科举制，并萌发了自己身为唐朝继承者的观念。

对汉文化的向往

金朝很早就受到汉族文明的影响。金朝及其他少数民族王朝统治者汉化程度高低的一个重要标志，就是个人的姓名。孩子除了取女真名之外，还要再取一个汉名，早在完颜阿骨打那一代就已经如此。在完颜阿骨打称帝时，在原有的姓名之外，完颜阿骨打又为自己取了个汉名叫作"旻"。取名时，女真人还往往遵从汉人的所谓"排行"制度，就是凡属同一代的所有男性成员，名字中都要有已经提前规定的同一个汉字。比如完颜阿骨打的下一代，汉名中的第一个字都是"宗"，这显然是在有意识地仿效中原的习俗。汉人传统上还有一种惯例，即将皇族的姓氏赐给有功的外族人，特别是心向中原的少数民族首领。这在金朝也不乏其例，曾有几十人得到过这种荣誉。在皇室认可的情况下，其他女真氏族的姓氏有时也被赐给非女真人的官员。

磁州窑虎形枕

此瓷枕为卧虎形。虎背为枕面，上绘芦塘秋禽图，工艺精美。这一瓷枕既是女真与汉族文化交流的产物，又具有鲜明的女真特色。

金熙宗完颜亶是金国第一个祭孔的皇帝，并积极地学习汉文化典籍。金国迁都中都（今北京）之后，汉文典籍被大量地翻译。当时金国组织人力翻译了《贞观政要》《史记》等书。为了使这一翻译更加富有成效，让不懂汉文的女真人学习汉文化，还专门在中都成立了翻译中原文化典籍的翻译机构"译经所"。1183 年，金人翻译了中原文化经典中的重要著作《易经》《尚书》《论语》《孟子》《老子》《列子》《新唐书》。金世宗完颜雍曾经对大臣们说："我之所以命人翻译《五经》，就是想让你们也都知道仁义道德的标准。"1194 年，金朝又在中都设立了弘文院，全面翻译中原文化典籍。金章宗完颜璟还下令由朝廷出资购买《崇文总目》里所缺的书籍，设立藏书之所。金章宗还曾明确要求低于三十五岁以下的皇家侍卫人员，必须要熟读中原的文化经典。

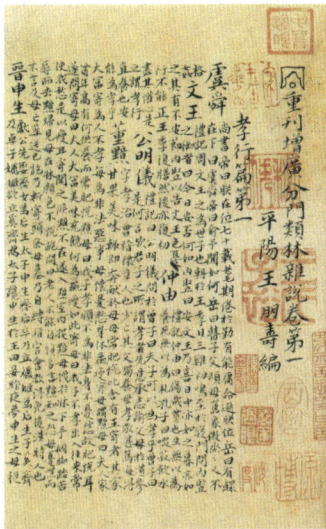

《类林杂说》书影

有金一朝，科举不如宋朝那样兴旺，因此主要面向读书人的类书出版数量减少。但在有限的类书中，孝还是被放在第一位的。

1119 年，女真人正式颁行了一种特殊的文字，即所谓的女真大字，它是在契丹大字的基础上创制的。1138 年又颁布了一种女真字，称为"小字"。但有意思的是，金朝与西夏和宋的外交通信一直都是完全使用汉字的。就是在货币上，女真人也从未铸造过带有女真文的钱币，他们使用的钱币上只铸有汉文。金朝的纸币上印刷的也完全是汉文，并没有女真文字。

历史细读

　　糊名法：武则天时期，考生必须用纸糊住考卷上的姓名，考官评卷后，由专人揭开登记。棘围法：唐宪宗时期，试院四周及墙上插满棘枝，令人无法爬越，以防有人传递作弊。

科举制度

　　金朝科举制始于 1123 年。从 1129 年起，进士科的考试每三年举行一次，后来则是一年一次。最初南方与北方的考试有所区别，称为南北选。北方侧重于辞赋，而南方偏重于经义。1173 年，金世宗特地创立女真进士科，希望能有更多的女真平民进入官僚集团，以此来取代那些世袭的女真贵族们，不过女真人不中进士照样可以得到入仕和升迁的机会。

　　虽然具有实权的职位，特别是最高层的职位，大多数都由女真人把持，但汉人还是通过进士考试进入了官僚集团。在金代，有越来越多的汉族高官是通过科举，而不是通过诸如赐给某人官爵或者军功等途径获得官职的。在金朝时期，科举制度在人才选拔上所起的重大作用，是另外两个非汉族建立的王朝辽与元所无法比拟的。

　　金朝在科举考试中的预防作弊方法也值得一提。古人的作弊法主要是夹带。古人为此想了不少办法，其中最主要的就是搜身，并将其雅称为"符验"。而到了金朝，考场纪律更为严苛，考生入场前，要进行裸体搜身，让考生脱去衣服、鞋帽，打开发结，甚至连鼻孔、耳孔也不放过。金世宗完颜雍即位后，觉得对考生脱衣检查实在不雅，不利于金朝笼络文士的大局，便开设了官办浴池，令考生脱衣入浴，事后换上统一服装入场。

对正统的追求

　　完颜阿骨打在建国伊始，就确定了一个汉族式的年号"收国"。当时他手下的汉人谋士提出自古英雄开国，或受禅，或求大国册封。因此完颜阿骨打起草了一份向辽国请求册封的文书，提出了十项要求。首先完颜阿骨打要求封号为"大圣大明皇帝"，国号大金。其次允许他乘用玉辂、服衮冕，玉刻"御前之宝"。而在联宋攻辽的协议中，阿骨打的皇帝地位得以被郑重地承认，阿骨打被称为"大金大圣皇帝"。这意味着金朝已经成为一个与宋朝平等的国家。

卤簿玉辂图
对古人特别是统治者而言，采用何种仪仗往往成为争论的焦点。每个统治者都希望能够采用天子的仪仗，但也为此爆发了多次战争。

金海陵王完颜亮则是金国追求正统的最典型人物。他想要成为整个中国的统治者而不仅仅是女真人的首领。完颜亮自幼聪敏好学，汉文化功底很深，能诗善文，又爱同留居金地的辽宋名士交往。他一直有君临万民以为正朔的理想。他在做藩王时，给人题写扇面，就有这样的诗句："大柄若在手，清风满天下。万里车书尽混同，江南岂有别疆封？提兵百万西湖上，立马吴山第一峰！"他征服江南的雄心暴露无遗。他还认为："自古帝王混一天下，然后可以为正统。"江南对他来说是势在必得。

因此完颜亮篡位称帝后，实施了一系列旨在使女真的国家和社会汉化的改革。无论是礼乐、仪式上还是财政政策和行政管理上，他都不再满足于金国的政治中心仍然偏居东北的局面，决心将政治中心南移。1153 年，完颜亮开始定居于燕京（今北京），并将它定名为中都。1157 年，他甚至下令毁掉位于东北地区北部中京的那些女真宫室。1158 年，他还下令在开封修建宫室，称之为南京，准备再次迁都。所有这一切都表明，他认为金国已经接受了汉文化，南北已经没有区别，所以应该由他来统一中国。他把自己看成为全中国未来的皇帝，并且认为自己对中国的统治将会像宋朝的统治一样正当。但这并不是单靠自我宣称就能实现的，完颜亮因此发动了对南宋的战争。

完颜亮征南宋时，自命"六师"（周代天子六师，后来古人用六师来代指天子的部队）南伐，约束军纪，严禁扰民，有违犯者被他下令处决。据说一名小兵因不慎烧着了一户人家的房子，马上就被处死。这与金国初期金兵南下时的烧杀抢掠有着很大的不同。而他还特意到项羽庙去拜祭，据说他还祈求项羽保佑他能够统一中国。但虞允文在采石矶一战中击败了他。他没有在"笑谈顷"（这是完颜亮诗词中的句子）灭掉南宋，反而被部将所杀。他没有

王重阳会纥石烈

金朝统治者为了巩固自己的统治，积极笼络各种宗教的上层人物。贵族纥石烈就与全真教创始人王重阳交好。后来王重阳准备云游四方时，纥石烈亲自到郊外为其送行。该图就部分展示了这一场景。

成为第二个周瑜，而成为了第二个苻坚。

海陵王完颜亮之后的金世宗完颜雍对女真贵族和平民中日益增长的汉化倾向感到忧虑，采取了诸如下令禁止取汉名、穿汉服等措施，想使女真人保持自己的民族特性。但之后的金章宗完颜璟又加速了金国对正统的追求。在近二十年的统治期间，他都在致力于把金国变成像唐、宋那样政治体制的王朝而加紧进行各项改革。女真人的旧法是建立在"以眼还眼、以牙还牙"的原则和损害赔偿的基础之上的，轻罪被判鞭笞，杀人者被处决，他们的家资百分之四十入官（首领或者酋长），百分之六十给受害者家属，杀人者的亲属被充作奴隶。但如果将马牛杂物送给受害者家属来赎身也是可以的。在这种情况下，对罪犯唯一的惩罚就是割下他们的耳朵或鼻子，以标明他们的罪犯身份。曾出使金朝的范成大就在诗中写道："屠婢杀奴官不问，大书黥面罚犹轻。"而基于唐律的《泰和律义》就废除了这一做法。

而金章宗与谋士们经过长久的讨论之后，终于在1203年从五行中选定了土作为金朝的德运。按照汉族传统的政治观念，每个正统的王朝，都相应地以五行中的一种物质来表示。宋朝选定的是火，代表他们王朝的颜色便是红色。对这种所谓德运的正式采用，说明最迟到1203年，至少在女真人自己

金朝的戏曲演出

金朝的戏曲在宋朝的基础上有了极大的发展，为后来元杂剧的繁盛打下了基础。该图后排五人为伴奏乐队，有大鼓、腰鼓、横笛等。下面则是动作各异的表演者，栩栩如生。

眼中，他们所建立的金朝已经完全汉化，可以取代南宋作为中原正统的王朝。这是在完颜亮武力统一中国的企图失败之后，金朝在文治方面对宋朝发动的一次重大攻势。

金亡之后，元好问拒不应聘蒙古政权的官职，以表明自己的遗民身份和对故国的忠贞。但为了写作金史、保留金国的历史，在众人"百谤百骂，嬉笑姗侮，上累祖祢，下辱子孙"的情况下，与蒙古政权的官员相周旋，以便取得他们的协助。他们自认为是"真正的"中国，即唐朝传统的维护者。特别是到了后来，由于金国统治的中原地区受蒙古、南宋的双向进攻，使得华夏正统意识空前高涨，在金国甚至出现了以华夏正统自居，而视南宋为蛮夷的思想（在宋代以前，因南方多为少数民族，且开发不够，北方人故称南方人为蛮夷）。这种思想为元朝所继承，蒙古人也称呼南方人为蛮子，这种称呼直到现在仍有影响。

文学的发展

虽然女真人入侵中原造成了极大的社会动荡，但局势也逐渐稳定了下来。当女真人遵循唐代的模式建立了中原式的中央政府后，汉人继续在大多数政府机构中供职。高雅文化受到保护，各种体裁的文学作品大量涌现，有对经典的诠释，有散文和诗歌。大部分诗歌体现了唐代或宋代的风格，但也有女真人自己的风格。

元好问就是典型一例。他在赶赴科举考试的路上，遇到一个捕捉大雁的人。那个人说："今天早上逮到一只大雁，将它杀掉了。但脱网的那一个却悲鸣不已，久久不忍离去，最后撞地而死。"元好问就花钱买下了这两只大雁，

名家评史

　　从民族这方面说，汉族在整个过程中像雪球一样
越滚越大。而且国家分裂时期也总是民族间进行杂
居、混合和融化的时期，不断给汉族以新的血液而壮
大起来。

——费孝通《中华民族的多元一体格局》

　　葬在汾水之上，用石头做了标志，称作雁坟。而与他同行的人就像唐宋的文
人一样，纷纷赋诗纪念此事。元好问就写下了在中国文学史上有着重要地位
的《摸鱼儿》："问世间情为何物？直教生死相许。天南地北双飞客，老翅几
回寒暑。欢乐趣，离别苦，就中更有痴儿女。君应有语，渺万里层云，千山
暮雪，只影向谁去？横汾路，寂寞当年箫鼓，荒烟依旧平楚。招魂楚些何嗟
及，山鬼暗啼风雨。天也妒，未信与，莺儿燕子俱黄土。千秋万古，为留待
骚人，狂歌痛饮，来访雁邱处。"

　　在民族风格上面，海陵王完颜亮的《念奴娇》与宋人的词相比，则别有
一番豪情："天丁震怒，掀翻银海，散乱珠箔。六出奇花飞滚滚，平填了，山
中丘壑。皓虎颠狂，素麟猖獗，掣断真珠索。玉龙酣战，鳞甲满天飘落。谁
念万里关山，征夫僵立，缟带占旗脚。色映戈矛，光摇剑戟，杀气横戎幕。
貔虎豪雄，偏裨真勇，非与谈兵略。须臾一醉，看取碧空寥廓。"

火药武器的进步

　　女真族很善于学习其他兄弟民族的长处。在唐朝的时候，他们还曾经使
用石头做的箭头。但接触到辽国文化，特别是先进的汉族文化之后，他们迅
速接受，并形成了自己的特色。这在军事技术方面体现得最为明显。

　　金兵第一次攻打开封时，还缺乏攻城器材。而到了1126年第二次攻打宋
都开封时，金军已普遍装备了攻城炮。当时炮以梢多为胜，炮梢越多，射出
的石弹越重，射程越远。金军造炮由早期的二梢、五梢迅速发展为七梢、九
梢，种类有很多，如可投放巨石的虎蹲炮，可左旋右转、变换射向的旋风炮，
可同时发放数枚炮石的撒星炮等。当时宋军遗留在城下的数百门大炮落入金
军手中后，就成为了宋军的噩梦。再加上原来拥有的大炮，金军"一夜安炮
五千余座"。金军在兵器制造上也并不甘于仅仅是模仿，而是积极将其加以改

造，使之更适于作战的需要。比如辽、宋军所使用的炮架多无防护，拽炮士兵在实战中伤亡较大。金军则在炮架旁用原木密排成屏风，并用生牛皮和铁皮包裹，使之能抗击对方火器的攻击，从而避免了不少伤亡。

金国在火药武器方面的成就更是突出。在防御蒙古人的入侵中，金国发明了突火枪。据说这是由汉族工匠发明的武器。它是继南宋初年陈规所创长竹竿火枪后的又一种管形武器，灵巧轻便，适用于单兵作战。它以十几层硬黄纸叠在一起成筒状，长约六十厘米，然后将柳炭、铁渣、磁末、硫黄、砒霜之类混在一起紧紧填装进去，以绳系在枪头，军士各带一个小罐，里面藏有火炭，临阵时点燃，火焰可冒出枪端三米多远，无人敢于接近。到火药烧尽时，筒也不会损坏。喷射完毕后，还可用锋利的矛头刺杀敌人。突火枪是中国火器史上第一次大规模装备的单兵火枪。

到了1232年，金国又发明了"震天雷"，是一种用铁罐装填火药的抛射兵器，开始用于抵抗蒙古人进攻开封城的战斗中。《金史》中描述说："铁罐盛药，以火点之，炮起火发，其声如雷，闻百里外。所爇围半亩之上，火点著甲铁皆透。"这种铁火炮的出现，表明爆炸性火器已从纸壳装填火药发展为用铁壳装火药，增大了杀伤和摧毁的威力，成为以后铁壳爆破弹的先声。

昙花一现的元帝国

  13 世纪，蒙古帝国崛起，发动了震惊世界的西征，并建立了新的统一王朝元朝。但由于蒙古贵族没有很好地学习和吸取汉族文化，耽于享乐，曾经强大一时的草原帝国尚不足百年就被农民起义所推翻。

一代天骄的诞生

在一代天骄成吉思汗的带领下，蒙古各部落凝聚成一个强大的民族，开始走上军事扩张之路，兵锋直指欧洲。同时灭掉金国和西夏，为中国的完全统一打下了坚实的基础。

苍狼白鹿的后代

《蒙古秘史》的开篇第一章便说："天命所生的苍色狼与惨白色鹿同渡腾吉思水，来到斡难河源的不儿罕山前，产生了巴塔赤罕。"相传在周穆王时代，在周朝的西北和北方有一个以犬图腾为中心的部落联盟，在犬部族的周围，有很多不同图腾的部落，其中有四个白狼图腾的部落，有四个白鹿图腾的部落。狼鹿两个氏族，世代婚姻，双方男女互相嫁娶。周穆王攻打犬部落的时候，打败了犬部落及其有力助手即这八个狼鹿部落。

据说在这场三四千年前的浩劫中，特古斯、乞袁氏各有一对夫妇逃了出来。乞袁即乞颜，意思是从山上冲下来的狂暴湍急的洪流。据说当时乞颜人勇敢、大胆而又极其刚强，所以人们以这个词作为他们的名字。他们在阿尔泰的高山之中找到了安身之地。这个地方名叫"额尔古讷昆"，意为险峻的山岭。那里四周全是高山和丛林，除一条攀着山石、扯着葛藤可以攀登而上的羊肠小道外，再也没有任何可以出入的途径。但随着人口的增加，大约过了一千五百年，他们居住的地域逐渐显得狭窄了，于是他们就商量着要迁出山外，但那么多牲畜与财产却没法搬出去。他们开始寻找走出山区的办法，后来找到了一处铁矿，聚集木柴，用七十头牛的皮制成风箱，点火鼓风，直到山岩溶化，结果得到了无数的铁，山路也被开辟了出来。狼鹿部落的子孙走出了阿尔泰山，各自去开辟自己的新生活。这个故事叫作"化铁出山"，起初以口头形式流传。它是乞颜部族在远古时期创作的有关祖源的传说，在其氏族中代代相传，是这个部族祖先光辉业绩的记载。成吉思汗一系的蒙古王公，为纪念此事，每到除夕，都要召集铁匠们来到内廷，举行捶铁仪式，用以答谢天恩。

成吉思汗家族的来历

据说成吉思汗的第十一世祖阿兰豁阿先是生了两个孩子，但在丈夫死后，她又生下了三个儿子。阿兰豁阿的两个年长的儿子别勒古台和不古纳台，看到母亲寡居生子，私下议论纷纷。阿兰豁阿发觉了那两个儿子的怀疑，就将五个儿子唤齐，分给每人一支箭杆，叫他们一一折断。然后又拿出五支箭杆，

元人射雁图

八骑分列，居于画面中心的正是曲身挽弓将欲发箭的骑士。骑士奋力振臂，双目凝视目标，箭已在弦上，弓已呈将发而未发之态。最后一骑士手臂架鹰，准备放飞搏击猎物。其余的人勒马仰望，视线向上延伸，汇聚到图的左上方，一行飞雁翩然而过。所有人都静穆地等待着那一箭的离弦，屏气静声。远处岭间一长驼队缓缓而行，起伏绵延。左侧伸出一虬曲寒树，平添萧然意蕴。射猎对长期生息繁衍在北国的蒙古族而言是其获取生活资源和生活乐趣的重要途径。

捆成一束，让他们轮流去折，却没有一个人能够折断。然后对他们说："每天夜里都有个黄白色的人，从天窗和门额上透光的地方进来，抚摩我的腹部，一缕缕的光便浸入我的腹中。他离去的时候，借着日月之光，像黄狗一般，冉冉飘去。你们不要造次乱说，看起来你们的三个弟弟都是天的儿子，怎么能够和凡夫俗子们相比呢？"阿兰豁阿进而又谆谆教诲五个儿子说："你们五个孩子，都是从我肚皮里生出来的。你们恰如刚才的五支箭一般，如果各自分开，谁都很容易被任何人折断。但如果紧紧地捆在一起，同心同德、友好合作，不管是什么东西都对你们无可奈何！"

但阿兰豁阿死后，前四个儿子把食物牲畜都分了，只有五弟孛端察儿平时沉默寡言，被当作傻子，只分得一匹劣马。但等到这几个哥哥来找弟弟的时候，他却劝说四个哥哥，袭击了一群"没有大小好歹，不分头蹄上下，没有头脑管束，容易对付的百姓"，把他们掳为奴仆。兄弟五人各自分得一份属民和畜群之后，便移住在不儿罕山麓。孛端察儿便是乞颜孛儿只斤的祖先，成吉思汗就是这个部族的后裔。孛儿只斤，意为苍狼的苍色。

这个故事见于《元史》《蒙古秘史》，大约反映着有母无父的母系氏族时代的风俗。在那个时候，原始制度开始解体，奴隶制逐渐兴起。不过阿兰豁阿后来所生的三个儿子的后人被称为纯洁出身的蒙古人，蒙古部的可汗都出自于这个家族，所以就被称为"黄金家族"。但在成吉思汗死后，只有他的直系后裔，即术赤、察合台、窝阔台、拖雷四人的后代才被称为"黄金家族"，才有资格继承各汗国的汗位。拖雷之子蒙哥夺得蒙古大汗之位后，这个范围又进一步缩小为拖雷的后代。黄金家族的观念对现在的蒙古族仍然具有很大的影响。

铁木真统一草原

铁木真在动荡的草原局势下成长起来，先后击败各路势力，被尊称为"成吉思汗"。一个强大的蒙古民族在中国北方形成了。

童年铁木真

后来蒙古氏族形成了松散的联盟，铁木真的始祖曾担任部落首领。直到他的曾祖父合不勒的时候，开始有了可汗的称呼。但当时尚不具备国家形式，不能发挥国家的作用，更不能调动全体蒙古人的力量，在军事和政治上都没有什么建树。

铁木真则是合不勒次子的第三子也速该的儿子。一天也速该在野外放鹰捕雀，看见一个男子带了美丽的新婚妻子坐着马车经过。他就回到家里，叫上哥哥和弟弟，抢了那个男子的妻子，并和她成亲。这就是铁木真的母亲诃额仑。当时由于草原各部实行族外婚，年轻人找妻子总要走出很远的距离，到没有血缘关系的其他氏族去求婚，当找不到合适的妻子时，不惜采取抢亲的行动，用暴力去夺取其他部落的女人做妻子。这也是草原争斗的重要缘由。后来诃额仑夫人前夫的族人又抢去了铁木真的妻子孛儿帖。等到铁木真夺回妻子的时候，孛儿帖已经给别人生了孩子，铁木真给这个儿子取名为术赤，意为"客人"。但术赤的出身问题却成为铁木真家族的一个阴影，铁木真的次子察合台和三儿子窝阔台都认为术赤不是铁木真亲生的，因此看不起他，只有小儿子拖雷和术赤交好。这种矛盾一直影响了铁木真的好几代子孙。

在铁木真降生时，也速该在作战中俘获了塔塔儿部的首领铁木真兀格，为纪念这次武功，就为儿子取名为铁木真。据说铁木真出生的时候手中握有一块凝血，不知道这是不是预示着他以后会杀伐四方的征兆。蒙古族民间则传说其手握苏鲁锭（长矛，因铁木真曾以长矛为武器，故后来被赋予了蒙古

蒙古结辫陶俑

该图生动地描绘了一个典型的蒙古人形象。他目光平和，正视前方。也许他只是一个普通的男孩，但当蒙古人团结起来时，便创造了世界历史上的奇迹。

草原的银器

草原地区很早就有发达的工艺水平，而蒙古部落在冶铁方面有着比较先进的水平。

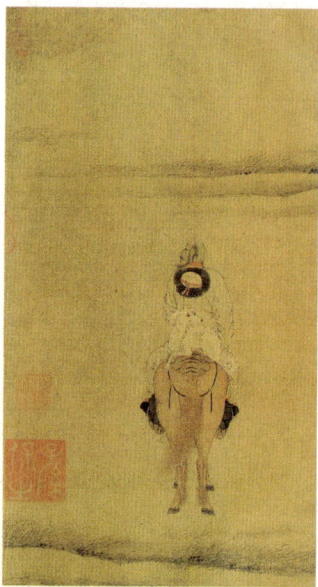

草原上的猎狗

狗是游牧民族的忠诚伙伴，广泛用在牧羊、打猎上面。成吉思汗的几个得力助手就曾经被称为"四狗"。

的标志、战神的象征等含义）式的血饼而生，这是战神的象征。

到了铁木真九岁时，父亲也速该带他到与乞颜部世代通婚的弘吉剌部去求婚，最后就定了德薛禅家里的孛儿帖。孛儿帖当时十岁，比铁木真大一岁。当时蒙古人还存在着母系氏族的残余，按照习惯，儿女定亲以后，要先把男孩留在未婚妻家里。也速该留下聘礼和儿子铁木真，交代了一句"我儿子怕狗，不要让他被狗惊着了"，就返回了部落。蒙古人的牧羊犬固然凶猛，但未来的一代天骄小时候却怕狗，这恐怕是很多人不会想到的。

也速该在回家途中，遇到一群塔塔儿人正在宴会，便依照草原习俗上前参加。在草原上，旅行者如遇到正在用餐的人们，可下马共餐，不必得其允诺，主人也不得拒绝。塔塔儿人请他喝酒，但想起也速该以前经常抢掠他们，与他们有世仇，便在食物里放了毒药。也速该勉强支撑着走了几天，毒发而死。

也速该死后，俺巴孩的孙子、泰亦赤兀惕人的首领塔尔忽台因为对也速该取得部落首领之位心有怨恨，就挑拨也速该的部下，使他们纷纷离去，连铁木真家的牲畜也被一起赶走了。后来泰亦赤兀惕人担心铁木真长大成人后报复，就把他抓了起来，给他戴上木枷，带到各个营帐里去示众。有一天泰亦赤兀惕部的首领和百姓都在斡难河边举行宴会，只留了一个年轻的看守监视他。铁木真趁看守不防备，举起木枷把看守砸昏，然后逃了出来。

以后铁木真和他的母亲、弟弟又躲进深山里，靠捉土拨鼠、野鼠生活，日子过得更艰苦了。后来因为他的异母弟弟抢走了他一条鱼，他就和亲弟弟合撒儿射死了异母弟弟别克帖。据说别克帖临死前说："咱们正受泰亦赤兀惕人的欺辱，仇还没有报，你们为什么把我当作眼中钉？我们大家孤零零的，除了影子之外，没有旁的朋友，除了马尾之外，没有旁的鞭子，为什么要自相残杀呢？请你们不要再杀弟弟别勒古台（别克帖的同母弟，也即铁木真的异母弟）了。"实际上别克帖果敢聪明，兄弟中只有他敢违抗铁木真的命令，铁木真对他早已心生不满，于是就借机杀死了他。类似的事情差点又再次发生。当他的大儿子术赤因病不能参加会议之时，他却听信一个商人的传言，决定出兵攻打术赤。不过尚未发兵，术赤病死的消息就已传来。

铁木真称成吉思汗

铁木真家族内部的仇杀并不是个案。当时的蒙古草原上诸部混战不已，

草原上的大车

这是草原居民广泛使用的大车。当时草原上的仇杀异常残酷，被打败的部落中高于车轮的所有男子都要被杀死，包括少年。

互相攻伐，残酷杀戮，使得广大的牧民百姓无暇休养生息，无处可逃，深受其苦。而金人的干涉更加剧了草原的动荡。原来蒙古各部都臣服于契丹，12世纪初，金朝代辽，蒙古又归金朝统辖，铁木真本人和其他蒙古首领都接受过金朝的封职。据说起初燕京一带有谣言说："鞑靼来，鞑靼去，赶得官家没去处。"金国就每三年遣兵向北剿杀，谓之"减丁"。后来金朝改变了统治手法，开始利用蒙古各部的内部矛盾，来挑动蒙古各部互相残杀。而俺巴孩也因为和塔塔儿部爆发冲突，被塔塔儿人送到金朝，后被钉死在木驴上。这时最受磨难的还是广大的牧民。他们生活在这样的水深火热之中，盼望有个坚强的首领，能够统一各部消除战争，使他们过上安定的生活。

铁木真就应时而动，逐步统一了蒙古草原各部。童年的重重磨难没有把铁木真打倒，反而磨练了他的意志，为其日后成为一代天骄奠定了基础。铁木真在拼杀冲锋时如同雄鹰，高兴的时候就像三岁的牛犊一般欢快。

年轻的铁木真为了恢复父亲的事业，先是依附当时蒙古高原上最强大的克烈部首领王罕，并尊其为父，把自己部落失散的亲属和百姓聚集起来，又与札答兰部首领札木合结为安答（蒙古语，相当于汉语中的结拜兄弟），力量渐渐壮大了起来。他与王罕、札木合出兵，合本部兵马共数万人，夺回了被抢走的妻子。后来他独立出来，却与札木合爆发了冲突。1189年，札木合集合了泰赤乌等十三个部落共三万人，向铁木真发起进攻，铁木真也将自己部落的三万人分成十三翼迎战。结果铁木真大败，这是铁木真所遭受的第一次大挫折。

胡骑出猎图
蒙古民众自小就骑马射箭,这也是他们获得食物的重要方式。因此优秀的射手在蒙古民众中享有很高的声望。

据说札木合得胜之后,命人用七十口大锅烹煮战俘,这激起了很多同盟者的反感,丧失了人心。另外铁木真来自蒙古可汗所在的氏族即黄金家族,铁木真的父亲也速该生前也享有较大声望。札木合则不属于黄金家族。而当时的蒙古人非常重视血统,铁木真因此占据了很大的优势。

更重要的是,铁木真在用人方面,主要看才能大小,而不问出身,不管是贵族还是平民,只要有才能,就予以重用。他打破了当时草原上一个人只要沦为奴隶就要世代为奴的传统,凝聚了人心,吸引了大批人才。铁木真曾经说过:"智勇兼备者,使之典兵。活泼矫捷者,使之看守辎重。愚钝之人,则付之以鞭,使之看守牲畜。"被成吉思汗委以重任的四杰中的木华黎、赤老温和被札木合称为"四狗"之一的哲别都是奴隶。对于这些人,成吉思汗都能予以重用。

哲别原名叫作只儿豁阿歹,是泰赤乌部的将领。1201年,在征战泰赤乌部的战斗中,他射伤了铁木真的脖颈。幸好部将及时救治,铁木真才活了下来。战后铁木真询问何人所为,被俘的只儿豁阿歹站出来承认是自己所为,并表示愿为铁木真效劳。铁木真惊奇而赞许地拍着只儿豁阿歹的肩膀说:"凡是害人的事,别人都隐讳不说。而你却不隐己所杀,不讳己所敌,直言不讳地告诉我,你真是一个诚实的人。你的名字原叫只儿豁阿歹,可以改名哲别(在蒙语中,哲别就是箭的意思,这里是用来形容只儿豁阿歹箭术高超)。"后来哲别屡立战功,成为蒙古族杰出的将领。这种不计前仇的用人政策,使铁木真赢得了民众,同时也瓦解了敌人。

另外铁木真也身先士卒,常常把个人生死置之度外。当时哲别射伤了铁

胡儿制骆驼
骆驼是蒙古草原常见的动物，放养骆驼也是北方草原上少数民族民众的必备技能。

木真，铁木真血流不止，昏睡至半夜才醒。有一次成吉思汗战斗失利，"会大雪，失牙帐所在，夜卧草泽中"。铁木真就是这样和部下上下一心，同甘共苦，艰苦奋斗，最后开创了一份大事业。

从十三翼之战恢复过来之后，铁木真就不断地强大起来。1196 年，铁木真与王罕一起，配合金国攻击塔塔儿部，被金朝授以札兀忽里（部族官）。得到强大的金国授予的官职，他在草原上的声望因此大为提高。1201 年，他击败了札木合的联军。1204 年，他因与王罕产生矛盾，遭王罕突袭，败走，以饮浊水与从者盟誓，共渡难关。后来乘王罕不备，夜袭王罕大营，打败了王罕。

1206 年，铁木真统一了蒙古草原的上百个部落。蒙古各部落在斡难河源（斡难河即今蒙古国鄂嫩河，在呼伦贝尔草原北部）举行大会，萨满教巫师阔阔出借当时蒙古族信奉的长生天的名义（萨满教认为可以通过一定的仪式使天神附身于萨满身上，这时萨满可代神立言）宣布授予铁木真统治所有蒙古部落的权力，并给铁木真上尊号为成吉思汗。成吉思汗就是"坚强有力的可汗"的意思。一说是"拥有海洋四方"的意思。蒙古汗国宣告成立，蒙古民族就此形成。

蒙古民族的形成

在蒙古族登上历史舞台之前，漠北草原上先后出现过由匈奴、突厥等民

名家评史

从蒙古高原经天山北路直到中亚细亚是一片大草原，这对游牧民族来说是可以驰骋无阻的广场。游骑飘忽，有来有去。牧场的争持，你占我走，你走我占，所以这个地区的民族是时聚时散的。哪个部落强大了就统治其他部落，而且以其名称这广大草原上的牧民。所以在史书上所见的是一连串在北方草原上兴起的族名，匈奴之后有鲜卑、柔然、突厥、铁勒、回鹘等。他们有时占领整个大草原，有时只占其中的一部分，最后是蒙古人，其势力直达西亚。

——费孝通《中华民族的多元一体格局》

族建立的强大政权。它们虽曾盛极一时，对中原王朝构成了严重的威胁，但其政权组织却都是建立在氏族或部族共同体基础之上，并没有冲破氏族或部族组织的血缘外壳，统治部族与被其征服的草原诸部族一直未能成功地融为一体，一旦受到外部的打击，就会土崩瓦解。

而蒙古政权建立之后的情况则有了不同。成吉思汗吸取了金国的统治经验，强化了王权。第一个措施就是清除宗教的异己势力。萨满巫师阔阔出为蒙古国政权的建立立下了大功，但萨满教巫师可代神立言的权力却与新兴蒙古政权的王权形成了冲突。成吉思汗就指使部下，以决斗之名，杀死了阔阔出。宗教势力因此受到了沉重的打击，成吉思汗的王权进一步得到了巩固。

第二个措施就是千户制。成吉思汗将草原百姓划分为若干个千户。以前的对手诸如塔塔儿、克烈或乃蛮之类作为部落群体，被有计划地零散分配给混合千户，或者是分散成为由其他人组成的千户的属民。千户制取代传统的氏族、部族结构，而成为新的基本社会组织和国家单位。在千户制度下，氏族共同体逐渐分解，蒙古草原上原有各部族不再像以前游牧政权治下的被征服部族那样能够保持自己组织的完整和相对独立，蒙古民族逐渐形成。元朝虽然在14世纪下半叶灭亡，但在蒙古草原上再也没有像匈奴、突厥汗国崩溃后那样出现新的统治民族了。

蒙古对外军事征伐的胜利更是强化了蒙古人的民族认同感。随着掠夺来的财富不断流入蒙古草原，这一荒远的亚洲腹地进入了一个超正常繁荣的黄金时期。蒙古人的境遇已从赤贫如洗变成生活富足的状况。在起初阶段，蒙古人的生活极其困苦。据出使蒙古的欧洲人记载，夏天有充足的马奶时，蒙古人很少

草原生活
这幅画展示了我国北方少数民族的共通性，骆驼、帐篷、高轮大车均是中国北方游牧民族的典型场景。

吃肉，除非偶尔赠给他们肉吃，或猎得禽兽时才有肉吃，也没有蔬菜。一般的普通百姓，冬天甚至连马奶也喝不上。他们还将黍子放在水里熬成稀粥，每个人早上喝一至两碗，白天他们就不再吃什么了，晚上每人再分给少量的肉食，喝些肉汤。其他民族的人民很难只靠这点肉食过活，因此当时的蒙古人极端节约食物。他们认为，不管用什么方式浪费任何食物或饮用水，都是极大的犯罪。在骨髓被完全吸尽以前，骨头是不允许丢给狗吃的。而在取得一系列对外战争的胜利之后，蒙古贵族过上了可以天天饮酒作乐的生活。同时由于蒙古军队征服了许多部族，蒙古贵族开始推行民族歧视政策，即使普通的蒙古人身份也得到了很大提高。出使蒙古的教皇使者就注意到，不管照料那些诸如王公的外宾的蒙古人出身多么微贱，也总是走在这些外宾前面，并且总是占有最前面和最高的座位。实际上恢复成吉思汗时代的荣光也成为以后蒙古民族团结一致的重要动力，而蒙古族也多以成吉思汗的子孙自居。

草原民族的生活风貌

在成吉思汗的小儿子拖雷五岁的时候，成吉思汗已经初步统一了蒙古草原，但也结下了无数的仇人。其中用毒酒杀死了成吉思汗父亲的塔塔儿人被灭族，但一个叫作合儿吉勒失剌的塔塔儿人逃过了这次浩劫。他决意进行报复。一天他来到了成吉思汗的母亲诃额仑的帐房，假称要东西吃。诃额仑让

耶律楚材像

耶律楚材是辽太祖耶律阿保机的九世孙。其父耶律履，六十得子，感慨地对人说："吾六十而得此子，吾家千里驹也。他日必成伟器，且当为异国用。"他借用《左传》中楚国虽有人才，但被晋国所用的典故，为其子取名耶律楚材。后来耶律楚材果然为蒙古政权立下了汗马功劳。成吉思汗生前就说："此人天赐我家，而后国君庶政当悉委之。"

他进入大帐，他却趁机抓住了在诃额仑大帐玩耍的拖雷，并拔出刀子（游牧民族多随身携带小刀，这也是他们吃肉的餐具），准备杀死拖雷。诃额仑的母亲大叫道："小孩子完了！"刚好"四杰"之一的博尔忽的妻子阿勒塔泥正在诃额仑的帐房，就冲上前去，抓住合儿吉勒失剌的头发，打掉了他的刀子，双方扭打成一团。正在帐房外面宰牛的两个蒙古族将领者歹和者勒蔑急忙赶来，杀死了行刺者。

拖雷被救下来之后，成吉思汗开始论功行赏。阿勒塔泥、者歹、者勒蔑三个人都要争头功，者歹、者勒蔑二人对阿勒塔泥说："若不是我们来得快，你一个妇道人家，能拿他怎么样？要不是我们，拖雷已被他害了。"阿勒塔泥说："你们要不是听到我呼喊声，怎么会过来呢？要不是我抓住他的头发，把他的刀子打掉，等你们来的时候，拖雷早就被害了。"铁木真就将首功归于阿勒塔泥，者歹和者勒蔑其次。

当时蒙古族作为一个脱离原始社会不久的新兴民族，有着独特的社会风貌。就拿拖雷被刺的故事来说，乐于待客的主人，帮厨的将领和集体会议，展示了一幅13世纪蒙古草原上独特的社会风貌。这也是当时蒙古政权的重要特点。

伙伴与侍卫军

者歹和者勒蔑虽然身为将领，但仍要帮成吉思汗的母亲诃额仑宰牛，这与蒙古政权中的伴当（又称那可儿，相当于汉语的伙伴）制度是分不开的。与中原地区的政治传统不同，蒙古政权中有很强的人身依附关系，首领与追随者之间的个人关系特别重要。任何被认为能为可汗做出贡献的人都受到欢迎，都会纳入可汗的伴当圈，而不论其种族或社会出身如何。即使是在后期，

游牧社会的早期生活
此画虽然描述的是汉朝故事，但却生动地
反映出游牧民族在治理制度尚未健全时
集体决策的场景。

当统治者与其伙伴间的这种伴当关系通过授"伙伴"以中原官称而被形式化
时，社会实践中依然遵守着沿袭下来的习惯。例如耶律楚材虽然官衔为"中
书丞相"，但在蒙古人心目中，他是以大汗的伴当的身份出现的。他荣幸地被
大汗昵称为"吾图撒合里"，意为有着长胡须的人。

伴当在蒙古社会中是一个重要的阶层，他们是从各个社会阶层招募的。
有一些伴当是贵族成员，也有些是从奴隶阶层中提拔起来的，但都与可汗没
有血缘关系。他们为可汗提供军事和政治建议，一般说来还要执行主人发出
的任何命令，从追踪迷失的牲畜到外交谈判中担任个人的使者。

怯薛（即汉语中的宿卫）军是蒙古可汗直接掌握的精锐部队，他们的身
份与伴当相似。怯薛起源于草原部落贵族亲兵。成吉思汗所建的怯薛共有
一万四千人。担任宿卫的怯薛人员被称为"怯薛歹"，从万户长、千户长、百
户长子弟及随从中选拔，分四班宿卫，称四怯薛。怯薛歹除宿卫外，也分任
大汗的冠服、弓矢、食饮、文史、车马、庐帐、府库、医药、卜祝等事。任
事者一概世袭，这也是元朝没有宦官之祸的重要原因。在其他朝代，宦官为
皇帝提供贴身服务而获得宠信的机会，但在元代这些事情却被怯薛歹做了。

应该说以贵族子弟充作侍卫的做法自古早已有之。例如汉朝就规定中央
和地方二千石以上的高级官员，在任职满三年后，可以保举子弟一人为郎，
也就是充当宫廷禁卫军官。辽国、西夏和金国也招募贵族子弟建立侍卫亲军，
但都没有像怯薛那样成为宫廷军事官僚集团。虽然自忽必烈以后，越来越多的
汉式行政机构被引入，怯薛在政治上的重要性开始下降。但终元一代，加入怯薛
仍然是蒙古族青年获得官职的重要捷径，怯薛仍然是元代官僚阶层的核心部分。

成吉思汗全家

成吉思汗的几个儿子都是颇有战功的将领，但这也使得他们以后纷争不断，其后代甚至兵戎相见。

公议与大汗选举

成吉思汗之所以要召开会议来论功行赏，几个功臣还由此发生争执，这与蒙古的全体会议制度有很大的关系。就是选择大汗，蒙古部落也要召开由贵族组成的忽邻勒台（相当于汉语中的聚会，就是部落首领会议）。当大汗过世之后，蒙古贵族就要召开忽邻勒台，所有的蒙古贵族都要到场，共同推选新的大汗。这也是蒙古大军在第二次及第三次西征撤军的最重要原因，统军将领要回到蒙古高原上参加忽邻勒台，推选新的大汗。原则上不符合这些条件而选出的大汗是不被蒙古贵族认可的。忽必烈之所以与他的弟弟阿里不哥发生冲突，就是因为阿里不哥认为忽必烈没有遵循传统。最后忽必烈还是依靠中原地区的人力物力打败了阿里不哥，但仍有不少蒙古贵族起兵反对忽必烈。这种皇权及其传承的不确定性，导致元朝诸多的统治者都是通过谋杀和放逐来清除他们的前任或竞争对手，从而引起了统治集团的分裂。

这一分裂在成吉思汗逝世后就凸显出来，他的四个儿子开始出现纷争。在 1219 年入侵花剌子模前夜，成吉思汗的一个妻子指出了在即将发生的战役中他所面临的许多个人危险。在她的劝说下，成吉思汗决定立即确定自己的继承人。一场激烈的争吵很快就在两个主要候选人，即他的两个较年长的儿子术赤与察合台之间爆发了。察合台为了实现他夺取汗位的愿望，公开提出术赤的血统问题。在他看来，他的哥哥不是成吉思汗的亲生骨肉，不能继承汗位。争吵随之发生，拖雷明确支持术赤，兄弟们陷入了纷争。为了避免矛盾扩大，成吉思汗就转向他的第三个儿子窝阔台。这是一个折中的候选人。最后成吉思汗的其他三个儿子都发誓，他们将尊重这一决定，在窝阔台即位时，他们将毫不犹豫地忠于他和支持他。为了消除对这一点产生怀疑的任何可能性，成吉思汗在临终前又重新肯定了窝阔台继承汗位的权利。

但成吉思汗的决定也要得到忽邻勒台的批准。1229 年，在选举大汗的忽邻勒台上，王公、驸马、众大将都主张恪守幼子继承父业的旧制，主张立幼子拖雷，反对成吉思汗的遗命。因为按照蒙古习俗，幼子继承父亲所有的领地、牧地及军队，而年长诸子则外出自谋生计。故成吉思汗生前分封了诸子，而拖雷则留在了父母身边。拖雷是成吉思汗最宠爱的儿子，成吉思汗出征时，经常叫拖雷陪在身边。同时他也立下了很多战功，在蒙古人中具有极高的声望。1227 年成吉思汗逝世后，由于几个哥哥都在外作战，就由拖雷监国。而成吉思汗留下的军队共有十二万九千人，其中十万一千人由拖雷率领。掌握着绝大部分蒙古百姓和军队的拖雷，起初的态度暧昧不明，并无坚决推戴窝阔台之意，因此窝阔台不得不一再推让。因此自夏至秋，聚会多时，一直决定不下来。后来拖雷表示遵从父亲生前的主张，将汗位给予三哥窝阔台。由于拖雷的实力实在太雄厚，虽然他已经点头应允，但窝阔台仍然颇为犹豫。又经过多次推让后，窝阔台终于被二哥察合台、弟弟拖雷、叔父斡惕赤斤推上了蒙古帝国的大汗宝座。

到底拖雷是在犹豫，还是力推窝阔台上台，没有史料说明。1232 年拖雷以三万蒙古军队击败金国三十万大军，宣告了金国的败亡，但却在北返途中死去。据说当时窝阔台大汗亲征金国，占领了许多城市，忽然得了病，说不出话来。萨满巫师卜占之后，说道："由于蒙古军队灭金之时杀戮太过惨毒，

缂丝帕玛顿月珠巴像

蒙古部落有多元信仰的传统，各种宗教都有存在的空间。这也是后来藏传佛教在蒙古人中间顺利发展的重要前提。

触怒了金国土地上的鬼神，侵害了大汗。必须由亲族中一个人代死，否则病不能好。"拖雷说："我答应过父皇，一心辅助皇兄。何况在征战中杀人最多的正是我，造下无边罪孽的也是我，我愿意代皇兄去死。巫师，你念咒罢。"事实上在成吉思汗几个儿子中拖雷确实最为残暴，杀人也最多。巫师就念了咒，给拖雷饮了据说是抹过窝阔台身体后又施了咒语的水。拖雷说："请皇兄照料我的孤儿和妻子。"不久就死了。拖雷死了之后，窝阔台的病果然就好了。据说当时由于拖雷有这样代兄赴死的"义举"，整个蒙古帝国上下，都将他奉若神明，窝阔台也非常感激他。但对于拖雷的死，有人认为是托烈尼哥（窝阔台之妃）的阴谋，甚至是窝阔台暗害的。因此拖雷之死也成了元代历史上最大的一桩谜案。

拖雷临死前，曾经嘱咐窝阔台照料自己留下的孤儿寡妇。但从后来发生的事情来看，窝阔台倒是对不起拖雷。当时蒙古汗国盛行的是萨满教，当时的萨满教仍然带着原始宗教的印记，相信巫术、天意。以巫师的说法来解释拖雷之死，自然得到了绝大多数人的认同。然而拖雷的妻子唆鲁忽帖尼是成吉思汗义父王罕之弟扎合干不的女儿。虽然王罕的克烈部后被成吉思汗灭掉了，她的父亲也被杀，但是唆鲁忽帖尼仍然坚持着克烈部的景教信仰，也就是基督教中的聂思脱里派，蒙语称之为也里可温，因此巫师的解释并不能让唆鲁忽帖尼心服口服。唆鲁忽帖尼是一位杰出的女性，她在得知丈夫死讯的那一刻起，就怀疑事情另有隐情。不光是因为宗教信仰差异太大，更因为她深知蒙古政权内部权力斗争的许多秘密。早年成吉思汗就曾经指使三名力士杀死了威胁自己权威的巫师阔阔出，并毁尸灭迹，还声称是上天取走了阔阔出的性命和尸体。同时她也意识到人死不能复生，拖雷"义举"的名声肯定是比被大汗铲除的名声更符合实际需要，当务之急是严格地约束诸子及部属，既不让他们做任何违拗窝阔台大汗的事情，更不能让他们彼此之间出现争执，不能给别人任何整治拖雷后人的理由。

后来窝阔台在未经过任何宗室商议的情况下，就忽然把原属于拖雷家族的三千军户划到了自己的次子阔端的名下。这果然触怒了忠于拖雷家族的将领，他们纷纷表示要去讨回公道。然而唆鲁忽帖尼仍然不动声色地劝阻了部属的冲动，并平息了他们的怒火。唆鲁忽帖尼甚至变害为利，既然自己的部属和财产是不能拿回来了，何不趁势和阔端结下友情？果然阔端从此成了窝阔台系最为亲近拖雷家族的人物之一。同时唆鲁忽帖尼继续保持与术赤系的关系，拖雷家族与术赤家族联系得更紧密了。这也使得窝阔台不再轻易为难唆鲁忽帖尼。

1241 年，五十六岁的窝阔台因为饮酒无度离开了人世，蒙古贵族又陷入了纷争，直到 1246 年才选出新的大汗。而 1248 年大汗贵由又在讨伐术赤系的途中死去。在蒙古贵族几年的纷争之后，1251 年，术赤的长子拔都推选拖雷的长子蒙哥作为蒙古的大汗。经过一系列的争斗，蒙哥家族从此独占了蒙古大汗的位置。唆鲁忽帖尼也成为养育了三位蒙古大汗蒙哥、忽必烈、阿里不哥（后被忽必烈推翻）的母亲。如果将建立伊儿汗国（"伊儿汗"一词意为附属汗，即指波斯的蒙古统治者从属于大汗）的旭烈兀也看作皇帝的话，那就意味着唆鲁忽帖尼的四个儿子全部成为了皇帝。

拖雷系的上台标志着蒙古政权的内部纷争到了一个新的阶段。据说窝阔台被推举即大汗位时，参加会议的诸宗王曾立下"只要是从窝阔台合罕子孙中出来的，哪怕是一块肉，我们仍要接受他为汗"的誓言。在贵由汗即位的忽邻勒台上，诸王也有类似的宣誓，但这些宣誓都得要让位于武力。因此也可以说拖雷之

忽必烈皇后像
忽必烈皇后身穿当时的礼服，两颊挂着高原民族常见的高原红。

死是窝阔台家族与拖雷家族逐渐开始反目的导火线，它最终造成了帝国的长久内乱。

不过公议的原则对于后来元代政府的行政体系也有很大的影响，集体协商决定在大多数行政机构的运作中都是作为一项标准。官员每天都要参加会议，不参加者要受到处罚。出席会议的官员必须签上他们的姓名，由于很多蒙古官员不会写字，就盖上他们的印章，以证明他们的出席。特别是在司法体系中，相关官员要坐在一起共同进行司法讨论，最后的文件也要由相关官员共同署名才能生效。

蒙古妇女的生活

由于原始母系社会的残留，到了成吉思汗的时候，虽是男权社会，但女性仍然发挥着重要的作用，拥有相当高的社会地位。成吉思汗的母亲诃额仑、成吉思汗的妻子孛儿帖、拖雷的妻子唆鲁忽帖尼都是其中的杰出女性。

南宋的使者曾经注意到，在木华黎的营帐中，妇女的地位很突出，她们可以自由地与男人喝酒和交谈。另外由于蒙古族的尚武之风，蒙古族妇女对骑马射箭并不陌生。欧洲的使者曾指出："年轻姑娘和妇女也会骑马，并能在马背上奔跑，同男人们一样地敏捷。我们甚至看见她们携带着弓箭……有些妇女也能像男人一样射箭。"

但整体而言，蒙古族妇女还是很辛苦的。居无定所、逐水草而牧的生活，要更多地依赖妇女高强度的劳动。张罗吃喝，缝补衣服，管教子女，迁徙时蒙古包的拆卸装运，到达新居地时搭建毡帐等事务，都要由妇女来完成。

正史史料

　　十三年，平宋，幼主朝于上都。大宴，众皆欢甚，唯后不乐。帝曰："我今平江南，自此不用兵甲，众人皆喜，尔独不乐，何耶？"后跪奏曰："妾闻自古无千岁之国，毋使吾子孙及此，则幸矣。"帝以宋府库故物各聚置殿庭上，召后视之，后遍视即去。帝遣宦者追问后，欲何所取。后曰："宋人贮蓄以遗其子孙，子孙不能守，而归于我，我何忍取一物耶！"

——《元史》卷一一四《后妃传一》

　　除了身体的劳累之外，蒙古族妇女还承受着心理的重担。草原上盛行抢婚，妇女被抢来抢去。而好不容易有了一个稳定的家庭，又会面临着失去儿子或丈夫的忧虑。虽然当时蒙古人不断取得对外的军事胜利，但这无疑是不计其数的蒙古子弟的鲜血和生命铺就的。命丧异域而终生不能见父母者肯定无法计数，生离死别的哀痛给妇女以及母亲带来了巨大的痛苦。例如1252年，蒙哥汗把完全征服阿拉伯世界的重任交给弟弟旭烈兀，旭烈兀于第二年举兵西进。当时他把大部分家眷留在蒙古本土，身边只带一部分女眷出征。但这次战争极为漫长，等到局势稳定下来了，旭烈兀才派人从蒙古接家眷到波斯。遗憾的是，家眷还未到来，旭烈兀就于1265年去世了。他的长妻忽推哈屯异常悲痛，甚至哭瞎了双眼。

萨满教

　　蒙古人最早信仰萨满教。萨满教是一种原始宗教，因其巫师被称为萨满而得此名，曾经长期盛行于中国北方诸多民族。契丹人、女真人都信仰过萨满教。《三朝北盟会编》中记载："兀室奸滑而有才。……国人号为珊蛮。珊蛮者，女真语巫妪也，以其通变如神。"

　　在萨满教中，萨满被称为神与人之间的中介者。他可以将人的祈求、愿望转达给神，也可以将神的意志传达给人。而萨满宣称自己除了能为人祛除灾难外，还能占卜吉凶，预言祸福。他主持传统仪式，代氏族成员求子求女，求人畜两旺，为氏族成员治病等。在早期萨满则参与解决部落的重大疑难问题，直至决定首领的继承、战争与和平等。成吉思汗这个封号就是当时的萨满借神灵之名提出来的。

　　萨满教认为，长生天具有主宰世间万物的神秘力量，故予以无限的崇拜

八思巴觐见忽必烈
右坐者为忽必烈，左坐者为八思巴。蒙古族尚右。八思巴觐见忽必烈就是来自西藏的佛教密宗取代了萨满教的标志性事件之一。

和敬仰。在蒙古民族的历史上，萨满教的长生天观念产生过重大的影响，并成为蒙古人扩张的重要理论。成吉思汗在重大战争前，一般都要祷告长生天。而后来的蒙古人也把成吉思汗看作是长生天的代表，他的所作所为都符合长生天的意志。一位蒙古可汗给教皇的回复清楚地表明了这一点："你希望我们受洗礼，成为基督徒，我同样不明白是什么意思。你们西方人，以是基督徒为荣而蔑视其他人。但你们怎么能够知道，上天把他的恩宠给了谁呢？我们热爱长生天，长生天赋予我们力量，踏遍东方和西方……他们不服从长生天的旨意，也不忠于成吉思汗，所以长生天下令消灭他们并把这个使命托付给我们。……如果你不遵循长生天的意志，不听从我们的建议来求和，就意味着向我们宣战。其结果只有长生天才知道。"

随着藏传佛教在蒙古地区的影响日益加深，蒙古族上层完全接受了藏传佛教的信仰。后来蒙古贵族宣布萨满教为非法，销毁了萨满教的各类法器。萨满教也在与佛教进行的或明或暗的斗争中，逐渐转入了民间，并以民间风俗的形式流传至今。

蒙古的军事扩张

蒙古政权建立之后，就走上了对外扩张之路，几乎把对外战争作为民族生存的依靠，游牧反而降居次席。当时不仅南宋、金、西夏之间你争我夺、矛盾重重，而且各个政权内部也充满了各个阶级、各个民族以及各个政治集团之间的矛盾和冲突。西辽也已经衰落。而中亚的花剌子模才摆脱西辽的统治，政权还不牢固。俄罗斯也只是一个松散的联盟。而阿拉伯世界和基督教

蒙古西征
蒙古骑兵正在追杀对方的溃兵。这是后人所绘的蒙古西征想象图。

世界正在互相攻击，特别是在欧洲人发动了数次十字军远征之后，双方实力大损。因此这些国家最后就被拥有诸多军事天才和来自中国的精良武器的蒙古军队各个击破。

三次西征及与欧洲的交往

蒙古先向金国和西夏发动了进攻，并于1215年攻下了金国原来的都城燕京（今北京）。但鉴于金国的城市均有坚固的防守，就利用从蒙金战争中学到的火药以及攻城技术，再加上阿拉伯世界和基督教世界已陷入激烈的争斗中，就在继续保持对金国和西夏的军事压力的情况下，于1219年，也就是欧洲发动第五次十字军远征之后的第三年，发动了首次西征。

这次战争的起因是花剌子模杀蒙古商队及使者，成吉思汗以此为借口，亲率二十万大军（真正的蒙古军队只有十多万人，剩下的都是从统治下的各族民众中强行抽调的丁壮组成的部队，其中包括金国统治下的汉人百姓）西征。在蒙古政权准备大举进攻之时，花剌子模只是初具帝国的雏形，如撒马尔罕归属于花剌子模还不到八年，因此相当虚弱。在蒙古军队的攻势之下，其国王西逃，太子札兰丁逃到印度河以南地区。花剌子模王国的灭亡是一个转折点，让本来并没有太大野心的成吉思汗和其他蒙古贵族受到极大的鼓舞。花剌子模王国的脆弱、战争胜利后精神上和物质上的满足和享受，使他们的人生观发生了变化，走上了不断扩张之路。

1221年，成吉思汗派遣的使者到达高加索地区，要求当地人投降。同年第五次十字军东征结束。蒙军又深入俄罗斯，于1223年大败钦察和俄罗斯联军。1225年，成吉思汗引军东归，将本土及新征服所得的西域土地分封给四个儿子，后来发展为四大汗国。

职贡图

元朝建立了庞大的帝国，周围的政权或部落纷纷降服。这就是外国使节入元朝进贡宝马的场景。

1227 年，成吉思汗在灭亡西夏前不久死去。1228 年，欧洲教会发动了第六次东征，重新占领了耶路撒冷。1229 年，元太宗窝阔台继任大汗，第六次十字军东征也在这时结束。

窝阔台于 1234 年派遣其兄术赤之次子拔都，率军再度西征。窝阔台长子贵由、拖雷长子蒙哥等王子从之，故又称长子西征（主帅拔都虽为术赤次子，但因其兄将继承人位置相让，实为真正意义上的"长子"）。西征军杀死了札兰丁，彻底消灭了花剌子模。不久后西征军又攻陷了莫斯科、基辅诸城，并分兵数路向西欧挺进。1241 年，北路蒙军在波兰西南部大破波兰与条顿骑士团联军。拔都亲率蒙军主力由中路进入匈牙利，渡过多瑙河，直逼奥地利，全欧震惊，称蒙古军队为上帝罚罪之鞭。当时的英国也提心吊胆，禁止船舶出海捕鱼。正当西方各国惶惶不可终日之际，拔都忽然接到窝阔台驾崩的噩耗，于是率军东还至伏尔加河下游，建萨莱城为国都，建立了钦察汗国。因其帐顶为金色，故又称"金帐汗国"。这时从中国东北到匈牙利，所有"毛毡帐篷下的人"，无论是主动的还是被迫的，都成了蒙古民族统治下的成员。

在以前的西征中，蒙古人给阿拉伯世界以沉重的打击。当绝望中的阿拉伯人请求基督教国家的统治者提供援助时，一位主教却这样说："让这帮畜牲互相残杀去吧！"但这一次他们不得不重视蒙古人带来的威胁。此时欧洲教会已经得知在蒙古人统治的帝国内部，基督徒有着相当大的实力，他们甚至想象蒙古第三任大汗贵由就是基督徒。有些人就认为，蒙古军队是支持基督教事业的天赐的干预者，是反对宿敌阿拉伯世界有力的同盟者。为了消除蒙古西征的威胁以及联合蒙古基督徒共同对付伊斯兰教，罗马教皇英诺森四世派人带着教皇致蒙古大汗的书信，出使蒙古。

欧洲教皇给蒙古大汗的信中，指责蒙古人滥杀无辜，要求蒙古人受洗成

浴马图

蒙古族离不开马,他们也对马呵护备至。该图就描绘了这一场景。马官们牵马临溪,冲浴马身,马匹得到了很好的照顾。

为基督徒,同时还试图与蒙古人建立一个政治联盟。贵由给教皇回了一封信,信中写道:"你在来信中称,我们应该领洗,成为基督教徒。我们对此仅给以简单的回答:我们并不理解,为何我们必须如此。……你们认为,只有你们西方人是基督教徒,并且蔑视他人。但是你们怎么知道天主究竟要施恩给哪些人呢?"贵由对教皇认为蒙古人滥杀无辜的指责嗤之以鼻,因为蒙古政权也了解到十字军对伊斯兰世界的屠杀。这份书信的原件,现在还保存在梵蒂冈的档案中,上面盖有蒙古大汗的印章。这是中西方外交史上最早的国书原件。后来教皇的使者不得不降低标准,改口要求蒙古大汗不要杀基督徒。

而蒙古大汗的回应则是:"要对所有基督教徒普施慈悲。"然而罗马教会不愿接受蒙古方面关于宗教和解的建议,更不愿意放弃对于基督教世界的控制,与蒙古人的谈判随即破裂。

蒙哥于1251年即大汗位后,令其弟旭烈兀率兵西征,是为蒙古的第三次西征。这次西征主要方向是西南亚地区,头等目标是消灭木刺夷国。木刺夷国属于伊斯兰教的什叶派,养有大批刺客,四处刺杀伊斯兰教逊尼派的重要人物,据说还曾经到和林行刺蒙古大汗,但被蒙古军队截获。同时他们还经常侵扰来往的商队,但他们的据点在深山区,其要塞很难攻破。不过在来自中国的工程部队的协助下,蒙古军队先将巨大的攻城器械拆卸后一件一件地运上山来,然后逐个攻破了他们的要塞。

消灭木刺夷国之后,蒙古军队挥师继续西进,这时有大批基督教的军队加入。高加索地区的亚美尼亚国王海屯也主动要求出兵协助,攻击阿拉伯世界。

1257 年，旭烈兀攻陷了巴格达，灭亡了历时五百余载的黑衣大食。此后旭烈兀又率兵攻陷了阿拉伯世界的圣地麦加，并于 1260 年攻占了大马士革，据说其前锋还渡海攻下了今地中海东部的塞浦路斯岛。本来还要攻打埃及，但蒙哥伐宋阵亡引起了蒙古内部纷争，旭烈兀遂将主力撤回，蒙古第三次西征结束。

这时忽必烈和阿里不哥为争夺汗位爆发了战争。旭烈兀支持忽必烈，金帐汗国支持阿里不哥。金帐汗国在高加索边境驻扎大军，旭烈兀便留下怯的不花统领五千军队驻守叙利亚，自己则驻军于阿塞拜疆。此后蒙古各部为了争夺汗位争斗不休。虽然名义上诸汗国都听命于蒙古大汗，但事实上已成独立王国。诸汗国之间的斗争取代了以前的齐力西征。

而这时蒙古军队由于过去几十年攻无不克、战无不胜，极为骄横狂妄。怯的不花就轻敌冒进，率领一万多人前去攻打忽都思，进入了他的包围圈。怯的不花率先发动了进攻，几乎将忽都思大军击溃。但忽都思军队人数众多，又擅长近战，逐渐在肉搏战中占据了上风。怯的不花不肯撤退，兵败被杀。

1270 年，欧洲人发动了第八次十字军东征，也是最后一次十字军行动，从第一次算起，前后将近两百年。而到了 14 世纪，位于中亚的蒙古势力纷纷信奉伊斯兰教，欧洲教皇企图联合蒙古基督徒共同对付伊斯兰教的计划彻底成为了泡影。

恃北方之马力，就中国之技巧

蒙古大军在 13 世纪发动了数次大规模的西征，凭借较少的军队（总数最多不过二十万人）战胜了所有的敌人，改变了整个亚欧的历史，也促进了欧洲和近东的军事革命。蒙古军队的胜利并不是单靠勇猛获胜的，也不单是因

历史细读

当时蒙古军队攻占北俄罗斯，只用了两个多月时间，每天的平均速度达到九十千米左右；攻占南俄罗斯，只用了七十天左右的时间，每天进攻速度达到将近六十千米；攻占匈牙利和波兰，只用了九十天的时间，每天进攻速度达到六十千米。即使不考虑天气和地形因素，这样的速度对于步兵来说也是不可想象的。

为在文化和物质上都处于落后地位，对财富的向往使蒙古军队保持了旺盛的战斗力。蒙古军队之所以能够攻城掠地无数，用金朝末代皇帝的话说，最重要的原因就是"恃北方之马力，就中国之技巧"（这里的中国指金国，因为当时金国占据了中原，自命正统，而古时往往称中原王朝为中国）。

精锐的骑兵

游牧民族在骑兵方面向来有巨大的优势，蒙古骑兵更是其中的佼佼者。蒙古马身材矮小，奔跑速度慢，跨越障碍能力也远远不及欧洲的高头大马，但蒙古马是世界上忍耐力最强的马，可以长距离不停地奔跑，对环境和食物的要求也是最低的。而为了让战马在急驰中减弱风的轰鸣，能够更清楚地听见背后主人的声音，以利于驾驭，骑手们将战马双耳各剪一道缺口。再加上蒙古人"其爱惜良马，视爱惜他畜尤甚。见一良马，即不吝几匹马易之。得之则旦视而暮抚，剪拂珍重，更无以加。出入不骑，唯蓄其力，以为射猎战阵所需而已"，使人马之间建立了深厚的感情，很容易达到人马一体的境地，从而取得对于其他骑兵的优势。

而蒙古人"乐意互相共享他们的食物，虽然他们的食物并不是很充足的。可他们能吃苦耐劳，即使他们没有食物，一两天完全不吃东西的时候，也不会轻易地表现出不耐烦，而是唱歌和作乐，好像他们吃得很好。他们在骑马时，能够忍受严寒，也能忍受酷暑。他们不是养尊处优的人"。蒙古军队分三路攻打花剌子模时，术赤、哲别率领三万人的军团，负责绕到敌后，切断花剌子模与阿富汗之间的联系，掩护主力战略展开。他们穿过海拔四千多米的雪山，在一丈多深的积雪中行军，最终达成了战略目的。而且蒙古马除了作为骑乘工具外，也是食物来源的一种。蒙古军队的每名骑兵都拥有好几匹马，其中有可以挤马奶的母马，这也就减少了蒙古军队对后勤的要求。在攻打城市时，如果粮食耗尽就在城下打猎，等攻下城市之后，就向居民索要粮食及牲畜。这样就在后勤保障上占据了很大的优势，能够长途奔袭作战。

严明的纪律

虽然所有的游牧军队都天生机动灵活，但没有一个像成吉思汗的军队那样纪律严明。这是更重要的一点。成吉思汗颁布了蒙古第一部成文法《大札撒》，针对各种不同情况分别制定法令，针对各种不同罪行也制定相应的刑罚。他大力加强法制教育，下令所有将士都要遵守《大札撒》，"对于将校之有过者，只需遣派一最微贱之臣民，已足惩之。此将虽在极远之地，统兵十万，亦应遵守使者所传之命。若为受杖，则应伏于地，若为死刑，则应授其首"。他严明军纪，单是参加军事会议迟到，就会被处以死刑。对违纪者即使是亲戚贵族也不例外。而成吉思汗怀疑术赤托病不参加军事会议时，就准备立即出兵讨伐。他说："凡诸临敌不用命者，虽贵必诛。"士兵们对于成吉思汗的命令总是认真执行，还互相告诫："遣我火里去或水里去，则与之去。"将士们就是以这种火海敢闯、深水敢钻的精神去效死战斗。上下同心协力，使得军令、政令得以贯彻执行，这是蒙古军队具有强大战斗力的基础。

与此同时，蒙古军队又设立了叫作"预力得格其"（实施战斗）的参谋部，并通过"箭速传骑"来传达命令和情报，昼夜可急驰四百里，相当于古代的电报系统，增强了军令传递和军队调遣的速度，极大地发挥了骑兵的优势。在此情况下，花剌子模国根本不知道蒙古军队的主攻方向，只好分兵防御各个城市，结果被各个击破。而在战斗中，蒙古军队也可以上百里地大规模机动，使敌人很难预料和防范到他们的主力在何位置。在1241年与匈牙利国王贝拉十万大军的作战中，一支小部队吸引匈牙利军队主力出战，而蒙古军队主力则在近百里远的南方乘夜渡河，从背后攻击匈牙利军队，匈牙利军队顿时大乱。

在与欧洲军队的作战中，拥有严明纪律的蒙古军队有着很大优势。当时欧洲多为重装甲骑兵，欧洲骑兵的马也远比蒙古马高大，依靠骑兵的冲击力取胜，而不像蒙古骑兵那样依赖弓箭。蒙古军队的装甲虽然没有欧洲军队的坚固，但保证了机动性。更重要的是，与欧洲骑兵协同作战的步兵多为临时征召来的农民，军纪根本无法与蒙古军队相比。当时蒙古军队的指挥通常用旗帜，偶尔用鼓点和响箭，部队调动迅捷无声，让对阵的欧洲军队摸不着头脑。而欧洲军队在追击的时候，往往就会阵型大乱，而在后退的时候，步兵

点军纵鸽

古代的鸽子通信
中国古代很早就运用鸽子进行军事通信。但这只是适用于通信双方位置相对固定的情况，因此大多数命令的传达还是由专门的传令兵完成。

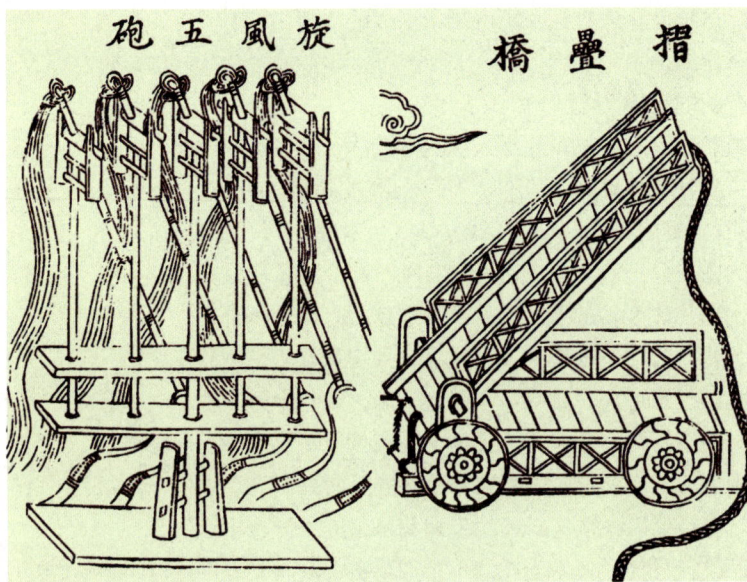

中原的攻城器械
左为旋风五炮，主要用来攻破对方城墙。右为折叠桥，可以架在对方的壕沟上，使士兵快速通过。蒙古人在接触到中原地区这些先进的攻坚技术之后，能够迅速地运用在西征之中，中原地区的技术与草原骑兵的结合成就了历史上赫赫有名的蒙古大军。

又会立刻溃散，一发不可收拾。

蒙古军队更多的是先用一小部分骑兵利用弓箭的优势，不停地骚扰敌军。通常蒙古军队的骑兵只要发动一两次这种攻击，就会让对手不得不出击。如果对方出击，蒙古军队就立即后撤，因为骑兵的机动性，蒙古军队很容易在远离敌军后重新排列整齐，伺机再次骚扰。一旦追击的敌军队形散乱或疲惫时，早已四面包抄的骑兵则在一阵密集的弓箭射击后蜂拥而来。一旦对手开始败退，蒙古军队就会迅速变成包抄队形，利用骑兵的机动性，对残敌穷追不舍，彻底击破敌军。这种战术匈奴、汉族、契丹、女真人都用过，但蒙古人则把它发挥到了极致。1223 年，三万蒙古大军与俄罗斯联军在迦勒迦河进行会战，蒙古军派出少量部队诱敌，连续退却九天九夜，期间遗弃了一些财物诱敌，使对方追击的部队阵型大乱，然后再反攻致胜，一路追杀，全歼对方八万人。

先进的攻城技术

单靠骑兵的机动灵活，蒙古军队固然可以在野战中所向无敌，但对于坚固防守的城市，还是要付出极大的代价。他们曾经将土倒在城墙下，待与墙

历史细读

蒙古军队广泛使用火药，使游牧民族的势力达到了最高峰，也推动了火药的传播。但正是火药武器的广泛流行，导致游牧民族的骑兵不敌农耕民族的火器。到了清朝，企图恢复成吉思汗荣光的蒙古准噶尔部就亡于清朝的大炮之手。19世纪末，机关枪的发明更是宣告了骑兵时代的结束。到了第二次世界大战时，波兰骑兵悲壮地冲向德国侵略军的坦克，为骑兵唱了最后一首挽歌。

平时，再冲上城头。这种战术极为落后，但由于蒙古军队极为重视工匠，蒙古人很快就从金国和西夏的军队那里学到了各种攻坚技术，改变了以往单纯依赖骑兵的战术，并且学会使用已经在中原地区运用的火药。蒙古人特别注重投石机的使用，还专门成立了炮兵，在攻城时集中使用，具有无坚不摧的威力。

蒙古军队在投石机的制造技术方面，与阿拉伯世界及西方并无太大差别。他们主要胜在规模上，利用了中原地区充足的工匠资源。在西征过程中，蒙古就大量征发汉族等各族人民的工匠。号称永远都不会陷落的巴格达的城墙，也在随同旭烈兀西征的一支包括一千名汉人炮手在内的炮兵部队的攻击下变得不堪一击。原来凭借深山城堡而自立的木剌夷国也直接亡于来自中原地区的工匠之手。

蒙古军队另外一个优势是火药武器的装备。当时阿拉伯世界和欧洲从未见过火药和火箭类武器，这使他们产生极大的心理震撼。很多时候火药类武器尚未完全破坏城墙，守军就已经失去了战斗的意志，开始弃城逃亡。在攻击波兰的一场战斗时，蒙古军队将含有砒霜、巴豆的火箭射入波兰军队营帐中，产生强烈的毒烟，造成很大伤亡。而在当时西方宗教观念还非常浓厚的情况下，西方军队将此看作妖术，顿时斗志全无。蒙古军队强大的实力再加上新式的武器，让当时的西方人认为蒙古人是来自地狱的使者，而他们居住的地方就是《圣经》上的地狱。

高明的战略

蒙古军队之所以能够取得诸多的胜利，不但是蒙古精锐的部队以及与中原地区攻坚技术结合的结果，而且还有蒙古统帅高明战略的作用。这些在其

骑着骆驼的商人
蒙古军队保护商人，商人也为蒙古军队提供了大量的情报。

他战争中也有充分体现。

虽然金国远比西夏富裕，而且金国与蒙古还有很深刻的矛盾，但蒙古兴起之后，却率先攻打西夏。这是成吉思汗深思熟虑后作出的决定。与西夏相比，金国毕竟是上邦。长期以来，漠北诸部（包括蒙古）一直是金国的藩属。在当时北方各族心目中，金朝的国君是"极其强大而尊严的"。因此如果先攻打金国，那么西夏就很可能被金国拉过去充当盟国。那时如果西夏出兵直捣蒙古本部，将会对成吉思汗构成极严重的威胁。因此为了全力攻金，蒙古必须要先剪除来自西夏的威胁。

从战术上来说，从漠北统一战争中锻炼出来的蒙古军团，擅长于在开阔的无遮无拦的原野上作战，而西夏又处于游牧文明和农耕文明的交汇处。这种地域环境，恰恰是成吉思汗军队南进中原的演兵场。而南下进攻人口稠密的农耕定居区，蒙古人将会面对严密的防守和坚固的堡垒，而动辄十几万大军的大战也是蒙古军队从未接触过的。当时从金朝投奔蒙古的一些人曾一再怂恿成吉思汗立即攻金，成吉思汗仍不为其言所动。

而到了蒙古军西征花剌子模前夕，成吉思汗有三个选择。一是金国。金国与蒙古有仇，经过长达数年的战争，金朝已无力抵抗蒙古的进攻，但蒙古灭金需要付出很大的代价；二是西夏。西夏时而归附，时而反叛，对蒙古构不成威胁，但仍可能成为金国的盟友；三是花剌子模。花剌子模斩杀蒙古使臣，屠其商队。但花剌子模表面虽然强大，其实内部并不统一。

成吉思汗权衡利弊，决定避实就虚，先稳住西夏，牵制住金朝，利用从攻打西夏和金国的战争中学到的技术，全力攻打花剌子模。在初步统一亚欧大陆上的游牧部落之后，又在西域的人力物力的支持之下，开始进攻西夏。而蒙古每次进攻西夏都选择其防守较弱的西线进兵，而不是一直与宋、金对峙而国防配置设施牢固的东线。等灭掉西夏之后，再用在对西夏的战争中得到锻炼的蒙古军队大力攻打金国。同时又绕开金国重兵把守的潼关，绕道宋境直扑金国的都城，这样就使得金军主力不得不回师救援，结果因过于疲惫被击败。

在西征之时，蒙古军队不但建立了参谋部，而且还重视商人的作用。商人为蒙古军队提供了很多物资和情报。战前他们尽量收集有关敌人的道路、河流、防御工事、政治和经济状况等方面的情报。据说拔都在决定是否攻打西欧时，就向商人们打听法国等地方是否有水草、是否有利于蒙古军队的作

莫高窟六体文石刻
蒙古骑兵之所以能够取得诸多胜利,与其主张宗教信仰自由以及广泛吸收其他民族的优秀文化是分不开的。此碑立于公元1348年,上面用汉字、八思巴文、藏文、回鹘文、西夏文刻写了佛教的"唵、嘛、呢、叭、咪、吽"六字真言。

战。而蒙哥也询问相关人士"法兰西王国的情况,那里是否有许多羊、牛和马,他们是否最好立即进攻那里,并完全占领它"。这也是蒙古军队在西征过程中战无不胜的重要原因,他们从不打无准备之仗。

更让人称奇的是蒙古军队的心理战。在第一次西征期间,成吉思汗千里奔袭花剌子模的重要城市布哈拉。在包围了该城市之后,他知道援军不会到来,所以并不急着马上发动攻击,而是先削弱布哈拉民众的斗志,试图在战斗真正开始之前,用恐吓手段迫使敌人投降。蒙古军队先夺取了邻近的几个小城镇,再释放了一些平民,让他们逃往布哈拉。这些逃亡者不仅充斥该城,加重了城市的负担,而且大大地加剧了城内的恐惧氛围。蒙古军队又派间谍散布蒙古势力强大、任何抵抗都无济于事的传言,使市民士气低落。最后他们又给城外的民众提供宽待的投诚条款,对城市的居民展开心理攻势。而对于拒不投降的城市,蒙古军队则采用残酷的恐怖战术,以削弱敌人的士气。战俘被迫站在队伍前列向自己人进攻,而攻城时稍遇抵抗,就大肆屠杀该城居民,以恐吓其他城池的军民。

蒙古军队还利用当时民众对于天命的迷信来进行心理战。还是在布哈拉,成吉思汗把该城的失陷归结为统治者的过失和罪行,并宣布蒙古军队是代表上天来惩罚他们的。而到了元朝攻打南宋时,忽必烈就在《下江南檄》中指责贾似道误国,"堪嗟此宋,信任非人",并宣称自己是"吊民而伐罪"(慰问受害的百

正史史料

帝深沉有大略，用兵如神，故能灭国四十，遂平西夏。其奇勋伟迹甚众，惜乎当时史官不备，或多失于纪载云。

——《元史》卷一《本纪第一太祖》

姓，讨伐有罪的人）。而伯颜的"得国由小儿，失国由小儿"也对南宋军民产生了很大的震撼，就包括后来的不少史学家都认为宋朝的灭亡是天道循环，这就削弱了南宋军民的抵抗力。另外元军可能还实行了心理战。南宋末年临安流传童谣："江南如破，白雁来过。"又有流言："亡宋者，百眼将军也。"这些流言的印证，再加上蒙古军队强大的军力，对仍在抵抗的军民造成了很大的心理震撼，这也是元军能够很快平定江南的原因。

应该说蒙古军队还经常采用欺骗战术。蒙古军队常用的一个战术就是将树枝拴在马尾巴上，扬起灰尘，以及让假人骑在多余的马上，给人以大部队在行军的假象。而第一次西征时，速不台和哲别在高加索山区遇到了钦察人以及阿速人和薛尔客速人的联军。哲别与速不台派人带了礼物去向钦察人说："你们是突厥人，我们也是突厥人，不可同类相残，你们为什么要和外族联合呢？他们给你们的好处，可以从我们这里得到。"哲别与速不台之所以如此说，是因为在语言上，蒙古人与突厥人确有很多互相借用的字词。而在生活方式上，同为游牧之民，更有很多一致之处。因此，哲别与速不台说蒙古人是突厥人，钦察人果然就深信不疑，于是离开了战场。但等到蒙古军队打败了阿速人与薛尔客速人之后，就追击并打败了钦察人，夺回了刚赠给他们的全部礼品。这与孙子的"诡道"思想是一脉相承的。孙子总结战争规律，提出了兵不厌诈的"诡道"思想，自此以后，春秋以前以"仁义"为核心的战争指导思想在战国时期已经销声匿迹。当然这并不是说成吉思汗熟读过《孙子兵法》，而是说成吉思汗在与野兽及外敌长期的争斗中，同样悟出了这一道理。

蒙古军队是世界战争史上的奇迹。对于蒙古军队的战略，历代评价不一，这在对成吉思汗的评论上体现得更为明显。阿拉伯史学家鉴于成吉思汗具有摧毁城市和战胜数倍于己的敌军的能力，断言成吉思汗"熟悉巫术并且诡计多端，以魔鬼为友"。据说拿破仑则这样评论道："不要以为蒙古大军入侵欧

三足掐丝珐琅香炉

掐丝珐琅的工艺来自波斯，约在蒙古政权时期传至中国。当时蒙古政权西征，将工匠俘虏带到中原，其工艺技术也随之传到了中国。明代开始大量烧制，并于景泰年间达到了一个高峰，后世称其为"景泰蓝"。此后景泰蓝就成了铜胎掐丝珐琅器的代称。

洲是亚洲散沙在盲目移动，这个游牧民族有严格的军事组织和深思熟虑的指挥，他们要比自己的对手精明得多。我不如成吉思汗，他的四个虎子都争为其父效力，我无这种好运。"

蒙古西征与马可·波罗

蒙古军队西征直接导致了一个东起太平洋西至波罗的海，而横跨亚欧大陆的强大政权的出现，丝绸之路也随之再次畅通，商人可以自由往来于蒙古政权的土地上。据说当时即使一个少女怀揣一袋金子，也可以放心地遨游这个广大的帝国。东西方开始频繁交往，中国的火药、纸币、活字印刷术也因蒙古西征而传入欧洲，西方的天文、医药传入中国，促进了东西方的陆路交通和文化交流，对社会的发展起到了推动作用。欧洲人开始络绎不绝地来到中国，其中最有名的就是马可·波罗。

马可·波罗的父亲尼古拉·波罗和叔父玛飞·波罗，原来是威尼斯的商人，兄弟俩常常到国外做生意。蒙古汗国建立后，他们携带了大批珍宝来到金帐汗国做生意，后来又到了中亚城市布哈拉居住。有一次忽必烈的使者经过布哈拉，第一次见到欧洲商人，感到很新奇，便邀请他们一起到中国。波罗兄弟本来也是喜欢到处游历的人，就跟随使者一起到了上都（今内蒙古自治区多伦县西北）。忽必烈听到来了两个欧洲客人，十分高兴，在行宫里接见了他们。后来两人告别了忽必烈，回到威尼斯。

这时候马可·波罗已经十五岁了，他听父亲和叔父说起中国的繁华情况，十分羡慕，央求父亲带他到中国去。尼古拉也觉得让孩子一个人留在家里不放心，就决定带他一起走。于是尼古拉兄弟带着马可·波罗向中国进发。1275 年，尼

挖煤图

图中煤矿挖掘已有排除瓦斯即"毒烟气"的设施，这说明当时的煤炭挖掘技术已经相当成熟。但煤的使用对于马可·波罗来说还是一件非常新奇的事情。

古拉兄弟带着马可·波罗经过三年的旅行，再次来到了中国，觐见忽必烈。此时的元大都城（今北京）已经建好，马可·波罗便决定留下来。

马可·波罗在中国整整住了十七年，被元世祖忽必烈派到许多地方巡察，还经常出使到国外，到过南洋的好几个国家。1292年，伊儿汗国大汗阿鲁浑的妃子死了，派使者到大都来求亲。元世祖忽必烈接受了阿鲁浑的请求，挑选了科克清公主作为阿鲁浑的王妃，并派尼古拉兄弟和马可·波罗与他们一起，由海路把科克清公主护送到伊儿汗国。

马可·波罗父子又经过三年的跋涉，回到了故乡威尼斯。这时候他们离开威尼斯已经二十年了。当地人看到他们穿着东方的服装回来，又带回许多珍奇的物品，都大为好奇。没过多久，威尼斯和另一个城邦热那亚发生了冲突，双方的舰队在地中海打起仗来，马可·波罗也参加了威尼斯的舰队。结果威尼斯打了败仗，马可·波罗被俘，关在热那亚的监牢里。有一个名叫鲁思梯谦的作家跟马可·波罗一起关在监牢里，他把马可·波罗讲述的事都记录了下来，编成一本书，这就是著名的《马可·波罗游记》（一名《东方闻见录》）。在该书中，马可·波罗将中国的著名城市，像大都、扬州、苏州、杭州等，都做了详细的介绍，极力称颂中国的富庶和文明。他认为杭州是世界上最大、最美的城市，与杭州相比，欧洲当时最富裕的威尼斯只能算是一个村子。马可·波罗写道："我相信世界上没有别的地方能聚集这么多的商人，并且将比世界上的任何一个城市里的更贵重、更有用和更奇特的商品都汇集到这个城市里。"

这本书一经出版，就激起了欧洲人对中国文明的向往。但有些欧洲人认为马可·波罗把元朝中国的辽阔和繁华渲染得太过分，以为他是在吹牛，给他起了个绰号"百万牛皮"。当不相信此事的忏悔牧师在马可·波罗临死时敦促他收回他说的所有话时，马可·波罗回答道："我还没有讲出我看到的一半呢！"

不过更多的欧洲人则相信马可·波罗说的是真的。《马可·波罗游记》也成为欧洲中世纪最著名的畅销书，在文艺复兴运动中广为传播。文明繁荣的中国也成为文艺复兴的思想家批评当时欧洲的政府及教会的有力工具。而两百年后，哥伦布在《马可·波罗游记》一书中留下了三百多条读书笔记，然后开始了他到富裕的东方去发财的海洋航行。而欧洲人对从东方传播过去的火药

昔日的金人骑士

金兵的先辈曾在大漠的严寒中纵横驰骋，但在三峰山之战时，却被风雪和严寒击败。

诸技术进行了改进，开始了向东方殖民掠夺的进程。在这一点上，《马可·波罗游记》的作用倒是跟柳永的"三秋桂子，十里荷花"的词句类似，成为欧洲人殖民扩张的重要诱因。

初步统一中国

第一次西征结束之后，蒙古军队就开始攻打西夏、金、宋这些有着坚固设防的城市的国家。这些国家拥有大量的财富，但已处于衰落之中。蒙古军队灭掉了西夏，在此之前，成吉思汗于1227年八月逝世。蒙古军队遵循他临终前制定的战略，灭掉了金国，后来又将大理、西藏纳入版图，从而完成了对南宋的战略包围。

三峰山之战

成吉思汗在临终前，把儿子叫到床前，告诉他们去攻打金国的计策，他说："金国的精兵在潼关，城防坚固，难以攻破。如果向宋朝借道，宋与金是世仇，必定会应允，那就可以直插金国的后路，威胁他们的都城开封。金国都城危急，肯定会召回驻守潼关的军队，但他们千里行军去救援，人马疲惫，即使赶到也不能作战了。这样我们必能大胜。"

1231年，拖雷就绕开金军重兵把守的潼关，从凤翔南下，绕道宋境，越过秦岭，出汉中盆地，由金州（今陕西安康）沿汉水东进。金哀宗闻讯，急调潼关以及黄河沿岸的守军到汉水一带阻击蒙古西路军。拖雷避开金军主

历史细读

成吉思汗包括后来元朝的统治者死后均采用秘葬的方式。下葬之后，由马匹踏平墓地。等到第二年春天小草长出以后，墓地与其他地方分辨不出时，护卫的骑兵才撤走。为便于日后能找到墓地，在陵墓上杀死一只驼羔，将羔血洒于其上。日后子女如果想念成吉思汗，就让当时被杀驼羔的母驼作为向导，如果母骆驼停在一个地方久久徘徊，哀鸣不已，那么这个地方就是陵墓所在地。

力，兵分多路北上。金军又匆忙由邓州驰援南京。拖雷的主力在钧州（今河南禹县）三峰山附近伺机而动，另派三千轻骑袭扰金军。当金兵进击时，蒙军就快速退去，金兵刚扎营寨，蒙军就来偷袭。金军且战且行，昼夜不得休息，甚至连续三天吃不上饭，将士们精疲力竭，结果被蒙军包围在三峰山。当时恰逢天降大雪，天气非常寒冷。蒙古人长期在严寒多风雪的蒙古高原生活，已经习惯了风雪和严寒的天气，而此时的金兵由于长期生活在中原地带，从未受过严寒和风雪天气的洗礼。蒙军在四面烤火煮肉，轮番休息。而金兵却披着金属铠甲僵立在雪中，饥寒交迫。蒙军知道金兵急于突围，就故意让出一条路。当金兵争相逃跑之时，蒙军伏兵四起，大败金兵，全歼金军精锐十五万，俘杀金帅完颜合达、移蒲阿。三峰山一战，金兵主力被歼灭殆尽。1234年，金朝灭亡。

蒙古灭金战争，共经历了三个阶段：1211年—1217年为成吉思汗侵金阶段，1217年—1223年为木华黎侵金阶段，1229年—1234年为窝阔台侵金阶段。在前两个阶段中，蒙古汗国的目的主要是掠夺财富和奴隶，逐渐消灭金朝的有生力量，在第三个阶段中才灭掉了金朝，这种战略部署是正确的。金朝的失败，在于统治阶级内部腐朽，缺乏全局战略，指挥不当。如三峰山之战，在朝廷的指挥下，十几万金兵疲于奔命，最后败于蒙古之手。尽管当时金国民众坚持抗战，也无法挽救败局。

蒙古之所以能够灭掉强大的金国，是因为成吉思汗及其继承人在政治上以反抗压迫为号召，发挥了新兴民族的锐气。在谋略上善于利用金、宋、夏以及金朝内部的矛盾，联此击彼，各个击破，尤其是成功地运用了借道于宋、联宋灭金之策。在战法上善于利用骑兵的优势，声东击西，突袭歼敌，逐渐

大理国王出行图

此图为大理国画工张胜温所绘，表现的是大理利贞皇帝（段智兴）率家人和文武官员礼佛的场面。全图人物线描劲挺流畅，造像生动，犹存唐画遗风，反映了当时大理国高超的绘画水平。

消灭了金朝的有生力量。在战争前期焚烧金国的城池，掠夺其财富和奴隶，破坏了金国的经济，消耗掉了金国的实力。在武器装备上善于吸取中原地区的先进技术，使长于野战的蒙古军增强了攻坚能力。而反观金统治者，政治腐败，多方树敌，士气不振，战法消极。再加上金国遭遇了严重的自然灾害，而蒙古军队的不断攻击也破坏了金国的经济，后来开封地区又发生严重的瘟疫，遂亡于蒙古之手。

平定边疆

为了完成对宋朝的包围，忽必烈 1253 年率领十万大军攻打大理。元军来到金沙江边，面对汹涌的江水，蒙古军士缺乏船只渡江，却创造性地使用革囊渡过了金沙江天险。革囊顾名思义就是羊皮或牛皮做的气囊，元军或用单个革囊缚在身上，或坐在多个皮囊连缀而成的筏子上，出其不意地渡过了长江。而这时大理早已陷入分裂，段氏传位二十二代，就有十代帝王被迫托庇于佛祖座下为僧。元军很快攻下了昆明城，征服了唐朝屡攻不下的大理。

而西藏地区很早就与蒙古政权发生了联系。1247 年，宗王阔端颁布令旨给乌思藏（今西藏自治区除昌都地区以外的大部分地区以及锡金、不丹），要求各地首领清查户口。清查户口的目的在于征收赋税，这也是中央政府行使管辖权的标志。1253 年，蒙古军队进入西藏，结束了西藏地区不相统属的混乱局面，从此西藏成为中国版图不可分离的一部分。1260 年忽必烈即位后，立即派遣官员赴西藏地区清查户口。1268 年又派官员抵达乌思藏，进行更大范围的户口调查。1287 年、1334 年又进行了两次全面的人口调查。

与籍户同时进行的是设立驿站。西藏的驿站与内地的驿站相连，直通元大都。通过籍户，可以确定各地方首领统辖户口的多寡和资源情况，以便确定支差的人数和赋税的数量。法律规定，每一冒烟的烟孔为一户，每户要派出一人支应差役，并为驿站提供物资即牲畜。史载答失蛮等在清查户口与设置驿站时，"一路上在各地召集民众，颁发堆积如山的赏赐品，宣读诏书与法旨"。驿站的管理权统归宣政院和中书省，西藏地区的居民负有提供运畜、人丁和器具的法定义务。而沿驿居民也负有接站传送文书，为过站官员提供马匹、食物和住宿的义务。

后来元朝设置了宣政院，直接管理西藏地区军政要务，同时在西藏地区驻扎军队，成立地方军政机构，名为"宣慰使司都元帅府"，隶属于宣政院。宣慰使司下面辖有管理民政的十三个万户府、千户所等。

元朝的建立

1259 年蒙哥战死后，忽必烈和他的幼弟阿里不哥展开了争夺皇位的斗争。在夺得皇位之后，忽必烈定都北京，确定国号"大元"。他向南宋发动了进攻，最终统一了全国。

定都北京

蒙哥死后，忽必烈从前线撤军，并于 1260 年春天抵达开平。他在仓促召集的一次忽邻勒台上被推举为蒙古大汗。但因为大部分蒙古贵族没有出席这次会议，忽必烈的大汗之位受到了异议。不到一个月，阿里不哥就在蒙古旧都哈拉和林被蒙古本土贵族推举为蒙古国大汗，双方因此展开了长达四年的内战。忽必烈受到被他征服的中原地区文明的吸引，并且依赖汉人谋士，而他的弟弟阿里不哥则作为传统的蒙古方式及准则的捍卫者出现。对阿里不哥来说，草原世界要比农耕世界更有吸引力。他不信任他的两个哥哥旭烈兀和忽必烈，认为他们背叛了蒙古的风俗。最后忽必烈凭借着中原地区的资源和兵力打败了阿里不哥。

为了巩固他的皇位，忽必烈更加认同中原地区的文化，并且寻求中原汉人对他的支持。这其中最明确的信号就是忽必烈在他的汉人幕僚刘秉忠的劝说下，接受了把首都从开平迁到燕京（今北京）的想法。忽必烈于 1264 年八月改燕京（今北京）为中都。由于金国旧城遭受到了战火的焚毁，无法在此重建新的宫室，同时莲花河水系水量不足，不能满足城市日常生活的需要，只能另选城址。刘秉忠选定高梁河水系为城市提供日常用水，1267 年在燕京

元代风格的建筑

这幅元代壁画虽然描述的是前代故事，但却生动地反映出元代建筑的风貌。虽然元朝统治者尚白，但很多建筑仍然保持着铺设琉璃瓦的传统。

东北方向另建新都。1272 年二月，改中都为大都。从此大都城作为统一的多民族国家的政治、文化中心而闻名于世。

　　和以前的大部分位于黄河或其支流附近的中原首都不同，大都位于北部边境附近。忽必烈之所以选择这个曾是辽国、金国首都的地点，一是因为元朝不仅仅包括中原地区，二是忽必烈希望保持对蒙古诸部落的控制。

国号的确立

　　1271 年，忽必烈建立元朝，是为元世祖。与金国的海陵王完颜亮一样，他把自己看作是中原封建王朝更替的正统继承者。最显著的一个标志就是"大元"国号的采用。"大元"的国号出自儒家经典《易经》中的"大哉乾元"一句，是对无始无终、无边无际的浩瀚宇宙的赞叹。

　　"元"是第一个与原来部落或封号或管辖地无关的国号。楚霸王项羽封刘邦为汉王，以后刘邦击败项羽，统一中国，改国号为"汉"。唐高祖李渊的祖父李虎为北周八柱国之一，佐命有功，被追封为"唐国公"，故国号

正史史料

> 诞膺景命，奄四海以宅尊；必有美名，绍百王而纪统。肇从隆古，匪独我家。且唐之为言荡也，尧以之而著称；虞之为言乐也，舜因之而作号。驯至禹兴而汤造，互名夏大以殷中。世降以还，事殊非古。虽乘时而有国，不以义而制称。为秦为汉者，盖从初起之地名；曰隋曰唐者，因即所封之爵邑。是皆徇百姓见闻之狃习，要一时经制之权宜，概以至公，不无少贬。
>
> ——《元史》卷七《本纪第七·世祖四》

"唐"。后周恭帝继位后，命赵匡胤为归德节度使，归德军驻扎在宋州（今河南商丘）。次年，赵匡胤在陈桥驿发动兵变即位，因其发迹在宋州，故国号曰"宋"。后来的两个封建王朝，都不约而同地继承了元朝的传统。朱元璋在创业时期曾经称过吴王，也曾用过"宋"的国号，但当他在应天府称帝的时候，却将国号定为"明"。女真人在东北建国，是辽、金的故地，一度称"金"，不过入关后不久也就改成"清"了。"明"和"清"昭示着帝王们希望政治清明、天下为公的理想，如同得大位不久的忽必烈一样，都心存大志。

忽必烈一方面声称他的蒙古皇族是受命于天的，另一方面又力图让宋朝统治者公开承认天命的转移。忽必烈利用汉族的政治观念来打击南宋，在《下江南檄》中就宣称"宅中图大，天开一统之期；自北而南，雷动六师之众"，认为自己处在中国的中央，谋划四方，以天子之师，"吊民而伐罪"。伯颜的"得国由小儿，失国由小儿"无疑也是迫使宋朝皇室承认自己的退位是天意。而忽必烈虽然在军事上占有绝对的优势，但对于宋朝皇室却相当优待，这样就进一步减弱了汉人在军事上和心理上的对抗，也给汉人服务于新的政府铺平了道路。连朱元璋也不得不承认"元以北夷入主中国，四海以内，罔不臣服。此岂人力，实乃天授"。

经过辽、金、元王朝的努力，汉人逐渐接受了"胡汉一家"的局面。例如朱元璋就这样评论元朝："昔胡汉一家，胡君主宰。"朱元璋祭祀从伏羲到忽必烈的十六个中国帝王，自称继承了他们的大统。后来又祭祀中国历代名臣三十七人，木华黎、伯颜等蒙古族将领也名列其中。

统一全国

忽必烈对南宋是志在必得。1259 年，忽必烈刚刚到达长江北岸，准备南下攻打宋朝。这时他通过他的异母兄弟派出的信使获悉了蒙哥的死讯，便积极准备返回蒙古本土争夺大汗的位置。而在 1264 年彻底击败阿里不哥之后，忽必烈又开始准备对南宋发动进攻。

攻打南宋

南宋是蒙古军队遇到的众多对手中最难对付的一个。因为南宋所处的江淮地区，河渠成网，城镇林立，除襄阳、淮河防线外，西段四川一带是连绵不断的高山峡谷，东段地处淮河下游，水道众多，后方还有长江天堑，都不利于骑兵作战，而有利于南宋的水军。当年兀术下海追击宋高宗赵构三百里，却在退兵北归的途中遭到了韩世忠带领的南宋水军顽强阻击，十万大军被困黄天荡，四十余日才得以脱身。据说兀术回去之后仍心有余悸，说："南人使船，好像我们北人使马，难以对付啊。"尽管蒙古军队和骑兵在北方是成功的，但他们不习惯南方的气候和地形，对南方的湿热高温没有准备。蒙古马不能很快适应高温，并且在南方农田上不能像以前在中亚的草原上那么容易得到草料。另外蒙古军队需要采用以前从未使用过或很少使用过的军事技术，例如为了对付南方的水军，他们需要造船，招募水手，并且训练水军。

但对忽必烈来说，攻打南宋是一种必然的选择。南宋人口众多，资源丰富，固然征服不易，但打下来之后便可以提供大量的财富与资源。而南宋此时也陷入了统治危机。虽然商业繁荣，水军强大，但自 13 世纪中期起已经面临着许多严重的政治和经济困难。腐败和低效使军队战斗力下降，朝廷财政近乎崩溃。从 13 世纪 60 年代初期起，贾似道试图改革并约束牟取暴利的将领、外戚和官吏，但也借机扩大自己的势力，安插党羽，从而使南宋朝廷陷入分裂，一些将领就投降了蒙古军队。

而在蒙古人的心目中，衡量一位统治者的成就，从某种意义上讲，就是看他是否有能力将更多的领土并入他的版图，从而获得巨额财富。忽必烈曾经受到他弟弟的挑战，他作为蒙古统治者的合法性确实笼罩着疑云。新的征服，特别是征服汉人的国家将会壮大他在蒙古人中的声誉。再者汉人的世界观强调统一，而忽必烈也如前面金国的海陵王完颜亮一样，渴望成为全中国的统治者。在他看来，南宋成了蛮夷，而元朝则成了华夏正统，"用夏而变夷"。尽管此时宋军相对较弱，并且没有构成对蒙古的直接威胁，但它可能恢复元气，而且它的首要目的之一是收复被蒙古占领的北方领土。忽必烈必须在南宋变成强大的对手之前征服它。

赵孟頫二羊图

这是赵孟頫除马之外唯一绘有走兽的作品。赵孟頫仕元，周围的人都非常不满。他曾作《洪范图》，表示仕元是择良而仕，并有像箕子这样弃商仕周的仁人为其表率。据考证，《二羊图》上面绵羊的傲气反映了苏武的精神，而山羊的屈辱神色则似代表李陵。赵孟頫在此表明自己绝不是屈辱服从，而是觉得元朝完全可以取代宋朝，自己是择良而行。

来孙却见九州同，家祭如何告乃翁

最初忽必烈并不想采用武力，一方面是他无力南顾，另一方面是他想实践儒家思想，以最小的代价取得江南的人口及财富。1260 年，郝经建议南宋承认忽必烈是天子，以换取实质上的自治。但南宋君臣不可能接受这种臣服，而蒙古前两次进攻的受挫也使南宋军民的自信心高涨。

而忽必烈在统治稳定下来之后，就发动了对南宋的进攻。位于汉水沿岸的襄阳是具有决定意义的重要战略要地，是通向长江中游的最后一个要塞。宋人在那里修建了几乎坚不可摧的防御工事，其中包括坚固的城堡、厚实的城墙和深深的护城河。从 1269 年四月到 1270 年四月，忽必烈向该地区派出了十万部队和五千艘战船。1272 年初，襄阳陷入完全孤立的状态。但蒙古人认识到强攻城堡和要塞会遭到巨大的伤亡，于是忽必烈的侄子、波斯的伊儿汗阿八哈应大汗的要求派出亦思马因和阿剌瓦丁前来中国。这两位回回工匠在 1272 年下半年到达襄阳，并架设了能够远距离发射巨石的回回炮。借助这种大炮的威力，元军最后在 1273 年攻破襄阳。

1273 年夏天，忽必烈任命伯颜为元军统帅。伯颜在波斯和中东战役以及大理战役中，就立下了赫赫战功。他在完成对军队特别是水军的训练之后，于

名家评史

对于中国人来说，看到中国完全屈从于反抗一切文化的、坚执其好战的部落传统的蛮夷民族，乃是一番五内俱焚的经历。而对于西方人来说，这些游牧民族之令人惊讶的征服也使得大家瞠目结舌。蒙古人的入侵形成了对于伟大的中华帝国的沉重打击，这个帝国在当时是全世界最富有和最先进的国家。

——谢和耐《蒙元入侵前夜的中国日常生活》

1275 年三月再次利用回回炮的优势，击溃贾似道率领的宋军。1276 年，南宋的太皇太后最终承认宋朝的失败，然后把国玺交给伯颜，并传令仍在抵抗的郡县投降。1279 年，张弘范又打败了宋朝最后的抵抗力量，宋朝灭亡，元朝完成了全国的统一，一个大一统的王朝又一次出现在了中国的历史上。

这种外族征服对汉人来说，特别是对中原的士大夫来说，具有非常矛盾的意味。一方面中国获得了自 10 世纪以来的第一次统一。如果从唐后期的藩镇割据时算起，中国已陷入分裂状态四百多年。但从另一方面看，垮台的宋朝被推崇为具有高度文明和繁荣文化的朝代。与此形成鲜明对照的是，蒙古人是外族，他们给被征服者印象最深的是军事上的勇武而不是文化上的成就。特别是元朝在吸收农耕文明方面异常迟缓，还对汉人采取民族歧视政策，这对汉人来说是一种严重的精神伤害。诚然"南北一家今又见"，这对于中国多民族统一国家的缔造无疑是具有积极意义的。然而对南宋统治下的江南文人士大夫们而言，却是"南人堕泪北人笑"，是一种亡国之痛。"来孙却见九州同，家祭如何告乃翁"一语道出南人的复杂心境。

独具特色的政治制度

元朝的政治制度主要是在元世祖忽必烈时期建立起来的。忽必烈即位后，"采取故老诸儒之言，考求前代之典，立朝廷而建官府"，并创设行省以统治辽阔的国土。但元朝统治者为确保蒙古贵族的统治地位，对汉人实行民族歧视政策，较少吸收中原文化。同时过分尊崇喇嘛教，又按照职业对居民进行

名家评史

自有史以来，以元代为最无制度。马上得之，马上治之，……于长治久安之法度，了无措意之处。

——孟森《明清史讲义》

划分，对社会各界产生了重大的影响。整体而言，元朝的政治制度存在着很大的缺陷。

草原本位的阴影

在对外征服完成后相当长的时间里，蒙古政权仍然像最初一样，维持着漠北的统治中心和国家本位的地位，对所占有的农耕地区仅采取间接统治的方式加以控制。在窝阔台成为大汗后，有一些蒙古人甚至主张将汉人杀光，将中原的田地一律改为牧场。耶律楚材劝说窝阔台："汉人留下不杀，比杀了好，可以向他们征税。何况大汗想渡江灭宋，正需要庞大的军费。"他又进一步解释说："怎么能说汉人没有用处呢？现在陛下准备伐宋，正需要军资，如果按年确定中原地税、商税和盐、酒、铁冶、山泽的收利，一年就可以得银五十万两、帛八万匹、粟四十万石，足够供给我们的军资需要。请给我一年的时间，让大汗看看效果。"耶律楚材就奏立燕京等十路征收课税使在各地征收赋税，由汉人儒者充任。1231年秋，窝阔台到了云中，十路课税使将已征收到的仓廪米谷的簿籍和金银布帛等陈放到他面前，都符合耶律楚材原奏之数。窝阔台大喜，对耶律楚材说："你没有离开我左右，怎么就能收到这么多的钱米？"至此杀光汉人的建议这才在蒙古贵族中间消失。但在此时，蒙古人还只是把中原看成是巨大财富的产生地，对其文明特别是生活方式并不感兴趣。

1260年忽必烈即汗位后，定都汉地，改行汉法，并击败其弟阿里不哥，夺回漠北，才将蒙古国家的统治政策由草原本位变为汉地本位。但草原本位的思想仍然深刻地影响着以后元王朝的历史。首都虽然南迁，但蒙古草原作为祖宗龙兴之地，在元朝的政治生活中仍然占有重要的地位。统治集团难以做到完全从汉族农业地区的角度出发看问题，草原本位政策的阴影长期笼罩不散。大量阻碍社会进步的蒙古旧制，因为牵涉到蒙古贵族的特权和利益，都在"祖先宗法"的幌子下得到长期保留。

元世祖出猎图（局部）

此画作于 1208 年，描绘了元世祖忽必烈外出打猎的情景。人骑数众，皆为马上行猎之状。其中骑黑马、穿白裘的为元世祖，与世祖并驾的白袍妇女当为帝后。

迟缓的汉化

中国古代少数民族政权在入主中原后受到汉族农业文明的熏陶下走上汉化道路，这是一个总的历史趋势。但它们各自受汉文化影响的深浅和缓疾，是大有差别的。就元朝而言，它的汉化程度与北魏、金国和清朝等进入内地的少数民族政权相比是很低的。

有元一朝，以皇帝为代表的蒙古贵族接受汉文化十分缓慢，他们中的大多数人都不会说汉语，甚至连元代皇帝中汉语最好的忽必烈也需要借助翻译。这样蒙古贵族就始终对汉族地区的典章制度、思想文化比较陌生。虽然元朝统治者恢复了郊祀等儒家仪式，但他们一般不亲自参加这些仪式。元朝灭亡以后，蒙古族人就又回到过去游牧部落社会的老路上。

之所以出现这种情况，有着复杂的原因。第一，蒙古人在进入中原以前从事比较单纯的游牧狩猎经济，建国后又主要通过对外扩张来谋得生存，没有进行过农耕生产。而拓跋鲜卑在南下前与农业社会有较多的接触，契丹也是这样，女真人则很早就开始进行粗放的农业生产。因此要使前者认识到农业经济的重要性，接受相关的一套上层建筑、意识形态，就要比后者困难得多。

第二，北魏等朝代建国后，所接触的唯一成体系的先进文化就是汉文化。

打球图
蒙古人并没有吸收多少中原地区的政治文明，但在娱乐方面还是吸收了不少。

而蒙古人除汉文化外，还受到西藏地区喇嘛教文化、西域伊斯兰文化乃至欧洲基督教文化的影响。蒙古贵族起初信仰多神的萨满教，后来皈依喇嘛教，尊奉吐蕃僧侣为帝师，对其狂热崇拜，皇帝还亲自受戒。八思巴也为蒙古人创立了八思巴文。而文明发达的畏兀儿人很早就进入了蒙古政权之中，并贡献了不少军队，例如阿里海牙就在张弘范灭宋之战中立下了大功。而蒙古族最早创制的蒙古语也与畏兀儿文字有着很大的关系。

　　第三，漠北草原在国家政治生活中占有着重要的地位，元朝存在着一个强大而保守的草原游牧贵族集团。汉文化主张加强王权，削减冗员，这就触犯了蒙古贵族的利益。例如耶律楚材将中原皇帝的跪拜礼引入蒙古政权，大汗窝阔台高兴，但蒙古贵族不满。察合台就说："我是哥哥，给弟弟下跪，有这样的道理吗？"同时中原文化又反对民族压迫政策，主张民族平等，这也影响了蒙古贵族乃至皇帝的利益。

汗位继承与赏赐制度

　　蒙古帝国的汗位传承一直没有稳定过。按照蒙古的祖制，应该是由诸王、贵族参加的忽邻勒台进行推选。然而参加大会的各个王族和贵族都有自己的封地和军队，所以汗位的归属完全取决于力量的对比。第一次汗位的和平更递，是因为势力最大的拖雷基于兄弟情谊支持窝阔台，但是以后的血缘越来越淡薄，汗位的传递也就更加麻烦。忽必烈虽然用武力夺得了政权，但四大

历史细读

据说明太祖朱元璋后来祭祀历代皇帝，刚举起酒杯，就看到元世祖忽必烈像流出了眼泪。明太祖笑道："我得到了中原本来应该有的东西，而你失去了漠北本来所没有的东西，又有何遗憾？"元世祖像随即止住了眼泪。

汗国也陷入了分裂。因为支持蒙哥上台而获得较为自由地位的金帐汗国不再承认忽必烈的最高统治权。为了获得旭烈兀的支持，忽必烈给予了他所建立的伊儿汗国相对独立的权力。等到海都打出反抗忽必烈的旗号，察合台汗国和窝阔台汗国也不再从属于忽必烈。等到忽必烈去世时，元朝中央与窝阔台汗国、察合台汗国的战争还在继续。

就是在元朝内部，自元世祖忽必烈去世（1294 年）到顺帝即位（1333 年），在这短短的四十年中，汗位竟然更替了九次，最短的一次仅不到两个月。九个皇帝中有六位是在激烈斗争或武装冲突后登基的，有两位被杀，还有一位在被推翻后失踪。不仅皇帝成为争斗的牺牲品，高官显贵亦经常大幅度更换，因为每次帝位争夺之后总是伴随着血腥的清洗。

另外诸王大会不常召开，宗室外戚各居封地，养尊处优，与国家日常政务已基本无涉。相反，由次等异姓贵族组成的怯薛组织却是高级官僚的主要来源，再加上以皇帝为首的蒙古贵族贪图享乐，不勤政务，这就给了那些"家臣"，即次等异姓贵族充分扩大势力的机会。世祖忽必烈去世之后，元朝又爆发了皇位之争。战功显赫的伯颜握剑站在大殿阶梯上，宣布忽必烈的旨意，并解释为什么要立铁穆耳为帝，结果是"诸王股栗，趋殿下拜"。这是元朝权臣涉入皇位继承的开始，"大臣权重"成为元代中后期历史的一个基本现象，皇帝也只能利用朝臣之间的矛盾来维护自己的统治。

因此尽管蒙古建立了一个中央集权的王朝，但蒙古贵族仍然保留着很强的部落意识。再加上权臣的作用，就是到了元末，元朝已经到了即将灭亡的危急时刻，他们仍然在互相残杀，这就加快了元朝政权的瓦解。

防范汉人

在改朝换代之后，元朝政府明确宣布了对原来南宋臣民的保护政策，其中包括优待前贤之后、保护寺观庙宇和前代名人遗迹等。例如元朝政府对于岳飞不仅给予谥号，而且支持对杭州的岳庙及坟墓的修缮。而早在蒙古灭金

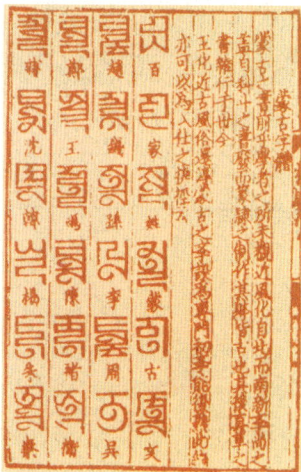

八思巴文百家姓

八思巴文是忽必烈命八思巴创制的拼音文字。图为八思巴文书写的《八思巴文百家姓》。

占领中原后，就访得岳飞的后人岳珍，并授予许州长官。1325 年，元朝泰定帝还规定，如果有人在黄帝陵园里砍伐树木或者打鸟掏鸟窝，都要扭送到官府问罪。这是中国历史上第一份由中央政府颁发的保护黄帝陵的法令。但整体而言，蒙古贵族还是实行了对原南宋臣民不利的民族政策。

元朝并没有把民族明确分为四等的专门法令，但是在诸多政策法令法规中，蒙古人和色目人（即各色名目之人，是元朝对除了蒙古人、汉人和南人以外所有人的总称，包括西北各族、西域以至欧洲各族人）确实享有诸多特权。元朝人口数千万，蒙古人和色目人不过一二百万，占了全国人口的绝大多数的汉人（原金朝统治下的居民）、南人（原南宋统治区域下的居民）却最受歧视。

在政府部门，往往是由政治经验不多的蒙古贵族担任长官，处于"监临"地位。而由汉人官吏负责日常行政，同时配备一位权位相当的色目官吏进行防范和牵制。在军事方面，汉人极少有担任主将的机会。而在元朝，枢密院掌握军权，"掌天下兵甲机密之务"，汉人不得参与。

元顺帝时期的宰相伯颜更是让防范汉人的政策达到了顶峰。1337 年，伯颜借民众爆发起义之机，下令禁止汉人、南人携带并拥有兵器，并禁止拥有马匹，也不准汉人、南人学习蒙古、色目文字，以此使汉人难以进入政府。尽管这一措施不久就取消了，但伯颜的这些政策还是引起了极大的恐惧。民间开始流传一种说法，这位丞相曾下令在全国范围内诛杀张、王、刘、李、赵五大姓汉人，因为这五个姓占了汉族的绝大多数。虽然伯颜没有执行这种政策，但也的确反映了当时民族歧视之严重、蒙汉矛盾之尖锐。

元朝统治者制定民族歧视和民族压迫的政策，目的是为了巩固蒙古贵族的统治。对于那些早期就投靠蒙古统治者的汉族官僚地主，元朝政府对他们则与蒙古贵族同样看待。元世祖就曾亲昵地称呼汉人将领董文炳为董大哥，到了他的孙子成宗即位后，也称呼董文炳的二儿子董士选为董二哥，其弟董文用则"与蒙古大臣同列"。汉人的万户世侯军队在忽必烈战胜内部的竞争者时起到了很大的作用。忽必烈就是依靠世侯军队打败了阿里不哥。1287 年，忽必烈攻打乃颜时，由于蒙古军将多是乃颜的将校或亲属，两军对阵时往往立马聊天，互不攻打。忽必烈就命令李庭、董士选等人统领汉军进攻。

南方的汉人官僚地主在元朝也是受优待的。元朝灭宋时，忽必烈已逐渐建立起封建的统治秩序，再加上江南作为税收基地的重要性，元军南下作战就采用了较为温和的手段，注意保护江南的财富。在取得江南后，元朝统治者又注意重用南方的汉族官僚地主。1287年，忽必烈诏命程钜夫为御史中丞，又下诏求贤于江南。程钜夫乘机推荐了赵孟頫等江南名流，忽必烈都授予他们一定的职位，试图借此取得江南官僚地主的拥护。

元朝委派蒙古、色目官员到江南各地进行统治，但这些官员只知贪求财富，不了解基层情况，因而往往被南人富豪所操纵。据说蒙古、色目官员在办理公务时，都必须依靠汉人小吏。而这些小吏又多与当地的豪绅地主相交结，或者即是土豪充任。路府州县各级官府也大都为当地的地主富豪所把持。但南方地主在土地兼并手段上不同于北方，他们先凭借财富来谋求政治地位，然后再依靠其权势来保护和兼并土地。

行省制度

但元朝的政治体制并不是一无是处。随着蒙古在军事上的节节胜利，为了协调军事和行政管理工作，蒙古人借鉴金朝的先例，建立了一系列行台尚书省。这类机构原来是金朝政府的最高行政管理机构尚书省的分支机构，最早设立于12世纪初，简称为行省，主要建立于新征服的领土以及后来受到进攻威胁的边界地区。蒙古也设立了不少行省，其负责官员多为汉人或其他少数民族，在他的管辖范围内被授予全权。

而元朝建国以后，在中央设立了中书省。省臣被派往地方执政，称为行中书省事。行中书省（简称"行省"）成为固定的官府的名称，并进而成为地方行政区划的名称。忽必烈灭宋前后，陆续设立河南、江浙、江西、湖广、陕西、四川、辽阳、甘肃、云南行省，后来又在和林设岭北行省，总共十个行省。黄河以北，太行山以东、以西之地，被称为"腹里"，直属于中书省。元朝设立的行省制度，后世一直沿用至今，就是我们今天的省制，是中国行政区划和政治制度沿革史上的一个重要事件。

行省下设路、府、州、县。路、府、州、县都设达鲁花赤一员，为最高长官。路设总管、同知，府设

倪瓒洗桐

元末明初的著名画家倪瓒，其祖父为本乡大地主，富甲一方。他受到这样的家庭影响和教育，养成了他不同寻常的洁癖。朋友徐氏登门拜访他，晚上就住在他家里过夜。他半夜的时候，听到徐氏咳嗽了一声，可把他着急坏了，一宿都睡得不踏实。第二天起来赶紧让仆人寻找痰在哪里，仆人找遍了屋里屋外都没找见，他就自己找，最后终于在桐树根上找到了，立即命人清洗。徐氏见此赶紧道别。后来的文人也把洗桐当作洁身自好的代称。

正史史料

　　元朝尊重喇嘛，有妨政事之弊，至不可问。如帝师之命，与诏敕并行，正衙朝会，百官班列，而帝师亦专席于坐隅。其弟子之号司空、司徒、国公，佩金玉印章者前后相望。怙势恣睢，气焰薰灼，为害四方，不可胜言。甚至强市民物，捶捶留守，与王妃争道，拉殴堕车，皆释不问。并有民殴西僧者截手，詈之者断舌之律……元朝之于喇嘛，方且崇奉之不暇，致使妨害国政，况敢执之以法乎？

　　　　　　　　　　　　　　——乾隆《喇嘛说》

知府或府尹，州、县长官也都称尹。1265年，诏"以蒙古人充各路达鲁花赤，汉人充总管，回回人充同知，永为定制。"府、州、县达鲁花赤也都必须由蒙古人充任。达鲁花赤在地方官员中地位最高，但往往不实际管事，成为高居于地方官之上的特殊官员，因而被称为"监临官"。

宗教政策

　　元朝统治者十分重视宗教，各种宗教势力由此大涨。其中以喇嘛教的势力最大。但宗教之间也产生了突出的矛盾，佛道之间爆发了多次冲突，但由于蒙古统治者和元朝统治者都支持佛教，因此道教惨败。

独尊喇嘛教

　　在诸多宗教中，以喇嘛教为尊。有的皇帝一年四季斋醮不断，用于佛事的花费极多。据说当时佛事最多时达五百余种。大臣张养浩在1310年曾做过粗略的统计，如果把当年国家的财政总开支分为三份，朝廷每年用于佛事活动的费用就占了两份。这种挥霍浪费的程度实为前代所不及。根据元朝宣政院的的史料，仅在1318年一年之中，全国各寺院做佛事就用掉面粉四十多万斤，油八万余斤，每日用羊一万头。将当年全国的官俸和兵饷两项开支加在一起，也抵消不了做佛事一项的开支。而且每个皇帝还要动用国库资金修建各式各样的佛寺，赏赐僧人的钱帛土地、金银财宝有增无减，刊印佛经所费的金银也是数量惊人。时人就有"今国家财赋半入西蕃"的感叹。

　　喇嘛教在政治上也享有各种特权。元世祖忽必烈专设全国佛教和蕃地事务的总制院，领之于帝师（元代僧官名，意为皇帝之师。作为皇帝在宗教上的老师，其地位是十分崇高的）八思巴，专管全国佛教和蕃地事务。这就是说，政府任命僧人管理宗教事务，而且喇嘛教有了管理地方官府的授权，这是中国历史上从来没有过的情况。后来总制院改为宣政院，而拥有中央人事、行政、司法大权的中书省、枢密院和御史台，根本不能或者很少能够插手宣政院的大小事务，这势必会造成宣政院及其所辖势力范围的不法行为。不仅如此，帝师或上层高僧常常以佛事为由请求释放重囚犯（其中好多是死囚），干扰司法。喇嘛僧人的这种行为，让一心崇佛的皇帝也一度怒不可遏。1312年，云南行省右丞有罪，喇嘛僧人奏请释之，元仁宗皇帝大怒道："僧人宜诵佛书，官事岂当与耶！"

关于元朝如此尊崇喇嘛教的原因，一般认为与当时喇嘛教僧人迎合蒙古贵族的享乐需求是分不开的，他们教纵情享乐的蒙古贵族特别是皇帝以房中术。喇嘛教中有习密宗者，精通"大欢喜禅定"。元亡前夕，元顺帝的太子宣称："李先生教我儒书许多年，我不省书中何义。西番僧教我佛经，我一夕便晓。"李先生就是他的儒臣李好文，而所谓的佛经就是"大欢喜禅定"之类的房中术。

佛道之争

蒙古政权实行宽松的宗教政策，使各种宗教都得到蓬勃的发展，但宗教之间的矛盾也日益尖锐，其中以佛教与道教的斗争最为激烈。

道教在丘处机拜见成吉思汗时达到了一个高峰。丘处机生于1148年，自号"长春子"，曾拜全真教创始人王重阳为师，是著名的"全真七子"之一，1217年成为全真教第五任掌门。而此时全真教已极为鼎盛，成为蒙古、金、南宋三国争取的对象。金国与南宋都曾遣使到丘处机隐居的山东前去召见，但丘处机审时度势，认为蒙古统治者很有可能一统天下，就拒绝了金国和南宋的邀请。但他在接到成吉思汗的诏书之后，为了全真教的发展，同时也想借机为民请命，劝蒙古军队少杀无辜，就以七十一岁高龄率十八位高徒，前往已被蒙古军队控制的燕京（今北京）。

丘处机抵达燕京之后，成吉思汗已率军西征。丘处机不顾年老体衰，跋涉万里，最后于1222年在西域雪山（今阿富汗兴都库什山）行营见到了成吉思汗。成吉思汗向丘处机请教养生长生之道。他说："世界上只有养生之道，而无长生之药。"短命之人皆因"不懂养生之道"，而养生之道以"清心寡欲

三教图

道教的全真教之所以能够取得较大的发展，其中一个重要原因就是全真教汲取了儒家和佛教的思想，以《道德经》《般若波罗蜜多心经》《孝经》为主要经典，主张儒教、道教、佛教三教合一。他们提出："红花白藕青荷叶，三教原来是一家。"

历史细读

据说《老子化胡经》是西晋时期的道士王浮所撰。《后汉书》《三国志》均有老子化胡即在西域传播其学说的记载。王浮加上自己的发挥，撰写了《老子化胡经》，以证明道在佛先，道教地位应在佛教之上。此书一出，便成为佛道二教斗争的焦点。后来道教人士为了扩大此书的影响，制作了《老子化胡经》的图画版《八十一化图》。

为要"，即一要清除杂念，二要减少私欲，三要保持心情平静。成吉思汗虽然不赞同他的看法，却非常欣赏他。成吉思汗在他告还时"赐号神仙，爵大宗师，掌管天下道教"，并下令免去全真门下道士的差役赋税。后来成吉思汗又赐给丘处机虎符玺书，并将原来金朝在燕京的御花园赏赐给全真教用来建造宫观。丘处机因此取得了相当于蒙古国国师的地位，一时间全真教达到"古往今来未有如此之盛"的兴盛局面。

蒙哥即位特别是忽必烈主持中原政事之后，中原的佛教已经逐步恢复，藏传佛教的影响也日益增强。加上留驻漠北的皇弟阿里不哥同样具有崇佛抑道的宗教倾向，佛教界就开始反击。

第一次佛道大辩论发生在 1255 年。当时蒙哥命少林寺长老福裕在都城哈拉和林建造佛寺，恰好全真教为了扩大影响，将《老子化胡经》的图画版《八十一化图》携至哈拉和林传布。福裕就将其上呈蒙哥，由此引发第一次佛道之争。道教败绩，不得不在寺观、田产、经文等方面，对佛教作出一些让步。但佛教界仍不满意，又继续告状。忽必烈大怒，将全真教代掌门张志敬打了个头破血流。后来佛教界又北上哈拉和林拜见蒙哥，意欲再开论战。不巧全真掌教李志常病死，门人筹办丧事，论战只好推迟。

1258 年的佛道大辩论由蒙哥委托忽必烈在开平（今内蒙古境内）主持。据佛教人士的记载，按照佛教本来的说法，如果辩论输了，将被斩头。但当时忽必烈加以变通，如果佛教输了，担任主要辩手的十七名僧侣将跟着张真人回白云观当道士；如果道教输了，十七个主辩道士就得削发为僧。

由于蒙古贵族的偏袒，道教在辩论中失利。最后忽必烈又向道士们提出了一个难题："你们道士经常说，只要持咒，就可以入火不烧，或白日升天，或摄人返魂，或驱妖断鬼，或服气不老，或固精久视。那现在你们就给大家表演一下。"众道士无言以对。其实佛教对于此类问题也是束手无策。

九流图
这是清人所绘的九流图。中国自古就有对各种职业的划分，但只有元朝才将这些职业固定化。

这次辩论之后，道教遭受了重创。十七个主辩道士被迫削发为僧，他们的道冠、道服被挂在长竿之上，以让远近民众知晓。蒙哥还发布命令，把《老子化胡经》《八十一化图》等书及底版统统烧毁，相关的碑刻和塑画之像，也统统予以清除。

但对道教的打击还远没有结束，佛教和道教的矛盾仍未化解，佛教人士也想乘胜追击。第三次佛道之争遂于1280年爆发。佛教人士上书忽必烈称"往年所焚道家伪经版本画图，多隐匿未毁。其《道藏》诸书，类皆诋毁释教，剽窃佛语，宜加甄别。"而这时忽必烈已经统一了中国，全真教笼络汉族人心的作用进一步下降，由于种种原因他对实行汉法的热情也已经下降，而佛教的势力进一步增强。1281年，忽必烈命令烧掉除老子的《道德经》之外的所有道教书籍，而且毁掉刻版。同时他禁止道士出售符咒，并强迫一些道士皈依佛教。这一事件最终改变了元初道教的优势地位。

后来生活在元末明初的道士张三丰在武当山创立一个新的道派教派别武当派，掀起了中国道教发展史上的最后一波高潮。据说他还将道家文化和武当武术相结合，融太极、形意、八卦于一体，创立了动静结合、以柔化刚的武当太极拳。

几家欢乐几家愁

有宋一代，进入上层社会圈子要通过个人努力，特别是要通过科举考试。而一般的农民也可以自由流动，有选择农业、手工业和商业的自由。但到了元朝，各种职业不再像以前那样自由流动。而对从事不同职业的人来说，其地位也发生了很大的变化。

杨竹西小像

图中人物头戴乌巾，手中执杖，衣袍宽松，面相清癯，两眼炯炯有神。虽然在元朝文人的社会地位下降不少，但仍然保留着自己的各种生活方式。

户计制度

由于当时蒙古人的社会发展程度较低，世袭制还有强大的影响。虽然有能力的军事领导人可以获得很快的提升，但到了和平年代，世袭制度便成为了常态。蒙古人为了确保自己的利益，将这样一种社会制度带到中原广大地区，并一直在元朝予以实行。其重要实践就是职业户计制度。在这种制度下，蒙古人及其所有属民都以一定职业按户划分，例如民户、儒户、军户、站户、匠户等。这些职业往往是世袭的，不能更改。元朝政府再根据某项职业对国家的相对重要性，决定是否免除赋役或者给予其他福利。

户计制度对蒙古政权乃至元朝社会产生了深刻影响。当时所有的铁匠、木匠和黑色火药的制作者在人口普查时都被登记为炮手，并建立了专门的名册。因此在旭烈兀西征时，蒙哥很快就召集了一支包括一千名汉人炮手在内的军队随同旭烈兀西征，帮助他攻破了伊朗山区的城堡和巴格达的城墙。

不过户计制度也有不少疏漏之处。例如朱元璋祖籍江苏沛县，祖父朱初一被列为淘金户，但当地并不出产黄金，只好到市场上去购买。由于无法承担如此沉重的负担，他索性丢弃了房屋田产，1289年带着大儿子朱五一和小儿子朱五四（朱元璋的父亲）迁走，后来朱五四又迁到了濠州（今安徽凤阳）定居，朱元璋就出生在这个地方。

医生地位的提高

很久以来，中国一贯重文章而轻科技，例如缔造天府之国的李冰父子的名声，远远无法与朱熹等思想家以及苏轼之类的文学家相提并论，但这种状况在元朝却有所不同。例如出于实用的目的，元朝极为重视医学，并且予医生以较高的社会地位。

元朝用武力和战争统一中国，战争中人畜伤亡不可避免，再加上元朝自然灾害及瘟疫频繁，屡有人员伤亡，医学是必要的救助手段，因此元统治者十分重视医学。特别是为了满足对医学人才的大量需求，元朝统治者不断提高医生的政治地位，以便笼络天下的医学人才。秦汉唐宋最高的医官品级都未曾超过从六品，金代也不过正五品而已，而在元代则达到秦汉以来历史上的最高点，始终在正四品以上，最高时达正二品，曾由礼部尚书兼任。

医生政治地位颇高并不等于医业在民间的地位也很高，汉族民众对医学仍抱着鄙夷的态度，不愿学医从医。因此元朝统治者为了提高医生的形象地位，改变人们对医学的偏见，借鉴了部分民间医生尊三皇为医学始祖的做法，将三皇确立为德高望重的行业祖神。中国古人视伏羲、神农、黄帝为圣贤先哲和汉族等民族的始祖神，尊称"三皇"，历代崇祀。而在元代，"三皇"成为了医学祖神，供奉于三皇庙，由医户专司祭祀。1286 年，朝廷下令各地三皇庙祀伏羲、神农、黄帝，正式将三皇尊为医学始祖。医业三皇庙祀在元朝被列入国家大典，是三大全国性祭祀活动之一。当时要求全国都得祭祀的，只有三皇、社稷和孔子。政府还采取各种措施保证三皇庙的运行。祭祀三皇活动的兴盛，在一定程度上消解了人们视从医为耻辱的心态，乐于学医从医，使政府有条件向百姓提供更多更好的医疗服务。

文人地位的下降

如果说工匠和医生这两种职业都是早已有之的话，那么儒户则是元朝的特色。在蒙古人看来，儒学也相当于一种宗教，是为孔教。当时还有以佛教、道教、聂思脱里派、萨满教和其他宗教信仰确定的户籍。蒙古政权以优待、奖赏和免税政策来鼓励所有的宗教专职人员。按照国家的政策，儒户的主要义务是出人头地上学读书，"研习以备任用"。但由于元朝政府中有些当政的蒙古、色目官员对中原传统文化怀有成见，因此对儒户心存轻视甚至敌意，强迫他们和民户一样承担差役和各种苛捐杂税。因此儒户的实际处境远逊于同时代的僧、道户，和以前各朝特别是宋朝士人享受的优渥待遇更是难以相提并论。

元朝也重用了不少汉人，例如最终击败南宋的张弘范以及首开漕粮海运航道的朱清，朱清一度还拥有发行货币的权力。马端临的《文献通考》撰成之后，朝廷不但予以刊行，而且还授予他及其亲属官职。但当时的大多数文人只会讲道德性命、圣贤之道，根本就不会得到重用。宋朝是最优待文人的朝代，却失败得如此之惨。当时有人认为，金国之所以灭亡，就与接受了汉族文化特别是重用儒生有很大关系。因此在蒙古人看来，重用文人就是亡国之俗，而且还与蒙古传统相违背，不可能再继续下去。

在著名的汉族士大夫许衡看来，以章句、诗词为内核的科举考试，于国于

民是没有什么用处的，他曾说出"也须焚书一遭"的豪语。科举考试直到元朝中后期才开始进行，但只重经文、策论，对词赋则不屑一顾。当时中书省臣就称："夫取士之法，经学实修己治人之道，词赋乃摘章绘句之学。自隋、唐以来，取人专尚词赋，故士习浮华。今臣等所拟将律赋省题诗小义皆不用，专立德行明经科，以此取士，庶可得人。"后来皇帝也下诏："若稽三代以来，取士各有科目。要其本末，举人宜以德行为首，试艺则以经术为先，词章次之。浮华过实，朕所不取。"就这样，以诗赋见长的文人失去了用武之地。

因此在元朝各个阶层中，文人感到的痛苦最大，以致引发"九儒十丐"的说法。有宋一代，文人享有国家给予他们的历史上从未有过的最大程度的社会声望与利益，即使是少数民族建立的辽国及金国最后也不得不尊崇文人。但当文人的社会地位在宋朝达到至高无上的境地后，却在元朝跌落到了谷底。

吏学指南

元代还是比较重视吏治，并有专门的书籍问世。但从实际情况来看，效果并不理想。

元朝灭亡

蒙古贵族夺得政权之后，贪图享乐，吏治腐败。贪图享乐的后果就是财政的紧张乃至破产，腐败的吏治更是给民众带来了深重的苦难。再加上元代自然灾害频繁，民众生活苦不堪言。而贾鲁治理黄河则使大量民工聚集，刘福通等人就以宗教为号召发动了一系列的起义。而此时蒙古贵族又陷入了激烈的内斗之中，遂被朱元璋带领的起义军推翻。

寻欢作乐的皇帝

在生产力尚不发达的古代，过分的享乐注定要走向灭亡。少数民族并非接触汉族文化之后就开始腐朽堕落的。蒙古贵族几乎没有吸收什么汉族文化，反倒更快地腐朽堕落。但蒙古政权的衰落也确实与汉族有一定的关系，那就是蒙古贵族凭借着从汉族掠来的财富纵情享乐，以致于国事不可收拾。

这种情况在窝阔台时期就开始了。窝阔台在他统治的后期酗酒的程度实在太厉害了，以至于特别指定了一个宫廷官员来控制他每天饮酒的数量。然而这种方法也于事无补。1241年，窝阔台在出猎途中的一次酗酒后死去，时年五十六岁。

如果说窝阔台还只是喜好宴饮和游猎的话，那么元顺帝则是荒淫无耻了。他很聪明，据说入宫受佛戒时，他看到佛前供着羊心，便问喇嘛，供佛是否用过人的心肝。喇嘛回答："有的，只要人生歹心害人，就要用他的心肝做佛供。"他沉思片刻，问道："这只羊也害过人吗？为什么把它的心拿出来做佛供？"喇嘛无言以对。顺帝也喜欢做木工活，凡是他身边的近臣在宫外修建住宅，顺帝都要亲自动手设计制作缩小比例的实物模型。因此京师人戏称顺帝为"鲁班天子"。

但他却因纵欲过度而性情迟钝，对治理国家毫无兴趣，将大权交给了大臣。当时一喇嘛教顺帝"演揲儿"法，译作汉文是大喜乐的意思，其实就是淫荡的房中术。顺帝如获至宝，悉心练习，每天与后宫女子淫戏作乐。那些喇嘛也留宿宫闱，肆意妄为。顺帝只知习法为快，从来不去禁止，朝廷成了君臣淫态百出之所。时人都说："不秃不毒，不毒不秃，唯其头秃，一发淫毒。"令人啼笑皆非的是，元顺帝居然担心其子不晓密法，还对他说"秘密可以益寿"，并令喇嘛教之。没过多久，太子也迷上了房中术，并传到宫外，蔚为时尚。朝野内外、廷内宫外无不充斥着这股邪气淫风。纵有臣僚劝谏，皇帝不但不听，反而想方设法躲避，其法荒谬可笑，甚至掘地道以躲"宰相以旧制为言"。有此皇帝，元朝怎能不亡？

元朝差吏图

这是一组身穿元朝的差吏服装的人物画像，两个头戴盆式帽的下级差吏，一个左手拿文书，另一个双手拿文书，正作宣读状，表情严肃。其他三个武将各执兵器，面目怪异。

腐败的吏治

上面的皇帝如此骄奢淫逸，下面的蒙古贵族和官员也不会好到哪里去。而随着时间的推移，元朝的官僚机制也暴露出众多的问题。元朝法律规定，职官升迁，从七品以下属吏部，正七品以上属中书省，三品以上由皇帝决定。实际上元朝州、县官多在外选拔，即使由吏部或中书省监督，各级官员的权力也很大。因此官员要升官，只要能讨上级喜欢就行了。这就为请客送礼、贪污受贿、结党营私创造了条件。官僚们为了获得利禄，就拼命争夺权力，全力行贿巴结上级，以求得到一官半职或升迁。一旦得逞之后，则肆无忌惮地贪污，或厚颜无耻地向属下和老百姓搜刮，根本"不知廉耻之为何物"。向老百姓要钱的名目无奇不有，"所属始参曰拜见钱，无事白要曰撒花钱，逢节曰追节钱，生辰曰生日钱，管事而索曰常例钱，送迎曰人情钱。"

更让人吃惊的是，元朝官员不以贪污腐败为耻，反而以此为荣。对于贪

祈雨壁画图

当天有大旱时，祈求甘霖是中国古代较为普遍的行为。元朝明应王殿内西壁上的祈雨图，正是这一信仰的形象化再现。明应王坐在龙椅上，双目圆睁，似在倾听。身后及两侧侍者林立，还有四位官吏执笏恭候。一位头戴乌纱、身着青色长袍的官吏正在阶前当中处跪奏祈文，祈求明应王开恩降霖。元朝民众通过这幅画表现了对风调雨顺的期望。

污受贿，他们美其名曰得手；委任到富裕地区做官者，叫作好地分；委派到京都附近州县做官者，道是好窠窟。在元顺帝即位以前，就有人说："数十年来，风俗大坏。居官者习于贪，无异盗贼，已不以为耻，人亦不以为怪。其间颇能自守者，千百不一二焉。"

更可笑的是，蒙古贵族虽然吸收汉文化极少，却用汉文化来为贪官污吏辩护。当时如果有人收受了贿赂，政府只是没收赃物将其革职。御史认为判罪太轻，就有大臣为其辩护说："按照礼法规定，大臣贪污，也只是不让他享受一定的待遇。但如果加重惩罚，就违背了刑不上大夫之意。"

元朝设计完备的监察制度也完全失效。元朝初年，由于法度清明，监察官员还能够严于律己，忠于职守。后来随着社会的腐败，监察系统也逐渐腐化堕落，用数千贯钱就可以在监察系统买个官做。监察官员也逐渐沾染上了贪污受贿的恶习，利用每年巡行地方之时，随意勒索。老百姓对这样的官员极为痛恨。当时如果监察官员巡行地方，各地会"用巡尉司弓兵旗帜金鼓迎送，其音节则二声鼓一声锣。起解杀人强盗，亦用巡尉司金鼓，则用一声鼓一声锣"。民间就把监察官员视为和盗贼一样："解贼一金并一鼓，迎官两鼓一声锣。金鼓看来都一样，官人与贼不争多。"

在这种情况下，已经没有几个官员勤于政事了。元世祖忽必烈时代曾经对官员处理事务规定了时限，一般事务五天内完结，中等事务七天完结，即使再

正史史料

一日，（明太祖）大会诸将，问曰："天下奇男子谁也？"皆对曰："常遇春将不过万人，横行无敌，真奇男子。"太祖笑曰："遇春虽人杰，吾得而臣之。吾不能臣王保保，其人奇男子也。"竟册其妹为秦王妃。

——《明史》卷一二四《扩廓帖木儿（王保保）传》

重大的事务，相关部门也必须在十天内处理完毕。但忽必烈过世尚不到十年，就有官员上书，指出哪怕是一件小事，官员们也往往会拖延半年，要紧的事务办上一年也不稀奇。民间嘲之为"一紧二慢三休"。1338 年，有一位名叫孟端的人曾在河南行省的墙壁上写道："人皆谓我不办事，天下办事有几人？"

红巾军起义

有元一代，水灾、旱灾、虫灾、饥荒频频发生，几乎年年都发生自然灾害，且多数年份是一年数灾。特别是黄河流域，水灾与旱灾比以往任何时候发生得都要频繁，黄河也是频频决口。而到了 14 世纪，至少有三十六个冬天异常严寒，比有记载的任何一个世纪都多。14 世纪四五十年代还发生了极为严重的瘟疫。而当时的政府因为赈灾力量有限，只好寄托于苍天的保佑，在 1303 年伤亡数十万人的山西大地震之后，把太原路改名为冀宁路、平阳路改名为晋宁路，意思是希望两地尽快安宁下来。

自然灾害使众多的百姓背井离乡、陷于贫困，很多人走上反抗的道路。政府不但财政收入大为减少，还要花大量的钱财赈济灾民和镇压农民起义。这就加速了元朝财政的破产，朝廷应付饥荒的能力下降，遂形成了恶性循环。为了应付庞大的开销，元廷不得不依靠滥印纸钞来支撑，这就使得国家的信用彻底破产。民间交易只肯使用铜钱或者以货易货，致"京师料钞十锭，易斗粟不得"。民间的怨气积累到了极点。而此时元朝政府组织大量人力物力，由贾鲁统领来治理黄河。这本来是一件好事，但由于人群的大量聚集，红巾军起义就开始爆发了。元朝也在"丞相造假钞，舍人做强盗，贾鲁要开河，搅得天下闹"的民谣中灭亡了。

当 1351 年的治黄工程刚一开工，北方明教首领韩山童及其信徒刘福通等就决定利用这次大量民众聚集的机会发动起义。他们暗中凿刻一个独眼石人，埋在即将挖掘的黄陵岗附近的河道上，之后就广布谣言"石人一只眼，挑动黄河天下反"。独眼石人挖出后，河工们惊诧不已，大河南北，人心浮动。韩山童、刘福通等聚众三千人，杀黑牛白马，誓告天地，准备起义。刘福通等宣称韩山童为宋徽宗八世孙，当为中原的皇帝。刘福通自称是南宋名将刘光世的后代，应当辅之。但他们的行动被官府发现，韩山童被捕杀，其子韩林儿逃走。刘福通等仓促起兵，一举攻克了颍州（今安徽阜阳）。起义军因为头裹红巾为标志，故称红巾军。元末农民大起义正式爆发。

元末农民起义中一个很重要的特点就是宗教色彩特别浓厚。其中一个很重要的原因就是元朝皇帝推崇宗教，民间宗教势力强盛，因此通过宗教手段有利于组织民众。在元末农民起义中，弥勒教和明教影响较大。

弥勒教主要相信弥勒会转生到世间，拯救世人。元朝的弥勒教大本营在江西，教主彭莹玉是一个四方行走的和尚，以替人免费治病为名传教，在江西、湖北两地秘密传教近十年。由于他"法术"高强，老百姓"事之如神"。彭莹玉乘元末局势动荡不安之机，到处宣扬"释迦佛衰谢，弥勒佛当持世"这一理论，湖广信众都期待着"末世劫变"的来临。1351年五月，北方明教刘福通"挑得黄河天下反"。而彭莹玉认为布贩子徐寿辉相貌奇特，应是弥勒转世，因此就在八月拥戴徐寿辉起义。

明教即摩尼教，由波斯人摩尼创立，因崇尚光明，故有此称。摩尼教的教义杂糅了祆教、基督教、佛教的教义思想，其主要经典有《二宗三际经》。"二宗"宣传明暗斗争，明是善、理，暗是恶、欲，明终胜暗，达到安乐。"三际"则指初际、中际、后际。在初际的时候明暗对立，在中际的时候明暗相互斗争，在后际的时候则明归明、暗归暗。初际明暗相背，中际明暗相混，后际明暗分别。摩尼教的神称为明使，也称为明尊，就是摩尼。摩尼教认为"若有明使，出兴于世，教化众生，令脱诸苦"。明使引导众信徒树立各种美德，最终进入极乐世界。

在红巾军起义中，本来推举韩山童为明王，但他已被元朝官府杀害，义军遂尊其儿子韩林儿为小明王，而朱元璋就归他管辖。后来朱元璋自立，率领部众推翻了元朝，而明朝的国号也与明教的"明"有很大的渊源。

这时的元军再也抵挡不住农民起义军的攻势。其军官大部分是世袭的贵族子弟，骄奢淫逸，只知吃喝玩乐，"至于武事，略不之讲，但以飞觞为飞炮，酒令为军令，肉阵为军阵"，完全失去了战斗能力。他们也学会了贪污受贿，克扣军粮，奴役士兵，抢劫百姓。每逢军官节日、生辰、出征、婚聘，属下都得出钱送礼，甚至军官拿钱买官，也向属下勒索钱财。

这时候地主武装就开始充当镇压农民起义军的主力，察罕帖木儿和他的养子扩廓帖木儿开始脱颖而出。察罕帖木儿是畏兀儿人，世居安徽，自幼攻读儒书，曾应进士举，名闻乡里。元末农民起义爆发后，他深感切身利益受到威胁，因而纠集武装，组织义兵，对抗起义军。他治军有方，作战勇敢，打败了长江以北的红巾军，使这支地主武装发展成当时规模最大、对农民军镇压最力的地方武装力量。

在察罕帖木儿被降将谋害后，他的养子王保保接替了他的职位。王保保是个汉人与畏兀儿人的混血儿。1361年，王保保受到元顺帝的接见，并被赐予蒙古名字"扩廓帖木儿"，这是他以蒙古名字取代汉名"王保保"的开始。

官员下棋图
图中是两位官员在下象棋，周围有数人观看。元朝的象棋已有楚河汉界之分。

王保保在为养父报仇之后，没有利用朱元璋、陈友谅等人在江南大战的机会麾兵南指，反而不遗余力地参与元朝内部的党争。当时皇太子爱猷识理达腊希望早日继承帝位，加紧打击宰相孛罗帖木儿，以迫使顺帝禅位，致使孛罗帖木儿于1364年率军攻入京师。而太子逃到山西太原扩廓帖木儿军中，意欲仿效唐朝肃宗安史之乱爆发以后即位于灵武（今宁夏灵武西北）之故事，然后进攻京师，消灭孛罗帖木儿的叛乱，但王保保没有答应。王保保同意出兵讨伐孛罗帖木儿，但不同意拥太子为帝，引起了太子的不满。

1365年王保保率兵攻入京师以后，仍不同意拥立太子为帝，因此遭到太子的嫉恨，后因出身及资历问题，无法在朝廷立足，就请求到南方去镇压反元武装。元顺帝就封王保保为河南王，让他带领天下兵马去肃清江淮地区的反元武装。1366年，王保保回到河南军中，下令征调四方兵马，可是各地军队均不听王保保的调遣，反而联合起来与王保保打内战。顺帝屡次下诏，令双方停止内战，但合力镇压反元武装，但双方军队皆置之不理。顺帝及太子对王保保不镇压反元武装反而打内战十分不满。1367年十月，就在朱元璋发布北伐檄文、准备大举灭元之时，顺帝下诏削夺王保保的一切官爵，下令将领率兵剿除王保保。1368年秋，明军进逼北京。顺帝被迫下诏恢复王保保的官职。1368年八月，明兵逼近大都，顺帝不战而逃，王保保入援不及，北京落入了明军之手。曾经威震欧亚的元朝就这样在统治阶级的激烈内讧中灭亡了。

元朝的历史成就

　　元朝作为中国历史上的一个重要朝代，在这一时期，农业得到了继续发展，商业繁荣，从而促进了科技文化的交流。在吸收外来科技的基础上，天文学、医学诸方面都取得了突出的成就。教育事业也得到很大的发展。同时在宽松的艺术政策下，元曲兴起，文人画、民间壁画均在中国艺术史上占据着重要的地位。

草原上的农业生活
这是内蒙古汉墓中出土的壁画。这说明蒙古草原接近中原的地区很早就接触到了农耕文明。但由于当时的蒙古族还生活在蒙古草原深处，对农耕方式比较陌生。

农业的发展

　　蒙古统治者进入黄河流域的初期，曾经尝试用自己原先擅长的畜牧业代替农业生产，后经耶律楚材的劝阻而停止。在统一全国之后，元朝政府很重视农业，并制定了有利于农业发展的政策：禁止圈占农田为牧场，并派遣官员清理被侵占为牧场的民田；招集流民，鼓励垦荒，并且免除赋税一年，第二年税收减半；设立专管农业的机构，派人到地方检查农业生产，并将"户口增、田野辟"视作考核地方官吏政绩的标准"五事"的前两个；建立村社制，五十家立为一社，选择熟悉农事的老年人担任社长，在社中督促农业生产，后来又以社为依托设立社学，传播农业知识技能；设都水监与河渠司，"掌治河渠并堤防水利桥梁闸堰之事"，重点防范黄河决口，又设大都河道提举司，专门负责大都地区的水利事务。

王祯与《农书》

　　早在忽必烈时期，元朝政府就印发了《农桑辑要》。这是元代专管农桑及水利的中央机构大司农司主持编写的，也是中国现存最早的官修农书。此书被颁发给各级劝农官员，以便更好地指导农业生产。

　　王祯编著的《农书》也是元朝农业方面的突出成就。王祯曾担任多年的地方官员。他不仅是一位廉洁奉公的地方官员，而且是劝农兴桑、积极发展农业生产的农学家。在他看来，如果地方官不熟悉农业生产，不懂得农业知

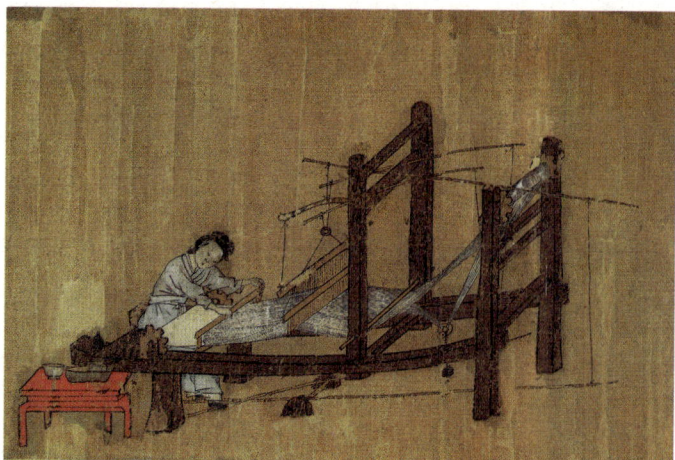

织布机

这种织布机虽然简陋，但却一直沿用至 20 世纪。过去所谓的土布（自家织的布）很多都是由这种织布机织成的。它也是男耕女织的小农家庭的必备之物。

识，就很难尽到劝导农桑的责任。他不仅搜罗以前的历代农书，孜孜研读，而且经常注意观察各地的农事操作和农业机具，从而为他撰写《农书》奠定了坚实基础。

《农书》共三十七卷（现存三十六卷），是一部对农业生产进行全面系统论述的伟大著作，其系统性及全面性远远胜过其他农业书籍。《农书》编纂出来之后，各地官方纷纷刊印。《农书》全书约有十三万字，共分为农桑通诀、百谷谱、农器图谱三大部分。"农桑通诀"全面和系统地论述了广义农业的内容和范围，兼论南方和北方农业，提出了"顺天之时，因地之宜，存乎其人"这一重要的农耕思想。"百谷谱"是分论各种农作物的品种、特性、栽培、种植、收获、贮藏、利用等技术知识，所介绍的农作物共有八十多种。"农器图谱"则是《农书》的重点部分，王祯将农业机械分为田制、仓廪、舟车、灌溉、蚕桑、织纤等二十个门类，详细介绍了二百多种农业机械，而且配绘了三百多幅插图并加以文字说明，这是中国古代最优秀的农业机械书籍。

棉花种植与黄道婆

南宋后期，长江流域已开始种植棉花，以后其栽培区域和种植面积逐渐扩大。棉花保暖性好，且生产过程比蚕丝简单，单位面积产量也较高，价格也因此比较低廉。另外棉布比丝织品易于织制，质地也较坚牢。再加上当时气候的变冷，到元朝中叶，长江流域的棉花种植已经比较普遍，并已扩展到黄河流域。于是人们日常生活中所用的蚕丝和麻葛被棉布所替代。

元代南方的棉花种植技术有了质的飞跃，并带动了纺织业的发展，黄道

色目人俑

色目人在元代的商业活动中发挥了重要的作用。但也有一些色目人利用他们的特权地位交结权贵、垄断贸易，造成了商业凋敝、物价上涨。色目豪商还勾结蒙古贵族，以向皇帝呈献宝货为名，邀取十几倍的赏赐，"分珠寸石，售直数万"，称为"中卖宝物"。在有的年份，朝廷应偿付"中卖宝物"商人的宝价多达四十万锭。这也是元朝财政困难的重要原因。

婆等人对改进与创新棉纺织技术做出了巨大贡献。黄道婆又称黄婆，生于南宋末年，淞江府乌泥泾镇（今上海市徐汇区东湾村）人。早年流落到海南岛的崖州（今海南崖县）。当时黎族人民的棉纺织技术比较先进，质量、色彩均居全国之首。黄道婆聪明勤奋，虚心向黎族同胞学习纺织技术，逐渐成为一个出色的纺织能手。

后来黄道婆返回乌泥泾。黄道婆根据在海南学习到的纺织技术，与当地的能工巧匠合作，发展了提花技术，推广了"错纱配色，综线挈花"的技术，使普通棉布能如五彩丝锦一般，上有折枝、团凤、棋局、字样等各种美丽的图案，鲜艳如画。一时这种棉织布不胫而走，远销各地，很受欢迎。淞江一带很快就成为全国的棉织业中心，历几百年而不衰。

繁荣的商业

宋朝是中国商业发展的高峰时期，而元朝继承了宋朝的重商政策，并且给予商人以很高的地位。这是有其深刻原因的。一方面是宋朝的商业繁荣对蒙古统治者产生了极大的刺激。泉州等众多的南宋城市因与南亚、印度及中东的海外贸易变得极度富裕，蒙古人不可能不注意到这一点；另一方面是来自游牧经济的需要，游牧民族需要粮食来补充饮食，他们也需要瓷器、金属工具等手工业产品。游牧民族需要通过商业交换来获得农耕民族的产品。再加上蒙古在西征过程中受到商业发达的阿拉伯世界的影响，对商业的重要性及经济效益也有很直观的感触。

急递铺令牌

急递铺专用于有关军政大事的公文传递。元朝的急递铺大体上每十里至二十五里设置一处。铺兵身上挂着铃铛，携带雨衣，风雨无阻。不管是达官贵人还是普通百姓，若听到传令兵的马铃声，都要让路。而下一站的接力人员一听到铃声，就速做准备，人一到站，便接过他的邮包立即出发。这样就能达到平均日行四百里的速度。

在这样的思想基础上，元朝采取了一系列鼓励商业的政策。再加上漕运、海运的畅通以及纸币的流行，商业在元朝也极度繁荣起来，泉州保持了宋朝的繁荣，大都也开始兴盛起来。《马可·波罗游记》详细地记载了元世祖忽必烈在位年间当时元朝大都的繁荣景象："国外运来的价钱昂贵的珍品和各种商品之多，世界上没有一个地方可以与之相比。来自各地的货物，川流不息。仅丝一项，每天进城的有成千车。另外还有不少的丝织品。"

在"以功利诱天下"的政策下，中国传统的"重农抑商""崇义黜利"的思想受到很大的冲击。商人的社会地位也发生了很大的变化："一朝贩盐多白银，妻学宫妆儿学跪。瓮头新酒鹅儿黄，无时杀猪宴邻里。"曾担任官职的杨竹西的一首诗更是反映了商人地位的提升："人生不愿万户侯，但愿盐利淮西头。人生不愿千金宅，但愿盐商千斛舶。大农课盐折秋毫，凡民不敢争锥刀。盐商本是贱家子，独与王家埒富豪。"而元代的商业之所以繁荣，要从其便利的交通说起。

便利的交通

蒙古人在进行军事扩张的同时，便大力构建交通体系。《马可·波罗游记》中就写道："他指示在道路两边每隔两三步远种上树。大汗下令这样做是使每个人都能看见道路，从而商人可以在树阴下面休息，并且不会迷失方向。"国内陆、海、河三运交通都相当便利，而从上都、大都到中亚、波斯、

卢沟运筏图

运河开通之后，大都附近的商业得到蓬勃发展。大都西郊往华北平原及南方的重要桥梁卢沟桥，也成为当时的一处重要商贸集散地。

里海、黑海、钦察草原、俄罗斯和小亚细亚的陆路也都有驿道相通。同时无论是陆路还是海路，都较前代更为安全。这就有力地促进了商业的发展。

驿站与运河

驿站既可用于军事，又可用于商业，所以中原王朝很早就有了驿站系统，元朝则将之发展到了顶峰。蒙古政权成立伊始，就仿照中原的驿站制度，在境内恢复或创建了一批驿站，并将中原旧有的驿站系统延伸到了西域。窝阔台时期，又扩大了设立驿站范围，初步制定了有关驿站的管理制度。

而忽必烈即位特别是统一全国之后，进一步发展了驿站制度。1265 年，忽必烈颁行了相关条例，以加强对驿站的管理。四周少数民族和边远地区，也先后开通了驿站。驿站分陆站和水站。陆站有马站、牛站、车站、轿站、步站之分。在黑龙江下游地区甚至还设置了狗站，用狗拉雪橇行于冰上，以运载使者、货物。有元一代，驿站总数在一千五百处以上。

元朝还修建完成了现代意义上的京杭大运河。元朝先是修建了贯穿山东的会通河，商品可以从长江直接运送到离大都不远的通州。这条路线为后来的明清两朝所沿用。1291 年，在郭守敬的主持下又修建了通惠河。从通州到元大都，他设计多座水闸，水闸中间又设有斗门。郭守敬就是通过水闸和斗门的关闭与开放来调节运河各段的水位高低，以引导船舶顺畅通过。工程竣工之后，元世祖将这段一百多里长的运河命名为通惠河。通惠河是中国工程建设史上的杰作。通惠河投入使用之后，前往大都的船只可以直达元大都城内码头（即今天的北京积水潭），从而提高了漕运的效率。通惠河一直沿用到明朝和清朝，直到新的运输方式取代了漕运。

历史细读

在中国货币史上，正式把金银钱称作"元宝"始于元代。元人称金银钱为"元宝"，有元朝之宝的意思，黄金叫作金元宝，银锭叫作银元宝，后来也就成了金银货币约定俗成的通称。1276 年，蒙古大军攻占临安后，伯颜在扬州将所得银子统统铸成每枚重五十两的银锭，取名"扬州元宝"，呈给忽必烈。忽必烈又将元宝分赐给王公贵族们。

规模巨大的海路漕运

元朝建都大都城后，京城的粮食需求量很大，最多时每年高达三百余万石。这些粮食，主要取自江浙地区。但运河漕运（江南粮食通过水路运往北方叫漕运）常因天旱水浅，河道淤塞不通，致使漕船不能如期到达。针对河运运力不足且时常中断的情况，元朝统治者便开辟了另一条漕运干线海道。

1276 年，元军攻占临安，南宋灭亡，元丞相伯颜命千户朱清将南宋库存典籍从临安取海道运往大都。1282 年，元朝政府命朱清、张瑄等招募船员，开辟海道运输。此次海道运粮试航成功，在变化莫测的大海中仅损失六条船，百分之九十以上的粮食顺利地运到了北方。1285 年，朱清运粮十万石到京，翌年增至四十三万石。朱清因之升至海道中万户、大司户、江南行省左丞。

1293 年，海运千户殷明略开辟了深海路线，即从刘家港入海，在深水中越过东海（今黄海），再绕道山东半岛进入渤海湾。由于航道便捷，如果顺风的话，十天左右的时间就可以到达大都。元朝海运机关还曾在 1311 年接受船民苏显的建议，在长江入海口设立航标船，竖立标旗，指挥船只进出。1314 年，接受船民袁源的建议，又在其他地方设置标旗指引行船。1317 年，在天津海域附近高筑土堆，土堆外用石块砌垒，漕运期间白天高悬布幡，夜间悬点灯火，以方便船只行驶。这就大大地减少了船只碰上暗礁的机会，降低了沉船率。

这样一来，海道粮运便逐年增加，最高时曾达到了每年运粮三百五十多万石。实行海道运粮后，便利了江南地区粮食的北运，当漕船返回时，又将北方的豆、谷和土特产品（梨、枣等）载运到南方，这对促进南北方物资的交流起了相当大的作用，带动了商业的发展。

初步完善的货币政策

元代是中国古代纸币最为兴盛的时期，元朝在更广泛的范围内使用纸币。在元代的大部分时期里，纸钞完全取代了铜钱在流通中的地位。纸钞的普遍使用便利了商业交流，马可·波罗甚至形容纸钞为点金石："我可以告诉你们，在中国，每个人都乐意接受这些纸币。因为无论他们走到大汗领地内的任何地方，都可以像使用金子似的毫不困难地用它们来做买卖。"

1260 年十月发行的中统元宝交钞是由元朝中央正式发行的最早的纸币。燕京行中书省交钞提举司为纸钞的发行主管机构，后归户部主管，地方设诸路交钞都提举司管理。中统钞全国通用，所有的捐税课纳、交易买卖都要按照官方比价使用纸钞。有昏烂不便使用的可到各地官库置换，每贯收费三十文。回收的昏烂钞都要加盖毁钞印，点数封存，每季度集中销毁。

黑花婴戏图瓷罐

白地黑花瓷是北方最大的一个民窑体系，早期历史可以追溯到隋唐时期，在元代民间相当盛行。该罐在辽宁省沿海一带的一艘元代沉船附近发现。罐身以白釉为地，在肩部及腹部以黑彩着色，画面中有一胖娃娃身着肚兜，双手攥着一根花草，体态丰满，眉清目秀，嬉戏于花草之间，惹人喜爱。

制造伪钞的要处以重刑。最早的钱币产生在中国，可是最早的伪币也出现在中国。宋朝就有人利用假币进行交换和买卖。元朝的伪钞问题更加严重。1278 年，有一个叫石治民的人因伪造货币而被处死，这是世界上第一个有案可查的伪钞犯，"据石治民所招，即系自行发意雕板印造伪钞"。1287 年，为整顿财政金融秩序，又发行至元宝钞，票面印有"伪造者处死，首告者赏银五锭，仍给犯人家产"的字样。为了更好地对付假钞，元朝各地都在钱局设有辨钞人，专门帮助民间辨识纸币真假，普及有关纸币知识，提高人们辨别真伪的能力。辨别后收取手续费，每贯一般收二钱，最多收六钱。这就有效地防止了假币的泛滥。

青花瓷与泉州

在元朝的海外贸易活动中，青花瓷是元朝出口的大宗商品。青花瓷又称白地青花瓷器，是用含氧化钴的钴矿为原料，在陶瓷坯体上描绘纹饰，再罩上一层透明釉，经高温还原焰一次烧成。钴料烧成后呈蓝色，具有着色力强、发色鲜艳、烧成率高、呈色稳定的特点。目前发现最早的青花瓷是唐代的，成熟的青花瓷器则出现在元代。

泉州也由此继续保持了繁荣。自 1087 年北宋在泉州设置福建市舶司"掌

《饮膳正要》插图

该图是蒙古族医学家忽思慧所撰的《饮膳正要》的插图，右上方有"冬宜食黍"四字，下跪者正向堂上坐着的官员献黍。在他看来，主食要根据季节的变化而定，"春宜食麦，夏宜食绿豆、菽，秋宜食麻，冬宜食黍。"《饮膳正要》一书是我国乃至是世界上最早的饮食卫生与食疗专著，是元代医学的重要成就之一。

蕃货、海舶、征榷贸易之事"以来，至北宋后期，海外已有三十多个国家和地区与泉州进行通商贸易，南宋则有五六十个。而到了元代，泉州与海外的通商贸易已涉足近百个国家与地区。至今屹立在泉州沿海的六胜塔，就是当年引导航船进出的灯塔遗迹。当时的泉州港港口里船舶无边无尽，货物堆积如山。元朝政府还在1281年作出规定："商贾市舶物货，已经泉州抽分者，诸处贸易，止令输税，不再抽分。"这一极富开放性的政策使得泉州对于四海商贾颇具吸引力，因而极大地促进了泉州的繁荣昌盛，泉州也在此时赢得"东方第一港"之赞誉。《马可·波罗游记》生动地写道："应知刺桐港即在此城……由是商货宝石珍珠输入之多竟至不可思议，然后由此港转贩蛮子境内。我敢言亚历山大或他港运载胡椒一船赴诸基督教国，乃至此刺桐港者，则有船舶百余。"

泉州的商业繁荣还促成了《岛夷志略》的成书。1349年冬天，著名旅行家汪大渊路过泉州，适值吴鉴受命编修《清源续志》（泉州在五代后曾置清源军节度，宋代加清源郡号，故又称清源）。吴鉴认为泉州为对外贸易的大港，又是诸蕃辐辏之所，不能没有海外诸岛屿及诸国地理情况的记载，于是请两次亲历海外、熟悉海道地理情况的汪大渊撰写《岛夷志》，附于《清源续志》之后，一是为增加商人、文人的见识，二是宣扬元朝的威德远大。汪大渊在后序中写道："皇元混一声教，无远弗届，区宇之广，旷古所未闻。"《岛夷志》被多次刊行，最后以《岛夷志略》的书名流传于世。《岛夷志略》还记载了台湾、澎湖是中国的神圣领土，当时台湾属澎湖巡检司管辖，澎湖属泉州晋江县管辖，盐课、税收归晋江县。这是关于台湾纳入中央政府直接管辖的最早文字记载。

有意思的是，由于元朝国力的强盛，中国的商人在国外也变得威风起来。非洲旅行家伊本·白图泰在印度曾目睹中国船长上街，"护勇与黑奴等荷剑携载，负弩前驱，奏乐鼓角，拥簇而行"。而等到他们至客居处住下来做交易时，大门两旁枪刀排排摆列，寒刃朝上，大肆炫耀武力，住多久就摆多久。伊本·白图泰赞叹道："世界上再没有比中国人更富有强盛的了。"

在这样的背景下，元朝就涌现出一大批富有的商人，沈万三就是其中的代表，他当时被认为是全国首富。而沈万三之所以能够积累大量的财富，与其利用住地周庄靠近刘家港等国际港口的优势，积极参与海外贸易有着直接的关系。

多元文化背景下的科技

中国与阿拉伯、波斯等地密切而频繁的交往，不但大大促进了中国的重大发明以及科学知识广泛地向外传播，而且使得当时处于先进水平的阿拉伯及波斯的科技传入了中国，并且取得了突出的成就。

回回医学

元朝时的中国，医药学在继承传统的基础上出现了兼收并蓄、互通有无的局面，大大丰富了医药学知识的内容。中国与阿拉伯、波斯等地密切而频繁的交往，不但大大促进了中国的重大发明及中医药知识广泛地向外传播，而且使得当时处于领先水平的阿拉伯及波斯医药学典籍被带到中国并翻译成中文。

阿拉伯的芳香挥发剂、滴鼻剂与糖浆剂等已经得到推广应用。中国传统医药学此时已经深受这些外来医药学的影响，特别是中药学扩大了"中药"的内涵，大量吸收和使用了由阿拉伯人、波斯人甚至印度人传来的"海药"。元朝自1291年起先后在大都、上都建立了四个回回药物院，所有这些学校都受到波斯医生治疗方法的影响。元末杭州的阿拉伯人也开始设立比较正规的医院为国人治病。《回回药方》是中国的大型综合性回回医药学典籍，用汉语书写，同时夹杂着许多阿拉伯语与波斯语医药术语及汉语音译。

天文学

有元一代，领先于世界的阿拉伯与波斯科学技术传入中国，中国人使用阿拉伯数字是从元朝开始的。这是因为元朝征调了大批阿拉伯、波斯等地的

28	4	3	31	35	10
36	18	21	24	11	1
7	23	12	17	22	30
8	13	26	19	16	29
5	20	15	14	25	32
27	33	34	6	2	9

阿拉伯幻方

左图为元代安西王府遗址上出土的阿拉伯幻方，右图为对应的现代阿拉伯数字。这一幻方用铁铸成板状，共分6×6格，无论从纵、横或对角线看，每组数字的总和都是111。里面的4×4格无论从纵、横或对角线看，每组数字的总和都是74。当时的人们视这些数字为神秘之物，认为具有驱邪镇灾的作用。这块幻方就是在房屋地基中的石函里发现的。

科学家前来中国。他们把阿拉伯与波斯的天文、数学、化学、地理、医学、文学、哲学、历史等各方面的知识在中国加以传播和介绍，其中尤以天文、数学等科技图书最多。

1260年，蒙古政权承金人旧制，设立司天台。1271年正式设立回回司天台，1312年设立回回司天监，后来还任用了一大批以札马剌丁为代表的天文学家来管理此类工作。以札马剌丁为首的西方天文学家不仅带来或使用了一批先进的天文仪器（主要来自阿拉伯及波斯），而且还设计并制造了许多先进的天文仪器。札马剌丁自己制作的就有多环仪、方位仪、斜纬仪、平纬仪、天球仪、地球仪等多种仪器。

王恂与郭守敬等合作，在反复学习、稽考《哈基姆星表》及其他资料的基础上，于1280年编制完成一部著名的历法《授时历》，这是我国古代最好的一部历法。《授时历》以365.2425天为一年，与地球绕太阳一周的实际时间只有26秒的差距，其准确程度等同于现行的公历，但比公历的使用要早三百年左右。

值得一提的是，元朝为这次修历，建立了二十七个观测站，最北的北海观测点设在靠近北极圈的地方，最南的设在西沙群岛。最远的观测点之间南北长一万多里，东西绵延五千里。这是我国古代和当时世界上规模最大的一次天文观测活动。元朝辽阔的疆域也是成就《授时历》的重要原因之一。

历史细读

元朝政府在 1281 年的一份文件中规定:"诸论诉婚姻、家财、田宅、债负,若不系违法重事,并听社长以理谕解,免使妨废农务,烦扰官司。"原是农村基层组织有职无权的社长又成了民事纠纷的调解员。

工程学

在建筑方面,元大都的建设堪称享誉中外的艺术瑰宝。元大都城的主要设计者之一就是来自阿拉伯世界的建筑学家亦黑迭儿丁。他与刘秉忠为首的汉族能工巧匠一道,运用中国传统的建筑学特色,结合世界上其他地区的建筑风格,设计出格局宏大、规划严整、与自然和谐相融的元大都。元大都是中华民族智慧与汗水的结晶,同时与积极汲取外国的建筑成就也是分不开的。

元大都呈矩形,按东西轴和南北轴对称的原则布局。《马可·波罗游记》就说:"全城的设计都用直线规划。大体上所有街道全是笔直走向,直达城根。一个人若登城站在城门上,朝正前方远望,便可看见对面城墙的城门。城内公共街道两侧,有各种各样的商店和货摊……整个城市按四方形布置,如同一块棋盘。"大街宽约二十五米,胡同宽约六米。城里的所有建筑,包括皇帝自己以及后妃的住所、接见外国使者的大殿以及湖泊、花园和桥梁,都体现出浓郁的中原色彩。

元大都城还设有钟鼓楼,作为城市东西南北的中心,这在中国城市建筑史上尚属首创。元大都鼓楼上置有壶漏、大钟等计时、报时工具。内置大钟,声响洪亮,全城遍闻。《马可·波罗游记》记载说:"新都的中央,耸立着一座高楼,上面悬着一口大钟,每夜鸣钟报时。第三次钟响后,任何人都不得在街上行走。除非遇有紧急事务,如孕妇分娩或有人生病,非出外请医生不可者可以例外。但是如果遇到这种情况,外出的人必须提灯。……夜间有三四十人一队的巡逻兵,在街头不断巡逻,随时查看有没有人在宵禁时间,即第三次钟响后离家外出,被查获者立即逮捕监禁。"

独具特色的社会政策

由于蒙古族统治者缺乏社会治理经验,其社会政策就呈现出松弛放任的特

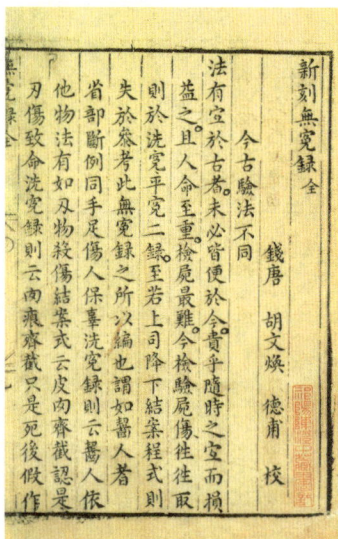

《无冤录》书影

此书是宋代《洗冤录》的发展。开篇就提出："法有宜于古者，未必皆便于今，贵乎随时之宜而损益之。"

点，但在理学方面却比宋朝走得更远。值得一提的是，元朝极为重视教育，对村学与书院都采取了鼓励的态度。

宽松的法律

《元史·刑法志》中记载："君臣之间，唯知轻典之为尚。"就是说元代统治者不倾向于搞严刑峻法。明人曾这样描述："元世祖定天下之刑，笞杖徒流绞五等。笞杖罪既定，曰天饶他一下，地饶他一下，我饶他一下。自是合笞五十，止笞四十七。……天下死囚审谳已定，亦不加刑，皆老死于囹圄。"这几乎相当于废除了死刑。虽然这种记载也许有水分，但却反映了元朝法律的相对宽容的倾向。

1290年，一个仓库官盗欺钱粮，有人提出要在他脸上刺字，砍掉他的手。元世祖忽必烈认为这是回回法，过于残酷，就阻止了这种行为。元朝刑律中也没有族刑，即"祖宗圣训，父子罪不相及"。历代封建统治者皆以儒家纲常伦理维系其思想统治，却不能遵照儒家"罪人不孥"的理想。而蒙古统治者却能做到"父子罪不相及"，可见蒙古族的习惯法也并不都是野蛮、残酷的。

元朝统治者实行民族压迫政策，社会腐败也是客观存在的，人民就奋起反抗。但从另一方面来说，元朝统治者往往在平定以后不久就把这些"乱民"给释放了，或者顶多惩罚一两个带头的。朱元璋就经常与元军和解。后来他吸取元朝的经验教训，经常和大臣们说，"宋元宽纵，今宜肃纪纲"，"其失在于纵驰"，所以明王朝前期是空前的严酷专制。

理学的深入

元朝相当尊崇儒学。例如孔子在元代被皇帝赐予最高的封号"大成至圣文宣王"，明清两代就把王号取消了。理学也得到发展，在元代成为官学，"四书"也成为科举考试和学生学习的主要内容。

但元朝之所以重视儒学特别是理学，也是因为他们认为这些可以巩固自身的统治。例如元朝的理学家不再讲"尊王攘夷"，而只讲伦常纲纪，以维护元朝的统治秩序。如元朝著名儒者吴澄就说："三纲二纪，人之大伦也，五常之道也。君为臣之纲，其有分者义也；父为子之纲，其有亲者仁也；夫为妻之纲，其有别者智也。长幼之纪，其序为礼；朋友之纪，其任为信。"在这些思想的影响下，1311年元朝政府明令规定"命妇夫死不许改嫁"。这是中国历史上第一次用法律形式明确限制妇女改嫁。《元典章》中还有"不改嫁誓状""失节不封赠""佥田需听夫家为主"等限制妇女权益的条文。

元朝统治者还根据自己的需要以及对儒学了解程度的增加而调整其政策，对于义门的政策就是其中一例。义门就是指累世同居共财的现象。自汉朝起，义门就已经开始出现，南北朝时期得到政府的旌表。进入宋代，由于当时统治阶级的大力提倡与扶植，累世同居共财这种形式发展到历史上的顶点。当时全国累世同居共财事例很多，其中规模最大的要数江州德安陈氏。陈氏自唐朝末年开始，累世同居共财达二百多年，到 1063 年分家时，"迄今一十三世，萃族三千七百余口"，这在中国历史上是颇为罕见的。但蒙古族进入中原以后，为了增加户口数目，提高国家的财政收入，彻底改变了唐宋以来原有的"祖父母、父母在，子孙不得别籍异财"的传统，采取各种措施要求民众分家。在有的地区，甚至对析户采取了强制手段。而随着程朱理学的广泛传播，累世同居共财的义门又开始得到大力提倡与发展。1311 年元朝政府首次旌表自南宋起就累世而居的浙江郑氏家族为"孝义门"，1335 再次旌表为"孝义郑氏之门"，1353 年太子两次赐书"麟凤""眉寿"。其他王公大臣以及京都名士，也都纷纷吟诗歌颂郑氏家族。

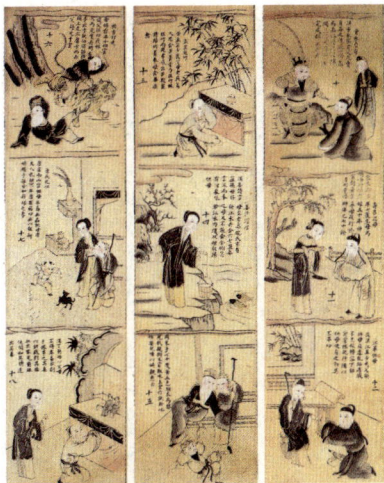

墨屏二十四孝图（局部）
元人郭居敬辑录古代二十四个孝子的故事，编成《二十四孝》。后来的印本都配上图画，通称《二十四孝图》，成为宣扬孝道的通俗读物。在今天看来，尽管有愚孝的成分，但却突出体现了中华民族敬老养亲的优良传统和美德，淳朴中蕴涵了真挚。上面的墨屏图画就展示了其中的几个故事。

村学与书院

教育在元代得到了很大发展。元朝还设立了具有少数民族特色的学校，在中央设立蒙古国子学和回回国子学。蒙古国子学教授的内容是用蒙古文翻译的《通鉴节要》等，若学员学有成就，"观其所对精通者，量授官职"。回回国子学教授波斯文，主要方向是培养波斯文翻译。这是中国历史上最早的外国语学校。

社学，亦称冬学，是元朝地方政府在村社创办的一种农闲学校，属于地方官学体系中最基层的教育机构。元朝政府规定："今后每社设立学校一所，择通晓经书者为师，于农隙时分令子弟入学。"社学与书院相比，在规模、师资、生员、课程等方面都有一定的差别。社学主要是加强对农民子弟的封建道德教化以及农桑耕种技术的教育，各地社学并没有固定的课程，并不面向科举。由于它的办学方式较为灵活，在乡村教育中发挥了一定的作用。

此外元代的私学也十分活跃。学生通常八岁入学。课程由浅入深，循序渐进。首先读朱熹的《小学》正文，次读《大学》《论语》《孟子》《中庸》

元朝的私塾

当时的人们往往在自己家里设立私塾。图中就展示了元代私塾的情形。私塾内学童们并坐，若有所语。先生书卷在握，一孩童于案前躬身施礼，表现出背书前的情景。

《孝经》，再读《周易》《尚书》《诗经》《礼记》《周礼》《春秋》。

元朝对于书院采取了积极介入、因势利导的政策，对其进行扶持。书院学官由政府委任，享受俸禄。给予书院生徒和官学生徒一样的政治待遇等，如拨付学田、禁止官兵骚扰等。政府规定："先儒过化之地，名贤经行之所，与好事之家出钱粟赡学者，并立为书院。凡师儒之命于朝廷者，曰教授，路府上中州置之。命于礼部及行省及宣慰司者，曰学正、山长、学录、教谕，路州县及书院置之。"受中央政策的鼓励，地方官员也积极发展书院教育，而一些南宋的遗民因不仕元朝，隐居山林，也纷纷设立书院讲学。这些都使元朝的书院获得了较大的发展，书院数量达到四百多所，其中近两百所为新建或再建，为社会培养了大批人才。

繁荣的艺术

元代建立之后，实现了相当长时间的安定生活。因为不需要庞大的军队戍边，军费开支就减少了，人民的赋税负担也就相应地减轻，这就为艺术的繁荣提供了极其有利的条件。草原民族能歌善舞，对文艺有着特殊爱好，"元时人多恒舞酣歌，不事生产"。在蒙古族的民俗习惯影响下，元朝形成一种浓郁的社会性的艺术氛围。杂剧的发展就与这种社会风气有很大的关系。

开放的艺术政策

相对于历史上其他封建王朝来说，元朝的文化政策相当宽松。这首先是因为元朝统治阶层文化水平较低，带有草原民族粗犷豪爽的特点。再加上其起家主要依赖强大的武力，对意识形态控制不严，对于文人通过文艺作品抨击社会弊端、讽刺政治黑暗现象等不太敏感。

睢景臣创作的以汉高祖刘邦为讽刺对象的《般涉调·哨遍·高祖还乡》，也只有在元代才会出现。而当时好多人共同写汉高祖还乡这个题目，因为睢景臣写得最好，所以这一套散曲得以流传下来。从这一点来看，当时无论统治阶层还是普通文人，都没有把嘲弄皇帝当作一件多么犯忌讳的事情。

南宋遗民梁栋因做诗被仇家诬告，说他"讪谤朝廷，有思宋之心"。最后礼部判决说："诗人吟咏情性，不可诬以谤讪，倘使是谤讪，亦非堂堂天朝所不能容者。"

马致远更是通过《汉宫秋》抒发了对腐朽的南宋统治者以及南下的蒙古统治者的不满。正史上王昭君和亲，是匈奴入觐，汉廷怀柔。而在《汉宫秋》中，这一事件深深打上了汉民族屈辱的烙印。剧中匈奴有"百万雄兵，刻日南侵"的实力和野心，汉廷只能臣妾事胡，献出王昭君。国势衰颓，乃谁之咎？答案在"汉宫"之中。一类是卖国求荣的奸臣，如毛延寿平时"谄佞奸贪"，进而甘心为虎作伥，主动投敌，引狼入室。另一类是尸位素餐的官员，平时文恬武嬉，当国家遇难时"似箭穿着雁口，没个人敢咳嗽"。这两类人与误国实无本质区别，所谓"满朝中都做了毛延寿"。在他们之上的便是风流天子汉元帝，信用奸佞，"沉迷女色"，结果江山难保，把爱妃拱手送出，用作交易。这无疑是两宋灭亡时的真实写照。

元代杂剧舞蹈俑
这是在河南出土的元代杂剧舞蹈俑。以泥质灰陶塑成，头戴荷叶笠帽，身穿方领窄袖长袍，左胯系如意形垂饰，四肢作舞蹈表演状。形态粗犷，舞姿健美，服饰舞态颇有蒙古族特色。

但不管出于何种原因，元代统治阶层允许了这种抗争情绪的存在，允许了剧作家们借古讽今。而这也是元代文人得以创造出辉煌的新艺术新文化、构筑出新的时代精神的前提条件。

壁画与文人画

与宋朝相比，元代绘画继续繁荣，且又有自己的特点，即壁画极为繁盛，文人画兴起。元代壁画在继承唐宋和辽金壁画传统的基础上也有新的变化，主要有宗教壁画、墓室壁画、皇家宫殿和达官贵人府邸厅堂壁画等。而从实物遗存来看，墓室壁画遗留不多。当时一些达官贵人为了附庸风雅，请名画家在府邸厅堂内画的一些山水、竹石、花鸟一类题材的壁画，已随着建筑物的毁灭而不复存在。传世较多而精品迭出的当属宗教壁画。

宗教壁画的兴盛与元朝政府保护宗教的政策有关。有元一代，由于宗教得到政府的保护，大量寺庙被修建。而从大都到各州府，凡修建三皇庙、五帝庙、夫子庙、佛寺、道观，都要绘制大量的壁画，这就刺激了壁画的发展。山西稷山县兴化寺、青龙寺佛教壁画，山西芮城县永乐宫、洪洞县广胜寺水神庙道教壁画，均属于元代壁画代表作。这些壁画色彩丰富，人物形象真实生动，并具有浓厚的生活气息，是中国壁画中的珍品。

其中永乐宫的壁画颇具代表性。吕洞宾是在汉人中广泛流传的神仙人物，据说他是山西人，当地百姓为他修建了"吕公祠"，以示纪念。到了金代，因

朝元图（局部）

山西芮城道教永乐宫壁画《朝元图》远承唐宋壁画传统，在元代画坛上独树一帜。壁画以八尊主像为中心，周围有各类散仙围绕，共有画像三百九十四身。画面宏阔，气势磅礴，形象饱满，神采奕奕。上二图均为其局部。

吕洞宾信奉道教，于是将"祠"改成了"观"。元朝初年，蒙古统治者想利用宗教和吕洞宾的声望巩固自己的统治，就大兴土木，将"吕公观"改建为"永乐宫"。从修建大殿到绘完几座殿堂的壁画，历时一百余年，几乎与整个元朝共始终。永乐宫也由此成为是我国现存建筑面积最大、布局最完整的道教宫观。与建筑同期的各殿内壁画现存总面积一千多平方米，特别是《朝元图》，规模宏大，气势恢宏，笔法刚健有力，设色庄重典雅，为存世古代道教壁画中的最佳作品。

随着壁画的繁荣，一大批以马君祥父子为代表的优秀画工也脱颖而出。马君祥以善画宗教类壁画而著称，其继承了吴道子、武宗元的宗教画传统，但比唐宋的宗教画更为圆浑、有力，色彩灿烂而沉着协调，富有典型的元代风格。其代表作有《朝元图》。

而在元代绘画中，文人画占着据画坛的主流。因元代未设画院，除少数专业画家直接服务于宫廷外，大都是身居高位的士大夫画家和在野的文人画家。

赵孟頫是元人文人画家的重要人物。赵孟頫精通书画，一生画了大量的以马为题材的人马画，如《浴马图》《秋郊饮马图》等，均为精品。赵孟頫力主变革南宋院体格调，认为"作画贵有古意，若无古意，虽工无益"，主张

长亭饯别

皮影戏是用皮革制成人物，表演者通过控制人物脖领前的一根主杆和在两手端处的两根耍杆来使人物做出各式各样的动作。元朝的皮影戏在继承宋朝的基础上有了更多的发展。图为《西厢记》皮影戏中张生上京赶考，崔莺莺长亭饯别的场面。

回归晋、唐、五代和北宋，通过这种途径，开创了新的画风。

而作为一代宗师，不仅他的友人高克恭、李仲宾，妻子管道升，儿子赵雍受到他的画艺影响，而且弟子唐棣、朱德润、陈琳、商琦、王渊、姚彦卿，外孙王蒙，乃至元末黄公望、倪瓒等也在不同程度上接受了他的美学观点，使元代文人画久盛不衰，在中国绘画史上写下了绮丽奇特的篇章。元仁宗曾将赵孟頫、管道升及子赵雍的书画装为卷轴，"命藏之秘书，曰使后世知我朝有一家夫妇父子皆善书也"。鉴于赵孟頫在美术与文化史上的成就，1987年，国际天文学会以赵孟頫的名字命名了一座水星上的环形山，以纪念他对人类文化史的贡献。

如果说赵孟頫还能得到元朝统治者赏识的话，那么被称为元四家之首的黄公望就是命运坎坷了。他出生在南宋末年，本姓陆名坚，但由于父母双亡，在十岁左右的时候就被黄乐收为养子。据说当时黄乐年已九十岁，友人来贺，看到他是一个聪明伶俐的孩子，就说："黄公望子久矣！"从此陆坚便改姓换名为黄公望，字子久。他天资颇高，少有大志，十二三岁时就参加了本县的神童考试，后来又博览群书，好学不倦。时人就称赞他："公之学问，不在人下，天下之事，无所不知，薄技小艺亦不弃。"

青年时代的黄公望本来还希望在政治上一展身手，投身仕途干一番大事业，但是当时的元朝统治者才开始选拔官员并不是采用科举考试的办法，而且规定汉人做官必须从当吏即一般的办事职员开始。到一定年限之后，视办事能力如何，再决定可否做官。而在其四十岁左右的时候，黄公望因受上司牵连，

富春山居图

此图为一幅长卷，据说费时七年之久，可以称得上一幅巨制。图中描绘了富春江两岸初秋的秀丽景色，峰峦重叠，奇峰秀石，苍松临壑，云山寒树，沙汀村舍，一并映入图中，却无任何杂乱繁冗之感，布局疏密得当。其用墨清润，笔法古朴，意境简远，把浩渺连绵的江南山水表现得畅快淋漓，真正达到了"山川浑厚、草木华滋"的境界。

被捕入狱。虽然不久获释，但黄公望心灰意冷，便绝了仕途之望，开始了隐士生活。他先卖卜为生，后来回到故乡隐居，并于六十岁之后加入了新道教。

黄公望坎坷的经历对他的画作产生了深刻的影响。他的山水画，常写隐居地附近即富春江一带的景色，他非常注重对自然景物的观察，风格简洁明朗，平淡自然。他一生画了许多幅画，流传至今的有《富春山居图》《天池石壁图》《快雪时晴图》《富春大岭图》《九峰雪霁图》《江山胜览图》《秋山幽居图》《两岩仙观图》等名作，代表着元代山水画成熟时期的新面貌。其中《富春山居图》具有代表性，尤为人们所称道。

值得一提的是，少数民族画家也在元朝画坛上占据着重要的地位。元朝是一个民族融合的朝代，在多种因素的作用下，回族开始形成。回族最早可追溯到7世纪来华经商留居的穆斯林"蕃客"，其主要来源是13世纪蒙古人西征，以及元朝时期以各种身份从波斯、中亚细亚和阿拉伯等地大批被征发或自愿东来的各族穆斯林，人数达到数十万人。后来在形成、发展的历史过程中，分别吸收了所在地区的汉、维吾尔、蒙古等民族的部分成员。他们以移民迁徙的方式和商业交流活动在中国定居，经过长期的民族融合和交流逐渐形成了新的一个统一的、保持伊斯兰文化传统并大量吸收汉族文化的民族共同体。高克恭原为西域人，后来逐渐接受中原文化，成为一名优秀的画家。元初画坛上就流传着"南赵北高"的说法，将南方的赵孟頫和北方的高克恭相提并论。

大放异彩的元曲

元朝的戏剧空前繁荣，有《西厢记》《窦娥冤》等一大批影响深远的作品

相继问世，并涌现出诸如马致远、贯云石等散曲小令名家。元曲成为与唐诗、宋词并称的优秀文学遗产。其中元曲四大家是指关汉卿、郑光祖、马致远和白朴。元曲四大悲剧是关汉卿的《窦娥冤》、白朴的《梧桐雨》、马致远的《汉宫秋》，还有纪君祥的《赵氏孤儿》。元曲四大爱情剧是关汉卿的《拜月亭》、王实甫的《西厢记》、白朴的《墙头马上》，还有郑光祖的《倩女离魂》。

杂剧与铜豌豆

隋唐以来，文人的出路主要在科举。由于元代长期不进行科举考试，读书人不再有读书做官的传统老路可走，很多人不得不从事各种本不愿从事的职业。其中那些能够负担得起日常生活开支的人常常一心钻研艺术、学术，或者是过着醉生梦死的生活。例如《正宫·醉西施·无题》就有"便是牡丹花下死，做鬼也风流"的看法。许多读书人在倡优伎馆里"躬践排场，面傅粉墨，以为我家生活"。这样一种生活方式当然和传统道德观念格格不入，但文人既然失去了凭借科举而做官的途径，就不能不自谋生计。

关汉卿在《不伏老》中把自己形容成"我是个蒸不烂、煮不熟、捶不扁、炒不爆、响当当一粒铜豌豆。"他的代表作《窦娥冤》则是其思想的集中体现。《窦娥冤》又名《感天动地窦娥冤》，剧情梗概如下：楚州贫书生窦天章因无钱进京赶考，无奈之下将幼女窦娥卖给蔡婆家为童养媳。窦娥婚后不久丈夫去世，并与窦天章失去了联系，婆媳相依为命。蔡婆向庸医讨债，差点被其勒死，恰好被张驴儿父子所救。不过张驴儿是个流氓，趁机搬进蔡家后，威迫婆媳与他们父子成亲，遭到窦娥的断然拒绝。张驴儿见她不从，便在羊肚汤里放入毒药想毒死蔡婆，以此来要挟窦娥，不料其父误食毙命。张驴儿便诬告窦娥杀人，官府严刑逼讯婆媳二人，窦娥为救蔡婆自认杀人，被判斩刑。窦娥在临刑之时指天为誓，死后将血溅白绫、六月降雪、大旱三年，以明己冤。后来果然都应验。此事引起朝廷的注意，已任廉访使的窦天章被派往楚州调查。窦娥鬼魂设法与窦天章相见，使他了解到了案件的真相，于是重审此案，最终为窦娥伸了冤屈。

对于苦难的现实，关汉卿笔下的人物不是逆来顺受，而是敢于斗争。他笔下的主人公如窦娥、赵盼儿等，不是苦难呻吟，而是敢于与现实抗争。这种直面现实、大胆揭露黑暗的做法，使其剧作具有浓郁的批判现实主义精神和战斗精神。窦娥就喊出："天地也只合把清浊分辨，可怎生糊突了盗跖、颜渊。为善的受贫穷更命短，造恶的享富贵又寿延。天地也，做得个怕硬欺软，却原来也这般顺水推船。地也，你不分好歹何为地！天也，你错勘贤愚枉做天！哎，只落得两泪涟涟。"

散曲与活神仙

散曲是元代诗歌创作的最高成就。它与杂剧中的唱词使用相同的格律形式，具有相近的语言风格，是元曲的一部分。为了适应即兴抒情和演唱的需要，在遵守固定的平仄格律的同时，散曲可根据作者需要随意增加衬字，从一字到十数字不等，因而散曲远远超出了传统诗词的表现范围，如睢景臣的《般涉调·哨遍·高祖还乡》等作品，颠覆了诗歌的传统题材和思想观念。散曲更多地表现了市井生活和市民心理，既满足了以市民阶层为主体的下层百姓的娱乐需求，又为文人增加了新的表情达意的艺术形式，取得了雅俗共赏的效果。但与杂剧的社会各界广泛参与相比，元代散曲作家以文人为主体，汉族士大夫又是其中的中坚力量，如张养浩、马致远等。

张养浩曾任监察御史、礼部尚书等职，曾因上疏言事得罪，晚年以陕西行台中丞前往关中救灾，卒于任上。他的散曲多写寄情林泉之乐，也不乏关怀民生之作。他在陕西赈灾时所作的一组《山坡羊》曲，将诗歌中常见的咏史题材用散曲的形式写出，特别是在《山坡羊·潼关怀古》里表达了深沉的历史感慨："峰峦如聚，波涛如怒，山河表里潼关路。望西都，意踟蹰，伤心秦汉经行处，宫阙万间都做了土。兴，百姓苦！ 亡，百姓苦！"此曲鞭辟入里，一针见血地揭示了历代王朝兴亡后面的历史真相，历来为人们所称道。

整体而言，由于文人的地位急转而下，元代散曲中始终弥漫着一种空幻感和凄凉感，如"王图霸业成何用""盖世功名总是空"。一种常见的表述则是对屈原式人生道路的否定和对陶潜式生活方式的向往，如白朴在《寄生草·劝饮》中写道："不达时皆笑屈原非，但知音尽说陶潜是。"这类作品表现了落魄文人对政治的远离和人生的无奈。马致远也有此类作品，如《天净沙·秋思》："枯藤老树昏鸦，小桥流水人家，古道西风瘦马。夕阳西下，断肠人在天涯。"仅二十八字就勾勒出一幅晚秋夕照景象和苍凉萧瑟的意境，充分表达了天涯游子的孤独与彷徨。